JN299393

倒産法の最新論点ソリューション

監修 岡 正晶・林 道晴・松下淳一

植村京子・籠池信宏・木村真也・清水祐介・松下満俊・水元宏典・三森 仁・山崎栄一郎 著

弘文堂

推薦の辞

田原睦夫
伊藤　眞

宜しく読むべく、宜しく倣うべからず[注]

1. 本書の成り立ちをみて

　今般、岡正晶・林道晴・松下淳一 3 氏の監修のもと、倒産と事業再生実務の第一線において活躍中の中堅弁護士を主体とし、これに裁判官と研究者が加わり、本書が刊行される運びとなった。監修 3 氏とわれわれは、平成 22 年（2010年）に上梓された『条解破産法』（弘文堂）の共同執筆者であったところから、本企画についても、その出発に際してご相談を受け、また、10 回に及ぶ原稿検討会にも参加の機会を与えられた。

　その中で、企画立案当初より最終の検討段階に至るまで、終始われわれの脳裏を離れなかったのは、この分野における論文集、体系書、注釈書、実務解説書、雑誌論文などが踵を接する中で、本書が読者、特にその多くを占めると思われる実務家にとってどのように受け止められるのかということであった。

2. 判例・学説とどのように向き合うか

　裁判官、弁護士であれ、また企業の法務担当者であれ、法的解決基準が確立されていない問題に遭遇し、自らの立場をどのように律するか、あるいは自らの判断内容をどのように説明するかを迫られたとき、いかなる手順で調査と検討を開始するであろうか。順序としては、関連する法令の規定内容を精査し、それらについての最高裁判例や下級審裁判例が存在するかどうかを確認するところから始めるのが通常ではないだろうか。その際には、体系書や注釈書の記述が手がかりとなろう。

注）清代の詩人・袁枚の「読書」第二連である。読み下し文は、井波律子『中国名詩集』（岩波書店・2010）298 頁による。

しかし、関係する判例や裁判例が発見できたときであっても、当該判例などの事案と眼前の問題とを同一とみなすことができる場合は、それほど多くないと思われる。また、判例などの判断枠組みを自らが直面する問題にあてはめたときに、必ずしも首肯できる結論に至るとは限らない。そうした際には、判例などの意義を分析し、その妥当範囲と正当性とを検討する作業が不可欠である。特に、下級審裁判例については、最高裁判例と異なって、その判断が確定的なものではないことから、こうした検証作業が不可欠である。

　さらに、一定の理由付けを構成することができても、それが公正かつ中立な第三者の目からみて、独善的ではなく、十分な説得力をもちうるかどうかの吟味も省くことはできない。また、判例や裁判例が存在しない問題については、基本原理や概念を踏まえ、論文などの記述を参照し、立論の方向性と内容を模索せざるをえないことも、決して少なくないものと思われる。

3. 与える書か、読み解く書か

　本書では、第Ⅰ部として、各種の権利が倒産手続の中でどのように取り扱われるか、第Ⅱ部として、倒産手続上の様々な概念の意味内容と、それが破産管財人をはじめとする手続機関の活動や利害関係人の地位を考えるうえで、どのような影響を与えるかが、具体的設例をも交えながら、判例と学説を参照しつつ展開されている。もっとも、いわゆる実務解説書と異なって、その記述は、求めに応じて正解を与えるようなものではなく、徹底した分析と考察を示し、読者がそれを読み解くことを期待する内容となっている。その意味で本書は、与える書ではなく、読み解く書といえよう。

　多くの読者が日常の実務の中で経験されているように、法的主張の採否は、相手方より一歩深く踏み込んだ議論が展開できているか、判断者たる裁判所を納得させるに足る地点まで到達しているどうかによって決せられることが多い。本書中の「一裁判官の視点」が、諸論稿の記述に対して、ときに冷徹な疑問を呈していることからも、そのことを理解していただけよう。収録の諸論稿と「一裁判官の視点」を読み解くことを通じて、読者各位の満足が得られることを信じる次第である。

4. 継続と発展を期待して

　もっとも、倒産実務は社会・経済の変動に応じて日々に新たな動きをみせているところであり、それに伴って、現在では認識されていない法的論点が浮上することは確実である。われわれとしては、監修者と執筆者が本書の企画を発展させ、続巻、続々巻にとどまることなく、倒産実務にとっての脊梁山脈を築いていかれるよう、願ってやまない。

　　平成25年7月

はしがき

　本書は、倒産に係る 12 の最新・重要論点について、倒産実務・倒産法に造詣の深い 6 名の弁護士が分析を加えた論説を集めたものである。

　本書編纂の契機は、監修者 3 名が執筆に関わった『条解破産法』（弘文堂・2010）にある。同書は、そのはしがきに記載されているように、6 名の執筆者の 6 年間 25 回に及んだ共同の研究会における濃密な討議に基づくものである。それぞれが本務をもちながらの会合であり、執筆担当部分の原稿の準備、討議を踏まえた修正と、今から思い出しても、大変なプロセスであったが、一方で議論すればするほど底の深さを痛感する破産法の問題について、油の乗った研究者、実務家による集中的な意見交換自体は、知的な刺激に満ちたものであり、法的な討論の楽しみを満喫することができる贅沢な体験であった。『条解破産法』の刊行後も、破産法を中心とする倒産法の分野では、社会経済情勢の動向を受けて日夜新しい問題が生じ、従来あった問題についても新たな視点からの検討を要するものが少なからず生じている。現在、債権法の全面改正作業が進行していることもあって、弁護士会から倒産法の改正提案等もされている。そうした情勢も踏まえて、本書の監修者 3 名は、破産法を中心とする倒産法分野の最新の問題について、『条解破産法』の編纂過程でされたような、熱い法的な討論をし、そこでの検討結果を何らかの形で公刊できないであろうかと考えるに至った。『条解破産法』の刊行でお世話になった弘文堂の北川陽子さんにご相談したところ、研究会の開催とその成果を公刊することについて基本的な了解をいただいたことから、現実の企画として動き出した。この種の企画の最重要ポイントは、討論のたたき台となる原稿を作成し討論に参加するメンバーに「人が得られるか」にあることはいうまでもない。倒産法分野の最新問題を取り上げるというコンセプトから、監修者よりも若い世代に属し、倒産実務に携わるとともに、倒産法への学究的な関心もある中堅実務家が最適のメンバーと考えられた。そこで、『条解破産法』編纂の終盤に執筆協力者として参加していただいた、植村京子弁護士、木村真也弁護士に参加のご了解をいただいたうえ、両名と同様に、倒産事件処理で活躍されている中堅弁護士である三森仁

弁護士、籠池信宏弁護士、清水祐介弁護士、松下満俊弁護士の4名にもご参加いただき、研究会がスタートした。各メンバーから倒産法に係る最新の問題を出し合っていただき、その中から2問ずつの担当を決め、研究会で報告をお願いした。各報告は、他のメンバーと監修者との討論にさらされ、その結果も踏まえて本書に登載された各論説となった。

　ちなみに、この研究会には、監修者が『条解破産法』でご一緒させていただいた伊藤眞早稲田大学法科大学院教授、田原睦夫最高裁判所判事（当時）も、お忙しい中、お時間を割いていただき、かなりの回数にわたってご参加いただき、ご指導を賜ることができた。本紙面を借りて改めて感謝を申し上げたい。また、途中から、水元宏典一橋大学法科大学院教授にもご参加いただき、公刊された文献等には未だ現れていないような鋭く核心に迫るご指摘をいただいた。そうしたコメントの一端を本書の諸論稿の1つとしてお寄せいただいた。さらに、『条解破産法』の3人目の執筆協力者であった山崎栄一郎裁判官にも、平成24年4月に東京の裁判所に異動となった後から参加していただき、裁判官の視点からの意見をいただくことができた。それは、「一裁判官の視点」として諸論稿の末尾に付され、各論稿のポイントや読み方を簡潔にかつわかりやすく記し、論稿の意義を際立たせる有益なものとなっている。水元教授、山崎判事にも改めて感謝申し上げたい。研究会の回数は、『条解破産法』の検討会には及ばないものの、平成23年11月15日から同25年3月6日までの10回にも及び、各報告について2回のレビューの機会が確保された。

　以上の通り、監修者としては、本書が『条解破産法』の弟分的な企画であると自負している。ただ、既存の論点についても根幹から見直すような気概で臨んだ報告も多いことから、内在的には一貫性を指向しつつも、従来の一般的な見解からは距離のある見解が基礎となっているものもあれば、限りなく立法論に近い解釈論を展開しているものもある。監修者は、各報告の共同討議に参加したが、厳しい意見交換がされて意見の一致をみなかったことも少なからずあった。倒産法分野での議論の進展は、社会経済に直結する事象を扱っていることから、他の司法手続の分野に比べて速く、激しい面があり、現時点においての少数説や将来の立法論であった見解が、バランスのよい処理や事案の解決をもたらすものとなる可能性も決して低くない。そうした観点から、また論説中に残された議論の雰囲気も含めて楽しんでいただければ幸いである。

最後になったが、本書の企画当初から刊行までの全過程において、きめ細かく温かいご配慮をいただいた弘文堂の北川さんに感謝を申し上げて、筆をおくこととする。

　2013年7月

岡　正晶・林　道晴・松下淳一

第 I 部　倒産手続における各種の権利 ── 1

1　原状回復請求権の法的性質に関する考察
三森　仁 ──────────────────────── 3

2　賃借人破産と破産法53条1項に基づく破産管財人の解除選択
──賃貸人の原状回復請求権・原状回復費用請求権を中心に
水元宏典 ─────────────────────── 17

3　破産手続における動産売買先取特権に関する考察
松下満俊 ─────────────────────── 29

4　商事留置権に関する諸問題
植村京子 ─────────────────────── 52

5　投資信託の販売金融機関による相殺の可否および商事留置権の成否
木村真也 ─────────────────────── 78

6　破産手続における開始時現存額主義をめぐる諸問題
松下満俊 ─────────────────────── 112

7　弁済による代位と債権の優先性に関する考察
三森　仁 ─────────────────────── 136

第 II 部　破産財団・手続機関 ────────── 157

8　支払不能と支払停止をめぐる考察
清水祐介 ─────────────────────── 159

9　将来賃料債権処分等の倒産法上の取扱い
──「投資の清算」理念からの試論
籠池信宏 ─────────────────────── 191

10　破産管財人の法的地位
──通説に対する批判的考察
籠池信宏 ─────────────────────── 226

11　源泉徴収義務の破産管財人に対する適用方法と適用範囲
木村真也 ─────────────────────── 264

12　否認の効果としての差額償還請求権
植村京子 ─────────────────────── 296

13　「知れている債権者」をめぐる考察
（付・自認制度の廃止提言）
清水祐介 ─────────────────────── 315

推薦の辞（田原睦夫・伊藤眞）　i
はしがき（岡正晶・林道晴・松下淳一）　iv
凡　例　xx

第Ⅰ部　倒産手続における各種の権利　　1

1　原状回復請求権の法的性質に関する考察
　　　三森　仁　　　3

Ⅰ　賃借人の原状回復義務の根拠・内容　　4
　1　不動産の賃借人の原状回復義務の存否・内容…4
　　(1)　付属物収去義務
　　(2)　補修義務
　2　原状回復義務の根拠・発生原因…7
　　(1)　収去義務
　　(2)　補修義務
　3　原状回復義務と賃借物件の返還義務との関係…8

Ⅱ　原状回復請求権の法的性質　　9
　1　財団債権の趣旨…9
　　(1)　破産法148条1項8号について
　　(2)　破産法148条1項4号について
　2　破産法54条1項・2項の意義について…12
　　(1)　破産法54条1項・2項の意義
　　(2)　原状回復請求権と賃借物件の返還義務との関係
　3　結　論…14
●………一裁判官の視点（山崎栄一郎）…14

2　賃借人破産と破産法53条1項に基づく破産管財人の解除選択——賃貸人の原状回復請求権・原状回復費用請求権を中心に
　　　水元宏典　　　17

Ⅰ　比較法的考察　　18
Ⅱ　検　討　　21
　1　前提の確認…21
　2　賃貸人の賃借物返還請求権…21
　3　賃貸人の原状回復請求権…22
　　(1)　平時実体法の整理
　　(2)　付属物の収去請求権

(3) 損傷の補修請求権
　　4　賃貸人の原状回復費用請求権…27
Ⅲ　まとめと展望　──────────────────── 27
　　1　解釈論的帰結…27
　　2　立法論的課題…27

3　破産手続における動産売買先取特権に関する考察
松下満俊 ──────────────────── 29

Ⅰ　動産売買先取特権の行使方法 ──────────── 30
Ⅱ　破産管財人による任意売却 ───────────── 32
　　1　問題点について…32
　　2　従前の判例…32
　　3　民事執行法改正に伴う問題提起…33
　　4　平成18年最高裁判決について…34
　　　(1) 平成18年最高裁判決の概要
　　　(2) 担保価値維持義務と善管注意義務の関係
　　　(3) 善管注意義務としての「担保価値維持義務」
　　　(4) 破産法85条2項の「利害関係人」の範囲
　　　(5) 動産売買先取特権と「担保価値配慮義務」
　　5　破産管財人による任意売却の適否…42
　　6　破産管財人の協力義務…45
　　7　任意売却における優先弁済…46
Ⅲ　物上代位の目的債権の回収・譲渡 ──────── 47
Ⅳ　最後に ────────────────────── 49
●……一裁判官の視点（山崎栄一郎）…50

4　商事留置権に関する諸問題
植村京子 ──────────────────── 52

Ⅰ　留置権について ─────────────────── 53
　　1　留置権の一般的効力…53
　　　(1) 事実上の優先弁済権
　　　(2) 留置権による競売
　　2　民事留置権と商事留置権の対比…54
　　　(1) 民事留置権
　　　(2) 商事留置権
Ⅱ　各倒産手続における留置権の取扱い ────── 55
　　1　破産手続における留置権の取扱い…55
　　　(1) 民事留置権について
　　　(2) 商事留置権について
　　2　再生手続における留置権の取扱い…57
　　　(1) 商事留置権について
　　　(2) 民事留置権について

3　更生手続における留置権の取扱い…58
　　　　(1) 商事留置権について
　　　　(2) 民事留置権について
　Ⅲ　建物建築請負人の敷地に対する商事留置権の成否 ――――― 60
　　　1　問題の所在…60
　　　2　学説・判例…60
　　　　(1) 判例
　　　　(2) 学説
　　　3　検　　討…63
　　　　(1) 商法521条の趣旨
　　　　(2) 商法521条の「占有」
　　　　(3) 建物の基準
　　　　(4) 敷地に対する商事留置権が否定された場合の処理
　Ⅳ　金融機関が占有する商事留置手形の換価金の取扱いについて ――― 66
　　　1　問題の所在…66
　　　2　事案の概要…67
　　　3　本件事案における判決要旨…68
　　　　(1) 東京高判平21・9・9
　　　　(2) 平成23年判決
　　　4　検　　討…69
　　　　(1) 再生手続下における手形取立金の商事留置権の成否について
　　　　(2) 銀行が留置した取立金を弁済充当する権利について
●………一裁判官の視点（山崎栄一郎）…76

5　投資信託の販売金融機関による相殺の可否および商事留置権の成否
　　　　木村真也 ――――――――――――――― 78

　Ⅰ　問題の所在と本稿の立場 ――――――――――――― 79
　　　1　設問1について…79
　　　2　設問2について…80
　　　3　設問3について…81
　　　4　設問4について…81
　　　5　設問5について…82
　Ⅱ　投資信託の法律関係について ――――――――――― 82
　　　1　概　　要…82
　　　2　投資信託の一般的な法律関係…83
　　　　(1) 委託者と受託者の間で締結される契約
　　　　(2) 販売会社と委託者の間で締結される契約
　　　　(3) 販売会社と受益者の間で締結される契約
　　　3　受益権のペーパレス化…84
　　　4　投資信託受益権の換価方法…85
　　　5　投資信託の解約の手続と法律関係…85
　　　6　投資信託の販売会社の地位…87
　Ⅲ　設問1〔個別執行手続下での投資信託の解約と相殺〕について ――― 88

1　投資信託に対する強制執行の方法…88
　　　(1)　ペーパレス化前
　　　(2)　ペーパレス化後
　　2　投資信託に対する差押えの効力と一部解約金返還請求権に対する
　　　処分禁止効…90
　　3　差押債権者による投資信託の換価方法とBによる相殺の可否…91
Ⅳ　設問2〔破産手続下での投資信託の解約と相殺〕について ――――― 93
　　1　裁判例…93
　　　(1)　最判平17・1・17（民集59-1-1）
　　　(2)　大阪高判平22・4・9（金法1934-98）
　　　(3)　大阪地判平23・10・7（金法1947-127）
　　2　学　　説…94
　　3　検　　討…95
　　　(1)　代理受領との比較からの検討（破産法71条1項1号による相殺禁止）
　　　(2)　破産法67条2項後段の「条件付」債権に該当するとの見解に対する批判
　　　(3)　委任契約の終了を根拠とする見解の検討
Ⅴ　設問3〔再生・更生手続下での投資信託の解約と相殺〕について ―― 99
　　1　再生手続・更生手続と停止条件付債権による相殺…99
　　2　平時の執行との比較からのアプローチ…100
Ⅵ　設問4〔危機時期における投資信託の解約と相殺〕について ――――101
　　1　「前に生じた原因」の意義について…101
　　2　裁判例…103
　　　(1)　前掲名古屋高判平24・1・31の判断内容
　　　(2)　名古屋地判平22・10・29（金法1915-114）の判断内容（(1)の原判決）
　　3　投資信託の販売契約の「前に生じた原因」への該当性…103
　　4　前掲名古屋高判平24・1・31の問題点…105
　　5　本件での検討…106
Ⅶ　設問5〔投資信託に対する商事留置権の成否〕について―――――――106
　　1　見解の対立…106
　　2　振替受益権に対する商事留置権の成立の有無…107
　　3　本問での検討…108
◉……一裁判官の視点（山崎栄一郎）…109

6　破産手続における開始時現存額主義をめぐる諸問題
　　松下満俊 ――――――――――――――――――――――――112
Ⅰ　平成22年3月16日最高裁判決の概要 ――――――――――――114
　　1　事案の概要…114
　　2　A判決の概要…115
　　3　B判決の概要…116
Ⅱ　総債権説・口単位説 ――――――――――――――――――――117
Ⅲ　弁済充当特約――――――――――――――――――――――――120
Ⅳ　口単位説における利息・損害金の考え方――――――――――――123
　　1　口単位説と利息・損害金…123
　　2　口単位説と保証履行請求権…124

- V 代位権不行使特約と口単位説 ———————————— 126
  - 1 代位権不行使特約について…126
  - 2 代位権不行使特約と口単位説…127
- VI 過剰配当の処理 ————————————————— 130
- ◉………一裁判官の視点（山崎栄一郎）…134

7 弁済による代位と債権の優先性に関する考察
三森　仁 ———————————————————— 136

- I 下級審裁判例の傾向 ——————————————— 136
  - 1 租税債権の立替払いについて…136
  - 2 労働債権の立替払いについて…137
  - 3 双方未履行双務契約の解除に基づく原状回復請求権の立替払いについて…137
- II 最高裁判決 ——————————————————— 138
  - 1 最判平 23・11・22（判タ 1361-131）…138
  - 2 最判平 23・11・24（判タ 1361-136）…139
- III 検　討 ————————————————————— 140
  - 1 弁済による代位の意義と立法趣旨…140
  - 2 弁済による代位の効果（法的構成）…140
    - (1) 債権移転説
    - (2) 原債権と求償権の関係
    - (3) 任意代位と法定代位
  - 3 求償権に対する倒産手続上の制約と民法 501 条柱書…143
    - (1) 前提──求償権の法的性格（倒産債権か否か）
    - (2) 求償債権に対する倒産手続上の制約と民法 501 条柱書について
  - 4 倒産法の規律…146
    - (1) 別除権的構成ないし倒産手続外の権利構成
    - (2) 代位と譲渡との対比
    - (3) 求償権者と他の倒産債権者の利益衡量
    - (4) 私見
  - 5 優先性付与の趣旨（優先権が付与される債権の譲渡許容性を含む）…149
    - (1) 租税債権について
    - (2) 労働債権について
    - (3) 双方未履行双務契約の解除に基づく財団債権
- ◉………一裁判官の視点（山崎栄一郎）…156

第Ⅱ部 破産財団・手続機関 ——————157

8 支払不能と支払停止をめぐる考察
清水祐介 ——————————————————159

- Ⅰ 手形利用の減少 ——————————————————160
- Ⅱ 平成16年破産法改正時に議論された
  「支払不能基準の曖昧さ」について ——————————161
- Ⅲ 新たな状況 ————————————————————162
- Ⅳ 破産法の定義と旧法下の議論の整理 ——————————163
  1 破産法の定義…163
  2 旧法下の議論…163
  3 議論の実益…164
- Ⅴ 破産法2条11項の文言解釈 ——————————————164
  1 「支払能力」…164
  2 「一般的」・「継続的」…165
  3 「その債務のうち弁済期にあるものにつき」…165
     (1) 債務不履行必要説
     (2) 実質的な観点から拡張する説、債務不履行不要説
  4 検　　討…167
- Ⅵ 破産手続開始原因としての支払不能と、
  否認・相殺の基準時としての支払不能 ——————————167
- Ⅶ 支払不能の検討場面①（破産手続開始原因として）————168
  1 支払不能が開始原因とされる趣旨…168
  2 将来の不履行予測の高度の蓋然性（現実の債務不履行の要否）…169
- Ⅷ 支払不能の検討場面②
  （破産法162条1項2号の「他の破産債権者を害する事実」）———170
  1 「他の破産債権者を害する事実」の解釈…170
  2 支払不能についての債務不履行必要説・不要説との関係…170
     (1) 支払不能についての債務不履行必要説
     (2) 支払不能についての債務不履行不要説
- Ⅸ 支払不能の検討場面③（破産法162条1項1号、偏頗行為否認）—172
  1 詐害行為否認と偏頗行為否認の区別（二元論）…172
  2 偏頗行為否認の時的限界を支払不能が画する趣旨…172
  3 規範的要件としての支払不能…172
  4 課題——予測可能性の要請（規範的要件の内包と外延）…173
- Ⅹ 偏頗行為否認の場面において、支払不能要件の規範化の検討 ——174
  1 支払不能についての悪意が要件となっていること…174
  2 倒産手続の申立直前期における偏頗行為の問題…174
  3 資金繰りの精査・検討による弁済不能予測の場合…174

4　銀行取引約款の請求喪失事由「その他債権保全を必要とする場合」と
　　　　預金拘束…176
　　　　(1) 請求喪失事由の一般条項「その他債権保全を必要とする場合」
　　　　(2) 預金の緊急拘束
　　　5　あえて「期限利益を喪失させない」場合と支払不能…177
　ⅩⅠ　支払停止の再検討 ─────────────────── 178
　　　1　支払停止の意義…179
　　　2　近時の裁判例…179
　　　　(1) 私的整理による再建計画を伴った弁済猶予の申し入れ
　　　　(2) 個人債務者の介入通知
　　　　(3) 黙示の行為（会社更生申立直前の社債弁済期の例）
　　　　(4) 黙示の行為（信用喪失後の手形支払期日の例）
　　　3　支払停止概念の実質化・規範化…182
　　　4　弁済猶予・一部免除の申し入れ…182
　　　5　黙示の行為を個別的に表示する場合…184
　　　6　再考・手形不渡…185
　ⅩⅡ　裁判例の検討 ──────────────────── 186
　　　1　東京地判平19・3・29（金法1819-40）…186
　　　2　東京地判平22・7・8（判時2094-69）…187
　　　3　結　　論…189
　ⅩⅢ　結　　語 ────────────────────── 189
　● ………一裁判官の視点（山崎栄一郎）…190

9　将来賃料債権処分等の倒産法上の取扱い
　　── 「投資の清算」理念からの試論
　　籠池信宏 ──────────────────────── 191

　Ⅰ　将来賃料債権の処分等に関する現行法の取扱いと問題の所在 ─── 192
　　　1　将来賃料債権の処分等に関する現行法の取扱い…192
　　　2　現行法の取扱いについての疑問点…193
　　　3　私見要旨…194
　Ⅱ　倒産手続は「投資の清算」を本質とする手続であること ───── 195
　　　1　倒産手続における債権債務処理の大要…195
　　　2　倒産手続を「投資の清算」手続として捉えることの意味──倒産法のもつ
　　　　「リセット機能」が再認識されるべきこと…196
　　　3　「投資の清算」の内容（開始時責任財産による過去投資の清算）と基礎となる
　　　　倒産法上の制度（財産評定制度）…197
　　　4　「投資の清算」の論拠（倒産債権者の投資の自己責任原則）…198
　　　5　「投資の清算」の目的（将来投資価値に対する倒産債権者の追求の遮断）…199
　　　6　「投資の清算」の帰結（過去投資の倒産手続外処理の禁止）…201
　Ⅲ　「投資の清算」を規律する法制度としての倒産法の位置付け ─── 202
　　　1　はじめに…202
　　　2　倒産手続と個別執行手続の相違点…202
　　　3　倒産法と平時実体法の相違点…204
　　　4　「投資の清算」の観点からの倒産法の位置付け…205

IV 将来債権譲渡等取引の倒産手続上の処遇 ──────────── 206
  1 同時交換的取引と信用供与型取引の区分──「信用供与型取引」債権者は倒産債権者として処遇されるべきこと…206
  2 将来債権譲渡等取引が「信用供与型取引」に属すること…208
  3 将来債権譲渡等取引の会計上の取扱い…212
  4 将来債権の保障は「投資の清算」の理念とは相容れないこと…213
  5 将来債権譲受人が将来債権に対して有する権利の「取戻権」性について（消極）…216
  6 証券化取引への影響…217
  7 倒産実務処理上の問題点…218
V 将来賃料債権を受働債権とする相殺を無制限に認める取扱いの不合理性 ─────────── 219
  1 「投資の清算」の理念とは相容れないこと…219
  2 倒産手続開始時に倒産債権者が倒産債務者に対して債務負担していることを相殺権行使の要件とする倒産法上の規定（破産法71条1項1号ほか）の趣旨…220
  3 将来賃料債権について条件に関する利益を放棄することによる相殺が認められるべきではないこと…221
  4 破産法67条2項後段の「停止条件付債務」の意義──将来賃料債権は停止条件付債務にあたらないこと…223
● ──一裁判官の視点（山崎栄一郎）…225

10 破産管財人の法的地位──通説に対する批判的考察
籠池信宏 ──────────── 226

I 通説的見解とその問題の所在 ──────────── 226
II 破産管財人の地位の理論的性格 ──────────── 232
  1 学説の状況…232
    (1) 職務説
    (2) 管理機構人格説
    (3) 受託者説
  2 管理機構人格説と職務説の異同点について…233
  3 管理機構人格説の問題点…234
    (1) 破産管財人に私人とは別の法人格を認める点について
    (2) 破産管財人を財団債権の債務者とする点について
  4 職務説の妥当性…236
    (1) 破産法78条1項が規定する破産法律関係のフレームワークとの整合性
    (2) 再生手続（DIP型手続）における再生債務者の地位の解釈との整合性
    (3) 包括執行たる「倒産法的清算」を司る公益的機関としての性格との整合性
    (4) 個別執行手続のフレームワークとの整合性
  5 職務説を前提とした破産管財人の管理処分行為の効果帰属メカニズム…238
    (1) 授権概念
    (2) 破産法78条1項の趣旨──法定授権の根拠規定
    (3) 破産管財人に対する管理処分権の授権の性格

　　　　(4)「授権」概念を前提とする破産法律関係のフレームワーク
　　6 「職務説」を前提とした破産法律関係のフレームワーク…241
　　　　(1) 破産管財人の「執行機関」としての位置付け
　　　　(2) 公法上の職務説か私法上の職務説か
　　　　(3)「破産管財人の実体法上の地位」論とのギャップ
　Ⅲ　破産管財人の実体法上の地位 ──────────────── 244
　　1 承継論の問題点…244
　　　　(1) 破産管財人が破産者等から独立した法主体であることとの不整合
　　　　(2) 破産管財人の中立的・公益的性格との不整合
　　　　(3) 破産管財人に管理処分権を専属させた法目的との不整合
　　　　(4) 責任財産の絶対的不足を前提とする「倒産法的清算」の目的との不整合
　　　　(5) プライオリティルールに基づく衡平分配というフレームワークに反すること
　　　　(6) 破産管財人の「手続機関」としての性格に反すること
　　　　(7) 法解釈上の根拠を欠くこと
　　2 「破産管財人の第三者性」の議論の検証…247
　　　　(1) 実体法上の権利義務の帰属主体を破産者とすることとの不整合
　　　　(2) 第三者保護規定の主観的要件を破産債権者により判断することとの不整合
　　　　(3) 個別執行のフレームワークとの不整合
　　　　(4) 説明概念としての問題性
　　　　(5) 包括的差押効による説明が適切であること
　　3 職務説を前提とした破産管財人の地位──これまでの議論の小括として…250
　　　　(1) 破産法78条1項の法定授権の趣旨──破産管財人の執行機関としての
　　　　　　本質的性格
　　　　(2) 破産管財人の対外的な位置付け（債権者その他利害関係人との法律関係）
　　　　(3) 個別執行における執行機関とパラレルに考察すべきこと
　　　　(4)「破産管財人の実体法上の地位」論の不要性
　　4 職務説を前提とした破産手続の各局面における破産管財人の地位…252
　　　　(1) 破産財団組成財産の換価処分の局面
　　　　(2) 取戻権者、別除権者、財団債権者による権利行使の局面
　　　　(3) 破産債権者による権利行使の局面
　　　　(4) 未履行双務契約の処理の局面
　　　　(5) 否認権の行使の局面
　Ⅳ　破産管財人の地位が問題となる個別論点についての検討 ───── 255
　　1 消費税の納税義務の帰属主体について…255
　　2 源泉徴収制度に係る徴収納付義務について…255
　　3 破産管財人の担保価値維持義務について…257
　　4 将来債権譲渡担保の効力は破産管財人が破産財団組成財産を売却して
　　　生じた売掛債権に及ぶか…259
　● ………一裁判官の視点（山崎栄一郎）…262

11　源泉徴収義務の破産管財人に対する適用方法と適用範囲
木村真也 ──────────────────────── 264
　Ⅰ　問題の所在 ────────────────────────── 265
　　1 設問(1)関係…266

         2 設問(2)関係…267
         3 設問(3)関係…267
    II 破産管財人の源泉徴収義務について（設問(1)関係）────── 268
         1 源泉徴収制度の概要…268
             (1) 源泉徴収制度の意義
             (2) 源泉徴収制度における法律関係
             (3) 源泉徴収の対象たる「給与等」、「報酬」の意義
             (4) 「支払」の意義
             (5) 「支払をする者」の意義
             (6) 例外規定（所得税法184条・200条・204条2項2号）
         2 破産手続における源泉徴収義務の帰属方法について（設問(1)）…272
             (1) 破産手続上の源泉徴収義務の構造について（設問(1)(a)）
             (2) 破産者固有の源泉徴収義務（設問(1)(b)）
         3 破産手続下における「支払をする者」の具体的な判断方法（設問(1)(c)）…282
             (1) 「特に密接な関係」基準
             (2) 配当手続の無色透明の基準
             (3) 結論
         4 破産者が個人である場合の破産管財人の源泉徴収義務──源泉徴収の例外規定（所得税法184条・200条・204条2項2号）の適用方法（設問(1)(d)）…284
             (1) 破産管財人基準説
             (2) 破産者基準説
             (3) 結論
    III 源泉徴収義務の財団債権性（設問(2)）─────────── 286
         1 問題の所在…286
         2 破産管財人基準説…287
         3 破産者基準説…288
         4 その他のアプローチ…289
         5 結　　論…289
    IV 具体的場面における適用方法の検討（設問(3)）─────── 290
         1 設問(3)①について…290
         2 設問(3)②(a)、(b)について…291
         3 設問(3)②(c)、(d)について…292
             (1) 特に密接な関係の形成
             (2) 新たな雇用契約が締結された場合（(d)の場合）における源泉徴収義務の範囲
             (3) 破産手続開始決定前に締結された雇用契約の履行が選択された場合（(c)の場合）の源泉徴収義務の範囲
◉ ────一裁判官の視点（山崎栄一郎）…295

12 否認の効果としての差額償還請求権
植村京子 ──────────────────── 296

I 差額償還制度（破産法168条4項）の立法経緯 ────── 297
    1 否認権の改正の必要性…297
    2 否認の効果についての見直し論議…298
    3 詐害行為否認の効果としての差額償還制度の創設…299

II 破産法168条4項の要件論 ──────── 300
1 破産法168条4項の成立要件…300
2 破産法168条4項と同法167条1項との関係…300
3 相手方の有する反対給付の内容…301
4 学説の状況…302
5 相手方の財団債権を成立要件とした場合の問題点…303
6 検　討…304

III 差額償還(破産法168条4項)の価額の算定時期 ──── 305
1 破産法167条1項の価額償還の算定基準時…305
2 価額の算定時期に関する見解…305
3 破産法167条1項の価額算定基準時について…306
4 破産法168条4項の価額算定基準時について…306

IV 差額償還請求の相手方の地位 ──────── 307
1 問題の所在…307
2 相手方の目的財産に対する権利行使の可否…307
　(1) 裁判例
　(2) 差額償還請求の相手方の権利行使の問題性
3 悪意の転得者の権利行使に対する不法行為の成否…309
　(1) 悪意の転得者の権利行使の可否
　(2) 悪意の転得者に対する不法行為の成否について
　(3) 破産法169条を類推適用する考え方
4 遺留分減殺請求の価額弁償制度との対比…312
　(1) 遺留分減殺請求の価額弁償制度
　(2) 昭和54年7月10日最高裁判決
5 検　討…313

◉………一裁判官の視点（山崎栄一郎）…314

13 「知れている債権者」をめぐる考察（付・自認制度の廃止提言）
清水祐介 ──────── 315

I はじめに ──────── 315
1 手続参加をめぐる倒産手続・債権者間の双方向ベクトル…315
2 手続進行に応じた「知れている債権者」の解釈…315
3 今日的な問題意識など…316

II 会社法における解釈論 ──────── 316
1 債権者保護手続において、会社が債権を争っている場合の催告の要否…316
2 清算人が催告すべき相手方の範囲と、清算からの除斥…317

III 倒産手続の入り口において ──────── 318
1 債権者一覧表…318
　(1) 手続開始申立時の債権者一覧表の趣旨
　(2) 債権者一覧表と「知れている」債権者
2 開始決定の通知先…319
　(1) 個別通知
　(2) 通知すべき「知れている」債権者の範囲
　(3) 債権の存否に争いある場合

  (4) 通知の作業に時間を要する場合
  (5) 大規模事件の特例
Ⅳ 倒産手続の進行中において ──────────────── 322
 1 事業譲渡の意見聴取…322
 2 自認債権の制度（届出のない再生債権があることを知っている場合）…322
  (1) 失権効をめぐる立法時の議論
  (2) 民事再生法の免責主義（失権効）の制度
  (3) 自認債権の制度
  (4)「知っている」場合
Ⅴ 倒産手続の出口において ──────────────── 327
 1 破産法の免責例外規定(知りながら債権者名簿に記載しなかった請求権)…327
 2 民事再生法における失権効の例外…327
Ⅵ 責めに帰することができない事由（民事再生法181条1項1号） ── 328
 1 債権調査段階での配慮（特別調査による拾い上げ）…328
 2 届出なき債権者の救済規定…329
 3 民事再生法181条1項1号「責めに帰することができない事由」の解釈…329
  (1) 届出のない者が保護を受けること
  (2) 限定的に解釈すべきこと
  (3) 潜在的過払債権者の場合
Ⅶ 自認漏れ再生債権（民事再生法181条1項3号） ──────── 331
 1 制　　度…331
 2 充分な周知（第1のベクトル）を前提とすること…332
 3 係争中の場合…332
 4 多数の債権者がある場合…333
  (1) 認否書作成までに自認作業を終えることが困難であること
  (2) 債権調査スケジュールによる対応
  (3) 自認漏れ再生債権が多発することの不都合
 5 自認義務の限界…336
  (1) 周知策（第1のベクトル）と、自認義務（第3のベクトル）とのバランス
  (2) 自認義務の限界
  (3) 申出なき財団債権の問題
Ⅷ 自認義務についての立法提言（試論） ───────────── 338
 1 債権者の意欲によらないパターナリスティックな制度であること…338
 2 問題点…339
 3 公害被害等の問題は残ること…340
 4 改正の方向…341
◉………一裁判官の視点（山崎栄一郎）…342

凡　例

1　本書における法令は、平成25年4月1日現在の内容による。
2　本書では、法令の引用に際しては法令名について一般的な略語（破産法→破、民事再生法→民再、会社更生法→会更、など）を用いた。
3　本書における略号は、以下のように用いるほか、慣例にならった。

【判例集】

民集	最高裁判所民事判例集	税資	税務訴訟資料
民録	大審院民事判決録	法学	法学（東北大学法学会誌）
裁判集民	最高裁判所裁判集民事	金判	金融・商事判例
高民集	高等裁判所民事判例集	判時	判例時報
下民集	下級裁判所民事裁判例集	判タ	判例タイムズ
訟月	訟務月報	労判	労働判例

【雑誌その他】

金法	旬刊金融法務事情	曹時	法曹時報
銀法	銀行法務21	判セ	判例セレクト（法学教室付録）
最判解	最高裁判所判例解説	法教	法学教室
自正	自由と正義	法時	法律時報
主民解	主要民事判例解説	民訴	民事訴訟雑誌
ジュリ	ジュリスト	民商	民商法雑誌

【単行本】

伊藤・会更	伊藤眞『会社更生法』（有斐閣・2012）
伊藤・破産再生	伊藤眞『破産法・民事再生法〔第2版〕』（有斐閣・2009）
改正展望	東京弁護士会倒産法部編『倒産法改正展望』（商事法務・2012）
概説	山本和彦＝中西正＝笠井正俊＝沖野眞已＝水元宏典『倒産法概説〔第2版〕』（弘文堂・2010）
基本構造	伊藤眞＝松下淳一＝山本和彦編『新破産法の基本構造と実務』（ジュリスト増刊・2007）
条解会更	兼子一監修／三ケ月章＝竹下守夫＝霜島甲一＝前田庸＝田村諄之輔＝青山善充著『条解会社更生法(上)(中)(下)』（弘文堂・上1973・中1973・下1974）
条解再生	園尾隆司＝小林秀之編『条解民事再生法〔第3版〕』（弘文堂・2013）
条解破産	伊藤眞＝岡正晶＝田原睦夫＝林道晴＝松下淳一＝森宏司『条解破産法』（弘文堂・2010）

新注釈	才口千晴＝伊藤眞監修／全国倒産処理弁護士ネットワーク編『新注釈民事再生法〔第2版〕(上)(下)』（金融財政事情研究会・2010）
大コンメ	竹下守夫編集代表『大コンメンタール破産法』（青林書院・2009）
注釈新版	伊藤眞＝才口千晴＝瀬戸英雄＝田原睦夫＝桃尾重明＝山本克己編『注釈民事再生法〔新版〕(上)(下)』（金融財政事情研究会・2002）
破産再生実務	西謙二＝中山孝雄編／東京地裁破産再生実務研究会著『破産・民事再生の実務〔新版〕(上)(中)(下)』（金融財政事情研究会・2008）
理論と実務	山本克己＝瀬戸英雄＝山本和彦編『新破産法の理論と実務』（判例タイムズ社・2008）

第1部

倒産手続における各種の権利

1 原状回復請求権の法的性質に関する考察

三森 仁

　不動産の賃借人が破産手続開始決定を受けた場合において、賃貸人の原状回復請求権（原状回復費用請求権を含む。以下、特に区別しない限り同じ）は破産債権か、それとも財団債権であろうか。

　まず、破産手続開始前にすでに賃貸借契約が終了している場合には、賃貸人の原状回復請求権は、破産手続開始前にすでに発生しているものと認められ、「破産者に対し破産手続開始前の原因に基づいて生じた財産上の請求権」として「破産債権」（破 2 条 5 項）にあたるものと思われる[1]。

　問題は、破産手続開始後に賃借人の破産管財人が賃貸借契約を破産法 53 条 1 項に基づき解除した場合（以下、かかる場合を指して、「本件」あるいは「本件の場合」ということがある）である[2]。

　この点、本件の場合の賃貸人の原状回復費用請求権の法的性質については、これを財団債権（破 148 条 1 項 4 号または 8 号）とする見

---

1) 園尾隆司ほか編『新版破産法〈新・裁判実務体系 28〉』（青林書院・2007）214 頁〔富永浩明〕。なお、大阪高判昭 53・12・21 判時 926-69 は、破産財団に属する建物が破産手続開始前に終了した賃貸借契約の目的土地を占有している場合、破産管財人が負う当該建物の収去義務は、破産債権たる原状回復請求権に係る収去義務ではなく、破産財団に属する建物が他人の土地を占有することに基づく収去義務であって、土地所有者の取戻権に対応する義務であるが、破産管財人は当該建物を破産財団から放棄することにより、かかる収去義務の負担を免れることが可能であるとする。
2) なお、本件の検討では、原状回復の対象となる付加物の設置や賃借物件の毀損が破産手続開始前に行われているケースを対象とし、破産手続開始後に破産管財人の行為により賃借物件が毀損したようなケースは対象としないこととする。後者のケースでは、当該毀損部分に係る原状回復請求権が財団債権となることに異論はないであろう（主に、破 148 条 1 項 4 号）。このほか、破産管財人が破産法 53 条 1 項に基づきいったん賃貸借契約に係る相手方の債務の履行を請求した後に、当該賃貸借契約が終了するに至った場合等、様々な場面における原状回復請求権の法的性質について、園尾ほか編・前掲注 1) 215 頁〔富永〕参照。

解が有力である。しかし、破産管財人が双方未履行双務契約を破産法53条1項に基づき解除した場合の効果については、破産法54条1項・2項の規律に従うべきものと思われ、したがって、この問題については破産法54条2項の返還請求権の意義を踏まえて検討を行うべきものと考える。

そこで、本稿では、本件における賃貸人の原状回復請求権の法的性格（破産債権か財団債権か）について、①原状回復請求権（賃借人の原状回復義務）の実体法上の根拠・内容、②特定の債権が財団債権とされる趣旨、③破産法53条・54条の意義といった点に着目して検討してみたい。

I 賃借人の原状回復義務の根拠・内容[3]

1 不動産の賃借人の原状回復義務の存否・内容

(1) 付属物収去義務 　賃借人は、賃貸借契約が終了した場合、賃貸人に借用物を返還する義務を負うが（民616条・597条1項）、その際借用物を賃貸借契約締結時の原状に回復する義務を負うかについて民法に直接定めた規定はない。民法616条により賃貸借に準用される同法598条は、「借主は、借用物を原状に復して、これに附属させた物を収去することができる」として、借主の付属物収去権を規定するのみである。

もっとも、判例は、賃借人が賃貸借契約終了時に原状回復義務として賃借物件に付属した物を収去する義務を負うことを肯定する。例えば、大判明44・3・3（民録17-79）は、土地の賃貸借の終了した場合に、賃借人が賃借地を返還する義務が、「土地ノ引渡ノ外ニ尚土地ニ附属セシメタル工作物ヲ取払ヒ土地ヲ契約当時ノ原状ニ復スルノ義務ヲ包含」すると判示している。

学説においても、「目的物の通常の使用収益を妨げるものが附着しているとき（例えば、宅地に基礎工事の残りがあるときなど）」には、返還義務の内容として、これを収去して原状に回復しなければならない（……598条の準用はこのことを

---

[3] 賃借人の原状回復義務について実務的な観点から詳細に分析するものとして、島田佳子「建物賃貸借契約終了時における賃借人の原状回復義務について」判タ1217号（2006）56頁参照。

も意味している。)」[4]、「民法には、直接の規定がないが、関係の規定から、借主には『原状回復』義務があるとされている（民法269条・598条・616条）」[5]、「賃借人は、賃借物を返還するにさいし、それに附属せしめた物を収去し、原状に復せしめなければならない」[6]として、一般に賃借人の原状回復義務[7]を肯定する。

(2) **補修義務** (a) 毀損部分の補修義務　毀損部分の補修義務については、学説上、保管義務違反[8]あるいは使用収益方法違反[9]による債務不履行責任（損害賠償義務）と理解して一般にこれを肯定している[10]。

判例においても、最判平17・3・10（判時1895-60）は、「不動産の賃借人は、賃貸借契約上の義務に違反する行為により生じた賃借目的物の毀損について、賃貸借契約終了時に原状回復義務を負うことは明らかである」と判示し、賃借人の原状回復義務の一環として、賃借人の義務に違反したことによって生じた賃借物件の毀損を補修すべき義務を肯定する。

(b) 補修義務の程度・内容　補修義務の程度であるが、最判平17・12・16（判タ1200-127）は、「賃借人は、賃貸借契約が終了した場合には、賃借物件を原状に回復して賃貸人に返還する義務がある」と一般的な補修義務について肯定しつつ、「賃貸借契約は、賃借人による賃借物件の使用とその対価としての賃料の支払を内容とするものであり、賃借物件の損耗の発生は、賃貸借という契約の本質上当然に予定されているものである。それゆえ、建物の賃貸借においては、賃借人が社会通念上通常の使用をした場合に生ずる賃借物件の劣化又は価値の減少を意味する通常損耗に係る投下資本の減価の回収は、通常、

---

4) 我妻榮『債権各論中巻一』（岩波書店・1957）466頁。
5) 星野英一『借地・借家法〈法律学全集26〉』（有斐閣・1969）200頁。
6) 幾代通＝広中俊雄編『新版注釈民法(15)債権(6)』（有斐閣・1989）302頁〔石田克喜〕。
7) 法定解除の場合の原状回復義務（民545条）とは根拠条文・法的性質を異にする（伊藤滋夫総括編集『民事要件事実講座3　民法Ⅰ』（青林書院・2005）373頁〔山本和敏〕）。
8) 我妻・前掲注4）466頁。
9) 星野・前掲注5）171頁、200頁。
10) 星野・前掲注5）201頁、内田貴『民法Ⅱ　債権各論〔第3版〕』（東京大学出版会・2011）213頁。なお、補修義務自体（作為義務）についても、山本敬三『民法講義Ⅳ-1 契約』（有斐閣・2005）441頁は、「賃貸人Xは、賃借物を損傷したときは――その事実を主張・立証することにより――賃借人Yに対し、賃借物を原状に復するよう請求できる」として、これを肯定する。

減価償却費や修繕費等の必要経費分を賃料の中に含ませてその支払を受けることにより行われている。そうすると、建物の賃借人にその賃貸借において生ずる通常損耗についての原状回復義務を負わせるのは、賃借人に予期しない特別の負担を課すことになるから、賃借人に同義務が認められるためには、少なくとも、賃借人が補修費用を負担することになる通常損耗の範囲が賃貸借契約書の条項自体に具体的に明記されているか、仮に賃貸借契約書では明らかでない場合には、賃貸人が口頭により説明し、賃借人がその旨を明確に認識し、それを合意の内容としたものと認められるなど、その旨の特約……が明確に合意されていることが必要であると解するのが相当である」と判示し、通常損耗に関する補修特約[11]が明確に合意されている場合を除き、通常損耗について原状回復義務はないと解している。

　(c)　補修義務の要件事実　　以上によれば、賃貸人は、賃借人に対し、賃貸借契約終了後、①賃借人の義務違反による賃借物件の毀損部分、または②通常損耗に関する補修特約で合意された損耗部分の補修の履行を請求することができ、その履行がないまま賃借物件が返還された場合には、債務不履行に基づく損害賠償として補修費用相当額および補修必要期間に係る使用相当損害金を請求することができると考える[12]。

　そして、補修義務の要件事実は、①賃貸借契約締結、②賃貸借契約に基づく賃借物件の引渡し、③賃貸借契約の終了、④賃借物件に損傷があること、⑤当該損傷が②の引渡後に生じたものであること、⑥その損傷が賃借人の義務違反により生じたものであること（または、通常損耗に関する補修特約で合意された損耗であること）であり、原状回復義務の不履行による損害賠償を求める場合には、さらに⑦損害額（補修費用等）も必要となる[13]。

---

11) なお、大阪高判平 16・7・30 判時 1877-81 は、特定優良賃貸住宅の供給の促進に関する法律に基づく特定優良賃貸住宅の賃貸借契約において、賃借人が賃借物件の通常の使用に伴い生じた損耗部分の修繕費用を負担する特約について、公序良俗に反し無効であるとした。
12) 東京地判昭 53・10・26 判時 939-65 参照。
13) 島田・前掲注 3) 61 頁参照。

2 原状回復義務の根拠・発生原因

(1) 収去義務
収去義務について、星野英一教授は、目的物に物理的増加（とりわけ改良）が加えられている場合について、以下のように場合分けをして整理している[14]。すなわち、①分離が物理的にも経済的にも容易である場合には、当該増加部分は賃借人の所有に属し、賃借人は収去義務を負うのを原則と解する。②分離が物理的に不可能であるか、それによって両者を毀損するような場合には、もはや増加部分は賃借物件（土地・家屋）の一部とみられるから、賃借人は収去義務を負わず、増加部分が賃借物件の価値を増加する場合には、賃借人は一定の範囲で費用償還請求権を有する。③上記①と②の中間、すなわち収去が可能であるが、収去によって賃借物件の価値のみならず付加した物の価値をも減少するような場合[15]には、賃借人に収去義務はなく、賃借人は収去権と費用償還請求権とを選択して行使できるというのである。

これに対し、山本敬三教授は、上記の整理を所有権的構成と位置付けたうえで、これとは別に、「収去請求は、付属物の所有権がだれに帰属するかにかかわりなく、賃貸借契約にもとづき賃借人が賃借物を契約時の原状に回復する義務を負うことから基礎づけられる」として原状回復構成を呈示し、かかる原状回復構成の場合の収去義務の成立要件として、①賃貸借契約の締結、②賃貸借契約に基づく賃借物の引渡し、③賃貸借契約の終了、④賃借人に賃借物が引き渡されてから後に、賃借物に付属物が付属させられ、賃貸借契約の終了時に付属物が残っていることを挙げている[16]。

以上を踏まえ、本件の場合における収去義務（賃貸人の収去請求権）に関し、その根拠・発生原因について検討するに、所有権的構成による場合には、増加部分が賃借人の所有に属する、分離が物理的にも経済的にも容易である場合にのみ、収去義務（賃貸人の収去請求権）が認められることになる。このような構成においては、賃借人の破産管財人が負う当該増加部分の収去義務は、破産財団に属する増加部分が他人の不動産を占有することに基づく収去義務であっ

---

14) 星野・前掲注5) 201～202頁。我妻・前掲注4) 466～467頁も同旨。
15) 星野・前掲注5) 202頁は、上記③の場合について、附加した物の所有権が賃借人に帰属するか否かを問う実益はあまりないとするが、我妻・前掲注4) 467頁は、上記③の場合を賃借人に所有権が認められない場合として整理している。
16) 山本・前掲注10) 440頁。

て、不動産所有者の取戻権に対応する義務と考えられる。もっとも、破産管財人は当該増加部分を破産財団から放棄することにより、かかる収去義務の負担を免れることが可能と解すべきである（前掲注1）大阪高判昭53・12・21参照）。

　これに対し、山本敬三教授の整理による原状回復構成による場合、収去義務（賃貸人の収去請求権）の主要な発生原因は、原状回復義務の合意と付属物の付加行為にあるものと考えられる。とすれば、本件において破産管財人が負う当該増加部分の収去義務は、その主要な発生原因が破産手続開始前に生じているといえるから、破産法2条5項の「破産者に対し破産手続開始前の原因に基づいて生じた財産上の請求権」に該当するものと考えるべきである[17]。これに対し、収去義務は賃貸借契約の終了に伴い発生するものであるとして、その主要な発生原因は破産手続開始後における破産管財人による契約の解除により生じていると考える見解もありうる。しかし、賃貸借契約の終了原因が破産管財人による解除にあるとしても、賃貸借契約の終了とその際の収去義務はすでに締結されている賃貸借契約の内容にあらかじめ内包されているものであるから、収去義務の主要な発生原因は、やはり破産手続開始前に生じていると考えるべきである（例えば、スケルトン方式（内装等を行わずに建物を支える構造躯体のまま賃貸し、構造躯体の状態に戻して返却させる方式）の貸室賃貸借契約について考えれば、このことはより明らかではなかろうか）。

　（2）　補修義務　　補修義務の要件事実は、**1(2)(c)** で述べた通りであるところ、その主要な発生原因（義務違反による損傷を補修する義務の合意または通常損耗の補修特約の合意の成立と、損傷の発生）は破産手続開始前に生じているといえる。したがって、本件において破産管財人が負う補修義務に係る請求権は、破産法2条5項の「破産者に対し破産手続開始前の原因に基づいて生じた財産上の請求権」[18]に該当するものと解すべきである。

3　原状回復義務と賃借物件の返還義務との関係

　次に、原状回復義務と賃借物件の返還義務との関係であるが、賃借人の原状

---

17) 破産法2条5項の「破産者に対し破産手続開始前の原因に基づいて生じた財産上の請求権」に該当するとしても、「財団債権に該当しないもの」（破2条5項）といえるか、さらに問題となる。

18) 同上。

回復義務と賃借物件返還義務とを別個独立の義務と捉える見解（2個説）と原状回復義務は賃借物件返還義務に包摂されるとする見解（1個説）とが考えられる。

　この点、「附属物収去義務は、民法598条によって創設されたものか、それとも賃貸借が終了したときは目的物を返還する旨の合意（返還合意）によって成立したものであって、同条はこれを注意的に示しただけなのか、二様の考え方が可能」として、前者であれば2個説に、後者であれば1個説になるとの説明があるが[19]、学説では、1個説をとる見解が多いようである[20]。判例（前掲大判明44・3・3）も、前述の通り、土地の賃貸借の終了した場合に、賃借人が賃借地を返還する義務が、「土地ノ引渡ノ外ニ尚土地ニ附属セシメタル工作物ヲ取払ヒ土地ヲ契約当時ノ原状ニ復スルノ義務ヲ包含」すると判示しており、1個説を採用しているように思われる。

II　原状回復請求権の法的性質

1　財団債権の趣旨

　破産手続開始後に賃借人の破産管財人が賃貸借契約を破産法53条1項に基づき解除した場合の賃貸人の原状回復費用請求権の法的性質については、これを財団債権とする見解が有力である[21]。裁判例においても、東京地判平20・8・18（判時2024-44）は、「……原状回復費用請求権は、原告が破産管財人として、

---

19) 伊藤総括編集・前掲注7) 373頁〔山本〕。
20) 伊藤総括編集・前掲注7) 374頁〔山本〕、我妻・前掲注4) 466頁、司法研修所編『改訂　紛争類型別の要件事実』（法曹会・2006）91頁等。
21) 園尾隆司＝深沢茂之編『破産・民事再生の実務（上）』（金融財政事情研究会・2001）183頁〔野原利幸〕、破産再生実務（上）261頁〔山崎栄一郎〕、伊藤・破産再生278頁注64。なお、会社更生の場合について、桃尾重明「会社更生手続と不動産賃貸借」判タ1132号(2003) 100頁および西岡清一郎＝鹿子木康＝桝谷雄一編『会社更生の実務(上)』（金融財政事情研究会・2005）227頁〔佐々木宗啓〕は、更生手続開始後に賃借人会社の管財人が双方未履行双務契約として不動産賃貸借契約を解除した場合に、目的物を原状に回復するための費用は共益債権となるとする。
　　これに対して、原状回復費用請求権が財団債権であるとする見解に疑問を投げかける見解として、全国倒産処理弁護士ネットワーク編『論点解説新破産法(上)』（金融財政事情研究会・2005）111頁〔小林信明〕、園尾ほか編・前掲注1) 216頁〔富永〕参照。

破産手続の遂行過程で、破産財団の利益を考慮した上で行った行為の結果生じた債権といえるから、破産法148条1項4号及び8号の適用又は類推適用により、財団債権と認められる」と判示する[22]。

これらの見解は、当該原状回復費用について、「破産財団に関し破産管財人がした行為によって生じた請求権」（破148条1項4号）、または「破産手続の開始によって双務契約の解約の申入れ（第53条第1項又は第2項の規定による賃貸借契約の解除を含む。）があった場合において破産手続開始後その契約の終了に至るまでの間に生じた請求権」（破148条1項8号）を適用または類推適用するものである[23]。

そこで、破産法148条1項4号および同項8号において、一定の請求権が財団債権とされる趣旨を踏まえ、本件について以下、検討する。

(1) 破産法148条1項8号について　破産法148条1項8号の趣旨は、賃貸借や雇用など継続的契約関係において、解約の効力が生じるまで一定の期間を要する場合、「この期間内では契約関係が存続し、破産財団が相手方からの給付を受けるので、反対給付たる相手方の請求権も公平の見地から、財団債権とした」ものである[24]。

かかる同号の趣旨に鑑みれば、同号により財団債権とされる請求権は、破産手続開始後その契約の終了に至るまでの一定期間において契約関係が存続することに基づき破産財団が相手方から受けることとなる給付の反対給付たる相手方の請求権をいうものと解すべきである[25]。とすれば、同号を根拠に破産財団

---

22) なお、東京高判平16・10・19判時1882-33も、根拠は明確ではないが、原状回復費用について財団債権とする。
23) なお、桃尾・前掲注21）100頁は、原状回復義務が賃貸借契約により給付したものを返還すべき義務であるとして、「原状回復義務は、管財人の義務となり、管財人が怠れば、その為に要する費用の請求権は共益債権」にあたるとする。
24) 伊藤・破産再生231頁。条解破産959頁も同旨。
25) 中野貞一郎＝道下徹編『基本法コンメンタール破産法〔第2版〕』（法セミ別冊・1997）69頁〔中西正〕は、旧破産法47条8号の請求権を財団債権とする根拠について、「この間破産財団は相手方から給付を受けるので反対給付たる相手方の請求権を財団債権とするのが公平であるという点にある」とする。この点、大阪地方裁判所第6民事部編『破産・個人再生の実務Q&A　はい6民です　お答えします〔全訂新版〕』（大阪弁護士協同組合・2008）147頁、大阪地方裁判所・大阪弁護士会破産管財運用検討プロジェクトチーム編『破産管財手続の運用と書式〔新版〕』（新日本法規・2009）115頁は、破産法

が何ら利益を享受するという関係にない原状回復請求権を財団債権とすることは、むしろ賃貸人と他の破産債権者と公平を損なうものというべきであり、破産法148条1項8号の趣旨に合致しないものというべきである。

(2) 破産法148条1項4号について 次に、破産法148条1項4号は、破産管財人が行った法律行為あるいは不法行為に基づき生じた請求権を財団債権とするもので、その趣旨は、「破産債権者の利益の実現をその職務とする破産管財人の行為によって生じた請求権である以上、破産債権者全体にこれを負担させるのが公平である」との点にある[26]。

しかし、Ⅰ2(1)(2)で述べたように、本件の原状回復請求権は、破産手続開始前にその主要な発生原因が生じているものというべきであり、破産管財人の行為に起因する請求権と評価することが妥当といえるか疑問である[27]。特に、破産法53条1項に基づき賃借人の破産管財人が賃貸借契約を解除した場合の相手方との利益衡量について破産法が特則（破54条1項・2項）を定めていることに鑑みれば、一般条項というべき破産法148条1項4号が適用または類推適用されると考えることは相当ではないように思われる。

148条1項8号に規定する「破産手続開始後その契約の終了に至るまでの間に生じた請求権」とは、「破産手続開始決定後その契約の終了に至るまでの間［の原因］に［よって］生じた請求権」であると解するのが制度趣旨に合致するとする。

26) 伊藤・破産再生229頁。
27) 大阪地方裁判所第6民事部編・前掲注25) 147頁、大阪地方裁判所・大阪弁護士会破産管財運用検討プロジェクトチーム編・前掲注25) 116頁も同旨。
　これに対し、伊藤・破産再生278頁は、破産管財人の行為に起因する債務である以上、破産債権者が共同で負担することを受忍しなければならないから、財団債権（破148条1項4号または8号）になると解すべきであるとする。
　なお、最判昭43・6・13民集22-6-1149は、旧破産法下の事件において、判決要旨として「破産財団に属する物件が他人の土地上に存在し、そのため、右土地を不法に占有することによつて生じる損害金債権は、破産法第47条第4号所定の財団債権にあたる」と判示する。当該損害金債権が「破産管財人の管理処分権にもとづいてする行為を原因として生じるものと解する」ものであるが、奈良次郎・昭和43年度最判解(民)(上) 419頁によれば、破産管財人において作為義務を負っているにもかかわらず作為をしなかったために生じた請求権と評価できるとされている。本件についていえば、Ⅰ2(1)で述べた所有権的構成に基づく破産管財人の収去義務がこれにあたると思われるが、破産手続開始前の原因に基づき生じたものと評価すべき原状回復構成に基づく収去義務や補修義務については当然には妥当しないと考える。

2 破産法54条1項・2項の意義について

(1) 破産法54条1項・2項の意義　破産法53条1項または2項の規定により契約の解除があった場合の規律について、破産法は、54条1項で相手方の損害賠償請求権を破産債権と位置付けつつ、同条2項で相手方の反対給付価額償還請求権を財団債権とする。

かかる破産法54条の趣旨は、破産管財人に付与した双方未履行双務契約の解除権の実効性を確保する趣旨で、相手方の損害賠償請求権を破産債権とする一方で（破54条1項）、公平の見地に立って、破産者の受けた給付が破産財団中に現存するときは、それを相手方に返還させ、現存しなければその価額を相手方に償還させるというものである（同条2項）[28]。

かかる破産法54条の規律を、破産手続開始後に賃借人の破産管財人が賃貸借契約を同法53条1項に基づき解除した場合にあてはめて検討すると、賃貸人は、破産法54条2項前段に基づき破産管財人が管理する賃借物件そのものの返還を請求できるが、当該返還請求権には原状回復請求権は含まれないと解すべきである。なぜなら、破産法54条2項に基づく返還請求権は、その文言上、破産財団中に現存する反対給付そのものの返還請求権と考えるべきであるし、そのように解することが、破産法54条の趣旨である賃貸人と破産債権者との公平に資するものと思われるからである（注32）参照）。

(2) 原状回復請求権と賃借物件の返還義務との関係　これに対し、原状回復義務と賃借物件の返還義務との関係について、原状回復義務は賃借物件返還義務に包摂されるとする見解（1個説）をとる場合、破産法54条2項前段に基づく返還義務の一環として原状回復義務を扱うべきではないか[29]。

しかし、破産法54条2項前段に基づく返還義務は、賃借人の義務を破産管財人が承継したものではない。また、1個説・2個説の議論は平時の議論であり、倒産に至った場面では、倒産法理（本件の場合、破産法54条の規律）によ

---

28) 伊藤・破産再生269頁〜270頁、232頁、条解破産404頁。
29) 仮に破産法54条2項前段の返還請求権に原状回復請求権が含まれると解すると、賃借物件そのものを返還したとしても原状回復がなされない限り（返還義務の本旨弁済とはいえない）、破産管財人は賃料相当損害金を財団債権（破148条1項8号）として負担するとともに、原状回復義務の不履行に基づく損害賠償請求権を財団債権（同項4号）として負担することとなろう。

り実体法の規律は変更されるものと考えるべきである[30]。そして、破産法54条2項前段に基づく返還請求権は、その文言上、破産財団中に現存する反対給付そのものの返還請求権であって、原状回復請求権は含まないと考えるべきであり[31]、そのように解することが、賃貸人と破産債権者との公平に資するものと思料する[32][33]。

- -

[30] この点、大阪地方裁判所第6民事部編・前掲注25) 147頁は、破産債権が財団債権に包摂されることにより財団債権になるとすべき理由はなく、また、破産債権が財団債権に「格上げ」されるとすれば、不当に破産財団の負担が増加することになり、これは破産債権者の一般の利益に反する結果となるとして、明渡請求権と原状回復請求権との関係について1個説をとるとしても、倒産法理によって2つの請求権が「破産債権と財団債権という性質の異なる請求権として扱われることになった以上、包摂関係が解消されるべきである」とするが、傾聴に値する。

[31] もっとも、伊藤・破産再生232頁は、破産法54条2項について、「解除の場合の原状回復請求権（民545Ⅰ本文）を破産の場合にも保障する趣旨である」とする。すなわち、「破産管財人に解除権という特典を与えたそのカウンターバランスとして相手方の原状回復請求権が財団債権」（座談会「伊藤民事手続法学と判例・実務」判タ1253号（2008）23頁〔松下淳一発言〕）になると考えるものである。

[32] すなわち、原状回復請求権の発生原因が破産手続開始前に生じている場合（例えば、賃借人が破産手続開始前に賃借物件を毀損したような場合）、原状回復請求権を破産法54条2項前段の返還請求権の一環として位置付けることは過度に賃貸人を保護することになって、賃貸人と破産債権者との公平を損なうものというべきである。特に、賃貸人は、原状回復請求権等を担保する趣旨で相当額の敷金を授受することが一般であることに留意すべきである（すなわち、賃貸人は、原状回復費用を敷金をもって充当することにより、敷金の範囲で優先的に満足を得ることができる。なお、敷金返還請求権に質権が設定された場合における原状回復費用の充当について、最判平18・12・21民集60-10-3964参照）。

[33] 最判平12・2・29民集54-2-553は、年会費の定めのある預託金会員制ゴルフクラブの会員が破産した場合について、旧破産法59条1項に基づく解除によって相手方（ゴルフ場経営会社）に著しく不公平な状況が生じるようなときには、破産管財人は同条項に基づき会員契約を解除することができないとしたうえで、相手方に著しく不公平な状況が生じるかどうかは、「解除によって契約当事者双方が原状回復等としてすべきこととなる給付内容が均衡しているかどうか、破産法60条等の規定により相手方の不利益がどの程度回復されるか、破産者の側の未履行債務が双務契約において本質的・中核的なものかそれとも付随的なものにすぎないかなどの諸般の事情を総合的に考慮して決すべき」と判示する。

　破産管財人による解除権の可否を論じる当該最判の判示は、本件とは異なる場面の議論であって当然には本件にはあてはまらないが、破産管財人と契約解除の相手方との公平を考えるうえで諸般の事情を総合的に考慮するという当該最判の考え方は本件でも参

なお、反対給付が破産財団中に現存しない場合の価額償還請求権は給付物そのものの価額（価額算定の基準時については、相手方による給付がなされた時点とする見解が通説[34]である）を意味するものと思われるが、本件とは異なる場面にあてはまるものであり[35]、上記解釈に影響するものではない。

3 結　論

以上によれば、本件の場合の原状回復請求権は、破産法2条5項の「破産者に対し破産手続開始前の原因に基づいて生じた財産上の請求権」に該当し、かつ、破産法のその他の規定に基づき財団債権に該当することもない以上、破産債権（破2条5項）[36]にあたると考えるべきである。

● ── 一裁判官の視点

　賃貸人の原状回復費用請求権が財団債権か破産債権かが問題となるのは、破産管財人が目的物をこれから返還する場合、あるいは、破産管財人が原状回復をせずに目的物を返還した場合である。
　原状回復費用請求権を破産債権とするということは、破産管財人が目的物をこれから返還する際に原状回復のための行為をしないことについて、あるいは、返還した際に原状回復義務を履行しなかったことについて、破産管財人の義務

考になるというべきである。すなわち、本件において賃貸人の保護（原状回復請求権の保護）を考えるにあたっては、原状回復請求権等を担保する趣旨で相当額の敷金が賃貸人に差し入れられている事情をも考慮すべきではなかろうか。

34) 条解破産406頁。
35) そもそも、破産管財人の行為と関係なく破産手続開始前に破産者の行為によって賃貸借契約の目的物が滅失した場合においては、破産管財人による双方未履行双務契約解除によらずに当該賃貸借契約は履行不能で終了したものと考えるべきであるから、相手方の反対給付に関する請求権は損害賠償請求権として破産債権に過ぎないと考えるべきであろう。
36) この点、破産法54条1項の損害賠償請求権は、同法53条1項に基づく解除に伴い生じる損害賠償請求権を意味するものと思われ、本件の原状回復請求権を破産管財人が履行しないことに伴う損害賠償請求権がこれに含まれると解することは困難と思われる。

違反が問われないということを意味する。

　ところで、破産管財人が目的物の返還義務を履行するのは、所有権に基づく返還請求権を基礎とする取戻権に対応する場合と、賃貸借契約終了に基づく目的物返還請求権を基礎とする取戻権に対応する場合とが考えられる。原状回復としての収去に係る付属物が賃借人の所有にある場合、取戻権についていずれの構成によるかでその返還義務の履行態様は異ならないのに対し、付属物が第三者の所有にある場合は態様が異なることがありうるが、原状回復費用請求権を破産債権とする考え方は、上記のうち賃貸借契約終了に基づく目的物返還請求権を基礎とする取戻権を認めないことと結果的に同じになるように思われ、立論としても、このような目的物返還請求権は破産債権となる（ただし、所有権を基礎とする取戻権に対応する返還義務の履行により消滅する）とまでしないと整合しないように思われる。

　また、原状回復義務が目的物返還義務に包摂されるにせよ、されないにせよ、破産法54条2項を根拠に破産管財人が原状回復義務の不履行について義務違反が問われないという結論を導けるのは、破産管財人が賃貸借契約を解除した場合であるが（なお、本論稿では、同項の価額償還請求権については財団債権とされているが、目的物返還請求権の性質をどう考えるかは明言されていない）、破産管財人によらずに賃貸借契約がすでに解除され、破産管財人がこれから目的物返還義務を履行するというような場合には、同項の適用はなく異なった扱いとなるということになるのであろう。

　このように、原状回復請求権を破産債権とすることは取戻権等の他の枠組みにも影響を及ぼすことになり、難しい問題があるように思われる。

　なお、原状回復請求権を破産債権とする議論が注目されるようになった経緯として、全国規模で賃借物件を抱える事業者の破産事件が起こったことが挙げられると考えられるが、当時のこの議論の真意は、そのような議論もあることを賃貸人に示して原状回復に関する和解的解決を図り、破産財団の減少を防いだり、破産管財人の原状回復に係る手間を軽減させようとしたところにあったと理解される。こうしたところを措いて、原状回復請求権を破産債権であるとすると、賃貸人にとって、破産の場面では、貸した当該物を「きちんと」返してもらえるということが救済の余地がないほどにないがしろにされるという賃借人についてのリスクが大きくなる。こうしたリスクを正当にカバーさせるためには、賃貸借契約締結前や締結後においても賃借人に説明義務と必要に応じた保証金の支払義務を負わせることになるであろうし、このことは、ひいては売買とは別にある賃貸借契約という経済活動のあり方にも少なからず影響を与えることにならないか懸念される。

　なお、本論稿においては、物理的増加・改良が加えられた場合の収去義務について、当該増加改良部分が誰の所有に属するか（賃貸借契約の目的物と独立し

> て所有の対象になるかということと大差はないように思われる）を基準とする「所有権的構成」を前提とした場合は取戻権に対応する義務と考えられるとするが、収去義務発生の有無の基準と同義務の性質とは対応関係にあるといえるか疑問がある。　　　　　　　　　　　　　　　　　　　　　　　（山崎栄一郎）

2 賃借人破産と破産法53条1項に基づく破産管財人の解除選択──賃貸人の原状回復請求権・原状回復費用請求権を中心に　水元宏典

　賃借人は、賃貸借契約が終了すると、賃貸人に対して賃借物を返還し、原状回復をする義務を負う（民616条・598条）。また、賃借人がかかる原状回復義務を履行せず、賃貸人が代わって原状回復を行った場合には、賃貸人は、要した費用につき、賃借人に対して原状回復費用請求権を取得する。

　では、賃借人が破産し、賃貸借契約が破産法53条1項に基づく破産管財人の解除選択によって終了した場合はどうか。この場合においても、賃貸人は、賃借物返還請求権のほか、原状回復請求権あるいは原状回復費用請求権を取得しうるが、問題は、かかる請求権が取戻権・財団債権・破産債権といった破産法上の権利のカタログのいずれに分類されるべきかである[1]。これが本稿の検討課題である。想定している賃貸借契約としては、賃貸人が所有する不動産の賃貸借契約であり、原状回復について免除特約のないものである。

　近時、原状回復費用請求権について、破産法148条1項4号および8号の適用または類推適用によって財団債権とする立場が裁判例に現れた[2]。指導的な学説もこれを支持している[3]。この立場が原状回復請求権そのものについてどのように考えているかは、必ずしも明らかでない。しかし、おそらくは同様に財団債権と解している

---

1) なお、破産法53条1項に基づく破産管財人の解除選択によって賃貸人が損害を被る場合、その損害賠償請求権は、同法54条1項の破産債権である。このこと自体には異論はないであろう。問題は損害の範囲であり、とりわけ違約金条項が破産手続との関係でも有効かは議論がある。賃貸人の損害賠償請求権については、澤野芳男「賃借人破産における諸問題」門口正人判事退官記念『新しい時代の民事司法』（商事法務・2011）141頁、井上計雄「賃借人破産における破産法53条1項による解除の規律」倒産実務交流会編『争点　倒産実務の諸問題』（青林書院・2012）341頁参照。
2) 東京地判平20・8・18判時2024-37。
3) 伊藤・破産再生278頁注64。ただし、根拠条文については、端的に破産法148条1項4号または8号の適用としている。

ものと想像できる[4]。少なくとも、原状回復請求権を破産債権と理解していないことは、明らかである。というのも、原状回復請求権が破産債権であるならば、当該破産債権者がそれを代わって行ったとしても、その費用償還請求権が財団債権に格上げされることはありえないからである。

これに対して、原状回復請求権および原状回復費用請求権をともに破産債権と解する立場もまた有力である[5]。その最大公約数的な論拠は、端的にいえば、いずれの請求権も共益的でないこと、分析すれば、①対価的公平性を欠くこと、②破産手続開始前の原因に基づくこと、に整理できる。

I 比較法的考察

わが国破産法の母法であるドイツ破産法においては、破産債権説が通説を形成していたことが注目される（現行のドイツ倒産法のもとでも同様である）。すなわち、ドイツ破産法は、双方未履行双務契約について、同法17条でその通則を規定し、賃借物引渡後の賃借人破産の場合については、同法19条が特則を設けていた。この特則によれば、破産管財人と賃貸人の両者に解約告知権が与えられ、破産管財人が解約告知をした場合には、賃貸人に損害賠償請求権が認められる。この特則のもと、破産管財人が賃貸借契約を解約告知した場合の効果については、賃借物返還請求権は取戻権であるが、損害賠償請求権はもとより、原状回復請求権も原状回復費用請求権も原則として破産債権であると解さ

---

4) 大阪地方裁判所第6民事部編『破産・個人再生の実務Q&A　はい6民です　お答えします〔全訂新版〕』（大阪弁護士協同組合・2008）146頁は、原状回復請求権を破産法148条1項4号または8号の財団債権とする立場が多い、と評している。

5) とりわけ大阪地方裁判所第6民事部編・前掲注4) 146頁が破産債権説を採用していることは注目される。網羅的ではないが、破産債権説を展開する論攷としては、小林信明「賃借人の破産・会社更生・民事再生」全国倒産処理弁護士ネットワーク編『論点解説　新破産法(上)』（金融財政事情研究会・2005）105頁、111頁以下、園尾隆司ほか編『新版破産法〈新・裁判実務大系28〉』（青林書院・2007）204頁、215頁注8〔富永浩明〕、岡伸浩「賃借人破産における原状回復請求権の法的性質」筑波ロー・ジャーナル7号（2010）79頁、堀政哉「敷金の充当関係と充当後残債務の処理について」倒産実務交流会編・前掲注1) 353頁。本書の三森仁論稿「1　原状回復請求権の法的性質に関する考察」（3頁）もまた破産債権説を展開する。

れてきた。その論拠として注目されるのは、Synallagma（＝履行上の牽連関係）欠缺の指摘である。すなわち、賃貸人は、原状回復請求権や原状回復費用請求権について、履行上の牽連関係のある義務を負っていない、換言すれば、賃貸人と破産財団との間に給付と反対給付の交換関係が存在しない、という論拠である[6]。

　わが国破産法と比較した場合、ドイツ破産法の双務契約規定の最大の特徴は、その通則の側に現れる。すなわち、通則であるドイツ破産法17条は、その制度目的としてSynallagmaを重視し、破産管財人による履行選択とSynallagmaによる相手方の保護を規定している。そこでは、破産管財人に解除権は付与されておらず、履行の反対の選択肢は履行の拒絶でしかない[7]。この履行拒絶は解除とは異なるから、破産管財人の履行拒絶によって原状回復の関係は原則として発生しない。もっとも、破産管財人の履行拒絶の結果、例外的に原状回復類似の清算的巻戻しが必要となる場合もありうるが、この場合においても相手方が保護されるのは、かかる巻戻しにおいてSynallagmaの関係が認められるときに限られる、と解されている[8]。

　この通り、ドイツ破産法は、通則において双務契約の相手方が保護されるべき根拠をSynallagmaに求め、特則において賃貸人の原状回復請求権や原状回復費用請求権が破産債権と解されるべき根拠をSynallagmaの欠缺に求めている。ドイツ破産法のこのような態度は、Synallagmaを基点として、それなりに一貫していると評しうる。

　これに対して、わが国破産法は、双務契約規定の通則である53条におい

---

[6] Jaeger/Henckel, Konkursordnung, 9. Aufl.（3. Lieferung 1981),§19 Anm.76. また、Synallagmaという語自体は用いていないが、現行法のもとでも同様の理解を示すものとして、Gottwald/Huber, Insolvenzrechtz-Handbuch, 4. Aufl.（2010),§37 Rn. 37.

[7] ドイツ破産法17条および履行拒絶の詳細については、さしあたり、水元宏典『倒産法における一般実体法の規制原理』（有斐閣・2002）168頁以下。

[8] 履行拒絶という法律構成のもとでも清算的巻戻しが例外的に認められる場合もある。例えば、双方一部履行済みの双務契約について、相手方のした一部給付が当該一部では無価値であり、かつ、破産管財人が履行選択を欲しないときに、破産管財人は、履行を拒絶し、相手方に対して、相手方のした一部給付を返還し、それと引き換えに、破産者のした一部給付の返還を求めることができるという。Jaeger/Henckel, Konkursordnung, 9. Aufl.（2. Lieferung 1979),§17 Anm.83.

て、破産管財人に一方的な解除権を付与し、賃借人破産の処理もこの通則によっている。破産法53条の制度趣旨において、対価的公平性、言い換えればSynallagmaを重視したとしても[9]、破産管財人のかかる解除権そのものは、破産財団の利益に向けられた特別の権能という位置付けを免れない。破産管財人の解除権がこのように位置付けられる限り、解除選択による原状回復において相手方が取戻権者または財団債権者として保護されるべきことは、破産管財人に特別の解除権という優越的地位が与えられたことの代償として正当化され[10]、Synallagmaとの連関は切断される。このため、破産管財人が解除を選択し、相手方のみが一方的な原状回復請求権を取得する場合、すなわちSynallagmaを欠く場合であっても、なお相手方は破産法54条2項で保護されるべきである、との解釈論がわが国では説得力をもつことになる[11]。

　この通り、わが国では、破産法53条に基づいて破産管財人が解除を選択した場合、破産管財人の優越的地位の代償という論理がSynallagmaを凌駕する。このため、破産債権説は、ドイツ法におけるような首尾一貫性を誇りえない。むしろ、賃貸人の一方的な原状回復請求権といえども、取戻権ないし財団債権として保護する方向性が示唆される。もっとも、賃借人破産の場合には、そのような賃貸人保護の根拠条文として、破産法54条2項は適当ではない。なぜなら、立法者が破産法54条2項において想定していたのは、民法545条にお

---

9) 破産法53条の制度趣旨については、周知の通り、議論がある。通説によれば、その趣旨は、双務契約における対価関係の維持や当事者間の公平にある。最判平12・2・29民集54-2-553も同様の理解を示す。学説・判例については、概説205頁以下〔沖野眞已〕参照。このように対価的公平性を重視するわが国の通説・判例の考え方は、Synallagmaを重視するドイツ法的発想と基本的には方向性が一致する。しかし、本文後述の通り、わが国では破産管財人に一方的な解除権が付与されていることから、解除選択においてはドイツ法と異なる考慮が要請されることになる。
10) 破産管財人の優越的地位の代償という論理については、伊藤・破産再生269頁参照。なお、この論理の説得力は、破産法53条の制度趣旨論における同書の立場（いわゆる解除利益説）を離れても妥当する。この点については、座談会「伊藤民事手続法学と判例・実務」判タ1253号（2008）5頁、28頁〔松下淳一発言〕が示唆的である。
11) 最判昭62・11・26民集41-8-1585は、請負人破産の場面において、特に理由を付すことなく当然に、注文者の一方的な原状回復請求権を旧破産法60条2項（現破54条2項）の財団債権としている。現行破産法の立案過程において、これを破産債権とする議論も行われたが、採用されていないことも注目される。議論の詳細は、大コンメ223頁〔松下淳一〕、条解破産407頁参照。

ける原状回復すなわち遡及解除における不当利得的清算の局面であり[12]、賃借物に関する原状回復は民法545条や遡及解除と無関係だからである。

　以上のように考えると、賃貸人の原状回復（費用）請求権を財団債権と解する立場が根拠条文を破産法54条2項の外(すなわち破148条1項4号または8号)に求めたうえで、賃貸人の保護を図ろうとすることには相当の理由があるように思われる。もっとも、この立場においても、さらに詰めるべき点は残されている。以下の通りである。

II 検　　討

1　前提の確認

　破産法53条1項は、双方未履行双務契約について破産管財人に解除権を付与している。この解除権は破産法上の権能であるが、その内容は、合理的理由のない限り、平時実体法上の解除権と整合的に理解すべきである。したがって、少なくとも目的物引渡後の賃貸借契約については、解除の遡及効を否定する平時実体法の一般的な理解に倣って、破産法53条1項の解除も内容的には解約告知と理解すべきことになる。この点については特に異論はないであろう。

2　賃貸人の賃借物返還請求権

　賃貸人は、賃貸借契約が終了すると、賃借物の返還を請求することができる。賃貸人が賃借物の所有者であれば、賃貸借契約に基づく債権的な返還請求権と、所有権に基づく物権的な返還請求権とが競合して成立する。以上は、平時実体法における一般的な理解である[13]。

---

12) 破産法54条2項は旧破産法草案62条に由来するが、その趣旨について、立法を指導した加藤正治博士は、次のように説く。「……解除ヲ為シタルトキハ民法第五四五条ニ依リ相手方ヲシテ原状ニ復セシムル義務ヲ負フカ故ニ若シ相手方ノ給付シタルモノカ破産財団中ニ現存スルトキハ相手方ハ其返還ヲ請求スルコトヲ得若シ給付シタルモノカ現存セサルトキハ其価額ニ付キ財団債権者トシテ其権利ヲ行ハシム（草案六二）若シ然ラサルトキハ破産財団ハ不当ノ利得ヲ為スニ至レハナリ」。以上、加藤正治『破産法講義〔第6版〕』（巖松堂書店・1920）183頁。

13) とりわけ裁判実務の立場である。司法研修所編『新問題研究要件事実』（法曹会・2011）121頁。

賃借人破産において賃貸借契約が破産法53条1項に基づき破産管財人によって解除された場合も同様である。この場合、賃貸人は、破産管財人に対して、取戻権者として、賃借物の返還を請求することができる。このことは、賃借物の返還請求権が所有権に基づくのか賃貸借契約に基づくのかで異ならない。なぜなら、取戻権の成否にとって重要なのは、対象財産が破産者の責任財産に属するか否かであって、請求権の基礎が物権か債権かではないからである[14]。

問題は、取戻権の根拠条文である。破産法62条の一般の取戻権と解すべきか、同法54条2項前半の特別の取戻権と解すべきか、2説ありうる。後説は、破産法54条2項にいう「破産者の受けた反対給付」として、「賃借人の受けた賃借物の引渡し」を想定することになる[15]。確かに、賃借物の引渡しも一般論としては「反対給付」といいうる。しかし、前述の通り、破産法54条2項は、解除の遡及効に関する規定であるから、解除の遡及効と無関係な賃借物返還請求権については、適用されるべきではない。原則に戻って、破産法62条の一般の取戻権と解すべきである。

3 賃貸人の原状回復請求権

(1) 平時実体法の整理　賃貸人は、賃貸借契約が終了すると、賃借物について原状回復を求めることができる（民616条・598条）。その内容は、付属物に関する原状回復と、通常損耗を超える損傷[16]に関する原状回復とに大別される[17]。

まず、付属物に関する原状回復については、収去請求権が観念される。原状

---

14) 条解破産446頁。これに対して、大阪地方裁判所第6民事部編・前掲注4）147頁は、「明渡請求権は財団債権であることについては争いがない」として、賃借物の返還請求権を財団債権と解しているようにも読める。しかし、そうだとすれば疑問である。

15) 本書の三森仁論稿「1 原状回復請求権の法的性質に関する考察」もこの立場のようである（12頁）。しかし、この立場は破産債権説と相性が悪くないか。換言すれば、破産法54条2項を引き合いに出してしまうと、賃借物に付属や損傷がある場合には、それによって「反対給付」の一部が破産財団中に「現存」しないものと評価され、原状回復費用請求権が「その価額」として財団債権となってしまうように思われる。

16) 通常損耗については、明確な特約なき限り原状回復を求めることができない。最判平17・12・16判タ1200-127。本稿においても、かかる特約はないものとする。

17) NBL編集部編『民法（債権関係）の改正に関する中間試案』（NBL別冊・2013）第38の13は、原状回復の内容をこのように二分していることが注目される。

回復請求権としての収去請求権は、賃貸借契約に基づく債権的な請求権である。もっとも、賃貸人が賃借物の所有者である場合には、かかる債権的な収去請求権とは別に、賃借物の所有権に基づいて物権的な収去請求権も成立する。両者の関係を簡単に示せば、付属物が賃借物から独立し、賃借人の所有に属する場合には、賃貸借契約と賃借物所有権のいずれに基づいても、賃貸人には収去請求権が認められるのが原則である。この限りでは、両請求権は競合する。他方で、付属物が賃借物に附合し、賃貸人の所有に属する場合には、所有権に基づく収去請求権は認められない。しかし、この場合でも、賃貸借契約に基づく収去請求権は、付属物を分離できる限り、原則として認められる[18]。

次に、損傷に関する原状回復については、そもそも作為請求権としての補修請求権を観念しうるかが問題となる。肯定するのが判例・実務の立場であり[19]、本稿もこれに従う。そうすると、原状回復請求権としての補修請求権（＝作為請求権）は、賃貸借契約上の義務違反（用法遵守義務違反・保管義務違反）による債務不履行責任としての損害賠償請求権（＝金銭債権）とは区別される[20][21]。

(2) 付属物の収去請求権　　(a) **独立物**　　賃借人の所有に属する独立物（非附合物）の収去請求権は、前述の通り、賃借物所有権および賃貸借契約

---

18) 以上の詳細は、山本敬三『民法講義Ⅳ-1　契約』（有斐閣・2005）438頁以下参照。
19) 島田佳子「建物賃貸借契約終了時における賃借人の原状回復義務について」判タ1217号（2006）56頁、59～60頁。澤野・前掲注1）146～147頁も同趣旨か。
20) 賃貸借契約の期間中は原状回復請求権が認められないというのが判例（最判昭29・11・18裁判集民16-529）の立場であるから、用法遵守義務違反・保管義務違反による損傷については、契約期間中は債務不履行による損害賠償請求権の行使しか認められない。しかし、契約終了後は、かかる損害賠償請求とは別に、原状回復請求権としての補修請求権も行使できると考えられている。また、原状回復請求権としての補修請求権は、不作為請求権である用法遵守請求権の結果除去請求権（民414条3項）とも異なると考えられている。仮に異ならないとすれば、賃貸借契約の期間中も損傷に対して補修請求が可能となるはずであるが、上記判例は、契約期間中の補修請求権を承認していないからである。以上、島田・前掲注19）61～62頁。
21) これに対して、本書の三森仁論稿「1　原状回復請求権の法的性質に関する考察」は、補修請求権について、債務不履行（用法遵守義務違反・保管義務違反）による損害賠償請求権として構成するようである（5～6頁）。確かに、損害補填の方法として原状回復構成をとる余地はある。しかし、本稿では、金銭賠償の原則（民417条）から、債務不履行責任としての損害賠償請求権は金銭債権であり、原状回復請求権としての補修請求権（作為請求権）とは別個の請求権と捉えている。

のいずれに基づいても認められるのが原則である。

　そこでまず、所有権に基づく収去請求権について検討する。以下の理由から、取戻権と解すべきである。すなわち、(i)所有権に基づく収去請求権の性質については、大別して、2つの考え方がある。1つは、所有権に基づく返還請求権の内容に包摂されるとする1個説であり、もう1つは、所有権に基づく妨害排除請求権として、返還請求権とは別個に認められるとする2個説である[22]。(ii)そこで、まず1個説によれば、前述の通り賃貸物の返還請求権は取戻権（破62条）と解されるから、付属物の収去請求権も当該取戻権の一内容として認められる。しかし、これに対しては、破産債権説の側から、1個説は平時の議論であり倒産時には包摂関係が解消される、といった批判もある[23]。(iii)この批判に対しては、根本的な疑問もあるが[24]、仮に包摂関係を否定し、2個説に立ったとしても、所有権に基づく妨害排除請求権もまた取戻権（破62条）を基礎付ける、と反駁できる。なぜなら、取戻権の機能は対象財産の円満な保護にあり、返還請求権も妨害排除請求権も対象財産の保護手段である点において差異はないからである。取戻権の「取り戻し」という語感に惑わされるべきではない[25]。

　以上の通り、独立物について所有権に基づく収去請求権が取戻権（破62条）であるとすれば、同一の独立物について競合して成立する、賃貸借契約に基づく収去請求権（原状回復請求権としての収去請求権）もまた取戻権と解すべきことになる。取戻権の成否にとって、請求権の基礎が物権か債権かは重要でないことは前述した。また、ここでも取戻権の根拠条文として破産法54条2項が不適切であることは、既述の通りである。破産法62条を根拠とすべきである[26]。

----

22) 司法研修所編『紛争類型別の要件事実—民事訴訟における攻撃防御の構造〔改訂〕』（法曹会・2006）58〜59頁。
23) 大阪地方裁判所第6民事部編・前掲注4) 147頁。
24) 同前147頁は、「倒産法理によって2個の請求権［引用者注：原状回復請求権と明渡請求権］が破産債権と財団債権という性質の異なる請求権として扱われることになった以上は，包摂関係が解消されるべき」とするが、これは明らかに結論の先取りである。
25) 所有権に基づく妨害排除請求権もまた取戻権（破62条）であることについては、条解破産445頁。
26) 賃借物返還請求権を破産法54条2項の取戻権であると解する立場が1個説をとると、独立物の収去請求権もまた破産法54条2項の取戻権となる。しかし、賃借物返還請求権が破産法54条2項ではなく、同法62条の取戻権であることは前述した。

(b) 附合物　賃貸人の所有に属する附合物の収去請求権は、前述の通り、賃貸借契約に基づいてのみ認められる。

　賃貸借契約に基づく収去請求権（原状回復請求権としての収去請求権）についても、1個説と2個説の考え方がある[27]。(i)まず、賃貸借契約に基づく収去請求権が賃貸借契約に基づく賃借物返還請求権に包摂される、というのが1個説である。1個説のもとでも、包摂される収去請求権として想定されているのは、独立物についてであり、附合物の収去請求権ではない[28]。したがって、賃借物の返還請求権が取戻権であるからといって、附合物の収去請求権までもが当該取戻権に包摂されることにはならない。(ii)次に、賃貸借契約に基づく収去請求権と賃貸借契約に基づく賃借物返還請求権とが別個の請求権である、というのが2個説である。2個説のもとでも、独立物については、賃貸借契約に基づく収去請求権といえども、取戻権が基礎付けられる。これは前述の通り、取戻権であるところの、所有権に基づく妨害排除請求権と競合するためである。しかし、附合物については、その所有権が賃貸人に帰属する以上、所有権に基づく妨害排除請求権の対象とならない。したがって、所有権に基づく妨害排除請求権が取戻権であるからといって、附合物の収去請求権が取戻権を基礎付けることにはならない。

　以上の通り、附合物の収去請求権は取戻権ではない。

　では、財団債権か破産債権か。前述の通り、破産管財人が破産法53条によって解除を選択した場合、その原状回復関係においては、破産管財人の優越的地位の代償という論理がSynallagmaを凌駕する。このため、附合物の収去請求権についても、Synallagmaないし対価的公平性の欠缺を理由に破産債権と遇することは、説得的ではない[29]。破産法53条が破産管財人に一方的な解除権を付与した以上、その代償として、相手方の一方的な原状回復請求権も保護されるべきである。したがって、附合物の収去請求権は財団債権と解すべきである。請求権の発生原因が破産手続開始前にあること自体は、現行法上、財団債権性

---

[27] 司法研修所編・前掲注22) 91頁。
[28] 1個説・2個説の対立において想定されているのは、土地の賃貸借終了における建物の収去請求権である。司法研修所編・前掲注22) 91頁。
[29] 同様に、破産手続開始前に解除されていた場合との均衡から破産債権説を展開することも説得的ではない。

の妨げとならない（例えば、破148条1項3号・7号・149条参照）。

　この通り、附合物の収去請求権が財団債権であるとしても、既述の通り、その根拠条文として破産法54条2項は適当でない。破産法148条1項4号または8号が相当であろう。すなわち、破産手続開始前の付属に係る附合物の収去請求権については、確かに付属させたのは破産者である賃借人であるが、破産管財人の解除選択という破産財団の利益のための「行為」の代償として収去請求権を保護するわけであるから、4号が相当である。破産手続開始決定から解除（＝解約告知）の効力が生じるまでに破産管財人が付属させた附合物については、4号と8号が競合し、解除（＝解約告知）の効力発生から賃借物の返還までに破産管財人が付属させた附合物については、4号ということになろう[30]。

　(3) 損傷の補修請求権　繰り返しになるが、破産法53条が破産管財人に付与した解除権の趣旨から考えれば、賃貸人の原状回復請求権は、一方的な請求権であっても保護されなければならない。このことは、原状回復請求権としての補修請求権についても同様である。もっとも、補修請求権については、取戻権として保護する可能性がないので、財団債権ということになる。根拠条文は前述した附合物の収去請求権の場合と同様であり、破産手続開始前の損傷については破産法148条1項4号、開始決定から賃貸借契約の終了までの損傷については4号と8号が競合し、契約終了から賃借物返還までの損傷については4号である[31]。

---

30) 破産手続開始後に破産者が付属させたとしても、破産管財人の賃借物保管義務を前提とすれば、破産管財人による付属と同視されるべき場合が多いであろう。ただし、破産管財人が破産者に対して賃借権を放棄した後は別異に解する余地もある。
31) なお、本文前述の通り、賃貸借契約上の義務違反（用法遵守違反・保管義務違反）による損傷については、賃貸人は、債務不履行による損害賠償請求権（金銭債権）も行使できる。かかる損害賠償請求権は、損傷が破産手続開始前のものである限り、破産債権である。その根拠条文は破産法2条5項であり、同法54条1項ではない。破産法54条1項は、同法53条1項の解除から生じる損害の補填（一定の得べかりし賃料等の補填など）を対象としており、破産手続開始前の損傷に係る損害賠償請求権は、解除とは無関係に、用法遵守義務や保管義務の違反に基づいて独立して発生しているからである。これに対して、原状回復請求権としての補修請求権は、破産管財人による解除と無関係ということができない。

4 賃貸人の原状回復費用請求権

平時において、賃借人が原状回復義務（収去義務・補修義務という作為義務）を履行せずに賃借物を返還し、賃貸人の側が付属物を収去し損傷部分を補修した場合、それに要した費用については、原状回復費用請求権（＝金銭債権）が発生する。その法的性質は、収去義務・補修義務の不履行による損害賠償請求権である。

ところで、破産管財人が取戻権や財団債権の履行義務に違反した場合において、かかる不履行によって相手方が取得する損害賠償請求権は財団債権である。根拠条文は破産法148条1項4号である[32]。そうだとすると、破産管財人が取戻権や財団債権としての原状回復義務を怠った場合にも、賃貸人の原状回復費用請求権は同様に財団債権（破148条1項4号）ということになる。

III まとめと展望

1 解釈論的帰結

賃借人破産の場合に破産管財人が賃貸借契約を破産法53条1項で解除したときの効果について、本稿の解釈論的帰結は、以下の通りである。すなわち、

①賃貸人の賃借物返還請求権は、取戻権と解すべきである（破62条）。

②賃貸人の原状回復請求権としての付属物収去請求権は、(i)独立物については取戻権（破62条）、(ii)附合物については財団債権（破148条1項4号または8号）と解すべきである。

③賃貸人の原状回復請求権としての損傷補修請求権は、財団債権（破148条1項4号または8号）と解すべきである。

④上記②および③について、賃貸人の原状回復費用請求権は、財団債権（破148条1項4号）と解すべきである。

2 立法論的課題

上記①から④までの帰結は、あくまでも現行法の解釈論であり、立法論としても適当かは別問題である。とりわけ、②(ii)・③・④の財団債権については、

---

32) 取戻権の対象である土地の不法占有について、最判昭43・6・13民集22-6-1149。

筆者自身も違和感を覚えている。その原因を述べれば、一般に財団債権の範囲は手続遂行のための費用に限定されるのが望ましいこと[33]、また、一般に取戻権の対象物に関する費用は取戻権者に負担させるのが望ましいこと[34]、にある。にもかかわらず、財団債権と解釈したのは、破産法53条1項の解除選択の場面では、破産管財人の優越的地位の代償という論理が凌駕してしまうからである。反対からいえば、破産法53条が破産管財人に解除権を付与してさえいなければ、破産債権説は説得的な解釈論となりうる。

　筆者はかつて、破産法53条が破産管財人に一方的な解除権を付与していることについて、立法論的には不当であると論じたことがある[35]。立法論としては、破産管財人の履行の反対の選択肢は不履行の選択（履行選択をしない旨の観念通知）とし、破産管財人が不履行を選択したときは、相手方には契約を解除するか、解除せずに損害賠償を請求するかの選択権が与えられる、といった法制も考えられる。このような法制のもとでは、解除は相手方の利益判断に基づく以上、もはや破産管財人の優越的地位の代償というドグマは通用しないことになる。

　倒産法改正の気運が高まる今日、破産法53条の立法論的当否は、あらためて検討する価値のある課題のように思われる[36]。

---

33) 中西正「財団債権の根拠」法と政治40巻4号（1989）1009頁。
34) 中西正「賃貸借契約と破産手続」倒産実務交流会編・前掲注1）363頁、366頁。なお、別除権の目的物に関する費用負担の問題については、中西正「破産法における費用分配の基準」民訴55号（2009）28頁。
35) 水元・前掲注7）197頁以下。
36) 改正展望273頁、280頁［加々美博久］は、改正案として破産法54条2項の廃止を提示しているが、本稿で縷々述べた通り、一方で破産管財人の解除権（破53条1項）を維持しながら、他方で相手方の原状回復請求権を破産債権と遇することはバランスを失する。確かに相手方の一方的な原状回復請求権を破産債権と扱うべきだという実務感覚には共感を覚えるが、理論的には破産管財人の解除権の方にまずはメスを入れるべきであろう。

3 破産手続における動産売買先取特権に関する考察

松下満俊

　1　動産を売却した者は、その代価および利息に関し、その動産の上に動産売買先取特権を有する（民311条5号・321条）。

　動産売買先取特権は特別の先取特権であり、破産手続においては別除権として取り扱われ（破2条9項）、破産手続によらないで行使することができる（破65条1項）。

　2　破産手続における動産売買先取特権の取扱いに関しては、従前より、破産管財人による目的物の任意売却の可否、動産売買先取特権者の優先弁済権の確保等をめぐって議論がなされてきたところである。

　これらの点については、破産管財人は、動産売買先取特権者の同意を得ることなく自由に目的物を任意売却しうるとともに、その換価代金全額を破産財団に組み入れることができるとの考え方が有力であり、実務上もそのように取り扱われてきたと思われる。

　他方、破産管財人が破産者の締結していた建物賃貸借契約を合意解除した際に賃貸人との間で破産宣告後の未払賃料等に敷金を充当する旨の合意をして質権の設定された敷金返還請求権の発生を阻害したことが質権設定者の質権者に対する目的債権の担保価値を維持する義務に違反するとした平成18年12月21日最高裁判決[1]を受けて、破産管財人の担保価値維持義務、善管注意義務など、破産管財人の職務上の義務に関する関心が高まっている。

　3　本稿では、動産売買先取特権との関係において、破産管財人の担保価値維持義務・善管注意義務をどのように考えるべきかについて考察したうえで、管財業務の遂行にあたって、動産売買先取特権の目的物の任意売却や転売代金債権の処分等が制限される場合があるのかについて検討を加える。

---

1) 最判平18・12・21民集60-10-3964・判タ1235-148。以下「平成18年最高裁判決」という。

I 動産売買先取特権の行使方法

　動産売買先取特権の実行は、動産を目的とする担保権実行としての競売（動産競売）の方法によるが、平成15年改正前の旧民事執行法190条では、動産競売は、「債権者が執行官に対し、動産を提出したとき、または動産の占有者が差押えを承諾することを証する文書を提出したときに限り、開始する」とされていた。

　したがって、債権者が目的物を占有していないときは、債務者の協力がない限り、動産売買先取特権に基づいて動産競売をすることは事実上できなかった[2]。

　このような状況に対しては、民法上担保権として認められている権利にもかかわらず、競売を開始する場合の要件が非常に厳格で、そのために権利の実現を図ることが実際上困難であるとの指摘がなされていたが、平成15年の民事執行法の改正により、旧民事執行法190条が改正され、債務者の協力が得られない場合でも動産競売を開始することができる旨の規定が創設された。

　すなわち、動産競売の開始要件として、従来からの2つの方法、

　　①債権者が執行官に対し当該動産を提出した場合（民執190条1項1号）

　　②債権者が執行官に対し当該動産の占有者が差押えを承諾することを証する文書を提出した場合（同項2号）

のほか、

　　③債権者が執行官に対し裁判所の動産競売開始の許可決定書の謄本を提出

---

2) このような場合に、なお動産の競売を認めることができないか問題となり、従前以下のような方法が提案されてきた。
　①売買代金債権を被保全権利として目的動産の仮差押えをする方法、②動産売買先取特権自体を被保全権利として目的動産の仮差押えをする方法、③動産売買先取特権に基づく目的動産の引渡請求権があることを前提として、その引渡しの本案判決または引渡断行の仮処分により目的動産の占有を得て競売を開始する方法、④動産売買先取特権の効力として、買主に差押承諾義務があることを前提として、差押承諾を命ずる本案判決または仮処分命令を得て、これを差押承諾文書に代わるものとして執行官に提出することにより競売を開始する方法、⑤執行官保管の仮処分（その被保全権利としては、動産売買先取特権それ自体またはそれに基づく目的動産の引渡請求権もしくは差押承諾請求権が考えられる）を得て競売を開始する方法など。

した場合（同項3号）が加えられた。

そして、上記③に係る動産競売開始の許可は、債権者が裁判所に担保権の存在を証する文書（以下「担保権証明文書」という）を提出したうえで申し立てることとされた（同条2項本文）。

債権者が執行官に対し裁判所の動産競売開始の許可決定書の謄本を提出して動産競売の申立てを行った場合、執行官は、債務者の住居その他債務者の占有する場所に立ち入るなどして目的物を捜索することができ（民執192条・123条2項）、その結果目的物を発見した場合、執行官が当該動産を占有して差し押さえることになる（民執123条1項）。執行官が現場で目的動産を特定できなければ、執行不能となる。

このように、平成15年民事執行法改正により、動産売買先取特権者による動産競売の申立ては、債務者の任意の協力が得られなくても行えることとなり、従前よりは容易なものとなった。

ただ、平成15年民事執行法改正後（平成16年4月1日施行）も、同法190条1項に基づく動産売買先取特権者による動産競売開始の申立件数はそれほど多くはないようである。

これは、動産の売主にとって、債務者における目的動産の保管状況が明らかでないことが多いほか、目的動産の特定自体が必ずしも容易ではないことも一因であろう。特に継続的な売買取引の場合、未収代金の対象となる目的動産と債務者保管中の動産の紐付けが困難なことが少なくない。

なお、動産売買先取特権の対象となる動産が転売された場合には、債権者は債務者の転売先（第三債務者）に対する売掛金を差し押さえることにより、物上代位権を行使することができる（民304条1項）。

この場合の物上代位権の行使は、債権その他の財産権に対する担保権の実行と同様の方法によることとなるが（民執193条）、その申立てにあたっては担保権証明文書の提出が必要とされるほか（同条1項）、差し押さえるべき債権の特定を要する（民執規179条・133条2項）。

このように、担保権証明文書の提出を要する点、差し押さえるべき債権の特定（差押債権が動産売買先取特権の目的動産の転売代金債権であることの紐付け）の点において、物上代位権の行使は、先に述べた動産競売開始の許可決定に基

づく動産競売の申立て(民執190条1項3号・2項)と共通する。

II 破産管財人による任意売却

1 問題点について

　動産売買先取特権の対象である動産を、差押えがなされていない状態で、破産管財人が任意売却して先取特権の追及効を失わせ、換価代金を破産財団に組み入れることが、破産管財人の善管注意義務違反等になるのか、問題となる。

　この問題は、破産管財人による任意売却そのものの適否と、任意売却は認められるとしたうえで動産売買先取特権者の優先弁済権を確保することの要否、の2つの側面があるが、優先弁済権の確保の点については後に別途検討を加えるものとし、まずは破産管財人による任意売却による換価代金が全額破産財団に組み入れられる(動産売買先取特権者の優先弁済権は確保されない)ことを前提に、このような任意売却が認められるのか、検討する。

2 従前の判例

　このような破産管財人による任意売却および換価代金全額の破産財団への組み入れが、破産管財人による不法行為ないしは善管注意義務違反になるのか、訴訟上争われた時期があった。

　この点、裁判例は、破産管財人による不法行為ないし善管注意義務違反の成立を認めなかった。

　例えば、昭和61年5月16日の大阪地裁判決[3]は、
　　①動産売買先取特権の任意売却処分は抵当権の消滅行為と同様、不法行為である。
　　②破産管財人は、動産売買先取特権を別除権として尊重すべき義務があるのに、これを無視してその義務を怠った。
との動産売買先取特権者の主張に対し、以下のように判示し、動産売買先取特権の脆弱性(追及効がない)や民事執行法(平成15年改正前)における動産競売申立要件等を理由として、破産管財人による不法行為ないし善管注意義務違

---

3) 大阪地判昭61・5・16判タ596-92。

反を認めなかった。

　抵当権設定者は抵当権者に対して目的物の価値を保持すべき義務があるが、動産売買の先取特権は動産の売買によつて当然に発生する法定担保権であり、その効力としては目的物を競売してその競落代金から優先弁済を受けることができるだけであり、買主に対して目的物の引渡しを求めたり、買主に対してその任意処分を禁止したりする権利はなく、これが一度、第三者に処分された場合は、公示の方法がないため目的物に対する追及力もなく、ただ物上代位によつて若干保護されているものにすぎず、その客体に対する支配力は極めて弱い権利であるから、これを抵当権の場合と同一に論ずることはできない。
……
　破産管財人が利害関係人の各権利をその内容に応じて適切に処理すべき義務があることは勿論であるが、実体法上の制約があることは否定できない。ところで、動産売買の先取特権者が破産手続外でその権利を実行するためには、債権者が執行官に対し動産を提出するか、又は動産の占有者が差押えを承諾することを証する文書を執行官に提出しなければならないところ（民事執行法190条［引用者注：旧法］）、本件においては、目的物を破産管財人が占有管理しているから、原告は被告たる破産管財人の差押承諾文書を執行官に提出する必要がある。……しかしながら、被告が……、当然に右商品に対する差押を承諾すべき義務があると解すべき法律上の根拠はないし、右義務を肯定する確定した解釈も存在しないのであるから、被告が右差押を承諾しなかつたとしても職責上やむを得ないものというべきである。

3　民事執行法改正に伴う問題提起

　その後、前述の通り、平成15年に民事執行法が改正され、動産売買先取特権者が裁判所の動産競売開始許可を得ることにより動産の競売を開始できることとなった（民執190条1項3号・2項）。
　これを受けて、動産売買先取特権の対象である動産を破産管財人が任意売却することの適否をめぐって再度議論がなされるに至り、以下に代表されるよう

な様々な学説が主張されている[4]。

①動産差押えがなされるまでは、破産管財人として任意売却できる。むしろ早期に任意売却する職責がある。

②民事執行法190条2項の裁判所の許可決定が破産管財人に送達された時以降は、破産管財人は任意売却ができない。

③担保権者から目的物を特定して具体的に先取特権が主張立証された時以降は、破産管財人は任意売却ができない。

上記のいずれが妥当であるかを考えるにあたっては、まず破産管財人が動産売買先取特権者に対していかなる義務を負うのかを明らかにする必要がある。

この点、前記平成18年最高裁判決は、債権質権との関係で破産管財人の担保価値維持義務を認めるとともに、同義務と破産管財人の善管注意義務の関係についても言及している。

そこで、まず平成18年最高裁判決を分析したうえで、破産管財人が動産売買先取特権との関係で担保価値維持義務あるいは善管注意義務を負うのか、検討する。

4 平成18年最高裁判決について

(1) 平成18年最高裁判決の概要

平成18年最高裁判決は、不動産賃貸借契約の賃借人が、賃貸人に対して有する敷金返還請求権の上に、当該賃借人の債権者のために質権を設定した状態で、当該賃借人に破産宣告がなされた事案において、「担保価値維持義務」について以下の通り判示した。

> 債権が質権の目的とされた場合において，質権設定者は，質権者に対し，当該債権の担保価値を維持すべき義務を負い，債権の放棄，免除，相殺，更改等当該債権を消滅，変更させる一切の行為その他当該債権の担保価値を害するような行為を行うことは，同義務に違反するものとして許されないと解すべきである。
> ……
> また，質権設定者が破産した場合において，質権は，別除権として取

---

[4] 条解破産624頁。

> り扱われ（旧破産法92条），破産手続によってその効力に影響を受けないものとされており（同法95条），他に質権設定者と質権者との間の法律関係が破産管財人に承継されないと解すべき法律上の根拠もないから，破産管財人は，質権設定者が質権者に対して負う上記義務を承継すると解される。

同判決は、上記の通り、破産者たる質権設定者が負う担保価値維持義務を破産管財人が承継する旨判示したうえで[5]、破産管財人が破産宣告後の賃料および共益費を現実に支払わずに敷金をもって充当した行為に正当な理由があるとはいえず、同義務に違反するとした（他方、原状回復費用の充当については正当な理由があるものとして許されるとした）。

また、同判決は、破産管財人の善管注意義務について、

> 破産管財人は，職務を執行するに当たり，総債権者の公平な満足を実現するため，善良な管理者の注意をもって，破産財団をめぐる利害関係を調整しながら適切に配当の基礎となる破産財団を形成すべき義務を負うものである（旧破産法164条1項，185条～227条，76条，59条等）。そして，この善管注意義務違反に係る責任は，破産管財人としての地位において一般的に要求される平均的な注意義務に違反した場合に生ずると解するのが相当である。

と判示したうえで、当該事案については、

> ①（賃料等の敷金充当行為について）正当な理由があるか否かは、破産債権者のために破産財団の減少を防ぐという破産管財人の職務上の義務と質権設定者が質権者に対して負う義務との関係をどのように解するかに

---

[5] 破産管財人の第三者性等から、破産者が負う担保価値維持義務を破産管財人が承継することに疑問を呈する見解も少なくない（上野保「破産管財人の義務についての考察」NBL851号（2007）22頁、岡正晶「担保権者に対する善管注意義務？」同23頁、服部敬「違和感の残る判決」同50頁、深山雅也「破産管財人の重畳的義務の再認識」同61頁、林道晴・金判1268号（2007）6頁など）。
　なお、破産管財人の第三者性等については、本書の籠池信宏論稿「10　破産管財人の法的地位—通説に対する批判的考察」にて詳論されている（247頁）。

よって結論の異なりうる問題であって、この点について論ずる学説、判例が乏しかったこと、

②破産管財人が敷金充当合意について破産裁判所の許可を得ていたこと、の２点を理由に、善管注意義務違反はなかったとした。

(2) 担保価値維持義務と善管注意義務の関係

平成18年最高裁判決は、前述の通り、破産管財人の担保価値維持義務違反の責任を肯定したうえで、善管注意義務違反の責任については否定するとの２段階の構成を示した。

そこで、担保価値維持義務と善管注意義務の関係をどのように理解すべきか問題となるが、これについては以下の２つの考え方があるとされている[6]。

A）担保価値維持義務と善管注意義務を一体のものとして考え、前者の違反において客観的義務違反（違反性）を、後者の違反において破産管財人の過失ないし帰責性を検討し、破産管財人の不法行為責任における注意義務違反と過失、もしくは債務不履行責任における義務違反と帰責性と同様の構成をしたものという考え方

B）担保価値維持義務と善管注意義務を別個のものとして考え、前者については実体法上の優先権をもつ質権者との関係で破産者から承継した義務違反の存否を検討し、後者については、破産債権者や財団債権者その他の利害関係人も含めた破産法全体の秩序に照らして義務違反の存否を検討するものと構成する考え方

思うに、破産管財人の善管注意義務を単に過失ないし帰責性という主観的事情の有無の問題と考えるべきではなく、破産管財人が破産手続で果たす役割の大きさ、重大さに鑑み、破産者から承継した義務（担保価値維持義務）とは別個に破産管財人固有の善管注意義務を観念すべきと考える[7]。

すなわち、平成18年最高裁判決が判示するように、破産管財人は、「職務を執行するに当たり、総債権者の公平な満足を実現するため、善良な管理者の注意をもって、破産財団をめぐる利害関係を調整しながら適切に配当の基礎となる破産財団を形成すべき義務を負う」と考えられるが、このような義務は破産者から承継した担保価値維持義務とは別個に成立するものである。

---

6) 中井康之「破産管財人の善管注意義務」金法1811号（2007）41頁。
7) 伊藤眞「破産管財人等の職務と地位」事業再生と債権管理119号（2008）8頁。

(3) 善管注意義務としての「担保価値維持義務」　　前述の通り、破産管財人は、「総債権者の公平な満足を実現するため」「利害関係を調整する」という固有の善管注意義務を負うが、このような「利害関係の調整」の一環として、破産管財人は、別除権者たる担保権者に認められる優先権ないしプライオリティを尊重すべきであり、そういった意味で破産管財人固有の「担保価値維持義務」を負うと考えるべきである。

このように考えると、平成18年最高裁判決のような債権質権の場合、破産管財人が破産者から承継する担保価値維持義務[8]と、破産管財人の善管注意義務の一環としての担保価値維持義務の両者が成立することになるが、両者が併存すると考えて個別に義務違反の成否を検討すれば足りる（前者の担保価値維持義務違反は後者の善管注意義務違反の一理由になる点で、関連性は認められよう）。

では、破産管財人が善管注意義務の一環として上記のような固有の「担保価値維持義務」を負うとして、その内容をどのように考えるべきであろうか。

まず、担保価値を維持することが破産財団の減少（あるいは増加の妨げ）を招かないものである場合は、破産管財人として合理的に可能な範囲内で担保価値の維持に協力する義務があると考えられる。

他方、担保価値を維持することが破産財団の減少（あるいは増加の妨げ）を招くようなものである場合、担保価値維持義務と破産財団の維持・増加義務が対立することとなる。担保価値の維持を徹底すれば、破産財団の減少等を招くことになるが、善管注意義務に基づく破産管財人固有の担保価値維持義務としてそこまで求められるのであろうか。

この点、破産管財人の善管注意義務は、前述の通り、「職務を執行するに当たり、総債権者の公平な満足を実現するため、善良な管理者の注意をもって、破産財団をめぐる利害関係を調整しながら適切に配当の基礎となる破産財団を形成すべき義務」であるから、破産管財人固有の担保価値維持義務も「総債権者の公平な満足」「適切な利害関係の調整」の観点からその範囲が定まるものである。

---

8) ただし、平成18年最高裁判決が別除権としての取扱いに着目している点を踏まえると、破産管財人に承継される担保価値維持義務は、担保権と不可分一体の関係にある義務に限られ、コベナンツ条項等に基づく担保設定者の義務は当然には破産管財人に承継されないと考えるべきである（三森仁「最高裁判決の射程如何」NBL851号（2007）55頁）。

したがって、「適切な利害関係の調整」の結果、担保価値の維持が図られないことも当然ながらありうるのであって（むしろ担保価値の維持を貫くことが「不適切な利害関係の調整」となり、善管注意義務違反になることもある）、そういった意味では、善管注意義務に基づく「担保価値『維持』義務」というより、「担保価値『配慮』義務」というべきものである[9]。

　すなわち、破産管財人は、別除権の実質である優先弁済権をどこまで確保すべきかについて配慮・検討したうえで、個別の事案に応じて「適切な利害関係の調整」を行うべき義務があるのであり、別除権者の優先弁済権を顧みることなくひたすらに破産財団の維持・増殖に邁進することは善管注意義務違反となりうる。

　ただ、このように別除権者に対する破産管財人の「担保価値配慮義務」を認めるとしても、「破産管財人は第一次的には破産債権者のために破産財団を適切に維持・増殖すべき義務を負う」のであり[10]、別除権者の優先弁済権に対して配慮する場面においても、その程度は原則として破産財団の維持・増殖に対する配慮に比べて制限的なものと解するべきである。

　このように解しても、平成18年最高裁判決における債権質権のように破産者自身が負う担保価値維持義務を破産管財人が承継する場合には、破産管財人固有の善管注意義務に基づく「担保価値配慮義務」違反の成否とは関係なく、破産者から承継した担保価値維持義務違反の成否が定まるので、このような場合の別除権者に特に不利益を及ぼすものではない。

　むしろ問題となるのは、動産売買先取特権のように、破産者から承継する担保価値維持義務がなく（後述(5)参照）、破産管財人固有の善管注意義務に基づく「担保価値配慮義務」のみが認められる場合である。

　この点、動産売買先取特権は、もともと公示の方法がなく目的物に対する追及効もないなど、その客体に対する支配力が弱い権利であるから、破産管財人の善管注意義務に基づく「担保価値配慮義務」の判断の場面において、破産財団の維持・増殖に比べて制限的な取扱いをされるとしてもやむをえないものと考える。

----

9) 伊藤・前掲注7) 6頁も同様の見解を示す。
10) 平成18年最高裁判決における才口千晴裁判官補足意見。

なお、このような破産管財人固有の善管注意義務としての「担保価値配慮義務」を認めたうえで、その内容は個別の事案に応じて「適切な利害関係の調整」として定まるとの考え方に対しては、破産管財人の負う義務の内容が曖昧であるとか、管財業務の遂行に萎縮効果を与える等の批判がありうる。

　しかし、そもそも破産管財人の善管注意義務を定めた破産法85条1項の文言からして抽象的なものであり、破産管財人の負う義務が一義的に明確なわけではない。

　また、平成18年最高裁判決における才口千晴裁判官の補足意見に述べられている通り、「破産管財人は，多種・多様な職務に追われ，時間的な余裕に乏しく多忙である中で，現在および将来の破産財団や財団債権等の状況を把握したり，予想したりしながら管財業務を遂行することが一般的であるが，各種の権利関係に細やかな目配りをして公平かつ適正な処理をすべき」であり、上記のような批判を乗り越えて職務を果たすべきであろう。

（4） 破産法85条2項の「利害関係人」の範囲

　なお、破産法85条2項の「利害関係人」に別除権者は含まれず、破産管財人が別除権者に対し善管注意義務（同条1項）を負うことはないとの考え方も近時主張されている[11]。

　その論拠としては、第三者との関係では原則として破産財団が義務の主体であり、破産管財人の善管注意義務は破産債権者など破産手続の受益者との間でのみ観念すべきであること、破産法85条1項の「職務」とは破産財団の管理・処分等に関する業務を指し、同条2項の「利害関係人」はこのような破産管財人による破産財団の管理と処分に関して利害関係をもち、その権利の行使を破産管財人のなす管理・処分業務に委ねざるをえない者（破産債権者など）に限られること、などが挙げられている。

　また、上記見解からは、別除権者に対する義務違反は不法行為として処理すれば足りるとの考え方が示されている[12]。

　しかし、破産管財人が別除権の目的物についても財産評定の対象とし（破153条等）、その換価ができ（破184条等）、担保権を消滅させることもできる（破

---

11) 山本和彦「破産管財人が破産者を賃借人とする賃貸借の未払賃料等に敷金を充当する旨の措置と当該敷金返還請求権にかかる質権者に対する責任」金法1812号（2007）55頁、伊藤眞ほか「破産管財人の善管注意義務」金法1930号（2011）64頁、岡・前掲注5）など。

12) 岡・前掲注5）24頁。

186条等）ことからも明らかなように、破産管財人は別除権者も含む利害関係人全体に対して、破産財団を適切に管理処分する権利と義務を有する。

よって、その権限の行使にあたっては、これらすべての利害関係者に対して善管注意義務を負うというべきであり、破産管財人の善管注意義務の名宛人には、破産債権者のみならず、広く別除権者等も含まれると解すべきである[13][14]。

また、破産管財人の別除権者に対する義務違反は不法行為として処理すれば足りるという見解については、破産管財人が別除権者に対して負う注意義務は、まったくの第三者としての注意義務と同じではなく、破産管財人としての地位・職務に基づいて負う注意義務と解すべきであるから、結局のところ不法行為としての「別除権者に対する義務違反」の成否を考えるにあたっては、別除権者に対し「破産管財人としての地位・職務に基づく義務」すなわち善管注意義務を負っていることが前提になると考えられる（破産管財人としての地位・職責と関係のない不法行為の成立自体を否定するものではない。例えば破産管財人が別除権の目的物を隠匿したような場合は、破産管財人の地位・職責とは関係なく一般の不法行為が成立する）。

(5) 動産売買先取特権と「担保価値配慮義務」　平成18年最高裁判決において判示された破産管財人の「担保価値維持義務」は、あくまで担保設定者である破産者から「承継」した義務である。

そこで、動産売買先取特権に関する破産管財人の義務を検討するにあたり、

---

[13] 伊藤・前掲注7）5頁。
[14] 民事再生法においても、監督委員の善管注意義務が破産法85条と同様に定められているが（民再60条）、監督委員が損害賠償責任を負うべき利害関係人（同条2項）の範囲は、再生債務者、再生債権者、共益債権者、優先債権者のほか、別除権者も含めて再生手続上の利害関係を有する者と解されている（新注釈(上)347頁〔森川和彦〕）。
　　すなわち、同条2項の「利害関係人」には別除権者も含まれている。
　　そして、民事再生手続において管理命令が発令され、管財人が選任された場合（民再64条1項・2項）、管財人の善管注意義務については監督委員の規定（民再60条）が準用されるが（民再78条）、前述の通り民事再生法60条2項の「利害関係人」には別除権者も含まれる結果、民事再生手続上の管財人は別除権者に対しても善管注意義務を負うと解される。
　　再生債務者の財産の管理・処分権を専属的に行使する民事再生手続上の管財人（民再66条）は、別除権者に対しても善管注意義務を負うのであるから、同様に破産財団に属する財産の管理・処分権を専属的に行使する破産管財人も、別除権者に対して善管注意義務を負うと解するのが整合的ではないかと考えられる。

平時において、債務者が動産売買先取特権についていかなる義務を負うのかをまず検討する。

動産売買先取特権は、動産の売買によって当然に発生する法定担保物権であり、先取特権者は目的動産の競落代金から優先弁済を受けうるが、目的動産を先取特権者において直接支配する権利はなく、債務者（目的動産の買主）による目的動産の譲渡等を阻止する権能を有するものでもない。また、目的動産が第三者に譲渡され、引き渡されたときは、先取特権は目的動産には及ばない（民333条）（追及効の否定）。

よって、その反面として、債務者（動産の買主）は、その利用や処分について広範な自由を有しているのであり、目的動産が差し押さえられない限り、譲渡・引渡し等に何らの制限も受けない、すなわち「先取特権者の担保価値を維持する義務」を負わないと解される[15]。

このように、動産売買先取特権に関しては、平時において債務者が「担保価値維持義務」を負わないことから、破産管財人が「破産者の担保価値維持義務を承継する」こともない。

他方、前述の通り、破産者から承継する担保価値維持義務とは別個に、破産管財人固有の善管注意義務としての「担保価値配慮義務」は当然ながら動産売買先取特権においても認められる。

ただ、これも前述の通り、動産売買先取特権に関して破産管財人の「担保価値配慮義務」を認めるとしても、「破産管財人は第一次的には破産債権者のために破産財団を適切に維持・増殖すべき義務を負う」のであり、別除権者の優先弁済権に対して配慮する場面においても、その程度は原則として破産財団の維持・増殖に対する配慮に比べて制限的なものと解するべきである。

---

[15] 民事執行法190条改正以前、先取特権者から債務者または破産管財人に対する差押承諾請求権の有無が争われたことがあった。これを肯定した判例（東京高決昭60・5・16判タ554-319、東京高判平元・4・17判タ693-269）もあるが、債務者または破産管財人の差押承諾義務を否定したものが多数であった（東京地決昭60・3・9判タ550-321、大阪地判昭61・5・16判タ596-92、名古屋地判昭61・11・17判タ627-210、仙台高判昭63・5・18金判799-3、東京地判昭63・6・29判タ680-175、大阪高決平元・9・29判タ711-232、東京高決平3・7・3判タ772-270）。

5　破産管財人による任意売却の適否

　上記のように動産売買先取特権との関係においても破産管財人が「担保価値配慮義務」を負うとして、破産管財人による目的動産の任意売却は同義務との関係でどこまで許されるのであろうか。

　破産財団に属する動産の任意売却は、破産財団の増殖に資するものであることから、まさに破産管財人の「担保価値配慮義務」と破産財団の維持・増殖義務とがぶつかり合う局面であり、「適切な利害関係の調整」が要請される。

　前述の通り、平成15年の民事執行法改正以降、動産売買先取特権の対象である動産の破産管財人による任意売却については、以下に代表されるような様々な学説が主張されている。

　①動産差押えがなされるまでは、破産管財人として任意売却できる。むしろ早期に任意売却する職責がある。
　②民事執行法190条2項の裁判所の許可決定が破産管財人に送達された時以降は、破産管財人は任意売却ができない。
　③担保権者から目的物を特定して具体的に先取特権が主張立証された時以降は、破産管財人は任意売却ができない。

　上記③説は、動産売買先取特権者が破産管財人に対し担保権証明文書を提出するなどして先取特権を主張立証した場合には、破産管財人はこれを無視して任意売却できないというものである。

　上記③説に立つと、破産管財人が動産売買先取特権者から担保権証明文書の提出を受けた場合、破産管財人はそれを調査し、先取特権の存在の証明として十分か否かを破産管財人の責任において判断しなければならないことになる。仮に証明として不十分であるにもかかわらず、動産売買先取特権者の優先弁済権を認めた場合には、逆に破産債権者に対する善管注意義務違反にもなりかねないのである。

　この点、破産管財人が自己の責任において先取特権の存否を調査・認定してまで、動産売買先取特権の担保価値に配慮しなければならないとするのは行き過ぎである。

　前述の通り、破産管財人は第1次的には破産債権者のために破産財団を適切に維持・増殖すべき義務を負うのであり、別除権者の優先弁済権（担保価値）に対し配慮する場面においても、その程度は破産財団の維持・増殖に対する配

慮に比べて制限的なものと解するべきである。

　すなわち、破産管財人に先取特権の存否を調査・認定する責務まで負わせることは、破産財団の維持・増殖に比べて制限的な取扱いを受けるべき動産売買先取特権に過剰な保護を与えるものであり、「適切な利害関係の調整」の観点からは妥当でない。

　また、このように解しても、動産売買先取特権は、先取特権の存在の証明に十分な文書を有しているのであれば、当該担保権証明文書を裁判所に提出して動産競売開始の許可決定を取得し、動産競売の申立てをすれば足りるのであるから、動産売買先取特権者の保護に欠けることはない（さらに、後述の通り、私見では動産競売開始の許可決定を取得すれば、目的動産の差押え以前においても破産管財人の任意売却を停止することができるため、時間的な面からも動産売買先取特権の保護は十分に図られる）。

　他方、上記の通り、破産管財人に先取特権の存否を調査・認定する責務まで負わせるのは不当であるとの観点からすると、動産競売開始の許可決定（民執190条2項）が破産管財人に送達された（同条3項）場合には、裁判所において先取特権の存在が認められたのであるから、破産管財人は原則として先取特権の存否を調査・認定する責務・負担を負わない。

　また、動産競売開始の許可が発令された場合、動産売買先取特権者はその決定書謄本を執行官に提出することにより動産競売の申立てが可能となる（民執190条1項3号）。すなわち、動産売買先取特権者が動産競売開始の許可を申し立てたのは、動産競売の申立てを意図して、その前段階として行ったものと考えられる。

　よって、動産競売の開始許可が発令された場合、その後まもなく動産競売の申立てが行われ、目的動産の捜索・差押えがなされること（民執192条・123条1項・2項）が十分に予測される。

　このように、動産競売開始の許可発令により、破産管財人自身が先取特権の存否を調査・認定する必要がないことに加えて、まもなく差押えがなされることが十分に予測される程度に至った以上、この時点以降に破産管財人が任意売却を強行することは、破産財団の増殖を過剰に進める一方で動産売買先取特権の担保価値に対する「配慮」を欠くものであり、「適切な利害関係の調整」に反する（善管注意義務違反となる）と解するべきである。

また、動産競売開始の許可が発令された以上、その決定書が正式に破産管財人に送達される前であっても、裁判所により先取特権の存在が認められたうえで、まもなく目的動産の捜索・差押えが行われることが十分に予測されるという状況に至っていることに変わりはない。よって、動産売買先取特権者が動産競売開始の許可決定書の写しを破産管財人に交付するなどして、動産競売開始の許可決定の具体的な内容を破産管財人が知るに至った場合は、その時点以降、破産管財人は原則として目的動産の任意売却を行うべきではない（任意売却した場合、破産管財人の善管注意義務違反となりうる）と解する。

　このような考え方に対しては、破産手続開始決定前の債務者は、動産差押えがなされるまでは自由に目的動産を売却できたにもかかわらず、破産管財人は、動産競売開始の許可決定が発令されたことを知った時以降、任意売却ができないことになり、破産手続開始の前後で動産売買先取特権の取扱いが変わることになるとの批判がありうる。

　しかし、前述の通り、破産管財人が動産売買先取特権との関係で負う担保価値維持義務（担保価値配慮義務）は、債務者（破産者）から承継するものではなく、破産管財人の職務・地位から独自に負うものであるから、破産手続開始前の債務者（破産者）にはなかった義務が破産手続開始後に破産管財人に生じるとしても、それはむしろ当然のことである。

　そして、破産管財人は、破産者とは違って、「総債権者の公平な満足」を実現するため「適切な利害関係の調整」を行う義務があるのだから、「適切な利害関係の調整」の結果、動産売買先取特権の目的動産の売却に関する取扱いが破産手続開始前と異なるに至ったとしても、それもまた当然のことである。

　以上の通り、民事執行法190条2項の裁判所の許可決定（動産競売開始の許可決定）が発令され、破産管財人がその決定内容を具体的に知るに至った時以降は、原則として、破産管財人は目的動産を任意売却すべきではないと解する[16)][17)]。

[16)] 小林信明「動産売買と買主の倒産手続」ジュリ1443号（2012）61頁は、「破産管財人が競売開始許可決定のなされたことを知った場合」について、「見解が分かれるところであるが、競売許可決定があっても、目的動産の特定の困難性から必ずしも差押えがなされるとは限らないから、破産管財人は差押えがなされることが確実だと認識していない場合には、予定されていた任意売却活動を停止する必要はないものと思われる」とする。

このように解しても、動産競売開始の許可発令後、動産競売の申立てと目的動産の捜索・差押え、売却期日の決定は短期間に行われることから、破産手続開始後の資産の早期売却処分を不当に妨げることはない。

　なお、動産売買先取特権者が、動産競売開始の許可決定を受けたにもかかわらず、その後動産競売の申立てを行おうとしないことも考えられる。

　動産競売開始の許可の発令を知った時以降、破産管財人は目的動産を任意売却できないと解する理由の1つは、前述の通り、同許可の発令後、短期間内に動産競売の申立て（およびその後の捜索・差押え等）が行われることが十分に予想されるため、動産売買先取特権に対して「配慮」すべきだからである。

　しかるに、同許可の発令後合理的期間内に動産競売の申立てが行われないような場合は、もはや動産売買先取特権に対し「配慮」する必要はない。よって、合理的な期間を経ても動産競売の申立てが行われず、破産管財人が催告してもなお動産売買先取特権者が動産競売の申立てを行わなかったような場合には、破産管財人は目的動産を任意売却することができると解される。

6　破産管財人の協力義務

　ところで、平成15年民事執行法改正後も、動産競売開始の許可の申立件数はそれほど多くなく、実際にはあまり機能していないともいわれている。

　申立件数が少ない理由は必ずしも明らかではないが、差し押さえる対象となる動産の特定が困難であることが理由の1つとして挙げられる。

　そこで、動産売買先取特権者から、破産管財人に対し、目的動産の特定のために在庫商品の明細の提出などの協力を求められることが考えられる。このような場合に、破産管財人はこれに応じる義務があるのであろうか。

　この点についても、破産財団の維持・増殖義務と「担保価値配慮義務」という相反する義務のせめぎ合いの中で、「適切な利害関係の調整」の観点から、

17）例えば目的動産の保管費用（倉庫代等）が破産財団に比して過大であるような場合、早急に目的動産を任意売却し、過大な保管費用が破産財団から流出するのを回避する必要がある。このような場合は、「担保価値に対する配慮」より「破産財団の維持」を図るのが「適切な利害関係の調整」であると考えられるため、破産管財人が動産競売開始の許可決定が発令されたことを具体的に知るに至った時以降も（目的動産の差押えがなされるまでの間は）目的動産を任意売却できる（破産管財人の善管注意義務違反にはあたらない）と解する。

破産管財人が別除権者の優先弁済権の確保にどの程度配慮すべきかが問題となる。

前述の通り、破産管財人は第１次的には破産債権者のために破産財団を適切に維持・増殖すべき義務を負うのであり、別除権者の優先弁済権（担保価値）に対し配慮する場面においても、その程度は破産財団の維持・増殖に対する配慮に比べて制限的なものと解するべきである。

よって、破産管財人は、在庫商品の明細の提出等を含め、動産売買先取特権者による動産競売開始の許可申立てに対し協力する義務までは負わないと解する[18]。

7　任意売却における優先弁済

他方、破産管財人が動産売買先取特権の目的動産を任意売却すること自体は認めたうえで、先取特権者が担保権証明文書を破産管財人に提出して優先弁済を求めた場合は、先取特権者に優先弁済を与えなければならず、これを無視して換価代金全額を破産財団に組み入れた場合は不当利得になるとの学説も主張されている[19]。

このような見解は、平成15年民事執行法の改正前、破産管財人の任意の協力がない限り動産競売の申立てが事実上不可能な状況下で、動産売買先取特権の優先弁済権を確保するために主張されていたものであるが、同法改正後も引き続き主張されている。

上記見解は、民事執行法133条により、動産売買先取権者もその権利を証する文書を提出して配当要求することができることになっているから、配当要求に準じた形の権利保護が破産手続上も与えられて然るべきとする。

確かに、破産管財人が破産者の財産の専属的管理処分権を有するなど、破産手続は一般執行としての側面を有しており、配当要求に準じた取扱いにより動

------

18) 元の債務者（破産者）がそのような義務を負っていないほか、破産管財人固有の義務としてもそこまでの「配慮義務」は負わないという趣旨である。

19) 伊藤眞「動産売買先取特権と破産管財人(下)」金法1240号（1989）16頁、徳田和幸「破産手続における動産売買先取特権の処遇」今中利昭先生古稀記念『最新　倒産法・会社法をめぐる実務上の諸問題』（民事法研究会・2005）150頁、山本克己「債権執行・破産・会社更生における物上代位権者の地位(3)」金法1457号（1996）30頁など。

産売買先取特権を保護すると解釈する余地もあろう。

　ただ、「先取特権者が担保権証明文書を提出したにもかかわらず、破産管財人が先取特権者の優先弁済権を無視して換価代金全額を破産財団に組み入れた場合は不当利得になる」との結論は、前記で議論した任意売却の適否の問題と結局は同じことであり、あえて配当要求に準じた形での優先弁済権の保護を持ち出す必要はないのではないかと思われる。

　また、かかる見解は、会社更生手続においては、動産売買先取特権は更生担保権として取り扱われ、優先弁済権が確保されるのに対し、破産手続の場合にはその優先弁済権は無視されてもやむをえないというのは合理的ではないとする。

　しかし、会社更生の場合には、手続外での担保権の実行が制限されており、優先弁済権に配慮する必要性が高いのに対し、破産の場合には別除権として破産手続外での担保権の実行が可能なのであるから、それを行使しない先取特権者に対し優先弁済権の保護を与える必要はない。破産の場合、先取特権者は担保権証明文書を裁判所に提出することにより動産競売開始の許可を得て動産競売の申立てをすることができるのであるから、それすら行わない先取特権者に単に破産管財人に担保権証明文書を提出する方法のみで優先弁済権の保護を与える必要はない。

Ⅲ 物上代位の目的債権の回収・譲渡

　動産売買先取特権の対象となる動産が転売された場合には、債権者は債務者の転売先（第三債務者）に対する売掛金を差し押さえることにより、物上代位権を行使することができる（民304条1項）。

　破産手続開始前に破産者が目的動産を第三者に転売し、当該転売代金債権が未回収のまま破産手続開始決定がなされた場合、動産売買先取特権者は、破産管財人を債務者として転売代金債権に対する物上代位権を行使することができると解されている[20]。

　他方、先取特権者による差押えは、転売代金債権の「払渡し又は引渡し」の

---

20) 最判昭59・2・2 判タ 525-99。

前に行わなければならないとされているところ（民304条1項但書）、動産売買先取特権に関しては、「物上代位の目的債権が譲渡され、第三者に対する対抗要件が備えられた後においては、目的債権を差し押さえて物上代位権を行使することはできない」と判示されており[21]、転売代金債権が回収された場合のほか、第三者に譲渡された場合も物上代位権は行使できなくなる。

　そこで、物上代位権を有する先取特権者との関係で、破産管財人が当該転売代金債権を回収したり譲渡したりすることが自由に認められるのか、問題となる。

　この点についても、前記破産管財人による任意売却の問題と同様、破産管財人の破産財団維持・増殖義務と「担保価値配慮義務」の「適切な利害関係の調整」が問われる場面である。

　そして、これも前述の通り、破産管財人は第1次的には破産債権者のために破産財団を適切に維持・増殖すべき義務を負うのであり、別除権者の優先弁済権（担保価値）に対し配慮する場面においても、その程度は破産財団の維持・増殖に対する配慮に比べて制限的なものと解するべきである。

　よって、動産売買先取特権者から、担保権証明文書を提出するとともに目的債権を具体的に特定して物上代位権の主張立証があったとしても、差押命令が第三債務者に送達され、効力を生じるまでは、破産管財人は自由に当該債権を回収したり譲渡したりすることができると考える[22][23]。

　すなわち、破産管財人に先取特権の存否、物上代位の目的債権の特定等を調査・認定する責務まで負わせることは、破産財団の維持・増殖に比べて制限的な取扱いを受けるべき別除権に過剰な保護を与えるものであり、「適切な利害関係の調整」の観点からは妥当ではない[24]。

---

21) 最判平17・2・22金法1740-28。
22) 東京地判平3・2・13金法1294-22は、破産宣告前に転売代金債権が仮差押えされていたとしても、破産宣告によりその効力は失効しており、破産管財人が転売代金債権の回収をすることは許される旨判示している。
23) 東京地判平11・2・26金判1076-33は、破産管財人が転売代金債権を回収した事案において、「売主が動産売買先取特権に基づく差押えをすることなく、物上代位による優先弁済権を主張できると解することは相当ではなく」、「破産管財人が右転売代金を破産財団に組み入れたからといって、法律上の原因を欠くものとはいえない」旨判示している。
24) 渡辺晃「動産売買先取特権に基づく物上代位権の行使と目的債権の譲渡（下）」金法1746

ただし、目的債権の差押前であっても、破産管財人が正当な理由なく通常の手段を超えて目的債権の回収または譲渡を行うことまでは認められない。

例えば、第三債務者の支払能力に問題がなく、支払期日において目的債権の全額回収が見込まれるにもかかわらず、支払期日前に、債権を第三者に譲渡したり、第三債務者と減額和解をして目的債権を消滅させてしまったりする行為は、正当な理由なく物上代位権の行使を妨げるものであり、破産管財人の善管注意義務としての担保価値配慮義務に反すると考えられる。

上記のような行為は、先取特権者による物上代位を回避し、破産財団の増殖につながるものであるが、破産管財人が第1次的には破産債権者のために破産財団を適切に維持・増殖すべき義務を負うとはいえ、上記のような通常の手段を超えてまで破産財団の増殖を優先して先取特権者の担保価値を毀損することは、「適切な利害関係の調整」の点から妥当ではない。

Ⅳ 最後に

本稿で述べた「破産管財人固有の義務としての善管注意義務」およびその1つとしての「担保価値配慮義務」を認めるべきか、また、これが認められるとして「破産財団の維持・増殖義務」との調整をどのように図るべきか、動産売買先取特権の場合にも担保価値配慮義務を認めるべきか等については、まだ議論が未成熟であるが、本稿では破産管財人固有の義務としての「担保価値配慮義務」を（動産売買先取特権の場合も含めて）認めたうえで、「破産財団の維持・増殖義務」との調整についての私案を述べた。

本稿の私案に対しては、「担保価値配慮義務」といった曖昧な義務を認めるべきではない、破産管財業務に萎縮効果を生じるといった批判もあろう。

しかし、これまでの破産管財実務は、ともすると「破産財団の維持・増殖」に偏重していたと思われる。平成18年最高裁判決はこのような傾向に警鐘を

号（2005）117頁は、物上代位権の行使に関し、「破産管財人が、物上代位権の存在を認識している事例において、破産裁判所は目的債権の譲渡の許可を出すべきではないと思われる」とする。

ただ、個別の事案において、破産管財人が許可申請書中に物上代位権の存在の認識に言及するとは限らず、破産裁判所の運用に委ねるのは困難と思われる。

鳴らすものであり、破産管財人の職務上の責任をあらためて問うべきであろう。

このような観点から、本稿の私案は「担保価値配慮義務」という破産管財人固有の義務を観念するものであるが、動産売買先取特権に関する実際の適用の場面において、破産管財人に重い義務を課したり、これまでの実務上の取扱いを大きく変えたりするものではない。

すなわち、動産売買先取特権との関係では、目的動産の任意売却については、原則として破産管財人による早期任意売却処分を認めつつ、動産競売開始の許可決定の発令という公的な手段がとられた時点以降は任意売却すべきではないというものであって、破産管財人に対し、特に重い義務を課すものではない。また、物上代位の目的債権についても、差押命令の発効までは自由に回収・譲渡を認めつつ、破産管財人としての「常務」を逸脱した「執行免れ」的な行為（例えば、前述の通り、第三債務者の支払能力に問題がなく、支払期日において目的債権の全額回収が見込まれるにもかかわらず、支払期日前に、債権を第三者に譲渡したり、第三債務者と減額和解をして目的債権を消滅させてしまったりする行為）についてのみ、担保価値配慮義務違反と捉えるものである。

いずれにしても、破産管財業務の遂行にあたっては、これまで以上に「総債権者の公平な満足」「適切な利害関係の調整」といった観点を意識しなければならないであろう。

●── 一裁判官の視点

　裁判所が、破産管財人から、具体的な管財業務の中で、動産売買先取特権の目的動産の換価（任意売却）をいつまでできるかについて相談を受けた場合、どう対応すべきかは難しい問題である。

　破産管財人は、破産事件であることを前提とする適価での迅速な換価が求められており、優秀な破産管財人ほどその着手と実行は早い。

　しかし、そのような管財業務の遂行中に当該動産に差押えがされたのであれば、破産管財人は、法律上、動産売買先取特権の目的動産の換価（任意売却）を差し控えるべきことになる。

　では、それ以前の段階、民事執行法190条2項の裁判所の動産競売の開始

を許可する決定が破産管財人に送達された場合はどうか。

　本論稿は、開始許可が発令されれば、その後まもなく動産競売の申立てが行われ、目的動産の捜索・差押えがされることが十分に予測されるとする。

　この意見が実務経験に裏打ちされた実務感覚によるものであれば、裁判所も尊重しないわけにはいかない。しかし、他方、破産管財人の管財業務に善管注意義務違反があるか否かについては、まずは、問題となった業務が法的に許容されないものかどうかというところから考えることも必要である。この点、前記の送達がされても動産競売の開始の許可がされたということだけであり、差押えがされていない以上、法律上処分は禁止されていない。そして、現実にいつそのような捜索・差押えがされるかも制度上明らかとならないのである。そうすると、他の事情の一切を不問に付し、前記の送達をもって破産管財人の換価業務を制約する事情とすることにはなお疑問があり、もし、この送達を契機に換価を差し控えることが善管注意義務の観点から要求されるというのであれば、本論稿の脚注16）で挙げられているような他の事情が必要だと思われる。

　なお、本論稿は、動産売買先取特権の目的動産の任意売却の問題について、担保価値配慮義務という考えを導入する。しかし、法律上、動産売買先取特権の効力の発現は、その実行前については、いわゆる代償物の払渡しまたは引渡しの前の差押えを契機とする物上代位によることとされ、その実行時は、差押えを契機とすることとされているのであって、そうした契機の存在が明らかとならない段階において、債務者に担保価値を配慮することを要求することができるのかは慎重な検討を要するように思われる。　　　　　　（山崎栄一郎）

4 商事留置権に関する諸問題

植村京子

1 はじめに

　留置権は、他人の物の占有者が「物に関して生じた」債権の弁済を受けるまで、物を留置してその返還を拒む権利で、法律上当然に生じる担保物権である。その沿革等から民事留置権（民 295 条以下）と商事留置権（商 521 条以下）に分けられる。

　留置権は、他の担保物権と異なり、物を留置する権利であるから、換価弁済機能を有せず、目的物の利用は禁じられ（民 298 条）、物上代位権もなく、担保物自体の効力としては弱いといわれている。

　しかしながら、留置権はその公示力が十分ではなく、その被担保債権の範囲が不明確であるにもかかわらず、事実上の優先弁済権があるのと同じ効果が生ずるなど、倒産事件における実務的な解決が難しい場面が多い。近年では、留置権、とりわけ、商事留置権の裁判例に関して、その射程範囲等が問題となっている。

2 商事留置権に関する実務上の問題点

　本稿では、留置権の一般的効力、民事留置権と商事留置権の差異、各倒産法上の留置権の取扱いを概観したうえで、以下の実務上の問題点について検討を加えるものである。

　①建物建築請負人の敷地に対する商事留置権の成否
　　建物が未完成の場合の敷地に対する商事留置権の成否
　　建物が完成した場合の敷地に対する商事留置権の成否
　②金融機関が占有する商事留置手形の取扱いについて
　　平成 23 年 12 月 15 日最高裁判決およびその射程範囲について

I 留置権について

1 留置権の一般的効力

(1) 事実上の優先弁済権
留置権の留置的効力は、機能的には同時履行の抗弁権と共通しており、双務契約で物の引渡しが問題となるときに競合することが多く、この点で留置権は、担保物権というより抗弁権に近いとされる。留置権には、担保物権としての不可分性（民296条）があり、債権全額の弁済を受けるまで目的物全部を留置することができる。

留置権には目的物を換価して優先弁済を受ける権利はないが、留置的効力により、事実上優先弁済を受けることができる。他の債権者が当該目的物に競売を申し立てた場合、目的物が不動産であれば、他の債権者による差押え・競売の手続は進行するが、競売によって留置権は消滅せず、競落後、買受人は被担保債権の弁済を受けなければ引渡しを受けられない（民執59条4項・188条。引受主義）。目的物が動産の場合には、債権者が目的物を提出するか、目的物の占有者が差押えを承諾していることを証する文書の提出が必要である（民執190条1項）。留置権者は執行官への目的物の引渡しを拒むことができるので（民執124条）、債権者としては、留置権者の被担保債権を弁済しなければ競売の申立てをするのは困難である。これが留置権に事実上の優先弁済権があるといわれる由縁である。

(2) 留置権による競売
留置権には、一定の場合に競売の権利が認められている（形式競売。民執195条）。これは長期にわたって留置せざるをえない不便から解放するために認められた換価のための権利に過ぎず、換価金を所有者に返還する債務を負うとされている[1]。しかし、このような場合でも、留置権者は、所有者が債務者と同一である場合には、換価金の返還債務と債権とを対当額で相殺することによって事実上優先弁済を受けうるが、所有者と債務者が別人のときは、所有者に換価金を返還し、結局担保を失うことになる。なお、留置権は、物の交換価値から優先弁済を受ける権利ではないから、物上代位性は認められていない。

---

1) 内田貴『民法Ⅲ 債権総論・担保物権〔第3版〕』（東京大学出版会・2005）503頁。

2　民事留置権と商事留置権の対比

(1)　民事留置権　民事留置権について、「他人の物の占有者は、その物に関して生じた債権を有するときは、その債権の弁済を受けるまで、その物を留置することができる」と規定されている（民295条）。「他人の物」であれば足り、債務者保有の物に限られないが、被担保債権と留置目的物との牽連性が必要である。

牽連性とは、民事留置権の被担保債権と目的物との関係を指し、一般に、①債権が物自体から生じた場合（例：費用償還請求権、物から生じた損害賠償請求権等）と、②債権が物の返還義務と同一の法律関係または事実関係から派生した場合（例：修理契約上の修理代金債権、運送契約上の運送料債権）に牽連性があるとされている[2]。

上記①の費用償還請求権とは、物の占有者が物の保存に必要な費用を支出した場合の必要費用償還請求権（民196条1項）や、物の改良行為をした場合で、その価格の増加が現存する場合の有益費用償還請求権（同条2項）がこれにあたる。上記②の債権が物の返還義務と同一の法律関係または事実関係から派生した権利とは、物に関連する債権を広く取り込む趣旨であり、成立場面が極めて広く、契約上の債権についての事実上の優先弁済手段となる[3]。

(2)　商事留置権　商事留置権（商521条以下）は、代理商や問屋の留置権（商31条・557条、会社20条）と、運送取扱人・運送人・船舶所有者等の留置権（商562条・589条・753条2項）に区分される。

一般的に、商事留置権は、「商人間においてその双方のために商行為となる行為によって生じた債権」であることが要件となり、商人間で営業上の取引から生じた債権とその取引上自己の占有に属した債務者の所有する物または有価証券という関係が必要である。商事留置権は、債権と物との間に牽連性がなく、目的物の範囲が広範にわたるうえ、被担保債権の範囲が不明確であるため、民事留置権以上に倒産手続における問題性が大きいといわれている。

効果の点では、民事留置権と商事留置権では相違がなく、いずれも目的物を留置することができるにとどまり、優先弁済的効力は与えられていない。ただ

---

[2] 我妻榮『新訂担保物権法』（岩波書店・2006）29頁。
[3] 清水元「各種倒産手続と留置権」櫻井孝一＝加藤哲夫＝西口元編『倒産処理法制の理論と実務』（別冊金判・2006）192頁。

し、前述した通り、留置権者は目的物そのものを留置し、他者の権利行使を阻止できるため、事実上の優先弁済を受けうる地位にある。

II 各倒産手続における留置権の取扱い

1 破産手続における留置権の取扱い

（1） **民事留置権について**　留置権は、優先弁済効のない特殊な担保権であるため、その処遇については特別の規定が設けられている。破産手続開始時に破産財団に属する財産につき存する留置権の処遇は、それが商事留置権である場合と、それ以外の民事留置権である場合とでまったく異なる。

民事留置権は、破産財団に対してはその効力を失う（破66条3項）。民事留置権の被担保債権が破産債権であると、財団債権であるとを問わない[4]。

したがって、民事留置権について、破産管財人は、留置している目的物の返還を求めることができる。また、民事留置権に基づく競売は、破産手続開始の申立てがあった場合、中止命令および包括的禁止命令の対象となり（破24条1項1号・25条1項・3項）、破産手続開始決定がされると、破産債権もしくは財団債権を被担保債権とするものとして、破産財団に対してはその効力を失ってしまう（破42条2項）。

（2） **商事留置権について**　(a) 特別の先取特権としての処遇　これに対して、商事留置権は、破産手続開始の時において破産財団に属する財産につき存すれば、「破産財団に対しては特別の先取特権とみなす」と規定され（破66条1項）、別除権の地位が与えられている。この先取特権の順位は、民法その他の法律による他の特別の先取特権に劣後する（同条2項）。商事留置権は、別除権としての処遇を受け、特別の先取特権とみなされることから、破産手続外で民事執行法に基づき担保実行としての競売を申し立て、売得金から優先弁済を受けられる。

民事留置権と商事留置権は、平常時においては効力に差異がないにもかかわらず、上記の通り、破産手続が開始されると、民事留置権が失効の扱いとなるのに対し、商事留置権は、特別の先取特権とみなされ、優先弁済効が認められ

---

4) 条解破産500頁。

るようになる。このような差異が設けられているのは、主として沿革上の違いからであり、民事留置権が行使できる多くの場合は、特別の先取特権が認められるであろうから、民事留置権が失効しても留置権者は保護されると説明されている。

しかし、民事執行手続においては、平常時においては、民事、商事を問わず、留置権者に事実上の優先的地位が認められ、国税徴収法上も最優先の配当を受けられることになっているにもかかわらず（税徴21条1項）、破産手続に入ると、その処遇が一転することについては、学説上、強い批判がある[5]。

この点について、現行破産法の改正の際、民事留置権の効力を強化する方向で検討がされたが、留置権に関する実体法を含めた見直しの必要性が唱えられ、改正に関する基本方針が出るまでに多くの時間を要し、最終的には時間切れで規定の改正が見送られた[6]。

(b) **商事留置権の留置的効力について**　商事留置権については、破産手続開始後に特別の先取特権とみなされるが、その場合の留置的効力が存続するかどうかについて学説上の見解が対立していた。

この点について、平成10年7月14日最高裁判決[7]は、破産財団に属する手形の上に存在する商事留置権を有する者は、破産宣告後においても、当該手形を留置する権能を有し、破産管財人からの手形の返還請求権を拒むことができるものと解するのが相当であり、旧破産法93条1項前段の文言[8]は、当然には商事留置権者の有していた留置権能を消滅させる意味であるとは解されず、同条が商事留置権を特別の先取特権とみなして優先弁済権を付与した趣旨に照らせば、破産管財人に対する関係においては、商事留置権が適法に有していた手形に対する留置権能を消滅させ、これにより先取特権の実行が困難となる事態に陥ることを法が予定しているものとは解されない旨判示した。

---

5) 概説127頁〔沖野眞已〕では、「このような民事留置権と商事留置権の『差別化』は倒産処理手続に特有であり、……このような民事執行法、国税徴収法上の民事留置権の処遇に照らすと、担保権としての実効性を欠き、商事留置権との取扱いとの間で権衡を欠く点において、倒産処理手続における民事留置権の処遇には立法論として見直しの余地がある」とする。
6) 基本構造454頁〜462頁。
7) 最判平10・7・14民集52-5-1261。
8) 旧破産法93条1項前段「之ヲ特別ノ先取特権ト看做ス」。

上記判例の趣旨について、商事留置権者の有する留置的効力は、特別の先取特権の実行を確保する限度で存続すると解したもので、破産法66条は、留置権者には優先弁済権がないことを重視して留置権を消滅させ、商事留置権については権利者を保護するため特別の先取特権者としての地位を認めたものと解する見解[9]や、手形の場合に限定したもので商事留置権一般についてのものではないとする見解[10]などがあり、上記判決後も破産手続開始決定後の留置的効力を否定する下級審判決[11]も出ている。

(c) 商事留置権の消滅請求　現行破産法では、留置権者と破産財団との間の適切な権利調整を図る方策を用意することが肝要であるという考え方に基づき、商事留置権の目的となっている財産を破産財団で確保するため、「当該商事留置権の目的である財産の回復が破産財団の価値の維持または増加に資する場合」等の要件のもと、破産管財人による商事留置権の消滅請求が設けられた（破192条）[12]。同制度の導入については、留置権の効力は消滅しないという前提であるとする見解と、商事留置権の留置的効力を正面から認めたものではないとする見解がある[13]。

2　再生手続における留置権の取扱い

(1)　商事留置権について

民事再生法は、破産法が債務者の財産を清算して金銭化し、総債権者に弁済配当するのと異なり、事業を継続し再生する点で目的が異なる。そのため、事業の継続価値を保全することに重心が置かれる関係で、担保物権はこうした観点からの制約を受ける。民事再生法上、商事留置権は別除権者として存続し（民再53条1項）、留置的効力を有するが、破産法と異なって特別の先取特権としての処遇はされていない。したがって、商事留置権について優先弁済効はなく、平時の留置権と同様、民事執行法195条に基づく競売申立てをすることができるにとどまる[14]。

---

9) 条解破産498頁。
10) 高橋宏志・倒産判例百選〔第4版〕(2006) 106頁。
11) 東京高決平10・11・27判時1666-141。
12) 基本構造235～236頁。
13) 小川秀樹編『一問一答　新しい破産法』(商事法務・2004) 271頁、基本構造236～238頁。
14) 条解再生280頁〔山本浩美〕。

担保権の実行手続に対して、再生手続開始申立後、再生手続開始決定の前後を問わず、再生債権者の一般の利益に適合し、かつ、競売申立人に不当な損害を及ぼすおそれがないものと認められるときは、担保権の実行手続の中止を命ずることができる（民再31条1項）[15]。また、開始決定時に存する担保権（別除権）について、当該財産が再生債務者の事業の継続に欠くことができないものであるときは、担保権消滅許可の申立てが認められている（民再148条1項）。裁判所がこれを許可した場合、別除権者は、再生債務者から提示された申出額を争うことはできるものの（民再149条・150条）、裁判所の決定した金額が納付されれば、別除権は消滅することになる（民再152条2項）。

なお、再生計画は、別除権者が有する担保権に影響を及ぼさないため（民再177条2項・53条1項）、商事留置権の被担保債権について再生計画でカットが記載されても、商事留置権の行使にあたっては影響を受けない[16]。

(2) 民事留置権について　これに対し、民事再生法上、民事留置権について特別の規定はなく、破産法と異なって失効はしないものの、担保権ゆえの優先的な地位は認められていない。

再生手続開始決定があった場合には、他の再生債権と同様、民事留置権に基づく競売手続は中止し、その申立てもすることはできない（民再39条1項）。

民事留置権について失効する旨の規定がないため、民事留置権に基づく目的物の留置的効力は当然には失われないものと解される[17]。再生債権を被担保債権として留置していた場合、その債権について再生計画によらない権利行使が認められない以上、優先的に弁済を受けることはできないから、留置権の存在によって弁済を促す効果もないまま、引き続き目的物を留置するという状態が続くことになる[18]。

3　更生手続における留置権の取扱い

(1) 商事留置権について　会社更生法は、民事再生法と同様に、企業再建のための手続として担保物権について一定の処遇を与え、更生担保権とし

15）条解再生 147 頁〔高田裕成〕。
16）新注釈（下）119 頁〔矢吹徹雄〕。
17）東京地判平 17・6・10 判タ 1212-127。
18）概説 126 頁〔沖野〕。

て扱っているが（会更2条10項）、再生手続に比べ、担保物権への規制はより厳格となっている。

　民事再生法では、担保物権について別除権としてその手続外行使が認められるのに対し、会社更生法では、更生債権と同様、担保物権についても手続への参加を強制され、原則として更生計画の定めるところによらなければ、弁済をし、弁済を受け、その他これを消滅させる行為をすることができない（会更47条1項・2条12項）。

　したがって、会社更生法上、商事留置権は更生担保権の基礎となるが、更生手続開始決定後の担保権の実行が禁じられ（会更50条1項）、更生計画に則って、その権利の変更を受け（会更168条・203条）、更生計画認可決定がなされれば、担保権が消滅する（会更204条1項）。

　また、開始決定後、当該財産が更生会社の事業の更生のために必要であるときは、担保権消滅許可の申立てが認められている（会更104条）。開始決定があるまでの間は、当該財産が開始前会社の事業の継続に欠くことのできないものであることを要件として、開始前会社または保全管理人は、商事留置権の消滅請求をすることができる（会更29条1項）。これに基づいて商事留置権者に対する弁済がされ（同条2項）、商事留置権が消滅すれば（同条4項）、被担保債権の残額があれば更生債権となり、更生担保権としては扱われない。

(2) 民事留置権について　　これに対し、民事留置権は、民事再生法と同様、更生担保権とされず、開始決定によって失効もしない。更生計画認可決定により更生会社の財産に対する民事留置権が消滅するかについては見解が分かれている。更生債権を被担保債権として留置していた場合、その債権について更生計画によらない権利行使が認められない以上、優先的に弁済を受けることはできないから、留置権の存在によって弁済を促す効果もないまま、引き続き目的物を留置するという状態が続くという見解[19]と、商事留置権との均衡や「更生会社の財産を目的とする担保権はすべて消滅する」（会更204条1項柱書）との文言を重視し、民事留置権も消滅するとの見解[20]がある。

---

19) 概説126頁〔沖野〕。
20) 伊藤・会更645頁注190、条解会更(下)727頁（6刷第3次補訂）、東京地裁会社更生実務研究会『最新実務　会社更生』（金融財政事情研究会・2011）273頁。

Ⅲ 建物建築請負人の敷地に対する商事留置権の成否

1 問題の所在

　建築会社が土地の所有者である不動産会社との間で、建物建築請負契約を締結して建築工事を行ったところ、施主である不動産会社について破産手続が開始された場合、建築している建物（未完成建物も含む）に対しては、これについて生じた債権であり、双方について商行為によって生じた債権であるから、建築会社が民事留置権および商事留置権を有することに争いはない。しかし、建物の処分価格は当時の不動産需要に左右され、経年劣化も早いことから、その調達コストである請負代金が建物のみによって十分に保全されている状態とはいえない。

　また、建物建築請負契約に基づき建築された建物の所有権について、裁判例では、特約のない限り、請負人が全部の材料費用を拠出して建物を建築した場合には、その引渡しまで請負人に所有権があるとされているが、土地の賃借権や法定地上権の成立は認められていないため、請負人は、土地の所有者から建物収去土地明渡請求がされることに対抗するため、当該建物の建築のために敷地を占有したとして敷地についての商事留置権を主張することが多い。

　他方、敷地に建物建築請負契約締結前に（根）抵当権が設定されていた場合、敷地に商事留置権が発生するとなると、請負人に建築請負代金を弁済しなければ引渡しを受けられないことになり、（根）抵当権の有する担保的機能が後発的な事由によって失われ、事実上最優先の担保権となってしまう。

　そこで、建物建築請負人の敷地に対する商事留置権は成立するかについて、裁判実務上の肯定例、否定例に分けて検討する。

2 学説・判例

　(1) 判例　建物建築請負人の敷地に対する商事留置権の行使に関して、最高裁の判決はまだ出ておらず、下級審の判断は、以下の通り、分かれている。

　　(a) 敷地について商事留置権の成立を認めた裁判例　(i) 新潟地長岡支判昭46・11・15（判時681-72）　商事留置権の目的物について特に動産に限定するところがなく、債権の成立と占有の取得が債権者・債務者双方のため

に商行為たる行為によって生じたものであれば足り、占有取得行為自体が商行為である必要はなく、占有取得の原因行為に商行為性が認められれば足りるとして、敷地についての商事留置権を肯定した。

　(ⅱ)　東京高決平6・2・7（判タ875-281）　ほとんど実質的な理由は述べていないが、請負契約に基づく土地・建物の占有を認めた。

　(ⅲ)　東京高決平10・11・27（判時1666-141）　建物建築請負人の土地の占有態様は商法521条所定の占有と評価できるとして、敷地についての商事留置権の成立を認めたうえで、債務者の破産により商事留置権が特別の先取特権に転化した場合、原則としてその留置権能は失われ、商事留置権から転化した特別の先取特権と抵当権との優劣は対抗関係であり、その優劣は商事留置権成立時と抵当権設定登記時との先後によって決すべきであるが、商事留置権が特別の先取特権に転化した後に目的物件が破産財団から権利放棄されたとしても商事留置権は回復しないとした。

　(b)　敷地について商事留置権の成立を否定した裁判例　(ⅰ)　東京高決平6・12・19（金判974-6）　建物建築請負契約に基づく工事が基礎工事の途中段階で中断され、未だ建物が敷地上に存在しないという事実関係において、請負会社が本件土地について占有を有するかは疑問としたうえ、仮に占有を有するとしても、建物建築工事を請け負った者がその敷地を使用する権原は工事施行のために必要な利用を限度とし、限られた目的のための占有をもって、基礎工事途中の状況にある敷地について商事留置権の成立を認めるのは、契約当事者の通常の意思と合致せず、債権者の保護に偏し、公平に適わないとした。

　(ⅱ)　東京高決平10・12・11（金判1059-32）　商事留置権が成立するためには、債務者所有の物がその債務者との間における商行為によって債権者の占有に帰したことを要するところ、建物建築工事請負人は、請負契約の趣旨に従って建築する建物敷地である土地に立ち入り建築作業をするのが通常であり、工事の着工からその完成と注文主への引渡しまでの間の請負人による土地の使用は、他に別段の合意があるなどの事情がない限り、注文主の占有補助者として土地を使用しているに過ぎず、土地に対する商事留置権を基礎付ける独立した占有にあたらない。また、工事請負人は、注文主が破産宣告を受けたために建築工事が中断され、建築中の建物を所有することによりその敷地である本件各土地の占有を取得したと解されるが、この場合の土地の占有は当初の請負契

約に基づく請負人の土地使用とは別個のものであり、商行為としての請負契約に基づくものとはいえないから、敷地に対する商事留置権を主張することはできないとした。

　　　(iii)　東京高決平22・9・9（金法1912-95）　土地に対する商事留置権は成立しうるが、本件各土地上の建物は未完成であるうえ、建物建築工事請負人による各土地の使用は、債務者兼所有者との間の建築請負契約に基づく建築工事施工という債務の履行のための立入りであって、その権限は注文主に対してのみ主張できるものであるから、建物建築工事請負人は、債務者兼所有者の占有補助者の地位を有するに過ぎず、独立した占有者とみることはできないから、本件各土地に対する商事留置権を認めることはできないとした。

　(2)　学説　　敷地に対する商事留置権の成否については、否定説、肯定説、肯定説に立ちつつ請負人の商事留置権と抵当権等の利益衝突を対抗要件の問題として捉える説など、学説は多岐に分かれており、百花繚乱の状況にある。

　　　(i)　否定説　　商法521条の「物」には不動産は含まれないとする説[21]、建物建築請負人は注文者の占有補助者として土地を占有するに過ぎず、独立の占有を有していないとする説[22]、建物建築請負人の敷地の占有権原は建築工事施工のために必要な範囲に限定される特殊なものであり、それ以外の目的で占有権原を主張することは当事者の意思に反し、公平の観点から許されないとする説[23]、建物建築請負人の土地に対する占有は、商行為によって生じたものとはいえないとする説[24]などがある。

　　　(ii)　肯定説　　敷地について商事留置権の成立を肯定する説は、商法521条の文言上、不動産が排除されていないこと、旧商法の沿革等から離れて不動産も現在では商品として取引されていること、建設業者の保護を図る必要があることなどを理由としている。請負人が敷地に対して商事留置権を取得することを認め、この者の商事留置権を一貫して保護する立場では、目的土地に

21）淺生重機「建物建築請負人の建物敷地に対する商事留置権の成否」金法1452号（1996）16頁。
22）澤重信「敷地抵当権と建物請負報酬債権」金法1329号（1992）25頁。
23）栗田哲男「建築請負における建物所有権の帰属をめぐる問題点」金法1333号（1992）12頁。
24）小林明彦「建築請負代金未払建物をめぐる留置権と抵当権」金法1411号（1995）25頁。

対して抵当権が実行され、その所有権が競落人に移転した場合、商事留置権者である請負人は、当該競落人に対しても留置権の留置的効力を主張して土地の引渡しを拒むことができるため、商事留置権には優先弁済を受ける権利はないが、事実上、競落人から手続外で任意弁済を受けることができるとする[25]。

(iii) 対抗要件説　　敷地について商事留置権の成立を広く認めたうえで、抵当権者との関係は、対抗要件の問題として扱うという説である。その中では、破産手続開始に伴い、商事留置権は特別の先取特権に転化して留置的効力を失うが、転化した特別の先取特権の性質・内容から必要または有益な限度で目的物の占有を認めうるとし、商事留置権に先行する抵当権との関係については、商事留置権の成立時と抵当権設定登記の経由時の先後によるとする[26]。

この対抗要件説によると、留置権取得後に抵当権設定登記がされ、その後に売買先取特権の登記が経由された場合、不動産先取特権の中で一番劣後する不動産売買の先取特権（民331条1項・325条）と抵当権の優劣は登記によるとされており、転化先取特権は常に売買の先取特権に劣後する関係から（旧破93条1項、破66条1項）、転化先取特権は抵当権に優先するが、抵当権は売買先取特権に優先し、売買先取特権は転化先取特権に優先して、権利関係がぐるぐる回りになるとの批判[27]もある。

3　検　討
(1) 商法521条の趣旨
　　敷地に対する抵当権者は、設定当初は最優先担保権者として取引を行ったにもかかわらず、その後、地上に建物を建築した注文主が代金未払のため請負人が商事留置権を主張してその権利を行使できるとすると、民事執行法59条4項により、敷地の担保価値から留置権者に事実上の優先弁済が行われるため、更地として担保評価した抵当権者との利害対立が深刻となる。対抗要件説は、これを調整する機能として、商事留置権者と抵当権者との優劣を、抵当権の設定登記と留置権の占有開始の先後によって決す

---

[25] 河野玄逸「抵当権と先取特権　留置権との競合」銀法511号（1995）94頁。
[26] 湊光昭「不動産留置権と抵当権の優劣を決定する基準」金法1437号（1995）5頁、園尾隆司ほか編『新版破産法〈新・裁判実務体系28〉』（青林書院・2007）214頁〔那須克巳〕、出口雅久・倒産判例百選〔第4版〕（2006）109頁。
[27] 山本和彦・判時1706号（2000）206頁。

べきとしたのである。

　しかし、対抗要件説は、破産手続が開始された場合に、破産法66条2項の問題が残り、商事留置権の占有取得時が抵当権の登記より先であり、その後に不動産売買の特別の先取特権が登記されると、永遠に先後関係が決まらないという批判には答えていない。さらに、土地に抵当権を設定した後に建物の建築請負契約を締結した場合は、常に商事留置権は抵当権に対抗できないことになり、必ずしも建物建築請負工事者を保護する結果とはならない。

　そもそも商法521条の趣旨は、商人間の継続的取引において、一方の取得する債権がその物を占有する相手方の所有物によって担保されるとすることが商人間の信用を助長し、安全確実な取引関係に役立つという観点から認められたものである[28]。古くは、不動産は商人間の留置権の対象とはならないとされていたが、規定上、商事留置権の目的物が動産に限定されておらず、土地についても商事留置権の成立を認めるのが近時の多数説である。

　以上からすると、建物建築請負人の敷地に対する商事留置権を認めるためには、①債務者所有の物がその債務者との間における商行為により債権者の占有に帰したといえるか、②建物建築請負人の建物所有による土地の占有態様が商法521条の占有（排他的な支配関係）にあたるといえるかが問題となる。

(2) 商法521条の「占有」　建築請負人は、土地の所有者である不動産会社との間で建築請負契約を締結し、これに基づいて建物を建築し、その土地の使用を開始したのであるから、土地の占有取得の原因は当事者間の商行為によるものといえる。

　しかし、商法521条の「占有」は、排他的な支配関係が及んでいることが必要であり、間接占有が認められるとしても、建物未完成の間は、建築のための土地立入りが許されているに過ぎず、土地に対する独立した占有があるとはいえない。敷地に対する商事留置権を否定した上記の各裁判例は、いずれも建築途中の建物についての事例であり、商事留置権を基礎付けるだけの独立した占有が認められない場合であったと解される。この点、たとえ建物建築請負人が権限なく土地の周囲をバリケード等によって囲んだとしても、適法に土地を占有すべき権利のないことを知りながら他人の物を占有することは不法であるか

28）西口元・平成11年度主民解57頁。

ら、土地について留置権を行使することはできない（民295条2項類推適用）[29]。

　(3)　建物の基準　　建物とは何かという概念が問題となるが、民法86条1項で「土地及びその定着物は、不動産とする」という規定が置かれているだけで、民法のほか、建物の区分所有等に関する法律、借地借家法、建物保護に関する法律、工場抵当法等の法律においても、何らの定義規定も置かれていない。建築途中の建物の場合、建築のための土地の立入りが許されているだけであるが、建物完成後、引渡しまでの間は、建物を所有することによって土地の排他的な占有を取得している場合があり、このような場合には建物の敷地に対する商事留置権を認めうると解する。

　建築請負工事に関連して、裁判上、未完成の工事と、完成はしているが瑕疵がある工事とを区別するために、工事が途中で廃止され、予定された最後の工程まで終了していない場合は未完成にあたり、工事が予定された工程までは一応終了しているが、不完全なために補修を加えなければならない場合は、完成ではあるが目的物に瑕疵がある状態にあるという判断基準が示され[30]、この基準が実務上も定着している[31]。

　この基準とパラレルに考えれば、予定された建築工事の最後の工程まで終了しているか否かが、完成建物として当該建物の所有による敷地に対する独立した占有を認めるメルクマールといえよう[32]。

・・・

29）大判大10・12・23民録27-2175。
30）東京高判昭36・12・20高民集14-10-730。齋藤隆編『建築関係訴訟の実務〔3訂版〕』（新日本法規・2005）155頁。
31）河野清隆裁判官は「仕事完成の根拠となる契約上予定された工程の終了は、請負人の報酬代金債権を発生させるためのものであるから、引渡し前であっても、契約の本旨に従った建築完成とみられる履行（客観的に全工程を終えたとみられる程度に工事がおこなわれたこと）があれば契約上予定された最後の工程の終了は認められ」、「設計図書（仕様書、図面）、工程表、実施図面等に照らして、現地調査に基づき、現実に契約の目的を達する程度に仕事が完了しているかどうかを判断するので、検収とか完了検査が未了でも、契約上予定された最後の工程の終了と判断して、法律的には仕事の完成と認定する場合がある」旨述べている（同「建築関係訴訟の極意」二弁フロンティア2012年10月号11頁）。
32）本書の研究会において、「商事留置権が認められる建物としては、不動産登記法上の表示登記可能な建物を基準とすべき」という意見があった。不動産登記実務上では、旧不動産登記事務取扱手続準則136条1項に「建物とは、屋根及び周壁又はこれに類するものを有し、土地に定着した建造物であって、その目的とする用途に供し得る状態にある

なお、建物の敷地に占める割合がごく小さいなど、完成した建物によっても敷地全体に独立した支配関係が及んでいない場合には、敷地に対する商事留置権の成立が否定される場合もあろう。

（4）　敷地に対する商事留置権が否定された場合の処理　債務者が破産した事例において、建物建築請負人の敷地に対する商事留置権が否定された場合、その占有する建物についての民事留置権（民295条）が効力を失い（破66条3項）、未払代金の支払がないまま建物の引渡しに応じなければならない請負業者の不利益をどのように扱うべきかの問題が残る。

このような場合、建物（未完成を含む）について商事留置権が成立することについては争いがなく、この建物の商事留置権は破産法66条1項によって特別の先取特権に転化し、商事留置権者は特別の先取特権の行使する限度で建物を留置する権原を有する。

したがって、破産管財人は、直ちに請負人に対して建物収去土地明渡を求めるべきではなく、適切な利害関係の調整を果たすべき要請に応えて、土地の抵当権者、建物建築請負人との間で、土地と建物のそれぞれの価額および財団組入額を決定して一括売却できるように交渉し、担保権者等との交渉がまとまらない場合には、土地建物の一括売却を前提に、破産法186条による担保権消滅請求によって問題の解決を図るべきであろう。

Ⅳ　金融機関が占有する商事留置手形の換価金の取扱いについて

1　問題の所在

銀行が取引先である貸付先から商業手形の取立委任を受けた後、取引先に再生手続が開始された場合、銀行が手形取立金を取引先に対する貸付債権の弁済

ものをいう」と規定され、同条2項で「建物であるかどうか定めがたい建造物については、次の例示から類推し、その利用状況等を勘案して判定しなければならない」とされている。これによれば、不動産登記上の建物と認められるためには、第1に外気分断性（外気を分断するものであること）、第2に定着性（土地に物理的に定着し、永続性があること）、第3に用途性（利用目的に供しうる状態にあること）を有することが必要であり、現在でも登記官が建物を認定する基準に変更はないとされる。

また、本書の研究会においては、建物の敷地に対する商事留置権は否定すべきという意見もあった。

に充当することが許されるかについて、学説上の議論が対立していたが、近時、これを否定した下級審判決[33]を破棄し、手形取立金と貸付債権の充当を認めた平成23年12月15日最高裁判決[34]（以下「平成23年判決」という）が出され、実務に大きなインパクトを与えた。以下、平成23年判決について、その判断理由および射程範囲について検討する。

2 事案の概要

X会社から約束手形の取立委任を受けたY銀行は、X会社の再生手続開始（平成20年2月19日）後、本件手形を取り立てて5億6225万9545円を受領し、同年3月19日、X会社に対して銀行取引約定に基づく当座貸越債権（9億7057万8668円）を有するとして、同約定に基づき、本件取立金をY銀行のX会社に対する本件当座貸越債権の一部の弁済に充当したことにつき、Y銀行が取立金をX会社に対する当座貸越債権の弁済に充当することは不当利得を構成するとして、X会社がY銀行に対し、不当利得に基づく返還を求める訴訟を提起した事案である。

なお、X会社とY銀行は、下記①②の条項を含む銀行取引約定（以下「本件約定」という）を締結していた。

【本件約定】
① 会社が銀行に対する債務を履行しなかった場合には、銀行は、担保およびその占有している会社の動産、手形その他の有価証券について、必ずしも法定の手続によらず一般と認められる方法、時期、価格等により取立てまたは処分のうえ、その取得金から諸費用を差し引いた残額を法定の順序にかかわらず会社の債務の弁済に充当できるものとする（本件約定4条2項）。
② 会社について、支払の停止または破産、民事再生手続開始、会社更生手続開始、会社整理開始もしくは特別清算開始の申立てがあった場合には、銀行からの通知催告等がなくても、会社は銀行に対するいっさいの債務について当然期限の利益を失い、直ちに債務を弁済するものとする（本件約定5条1項1号）。

---

33) 東京地判平21・1・20 金判1325-37、東京高判平21・9・9 金法1879-28・金判1325-28。
34) 最判平23・12・15 民集65-9-3511・金法1937-4・判時2138-37。

3 本件事案における判決要旨

(1) 東京高判平 21・9・9 [35]　原審は、次のように判示して、Y銀行の取立金と貸付債権との充当を否定して不当利得返還請求を認容した第1審判決 [36] の控訴を棄却した。

(a) **再生手続における商事留置権の優先弁済権の有無**　民事再生法53条1項および2項は、別除権とされた各担保権につき新たな効力を創設するものではなく、当該担保権の本来の効力の範囲内で権利の行使を認めるにとどまるから、別除権が別除権の行使によって優先弁済を受けるためには、当該別除権者とされた担保権に優先弁済権が付与されていることが必要であるところ、留置権は留置的効力のみを有し、優先弁済的効力を有せず、商法にも民事再生法にも、留置権に優先弁済権を付与する旨の規定がないから、商事留置権には優先弁済権が付与されておらず、商事留置権者が優先的に弁済を受けることはできない。

(b) **留置権に基づく形式競売と優先弁済との関係**　留置権による形式競売の場合（民執195条）、その被担保債権と競売による換価代金引渡債務に対応する反対債権との相殺により事実上の優先弁済が受けられるとしても、再生債権者が再生手続開始後に債務を負担したときは相殺が禁止されるから（民再93条1項1号）、留置権者は相殺することができず、受け取った換価代金を再生債務者に返還しなければならない。

(c) **本件約定に基づく取立金の弁済充当の可否**　本件約定は、手形等につき取引先の債務不履行を停止条件とする譲渡担保権や質権等の担保権を設定する趣旨の定めと解することはできないから [37]、本件約定の存在を前提として、取立委任手形が金融取引の担保的な機能をしている実体が公知かつ周知されているとしても、その担保的な機能が優先弁済権を含む担保であり、強行規定である民事再生法85条1項の適用を排するものであるとはいえず、本件約定に基づいて再生手続開始決定後に取り立てた取立金をもって商事留置債権の被担保債権に充当することはできない。

(2) 平成23年判決　平成23年判決は、次のように判示して、破棄自

---

35) 前掲注33)東京高判平21・9・9（以下「原審」という）。
36) 前掲注33)東京地判平21・1・20。
37) 最判昭63・10・18民集42-8-575。

判した。

(a) 留置権の手形取立金に対する留置的効力について　留置権は、他人の物の占有者が被担保債権の弁済を受けるまで目的物を留置することを本質的な効力とするもので（民295条1項）、留置権による競売（民執195条）は、被担保債権の弁済を受けないまま目的物の留置をいつまでも継続しなければならない負担から留置権者を解放するために認められた手続であって、上記の留置権の本質的な効力を否定する趣旨ではなく、留置権による競売が行われた場合には、その換価金を留置することができるものと解される。この理は、商事留置権の目的物が取立委任による約束手形であり、当該約束手形が取立てにより取立金に変じた場合であっても、取立金が銀行の計算上明らかになっているものである以上異なるところはないから、取立委任を受けた約束手形につき商事留置権を有する者は、当該取立金を留置することができる。

(b) 本件約定による弁済充当の可否について　銀行は、会社の再生手続開始後に取立委任を受けた約束手形を取り立てた場合であっても、民事再生法53条2項の定める別除権の行使としてその取立金を留置することができるから、これについて、その額が被担保債権の額を上回るものでない限り、通常、再生計画の弁済原資や再生債務者の事業原資に充てることを予定しえず、民事再生法88条や94条2項が別除権の行使によって弁済を受けることができない債権について規定していることも考慮すると、上記取立金を法定の手続によらず債務の弁済に充当できる旨を定める本件約定は、別除権行使に付随する合意として、民事再生法上も有効であると解するのが相当である。このように解しても、別除権の目的である財産の受戻しの制限、担保権の消滅、弁済禁止の原則の各規定の趣旨や、民事再生法の目的に反するものではない。

よって、取立委任を受けた約束手形につき商事留置権を有する銀行は、会社の再生手続開始後の取立てに係る取立金を、本件約定に基づき、同会社の債務の弁済に充当することができる。

4　検　討
(1)　再生手続下における手形取立金の商事留置権の成否について
(a) 破産法と民事再生法における留置権の取扱いの差異　破産法66条1項が「破産手続開始の時において破産財団に属する財産につき存する商法又は会

社法の規定による留置権は、破産財団に対しては特別の先取特権とみなす」と規定しているのに対し、民事再生法53条1項は、「再生手続開始の時において再生債務者の財産につき存する担保権（特別の先取特権、質権、抵当権又は商法若しくは会社法の規定による留置権をいう……。）を有する者は、その目的である財産について、別除権を有する」と規定するのみであるから、現行法の解釈としては、破産手続においては商事留置権には優先弁済権が認められるのに対し、再生手続においては商事留置権に優先弁済権が付与されていないということに争いはない[38]。

再生手続において、商事留置権が特別の先取特権とみなされていない理由としては、①商事留置権に優先弁済権がないとしても、再生手続においては、他の再生債権者は再生手続開始の効力によって個別的権利行使を禁止されているので、事実上、商事留置権者が優先的に満足を受けることができる可能性が大であること、②破産財団に属するすべての財産を換価処分する必要がある破産手続と異なり、再建型の再生手続においては、商事留置権者の債権に格別の保護を与えてまで別除権の行使を促す必要性に乏しいこと、③破産法と同じ規律とした場合には、再生手続開始前は、商事留置権者は一般優先権のある債権には劣後するにもかかわらず、再生手続開始後には特別先取特権とみなされて両者の地位が逆転することになり、合理的な説明をするのは困難であることなどが挙げられている[39]。

(b) 留置物の換価代金に対する商事留置権の成否　これまで、留置物の換価後も換価代金上に商事留置権が存続するかについては、①民事執行法195条について、留置権者に競売権が与えられているが、これは優先弁済権の実現を目的としない形式競売であり、留置権者に交付された換価代金上に留置権が存在するという説[40]と、②目的物が換価されると、換価金は留置権者に交付され、留置権者は所有者に対して換価金返還義務を負うが、所有者と債務者

---

38) ただし、淺生重機は、「留置権は，民法及び商法の定める法定の担保物権であり，物的責任があり，その物的責任は，性質上，担保の目的物が換価されその物質的損害が失われても消滅せず,むしろ,換価は,物的責任の実現過程として捉えられる」とする（同「手形の商事留置権と民事再生」ジュリ1400号（2010）130頁）。
39) 花村良一『民事再生法要説』（商事法務研究会・2000）161頁。
40) 高木多喜男『担保物権法〔第4版〕』（有斐閣・2005）33頁。

が一致するときは、被担保債権と相殺することができ、事実上、優先弁済を受けられるという説[41]等があった。

　(c)　換価金に関する判断の相違点　　原判決は、換価金に対する留置的効力は消滅するという見解をとったものである。この見解に対しては、手形の換価金を再生債務者に返還しなければならないとすれば、手形以外の留置目的物の商事留置権者が事実上優先弁済を受けられることとの差異が大きい等の批判もあるが[42]、破産手続と再生手続における商事留置権の区別は合理的なものであるとして、原判決の理由に賛成する見解も少なくなかった[43]。

　平成23年判決は、留置権は他人の物の占有者が被担保債権の弁済を受けるまで目的物を留置することを本質的な効力とし、民事執行法195条も上記の留置権の本質を否定する趣旨ではないとして、留置権者は競売による換価金を留置できるし、商事留置権の目的物が取立委任による約束手形で取立金に変じた場合であっても、取立金が銀行の計算上明らかになっていることを条件に、その取立金にも留置的効力が及ぶと判断したものである。

　(d)　平成23年判決の射程範囲について　　平成23年判決が約束手形の取立金に留置的効力が及ぶとした理由は、取立金に新たな商事留置権が別途成立するのではなく、約束手形に成立していた商事留置権の留置的効力が再生手続開始後の取立金にも及ぶとするものである。すなわち、上記判例は、取立金自体に商事留置権が成立することを正面から認めたものではなく、約束手形の価値変形物としての換価金（取立金）が商法521条の「自己の占有に属した債務者の所有する物」にあたることを前提としたものといえる。

　平成23年判決は、民事執行法195条の形式競売による換価金や手形の取立金に留置的効力を認めるものであるが、特に手形については、執行官による取立ても銀行による取立ても、手形交換制度を利用する以外に方法がないという特殊性を考慮したものであって、一般的に、商事留置権の目的物の「価値変形物」や「金銭」に商法521条の留置権が成立することを認めた趣旨ではないと

---

41) 内田・前掲注1) 503頁、道垣内弘人『担保物権法〔第3版〕』（有斐閣・2008）37頁。
42) 川上晋平＝濱本浩平・みんけん638号 (2010) 2頁、11頁。城市智史・金法1905号 (2010) 11頁。
43) 山本和彦・金法1864号 (2009) 9頁、山本克己・金法1876号 (2009) 59頁、加藤哲夫・判セ2009（Ⅱ）34頁。

解される。

　なぜなら、留置権者は、目的物の占有にあたって善良な管理者の注意をもって留置物を占有しなければならず、無断の使用・賃貸・担保供与が禁止されており（民298条1項・2項）、民事執行法195条の形式競売は、債権の弁済を受けないままに長期間目的物を留置せざるをえない不便から留置権者を解放するため、例外的に認められた措置に過ぎない。この例外的な措置をした場合の対応として、換価金に留置権を認めるか、相殺を認めるかの議論があったのであって、留置権の目的物の価値変形物という概念自体が、ごく例外的な場合に過ぎないのである。

　そして、民法295条1項本文は留置権の対象を「他人の物」とし、商法521条は留置物を「債務者の所有する物又は有価証券」と規定しており、明文上、金銭（債権）は留置権の対象とされていない。昭和39年の判例[44]が「金銭の所有権は、特段の事情のない限り、その占有者と一致する」と判示している通り、たとえ分別されたとしても、金銭の所有権の所属が変更されるわけではなく、本件事案における手形の特殊性を考慮し、特段の事情があると判断したと考えるべきであろう。

　したがって、平成23年判決が取立委任を受けた約束手形の取立金について商事留置権を認めたのは、公正な方法である手形交換制度の特殊性を考慮し、「手形の価値変形物としての換価金」について留置的効力を認めた事例判断であると解される[45]。

　(2) 銀行が留置した取立金を弁済充当する権利について　(a)　留置した取立金と弁済充当権　平成23年判決においても、再生手続における商事留置権に優先的弁済効力を認めたものではないから、銀行が留置した取立金を当座貸越債権に弁済充当できるかは別の問題である。

　なぜなら、手形の取立金に留置的効力が及ぶとしても、再生手続上、留置権

---

44) 最判昭39・1・24裁判集民71-331。
45) 佐藤鉄男教授は、「この問題は、リアルな形で占有が可能な手形が発行され、割引、取立委任、手形交換という旧来の仕組みが残存する限りでのものになっていくのかもしれない。その意味では、あくまで一連の判決で決着がついたのは、商事留置手形に関する問題に限定され、それ以外の留置権と倒産法との関係は未解決というべきであろう」とする（同「倒産手続における留置権」法教390号（2013）21頁）。

の権能として、法律上の優先弁済権や弁済受領権はなく、その物の価値自体を弁済に充てる権利はないからである[46]。

(b) 再生手続における銀行取引約定の有効性　そこで、本件当座貸越債権の弁済に充当するためには、銀行取引約定を有効として認めうるかが、次の問題となる。

本来、再生債権について、再生手続開始後は原則として弁済が禁止され（民再85条）、債務者が再生手続開始後に銀行が保持する商事留置手形の取立金を債務の弁済に充当するよう申し出る行為は、実質的には「別除権の目的である財産の受戻し」であり、再生債務者がこれをするためには、「裁判所の許可」ないし「監督委員の同意」が必要である（民再41条1項9号・54条2項）。

これに対して、銀行取引約定は、債務者と銀行が再生手続開始申立前に合意したに過ぎないから、このような事前合意を有効とすれば、厳格な要件のもとに決められた「別除権の目的である財産の受戻し」規定に反するので無効であるとする見解と、私人間の合意による弁済を認めても、民事再生法の公序・強行規定や再生手続の趣旨・目的に反するとはいえず、別除権の行使に付随する合意として有効であるとする見解[47]が対立していた。

(c) 銀行取引約定に関する判断の相違点　本件約定の有効性について、原審は、別除権の受戻し（民再41条1項9号）や担保権の消滅請求（民再148条以下）の制度のもとでは、私人間の再生手続開始前の合意によって弁済禁止の原則に例外を設けることは許されないとして無効と判断した。これに対し、平成23年判決は、①約束手形の取立金に留置的効力が認められ、その額が被担保債権の額を上回るものでない限り、再生計画の弁済原資や再生債務者の事業原資に充てることを予定しえないこと、②民事再生法88条や94条2項は、別除権者が別除権の行使によって弁済を受けることができない債権部分についての規定がされているに過ぎないことなどから、上記取立金を法定の手続によらず債務の弁済に充当できる旨の銀行取引約定について、これを別除権の行使に付随する合意として民事再生法上も有効であるとしたのである。

----

[46] ただし、取立委任手形の商事留置権者に弁済充当権を認めた下級審判決（名古屋高金沢支判平22・12・15金法1914-34）がある。
[47] 村田渉「民事再生手続における取立委任手形の商事留置権の取扱い」金法1896号（2009）20頁。

(d)　平成23年判決の問題点　　しかしながら、再生債権は弁済禁止を原則とし（民再85条1項）、別除権の目的物についての受戻しの制限（民再41条1項9号）は、再生債務者が別除権者との間で協定を締結し、裁判所の許可を得て価格等の受戻しの条件を確定させるのが通例であり、担保権消滅請求（民再148条1項）は、そのような交渉がまとまらなかった場合に、「再生債務者の事業に欠くことができないものであるとき」を要件として、裁判所に担保権消滅の許否の判断を仰ぐように規定している。

　そして、これらの規定は、再生手続における別除権者は、厳格な要件のもと、別除権の受戻額で弁済が得られなかった額につき、再生債権として弁済禁止の対象（民再85条）となることを当然の前提としている。

　平成23年判決は、銀行と再生債務者との充当に関する事前合意を別除権の実行に付随する合意として有効とするが、民事再生法では商事留置権を別除権として扱うのみで、優先弁済権を認めるものではないから、その全額が別除権の行使によって弁済を受けられない不足額（再生債権）となるはずのものである。これを再生計画の弁済原資や再生債務者の事業原資に充てることを予定しえないという理由だけで、法が予定していない優先弁済権を認めることはできないというべきである。つまり、本件約定は民事再生法85条に違反する合意であり、無効と考えるべきであったのではなかろうか。

　本書の研究会において、水元宏典教授は、「平成23年判決の基本的なロジックは、『不足額責任主義により、被担保債権は担保目的物の価値による満足が予定されており、その反面、目的物の価値の範囲内では再生債権としての行使が予定されておらず、民事再生法85条の規制も及ばない。よって、目的物の価値の範囲内であれば、弁済充当に違反しない』というものである。しかし、このロジックは、目的物の価値の範囲内ではあるが、被担保債権を再生債権ではない、と理解することと実質的には等しく、被担保債権も再生債権であると理解してきた従来の伝統的な理解に反する。本件において、商事留置権について再生手続開始後の法定外の権利実行を認めることは、本来的に被担保債権全額が不足額となる再生債権に対する弁済を認めることとなり、強行法規である民事再生法85条に反するのではないか」と指摘されている。

　(e)　補足意見について　　本件約定について、金築誠志裁判官は、補足意見として、手形の留置権は満期に金銭化が予定されているものであり、債務

を弁済して手形の返還を受けるというインセンティブが働くことは期待できず、民事執行法における換価金返還債務と自己の債権との相殺は、本件のような再生手続開始後に満期がくる手形については解決方法にならないとして、弁済充当の合意を認めることが合理的であるとしている。

　しかしながら、手形の取立金と自己の債権との相殺が認められないから事前合意を認めるというのは論理が逆であり、いずれも再生債権に対する弁済禁止の例外を認める根拠とはなりえず、再生手続全体の趣旨および目的に反しないとする結論には疑問が残る。銀行取引約定の効力を無効とした場合、それが直ちに銀行に対する不当利得といえるかについては、別途考慮が必要であるが、少なくとも、本件のような事案の場合、手形の特殊性を勘案して約束手形の取立金に対する留置的効力を認めるとしても、銀行取引約定の効力を否定し、別除権者である銀行と再生債務者との間における和解交渉の余地を残し、最終的には相殺の可否によって処理すべきであったのではなかろうか[48]。

　なお、平成23年判決について、銀行取引約定による換価金返還債務と自己の債権との即時弁済充当を認めるとすれば、当該手形を目的物として成立する他の特別の先取特権に優先することになるのかという指摘もあるが、平成10年の判例[49]が判示する通り、平成23年判決においても、手形について銀行に優先する他の特別の先取特権者が存在することをうかがわせる事情がないことなどの事実関係を前提としていると解すべきであろう。

　　(f)　おわりに　　以上の通り、平成23年判決は、再生手続開始後の商事留置手形の換価金に関する事例判断であり、実務に大きなインパクトを与えるものであったが、更生担保権による権利実行が禁止されるなど、担保物権への規制がより厳格な更生手続においては、取引約定の有効性について別途の判断がされる余地を残すものといえる。

----

48) 伊藤眞「手形の商事留置権者による取立金の弁済充当」金法1942号（2012）22頁、滝澤孝臣「担保預かり手形の取扱い」銀法743号（2012）62頁。
49) 前掲注7) 最判平10・7・14。

◉── 一裁判官の視点

　建物建築工事請負人の敷地に対する商事留置権の成否に関する実務の扱いとして、たとえば、東京地方裁判所民事執行センターでは、少なくとも建物が完成していない事案については、商事留置権の成立を否定する確定判例があるものとして取り扱うべきであると解される状況とみてよく、建物が未だ完成していない事案については、不動産競売手続において売却条件を確定する際には、建物建築工事請負人の建物の敷地に対する商事留置権は成立しないものとして当該土地を評価する扱いとしている（東京地方裁判所民事執行センター「建物建築工事請負人の建物の敷地に対する商事留置権の成否」金法 1912 号（2010）81頁。なお、建物が完成している事案については、個別に検討する余地があるとしている。もっとも、このような執行法上の扱いは、実体的な権利関係を確定するものではない）。
　商事留置権の規定ぶりに依拠し、商事留置権が認められる他の事例では自己のためという要件を重くすることはされていないことを考えると、建物建築工事請負人の敷地に対する商事留置権が認められないとすること、特に完成建物については、敷地について「自己の占有に属した」という文言に該当しないとすることは簡単ではないように思われる（未完成な段階での敷地についての「自己の占有」性については、その背景にある価値判断も含めて判断されるものであり、両論ありうる）。
　しかし、問題の中心が、建物に関する担保権を有する者と土地に関する担保権を有する者との利益をどう図るかという点であるとすると（商事留置権について不動産は目的物とならない旨が示された「担保・執行法制の見直しに関する要綱中間試案」をめぐっては、この点の利益調整について意見がまとまらず、解釈に委ねられることになったようである）、更地として担保評価した抵当権者が、与信にあたりどこまでリスクをカバーできるのか、建物建築工事請負人が、契約締結にあたりどこまでリスクをカバーできるのか、双方がそれぞれの立場で力を出し合ったうえでカバーできないリスクがどこにあるのか具体的に知ることが容易でなく、利益状況の正確な把握ができないというところが判断を難しくしているように思われる。
　なお、本論稿の脚注 32）で紹介された表示登記可能な建物を基準としてその敷地に商事留置権を認めるべきとの考え方については、新築建物の表示登記をするために、その申請書に建築基準法 7 条による検査のあったことを証する書面（検査済証）等を所有権証明情報として添付することが予定されていることから考えると、完成建物であることを必要とする考え方と具体的にどれほど違うかが必ずしも明らかでないように思われる。

平成 23 年判決は、法律上優先弁済権の認められない商事留置権に、別除権の実行に付随する合意という必ずしも要素や外延が明確でない概念を接ぎ木して、優先弁済に到達したものであり、解決機能を果たそうとする裁判所の立場は理解できるものの、ことが物権の効力についてのものだけに違和感があることは否定できない。もっとも、今後は電子手形の利用の増加により、新たに商事留置権の要件が吟味されることになろうから、その点で、同判決の実務的な意義も変わってくると思われる。

（山崎栄一郎）

5 投資信託の販売金融機関による相殺の可否および商事留置権の成否

木村真也

1 〔個別執行手続下での投資信託の解約と相殺〕

　Aは、販売会社であるB銀行との間で本件投資信託（証券投資信託、以下同じ）の管理委託契約を締結してその受益権を購入した（Bは、当該受益権の口座管理機関の地位をも有する）。販売会社Bは受益者Aに対して貸金返還請求権を有していた。受益者Aに対する債権者Dは、民事執行規則150条の3以下に基づき、本件投資信託の差押命令の申立てをし、差押命令が発令され、受益者Aおよび口座振替機関であるBに送達された。差押債権者Dは、同規則150条の5第2項に基づき販売会社Bに対して投資信託の解約を申し入れた。販売会社Bは委託者Cに対して一部解約の通知をし、委託者Cから販売会社Bに対して一部解約金が支払われた。差押債権者DがBに対して一部解約金の支払を求めたところ、販売会社Bは受益者Aに対する貸金債権を自働債権とし、一部解約金返還請求権を受働債権とする相殺を主張した。このような相殺は認められるか。

2 〔破産手続下での投資信託の解約と相殺〕

　Aは、販売会社であるB銀行との間で本件投資信託の管理委託契約を締結してその受益権を購入した（Bは、当該受益権の口座管理機関の地位をも有する）。販売会社Bは受益者Aに対して貸金返還請求権を有していた。受益者Aは破産手続開始決定を受け、破産管財人A'は、販売会社Bに対して、本件投資信託の解約を申し入れた。販売会社Bは委託者Cに対して一部解約の通知をし、委託者Cから販売会社Bに対して一部解約金が支払われた。破産管財人A'が販売会社Bに対して一部解約金の支払を求めたところ、販売会社Bは受益者Aに対する貸金債権を自働債権とし、一部解約金返還請求権を受働債権とする相殺を主張した。このような相殺は認められるか。

3 〔再生・更生手続下での投資信託の解約と相殺〕

　2の事例で、受益者Aが破産手続ではなく、再生手続または更生手続の開始決定を受け、その後に再生債務者Aないし管財人A'が、Bに対して、投資信託の解約申し入れをしていた場合は、販売会社Bの相殺の可否は異なるか。

4 〔危機時期における投資信託の解約と相殺〕

　2の事例で、受益者Aが支払停止に陥った後、販売会社Bは、受益者Aの支払停止の事実を認識しつつ、受益者Aに対する債権者代位権の行使として本件投資信託の解約をしていた。受益者Aに対する破産手続開始後に、破産管財人A'が販売会社Bに対して一部解約金の支払を求めたのに対して、販売会社Bは一部解約金返還債務を受働債権とし、受益者Aに対する貸金債権を自働債権とする相殺を主張した。このような相殺は許されるか。

5 〔投資信託に対する商事留置権の成否〕

　2の事例で、A'の一部解約金支払請求に対して、Bは商事留置権を有するとして支払を拒んでいる。Bの主張は正当か。

I 問題の所在と本稿の立場

上記設例においては、以下のような点が問題となる。

1 設問1について

　投資信託に対する差押えがなされ、差押債権者が投資信託契約の解約をした場合、販売会社において、受益者に対する債権を自働債権として相殺をすることができるか。投資信託の法律関係（とりわけ、一部解約金返還請求権を停止条件付債権と判示した最判平 18・12・14 民集 60-10-3914 との関係）と民事執行規則 150 条の 3 に基づく差押えの効力が問題となる。

　本稿では、民事執行規則 150 条の 3 に基づき投資信託自体が差し押さえられていることにより、それに含まれる権利である受益者Aが有する一部解約金返還請求権に対しても差押えの効力が及んでいると解する。そして、一部解約

金を販売会社を通じて受益者に支払うとの約定は、一種の代理受領合意であるから、その合意をもって差押債権者に対抗することはできず、受託者ないし委託者Ｃは、差押えの後に販売会社に対して一部解約金を弁済しても、その弁済をもって差押債権者に対抗することができない（民481条参照）。委託者Ｃは、販売会社Ｂに対して一部解約金を支払うことによって受益者Ａに対する一部解約金返還債務を免れることはできず、（販売会社Ｂを経由するにせよ）現実に一部解約金が取立権限を有するＤに支払われて初めて、委託者Ｃ（および受託者）が一部解約金返還債務から免責されるというべきである。したがって、一部解約金が委託者Ｃから販売会社Ｂに支払われた場合に、差押えの効力との関係で、直ちに販売会社ＢがＡに対する一部解約金返還債務を受働債権として相殺をすることが法律上禁止されるとはいえないものの、委託者Ｃは、二重払いを回避するためには、販売会社Ｂが上記相殺をしないことを求め販売会社Ｂがこれに応諾したうえで一部解約金を返還する等の対応が求められることとなる。委託者Ｃがこのような措置をとる限り、販売会社Ｂは上記相殺をなしえないこととなる。

2　設問2について

破産手続開始後において投資信託が解約された場合に、販売会社は破産会社等に対する債権を自働債権として相殺をすることができるか。前掲最判平18・12・14において、一部解約金返還請求権が停止条件付債権であると判断されたことから、破産法67条２項後段の「条件付」債務との相殺として許容されるか否かが問題となる。この点については、このような相殺を認めた大阪高判平22・4・9（金法1934-98）との関係について検討を要する。

本稿では、1に述べた通り、投資信託に対する個別執行手続において、販売会社Ｂの相殺は代理受領類似の法律関係に基づくものとして積極的な保護を受けていないことを踏まえ、包括的執行手続である破産手続においても、販売会社の相殺は保護されるべきではないと解する。具体的には、代理受領類似の法律関係にとどまり個別執行手続において保護されない関係にある受働債権は、破産法67条２項後段の「条件付」債務には該当せず、販売会社が破産手続開始後に一部解約金を受領した場合には、その返還債務を受働債権とする相殺は破産法71条１項１号に該当して許されないと解するべきであり、これと異な

る判断をした前掲大阪高判平22・4・9は相当ではないと考える。

3 設問3について

再生・更生手続開始後において投資信託が解約された場合に、販売会社は破産会社等に対する債権を自働債権として相殺をすることができるか。民事再生法および会社更生法には破産法67条2項後段に相当する規定がないこととの関係如何が問題となる。

本稿では、再生・更生手続において停止条件付債権を受働債権とする相殺を許容するか否かを問わず、販売会社Bが一部解約金返還請求権を受働債権とする相殺は、代理受領類似の法律関係として個別執行手続においても積極的に保護されていないことに鑑み、再生・更生手続上も、Bの相殺期待は保護に値しないと解する。具体的には、破産手続の場合と同様に、再生・更生手続開始後に販売会社が一部解約金を受領したときは、その返還債務を受働債権とする相殺は、民事再生法93条1項1号、会社更生法49条1項1号に該当するものとして許されない。

4 設問4について

破産手続開始前の支払停止状態において、販売会社Bがそのことを知って投資信託を解約した場合に、販売会社は破産会社等に対する債権を自働債権として相殺をすることができるか。Bは受働債権としての一部解約金の返還債務をAの支払停止後に負担しているため、破産法71条1項3号に該当する。そこで、同条2項2号の「支払の停止……があったことを破産債権者が知った時より前に生じた原因」に該当するか否かが問題となる。この点は、類似の事案において民事再生法93条2項2号の「前に生じた原因」を認めた名古屋高判平24・1・31（金法1941-133）の判断の適否と関係して問題となる。

本稿では、販売会社Bの相殺期待が保護に値する程度に具体性を有するためには、少なくとも販売会社Bが投資信託契約を自らの判断で解約しうる地位を有していることが前提となると解し、そのような地位を有していない場合には、「前に生じた原因」には該当せず、販売会社Bの相殺は破産手続等との関係で許されないと考える。

5 設問5について

販売会社Bおよび受益者Aがともに商人である場合、販売会社は、投資信託上に商事留置権を行使することができるかが問題となる。ペーパレス化された投資信託が、「自己の占有に属した債務者の所有する物又は有価証券」（商521条）に該当するかが問題となる。

本稿では、投資信託受益権証券は、ペーパレス化され、それに伴い商事留置権の対象物たる「有価証券」が存しないものとして、商事留置権は認められないと解する。

II 投資信託の法律関係について

1 概 要

証券投資信託（以下「投資信託」という）とは、投資信託のうち、信託財産を委託者の指図に基づいて、主として有価証券に対する投資として運用することを目的とする信託であって、その受益権を分割して複数の者に取得させることを目的とするものをいう（投資信託及び投資法人に関する法律2条4項）[1]。

受託者は、信託契約に基づき、受託した信託財産を管理し、委託者の指図に従って運用・指図を行う。受益権は均等に分割され、分割された受益権は受益証券をもって表示される（投資信託及び投資法人に関する法律6条1項）。信託契約は、投資信託約款に基づいて締結される（投資信託及び投資法人に関する法律4条1項）。投資家は受益証券を購入することで受益者となり、運用実績に応じて収益の分配を受ける[2]。

---

1) 野村アセット投信研究所編『投資信託の法務と実務〔増補版〕』（金融財政事情研究会・2004）49頁、社団法人日本証券業協会専務理事関要監修『証券実務事典　債券・投資信託編』（金融財政事情研究会・1991）688頁参照。
2) 投資信託の法律関係については、安東克正「8つの裁判例からみた投資信託からの回収」金法1944号（2012）39頁、坂本寛「証券投資信託において受益者に破産手続ないし民事再生手続が開始された場合の債権回収を巡る諸問題」判タ1359号（2012）22頁、伊藤尚「破産後に販売会社に入金になった投資信託解約金と販売会社の有する債権との相殺の可否」金法1936号（2011）52頁、村岡佳紀「投資信託における契約関係」金法1796号（2007）15頁、瀬々敦子「証券投資信託について」金法1521号（1998）42頁参照。投資信託の解約手続につき、田村威『投資信託　基礎と実務〔8訂〕』（経済法令研究会・2011）216頁以下、田村威ほか『プロフェッショナル投資信託実務〔7訂〕』（経

2　投資信託の一般的な法律関係

　筆者の入手しえた限りにおいて、関係約款類（都市銀行、地方銀行、信用金庫が販売会社となっているもの）についての関係者の契約と約定の概要として、以下のようなものがみられる。

(1)　委託者と受託者の間で締結される契約[3]

　委託者と受託者の間では、①信託契約が締結され、②受益者は委託者の指定するものとし、③委託者は受益証券の発行、④受益証券の保護預かり（大券をもって混蔵保管する旨）[4]、⑤運用の基本方針、⑥信託報酬、⑦収益分配金、償還金および一部解約金の交付（その支払は、委託者または委託者の指定する証券会社および登録金融機関の営業所等において行う旨）[5]、⑧受益証券の買取り（委託者の指定する証券会社は、受益者の請求があるときは受益証券を買い取る旨）、⑨信託契約の一部解約（受益者は委託者に対して一部解約の実行を請求することができる旨）等が約定されている。

(2)　販売会社と委託者の間で締結される契約

　販売会社と委託者の間では、①指定登録金融機関の指定とその業務、②受益者からの申込金の受領と受託者等への支払、③受益権の発行、④一部解約事務の受託、⑤受益権の買取り、⑥一部解約金、収益分配金および償還金の支払事務の受託等が約定されている。

(3)　販売会社と受益者の間で締結される契約

　販売会社と受益者の間では、①投資信託総合取引規定、②投資信託受益権振替決済口座の他の口座への振替（他の口座管理機関への振替は原則可能であるが、他の口座管理機関が当該

　済法令研究会・2011）331頁以下、本柳祐介『投資信託法制の現状と展望』（商事法務別冊・2013）。
3)　投資信託の目論見書（金商13条）による。投資信託及び投資法人に関する法律4条、乙部辰良『詳解投資信託法』（第一法規・2001）55頁参照。
4)　ただし、平成19年1月4日以降、受益権は、社債、株式等の振替に関する法律の適用を受けて当該投資信託の受益権を取り扱うことを同意した振替機関（社振2条2項）および当該振替機関の下位の口座管理機関（同条4項）の振替口座簿に記載または記録されることにより定まるものとされる。
5)　入手しえた約款類をみる限り、一部解約金の支払義務者が委託者であるか受託者であるか明確ではない。本稿では、加藤正男・平成18年度最判解1337頁に基づき、委託者Cは、信託契約上の義務として、少なくとも受託者から一部解約金の交付を受けた時点からは、受益者Aに対して一部解約金の支払義務を負う、という法律関係との理解に立つこととする。

銘柄の取扱いをしない等の理由により受け付けない場合はこの限りではない旨)、③償還金、解約金および収益分配金の代理受領等(償還金、解約金および収益分配金を販売会社が受益者に代わって受領し、受益者の請求に応じて支払う旨)、④投資信託保護預かり規定(大券をもって、他の預け主の同銘柄の証券と混蔵保管する旨)、⑤特定口座取引規定(租特37条の11の3による分離課税による源泉徴収等)等が約定されている[6]。ここで、③において、償還金、解約金および収益分配金について、「代理受領」の旨が約款上明示されていることは、この法律関係における相殺の可否を検討するうえで重要である。

3 受益権のペーパレス化

受益権は、平成19年1月4日以降、社債、株式等の振替に関する法律による振替受益権としてペーパレス化され口座管理機関が受益者の振替口座簿を設置し、これに記載または記録する方法で管理することとなった[7]。

振替機関は、あらかじめ発行者から信託行為に基づき当該振替機関において取り扱うことについて同意を得た受益権を取り扱い、他の口座機関はこれを取り扱うことができない(社債、株式等の振替に関する法律13条・127条の2)。

振替受益権についての権利の帰属は、振替口座簿の記載または記録により定まり、原則として受益証券を発行することはできない(社債、株式等の振替に関する法律121条・66条・127条の2・127条の3)。特定の銘柄の振替受益権について、振替の申請があった場合には、振替機関等は、当該申請において示されたところに従い、その備える振替口座簿における減少もしくは増加の記載もしくは記録または通知をする(社債、株式等の振替に関する法律127条の7)。

振替受益権の譲渡、質入れは、振替の申請により、譲受人、質権者がその口座における保有欄に当該譲渡、質入れに係る数の増加の記載または記録を受けなければ、その効力を生じない(社債、株式等の振替に関する法律127条の16・127条の17)。

---

6) 投資信託の歴史と販売チャンネルの拡大については、野村アセット投信研究所編・前掲注1)158頁、606頁参照。
7) 田村・前掲注2) 222頁、五味廣文ほか監修『銀行窓口の法務対策3800講(Ⅰ)』(金融財政事情研究会・2009) 922頁、ペーパレス化の仕組み等について、証券保管振替機構のホームページ〈http://www.jasdec.com/system/less/outline/〉参照。

加入者[8]は、その口座における記載または記録がされた振替受益権についての権利を適法に有するものと推定され（社債、株式等の振替に関する法律127条の19）、善意取得の制度もある（社債、株式等の振替に関する法律127条の20）。

以上のペーパレス化の点は、後述する執行手続の新設に関係して、本稿で取り扱う問題に影響する。

4　投資信託受益権の換価方法

受益権の換価方法としては、①解約実行請求による方法、②第三者に譲渡する方法、③買取請求による方法[9]および④クローズド期間が設けられた投資信託における受益者の特別解約の実行請求とがあるが、いずれの方法によることができるかは信託契約の定めるところによる。近時は実務上①の解約実行請求がほとんどである[10]。

5　投資信託の解約の手続と法律関係

受益者から販売会社に対して解約実行請求がされると、販売会社から委託者に対してその旨通知がされ、委託者が受託者に対して信託契約の一部解約を実行することにより、一部解約の効果が生じ、これを受けて受託者から委託者を経由して販売会社へ、さらに販売会社から受益者へ一部解約金が支払われることとなる。

---

8)「加入者」とは、振替機関等が社債、株式等の振替に関する法律12条1項または44条1項もしくは2項の規定により社債等の振替を行うための口座を開設した者をいう（社債、株式等の振替に関する法律2条3項）。

9) 買取請求は受益者が販売会社に対して受益権の買取を請求することであり（五味ほか監修・前掲注7) 927頁）、販売会社が義務として買い取る旨の約定がなされている例はレアケースであるとされる（新家寛ほか「投資信託換金受付時における銀行の窓口対応の留意点」銀法703号（2009）4頁）。投資信託の換価方法として、従来は買取請求の方法がとられたが、税務上の取扱いを考慮して、近時は解約請求の方法によることとなったことを指摘するものとして、野村アセット投信研究所編・前掲注1) 232頁。社団法人日本証券業協会専務理事関要監修・前掲注1) 688頁、日本税理士連合会編『Q&Aよくわかる投資信託のしくみと税金』（中央経済社・1999）92頁。

10) 名古屋高判平21・10・2金法1883-39は、「実務上、投資信託の換金手続の殆どは解約実行請求の方法によるものである」と判示している。なお、前掲最判平18・12・14も、平時に投資信託の一部解約金返還請求権が差し押さえられた事案である。

その間の法律関係については、以下のように解されている[11]。

① 委託者Cは、信託契約上の義務として、少なくとも受託者から一部解約金の交付を受けた時点からは、受益者Aに対して一部解約金の支払義務を負う。

② 販売会社Bは、委託者Cから一部解約金を受け入れてこれを受益者に支払うこととなるが、これは委託契約に基づき委託者Cの支払業務を代行するもので[12]、その委託契約は、委託者Cと販売会社Bとの間で締結されているものであるから、これが一部解約金の支払についての受益者Aと販売会社Bとの間の債権債務関係の根拠となるものではない。販売会社が委託者から一部解約金を受け入れた時点では、上記①の委託者Cの信託契約上の義務に消長を来すものではなく、販売会社Bから受益者に一部解約金が支払われるまでは、委託者はその支払について免責されない。

そして、販売会社Bが受益者Aに対して負担する一部解約金の返還債務の性質については、前掲最判平18・12・14により、委託者から一

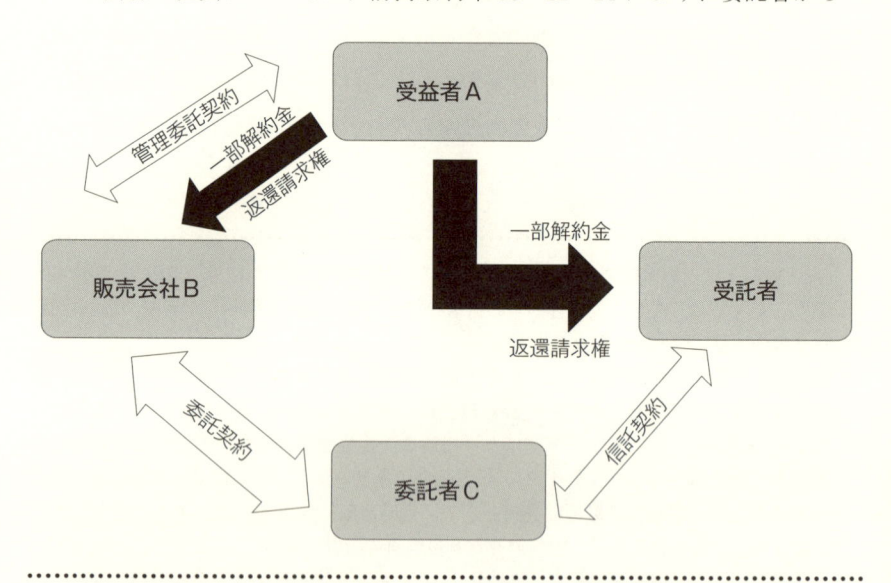

---

11) 加藤・前掲注5) 1337頁。
12) 上記の通り、受益者と販売会社との間で締結される契約において、償還金、解約金および収益分配金を販売会社が受益者に代わって受領し、受益者の請求に応じて支払う旨が定められている。

部解約金の交付を受けることを条件とする義務であるとの判断が示されている[13]。

6　投資信託の販売会社の地位

投資信託の受益権の販売とその後の事務手続に関与するが、信託契約上直接の債権債務関係に立つものではない。信託契約上の権利義務は、受益者Ａと受託者ないし委託者Ｃとの間に生じているのであり、販売会社Ｂは、その権利義務の履行その他の事務手続に関与するという地位にとどまる。

販売会社Ｂは、そのような地位において、収益の分配、一部解約金等を委託者Ｃから受領して受益者に支払うことを行うが、これは、相殺の類型として指摘される、債権債務対立型とは異なり、債権債務非対立型、例えば代理受領・振込指定に類する法律関係にあるといえる[14]。すなわち、本来的な法律関

倒産と相殺の典型事例

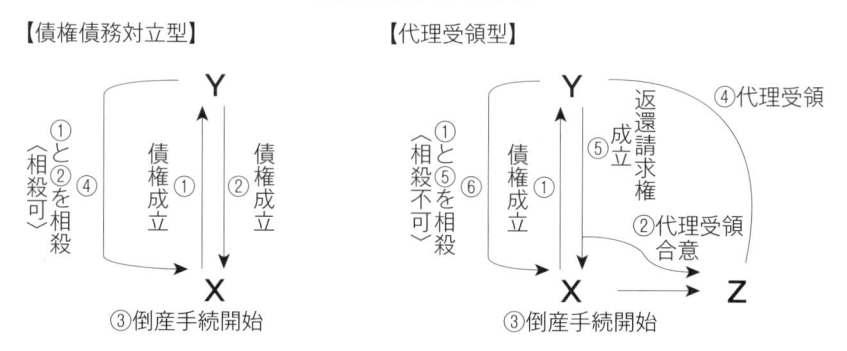

【債権債務対立型】　　【代理受領型】

＊事業再生と債権管理136号（2012）35頁に基づき一部変更

---

13) ただし、前掲最判平18・12・14は、ＭＭＦの個別差押えの具体的事案における判断であって、一部解約金返還請求権を停止条件付債権とする判断部分を一般化して、投資信託と相殺の場面において、いわゆる停止条件付債権として取り扱うことに躊躇を覚える旨の指摘もなされている。パネルディスカッション「倒産と相殺」事業再生と債権管理136号（2012）33頁〔鹿子木康発言〕参照。
　　前掲最判平18・12・14の判断を支える実質的利益考量として、債権者のチャンスと第三債務者の迷惑との間の利益考量がなされていることが指摘されている（下村眞美・ジュリ1354号（2008）150頁）。

14) パネルディスカッション・前掲注13) 34頁〔畑知成発言〕、岡正晶「倒産手続開始時に停止条件未成就の債務を受働債権とする相殺」田原睦夫先生古稀・最高裁判事退官記念『現代民事法の実務と理論(下)』（金融財政事情研究会・2013）148頁。債権債務対立型

係として相殺期待が当然に基礎付けられる関係にはないことに留意を要する。

販売会社Ｂとして債権回収を図る手段としては、投資信託受益権について、対抗要件を備えた質権その他の約定担保権の設定を受ける方法があるが（社債、株式等の振替に関する法律120条・74条等）、そのような方法はとられていない事案が多いようである。

Ⅲ 設問１〔個別執行手続下での投資信託の解約と相殺〕について

1 投資信託に対する強制執行の方法

投資信託に対する執行手続は、以下の通りである。

(1) ペーパレス化前　平成19年1月にペーパレス化される以前においては、以下のような執行方法がとられていた[15]。

すなわち、受益証券が発行され受益者が保有している場合には、動産執行の方法による。しかし、実務では受益証券が発行されず、または発行されても多数の受益権をまとめて大券として発行され、個々の受益者には交付されていない場合も多かった[16]。大券の共有持分を差し押さえても実効性がないことから、このような場合には、受益権の一部である解約代金返還請求権（金銭債権）を差し押さえる方法[17]がとられた時期があったが、その後受益者の販売会社に

と代理受領型につき、中西正「いわゆる『合理的相殺期待』概念の検討」事業再生と債権管理136号（2012）52頁、上記の通り、受益者と販売会社との間で締結される契約において、償還金、解約金および収益分配金を販売会社が受益者に代わって受領し、受益者の請求に応じて支払う旨が定められている。

15) 東京地方裁判所民事執行センター実務研究会編『民事執行の実務　債権執行編・下〔第2版〕』（金融財政事情研究会・2007）200頁下、堂薗昇平「投資信託受益証券にかかる解約返戻金に対する差押え」塩崎勤＝雨宮真也＝山下丈編『銀行関係訴訟法〈新・裁判実務体系29〉〔補訂版〕』（青林書院・2009）312頁、加藤・前掲注5）1338頁。仮差押えについて、一部解約金返還請求権を対象とする見解につき、奥山豪「預金債権等に対する仮差押え」塚原朋一＝羽成守編『民事保全〈現代裁判法体系14〉』（新日本法規・1999）179頁。
16) 三井住友信託銀行法務部「投資信託に基づく債権回収」銀法743号（2012）5頁〔武井一彦〕。
17) 前掲最判平18・12・14の事案参照。ただし、この方法については、ペーパレス化後も理論上は許されないとは解されないが、条件付一部解約金支払請求権に対する差押命令は、振替機関等（原則として販売会社が口座管理機関となっている）に振替受益権の振替、抹消等を直ちに禁ずるものではなく販売会社等が対応困難となるおそれもあるとの指摘

対する投資信託受益権に関わる権利（受益証券返還請求権、解約を申し出る地位、解約代金請求権）を一括して「その他の財産権」（民執167条）として差し押さえる方法があり、東京地裁の執行実務では後者が採用された。

(2) ペーパレス化後　以上に対して、ペーパレス化後においては、上記のような有価証券の発行如何による執行方法の制約を受けることはなく、社債、株式等の振替に関する法律280条[18]、民事執行規則150条の3以下の規定により証券投資信託に対する執行を行うことが可能となった。その手続の概要は、以下の通りである[19]。

振替社債等に関する強制執行は、執行裁判所の差押命令により開始する（民執規150条の3）。差押命令では、振替社債等に関し、債務者に対して振替・抹消の申請、取立てその他の処分を禁止するとともに、債務者がその口座の開設を受けている振替機関等に対して、振替および抹消を禁止しなければならない（民執規150条の3第1項）。差押命令は、債務者、振替機関等（社債、株式等の振替に関する法律2条2項・5項）および振替社債等の発行者を審尋しないで発する（民執規150条の3第2項）。差押命令は、債務者および振替機関等に送達され、差押えの効力は、差押命令が振替機関等に送達されたときに生ずる（民執規150条の3第4項）。差押命令の送達を受けた振替機関等は、直ちに、差押命令の送達があったことその他の所定の事項を発行者に通知しなければならな

　　がなされている（東京地方裁判所民事執行センター実務研究会編・前掲注15）230頁）。
18) 振替社債等に対する強制執行として、①振替社債等自体に対する強制執行と、②券面の交付請求権に対する強制執行が考えられるところ、①の執行手続は、振替口座簿にて管理される権利に対する強制執行は、振替機関に対して差押えが開始されたことを知らせなければ意味がなく、第三債務者である発行会社に対してこれを行っても差押えの実効はあがらないこと、②の手続との併存の可能性についての調整を要することから、民事執行法の規定を排除したうえで具体的な規定は最高裁判所規則に委ねるものとされている（高橋康文編『逐条解説　新社債、株式等振替法』（金融財政事情研究会・2006）452頁）。
19) 中野貞一郎『民事執行法〔増補新訂6版〕』（青林書院・2010）758頁以下、東京地方裁判所民事執行センター実務研究会編・前掲注15）225頁以下、260頁以下、最高裁判所事務総局民事局監修『条解民事執行規則〔第3版〕』（司法協会・2007）558頁以下、武智舞子＝長谷場暁＝佐野勝信「株式等の取引に係る決済の合理化を図るための社債等の振替に関する法律等の一部を改正する法律の施行に伴う民事執行規則及び民事保全規則の一部改正の概要（振替社債等に関する強制執行等の手続の概要）」金法1853号（2008）10頁、石川梨枝「株券電子化が株主の債権者等に与える影響」〈http://www.dic.go.jp/katsudo/chosa/yohokenkyu/201004-12/12-5.pdf〉。なお、投資信託の振替受益権につい

い（民執規150条の3第5項）[20]。

　振替債等（社債、株式等の振替に関する法律278条1項）を差し押さえた債権者は、債務者に対して差押命令が送達された日から1週間を経過したときは、その振替債等を取り立てることができ、取立てには、債務者に属する権利であって取立てのために必要なものを行使できる（民執規150条の5第1項・2項）。発行者が所定の時期までに差押えに係る振替債等の全額に相当する金銭を供託（権利供託・義務供託）した場合には、供託書正本を添付した書面で執行裁判所に届け出なければならず、この事情届の提出を受けた執行裁判所の裁判所書記官は、供託に係る振替債等について社債、株式等の振替に関する法律71条1項等に規定する抹消の申請をしなければならない（民執規150条の6）。差し押さえられた振替社債等が元本の償還期限前であるとき、またはその取立てが困難であるときは、執行裁判所は、差押債権者の申立てにより、差押債権者への譲渡を命ずる譲渡命令または第三者への売却を命ずる売却命令を発することができる（民執規150条の7第1項）。

2　投資信託に対する差押えの効力と一部解約金返還請求権に対する処分禁止効

　上記の通り、信託契約に基づき、委託者Cは、受益者Aに対して一部解約

────────

て、「投資信託受益権」と「解約金支払請求権」の双方を同時に仮差押えした事例を紹介するものとして、稲田優「投資信託の差押えの実務」弁護士法人神戸シティ法律事務所記念論文集〈http://www.kobecity-lawoffice.com/upfile/pdf/1304332102_1.pdf〉63頁参照。

20）投資信託及び投資法人に関する法律6条6項柱書において「委託者指図型投資信託の受益証券には、次に掲げる事項及び当該受益証券の番号を記載して、委託者の代表者がこれに署名し、又は記名押印しなければならない」とされており、証券投資信託において、「発行者」は、受託者であると解される。これに対して、天野佳洋「振替証券と銀行の債権保全・回収」田原睦夫先生古稀・最高裁判事退官記念『現代民事法の実務と理論(上)』（金融財政事情研究会・2013）777頁は、差押債権者による取立てに関しては「発行者」は投資信託委託会社であり、差押債権者は投資信託委託会社に対し取立権を行使することが予定されているほか、譲渡命令・売却命令も同様に適用されるとする。

　なお、法令名が現行の「投資信託及び投資法人に関する法律」に改正される以前の証券投資信託法の当時の（改正前）5条においては、受益証券の発行者は明文上明らかではなかったが、これに関する解説として、受益証券の発行者は委託者であるとするものとして、佐々木功＝松本崇『証券投資信託法　貸付信託法』（第一法規・1976）57頁、

金返還債務を直接負担する立場にある。前述Ⅱ**2**(3)の通り、販売銀行Bは、一部解約金を「代理受領」する立場にあるに過ぎないことが約款上明示されている。投資信託契約に対する差押えがなされた後においては、差押えの効力は、受益者Aの委託者Cに対する一部解約金返還請求権にも及び、委託者Cは販売会社Bに対する弁済を行って、一部解約金返還債務の消滅を主張することはできない（民481条参照）。この関係は、あたかも、販売会社Bが一部解約金返還債務について代理受領をする旨の約定がなされていたが、これが差押債権者Dに対抗できないことと類似する[21]。

以上の通り、委託者Cは、差押債権者Dに対して、一部解約金について販売会社Bに対して弁済をすることにより免責を得ることはできない。

3　差押債権者による投資信託の換価方法とBによる相殺の可否

差押債権者Dは、債務者に属する権利であって取立てのために必要なものを行使することができるので（民執規150条の5第2項）、①解約実行請求、②第三者に対する譲渡、③買取請求等を行うことが考えられる。さらには、換価が困難な場合等には、④支払に代えて差押債権者への譲渡を命ずる譲渡命令、⑤相当と認めるものへの売却を命ずる売却命令の申立をすることも考えられる[22]。

社団法人日本証券業協会専務理事関要監修・前掲注1）674頁がある。

21）代理受領の約定の効力を差押債権者に対抗しえないことにつき、高木多喜男『担保物権法〔第4版〕』（有斐閣・2005）329頁、道垣内弘人『担保物権法〔第3版〕』（有斐閣・2008）342頁、松本恒雄「代理受領の担保的効果(上)・(下)」判タ423号（1980）32頁、425号（同）33頁、甲斐道太郎「契約形式による担保権」遠藤浩＝林良平＝水本浩監修『担保・保証・保険契約〈現代契約法大系6〉』（有斐閣・1984）34頁参照。なお、投資信託において、投資信託販売会社から、個々の受益者の氏名等は投資信託委託会社に通知されず、投資信託委託会社としては現実には直接受託者に一部解約金を返還することを予定していないことを指摘するものとして、天野・前掲注20）778頁。

　これに対して、前掲名古屋高判平24・1・31は、「1審原告が、本件管理委託契約に従って本件受益権の管理を1審被告に委託している場合においては、本件受益権分について解約実行請求をして解約金の支払を得ようとしても、本件受益権を受益証券の保護預り又は振替受益権として1審被告が管理しているため、1審被告を通じてしか同解約金の支払を受けることができない仕組みとなっているものと認められるのである」とするが、このような「仕組み」は、差押債権者には対抗できないというべきである。

22）そのほか、受益者Aとしては、受益権の委託契約を解約し、他の金融機関へ振り替える

これらの換価手続のうち、②ないし⑤の手続においては、販売会社Bが一部解約金を受働債権として相殺することは予定されていない。とりわけ、執行手続上は、一定の要件のもとではあるが、譲渡命令、売却命令の制度があるところ、そのような場合には販売会社Bによる相殺の余地がないことが明らかである。

　これに対して、実務的には、①の解約実行請求の方法によることが多いと考えられるが、この場合に、販売会社Bが一部解約金返還債務を受働債権として相殺をすることが許されるであろうか。本稿は、上記の通り、投資信託受益権に対する差押えの効力として、受益者Aの一部解約金返還請求権に対しても処分禁止効が生じており、これを前提とすると委託者Cが販売会社Bに一部解約金を支払い、販売会社Bが受益者Aに対する一部解約金返還債務を受働債権として相殺をすることができるというスキームに対して否定的な評価がなされていると解する。委託者Cは、販売会社Bに対して一部解約金を支払うことによって受益者Aに対する一部解約金返還債務を免れることはできず、委託者Cから（販売会社Bを経由するにせよ）現実に一部解約金が取立権限を有するDに支払われて初めて、委託者C（および受託者）が一部解約金返還債務から免責されるというべきである。したがって、一部解約金が委託者Cから販売会社Bに支払われた場合に、差押えの効力との関係で、直ちに販売会社BがAに対する一部解約金返還債務を受働債権として相殺をすることが法律上禁止されるとはいえないものの、委託者Cは、二重払いを回避するためには、販売会社Bが上記相殺をしないことを求め販売会社Bがこれに応諾したうえで一部解約金を返還する等の対応が求められることとなる。委託者Cがこのような措置をとる限り、販売会社Bは上記相殺をなしえないこととな

ことが考えられ、この権限を差押債権者Dが行使しえないかも問題となりうる。受益者間の管理を他の金融機関に振り替えることができる場合は、実務上は限られていると思われるが、販売会社がグループ会社として同種の投資信託商品を販売して取り扱っているような場合には、現実にそのような処理をすることが可能な場合があると思われる。これが可能であれば、販売会社Bによる相殺は、さらに容易に回避されうることとなる。
　なお、債権執行においても、譲渡命令、売却命令の制度があるが（民執161条1項）、金銭債権の換価として利用されることははなはだ稀であって、その他の財産の執行に際して利用されることが多いとされている（中野・前掲注19）728頁）。

る[23]。

　仮に、投資信託を解約する方法による場合に販売会社Bによる相殺が許されるならば、差押債権者Dは、②第三者に対する譲渡または③買取請求（さらに要件を満たすときは、④譲渡命令または⑤売却命令）の換価方法を採用することにより容易に販売会社Bの相殺を回避することができる[24]。たまたま差押債権者が投資信託の換価方法として従来の販売会社Bに対する解約実行請求の手続をとった場合だけ販売会社Bの相殺を許容する合理性は乏しいというべきである。

IV 設問2〔破産手続下での投資信託の解約と相殺〕について

1 裁判例

(1) 最判平17・1・17（民集59-1-1）　破産者が契約をしていた保険契約を破産管財人が解約したところ、解約返戻金を受働債権とし、保険会社が不法行為に基づく損害賠償請求権を自働債権とする相殺を主張した事案において、「破産債権者は、……その債務が破産宣告の時において停止条件付である

---

[23] 以上に対して、差押命令が口座管理機関に送達される前に、投資信託が解約され、かつ、一部解約金が販売会社に支払われていた場合には、差押えの効力は販売会社に対する一部解約金返還請求権に及ぶことにとどまり、販売会社が差押命令の送達前に有していた反対債権との相殺を制限することは困難であると思われる（民511条参照）。

　また、販売会社が介在せずに、受託者である信託銀行が受益者と直接取引をしている形態の場合には、別途の考慮を要する。最決平16・12・16金法1744-56、大阪高判平13・11・6判タ1089-279、最決平13・7・13金法1752-53、大阪高判平12・11・29金法1617-44参照。ここでは、受託者は、受益者に対して貸金債権等を有する場合、信託財産に対して商事留置権を有するが（前者の判決）、貸金債権と信託財産に属する債権の法定相殺は許されないこと（後者の判決、ただし銀行取引約定による合意相殺は許容される）が判示されており、信託契約の当事者である受託者自身が受益者に対して貸金債権等を有していた場合にも、貸金債権と信託財産に属する債権の相殺が当然には許されないことには留意が必要である。信託契約の当事者ですらない販売会社の相殺の期待は、受益者の相殺の期待よりも強いとは考え難く、販売会社による相殺を許容するべき必要性は乏しいといえるのではなかろうか。

[24] また、販売会社Bとの委託契約を解約して別の販売会社との委託契約を締結したうえで解約をすることが現実に可能なケースがあることは上述の通りであり、差押債権者Dがこのような処理をする権限を有すると解する場合には、その方法によっても、販売会社Bによる相殺は回避される。

場合には、停止条件不成就の利益を放棄したときだけでなく、破産宣告後に停止条件が成就したときにも、同様に相殺をすることができる」旨判示し、相殺を許容した。

(2) 大阪高判平 22・4・9（金法 1934-98）　大阪高判平 22・4・9 が引用する原判決（大阪地判平 21・10・22 金法 1934-106）は、以下のような理由により、破産手続開始後に破産管財人が投資信託契約を解約した場合において、販売会社が一部解約金返還債務を受働債権とし、破産債権を自働債権として相殺することを許容した。すなわち、前掲最判平 18・12・14 により、販売会社が受益者に対して負担する一部解約金返還債務は停止条件付債務であると解されるところ、前掲最判平 17・1・17 により、破産債権者である販売会社は、破産者の破産手続開始決定時において破産者に対して停止条件付債務を負担している場合においては、特段の事情のない限り、破産手続開始決定後に停止条件が成就したときには、破産法 67 条 2 項後段の規定により、前記停止条件付債務を受働債権として、破産債権を自働債権として、相殺をすることができるものと解されるとする。

(3) 大阪地判平 23・10・7（金法 1947-127）　これに対して、大阪地判平 23・10・7 は、同様に、破産者が締結していた投資信託契約を破産管財人が解約した事案において、販売会社（信用金庫）が、一部解約金を受領したうえで受益者たる破産者名義の口座に入金処理がなされたことから、もはや一部解約金返還請求権は消滅し、販売会社は同額の預金返還債務を負担したものと判断した。そのうえで、販売会社の主張する相殺は、販売会社が破産手続開始後に負担した債務を受働債権とする相殺であり、破産法 71 条 1 項 1 号に反するとして許されない旨判示した。

2 学　　説

前掲大阪高判平 22・4・9 を支持する見解[25]と、これに反対する見解が主張

---

25) 坂本・前掲注 2) 22 頁、坂本寛「証券投資信託において受益者に破産手続ないし民事再生手続が開始された場合の債権回収を巡る諸問題　銀行取引約定、商事留置権及び相殺を中心に」中本敏嗣編『民事実務研究Ⅴ』（判例タイムズ社・2013）130 頁、伊藤・前掲注 2) 52 頁、小出篤監修『最新　金融・商事法判例の分析と展開』（金判別冊・2013）6 頁〔鈴木雄介〕。

されている[26]。後者は、受益者に対する破産手続開始により委任契約が終了することから、その後、破産管財人が一部解約請求をする場合にもそれは新たな委託であって相殺は許容されないとする。

3 検　討

本稿では、投資信託に対する強制執行手続において、販売会社による代理受領の合意とこれに基づく相殺は、積極的に保護されているものではないとの立場を前提として、包括執行手続である破産手続において、破産管財人が換価する場合にも販売会社が相殺をすることはできないと解する。

(1) 代理受領との比較からの検討（破産法71条1項1号による相殺禁止）

この点は、以下に図示する通り、代理受領の合意に関する破産法上の取扱いと同様に理解することが可能である。

すなわち、【代理受領と破産の事例】において、債権者甲は債務者乙との間で、

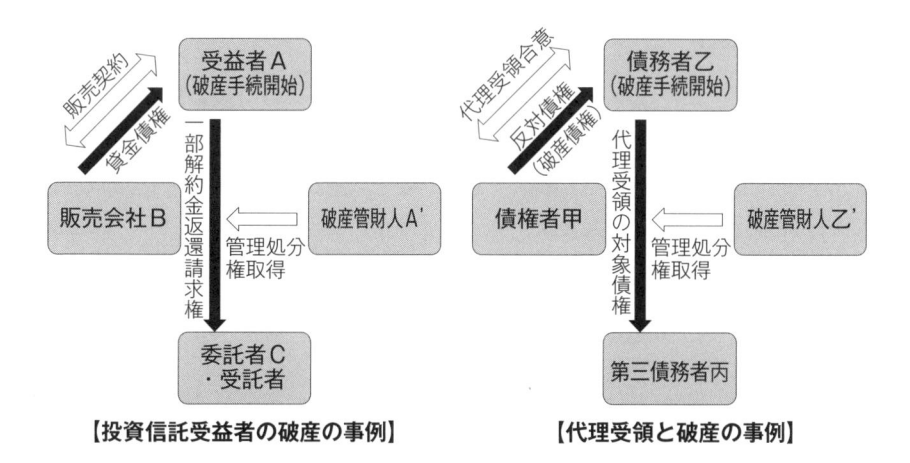

【投資信託受益者の破産の事例】

販売契約：受益者A（破産手続開始）⇔販売会社B
貸金債権
一部解約金返還請求権
破産管財人A'（管理処分権取得）
委託者C・受託者

【代理受領と破産の事例】

代理受領合意：債務者乙（破産手続開始）⇔債権者甲
反対債権（破産債権）
代理受領の対象債権
破産管財人乙'（管理処分権取得）
第三債務者丙

---

[26] パネルディスカッション・前掲注13）34頁〔水元宏典発言〕、岡・前掲注14）148頁参照。最判昭63・10・18民集42-8-575も、信用金庫取引約定による手形等の取立て、充当の特約について、取引先が破産した場合には、民法656条・653条の規定により権限は消滅すると解するのが相当であると判断している。

なお、座談会「ペーパレス化証券からの回収の可能性と課題」金法1963号（2013）19頁〔山本和彦発言〕において、前掲最判平17・1・17も「特段の事情のない限り」という限定文言をかけていて、その「特段の事情」というのは、結局相殺権の濫用、さらには相殺に対する合理的期待の有無の問題であり、このような例外にあたらないかという問題があることが指摘されている。

債務者乙の第三債務者丙に対する債権（代理受領の対象債権）について、乙に代理をして受領する旨の代理受領合意をしていたが、その取立てがなされる前に債務者乙につき破産手続開始決定がなされたときは、債権者甲はその代理受領合意をもって破産管財人乙'に対して主張することができない。その結果、仮に、債務者乙の破産手続開始後に、債権者甲が代理受領対象債権を取り立てた場合には、第三債務者丙は原則として当該弁済を破産財団に対して主張することができない（破50条2項参照）。

　また、破産管財人乙'は、第三債務者丙に対する二重の弁済の請求に代えて、債権者甲に対して、受領した弁済金の交付を求めることもできる。債権者甲は、当該弁済金の返還債務を受働債権として、乙に対する反対債権たる破産債権との間で相殺を主張することはできない（破71条1項1号）。ここで、債権者甲の当該弁済金の返還債務は、破産法67条2項後段の「条件付」債務とは解されず、破産法71条1項1号により相殺が禁止されていることに留意する必要がある[27]。

　投資信託に関する販売会社の地位も、前述Ⅱ2(3)およびⅢ2の通り、代理受領関係にあるものとみることができる。そうであれば、**【投資信託受益者の破産の事例】**においても、基本的に代理受領と同様な処理がなされるべきである。すなわち、販売会社Bは受益者Aとの間で、受益者Aの委託者Cないし受託者に対する一部解約金返還請求権（代理受領の対象債権）について、受益者Aに代理をして受領する旨の代理受領合意をしていたものと評価されるが、その取立てがなされる前に受益者Aにつき破産手続開始決定がなされたときは、販売会社Bはその代理受領合意をもって破産管財人A'に対して主張することができない。その結果、仮に、受益者Aの破産手続開始後に、販売会社Bが代理受領対象債権である一部解約金返還請求権を取り立てた場合には、委託者

---

[27] 条解破産425頁、伊藤・破産再生299頁、伊藤・会更302頁、大コンメ241頁〔三木浩一〕。
　　以上に対して、債務者乙の破産手続開始前に、債権者甲が代理受領対象債権を取り立てていた場合には、甲が取立金返還債務を受働債権とし、反対債権たる破産債権を自働債権とする相殺をすることは、破産法71条2項2号により許容されうる（条解破産529頁、伊藤・破産再生300頁、伊藤・会更355頁）。
　　代理受領合意が、差押債権者や破産管財人に対抗しえないことについては、内田貴『民法Ⅲ〔第3版〕』（東京大学出版会・2005）559頁、高木多喜男『担保物権法〔第4版〕』（有斐閣・2005）330頁、道垣内弘人『担保物権法〔第3版〕』（有斐閣・2008）342頁参照。

Cないし受託者は原則として当該弁済を破産財団に対して主張することができない（破50条2項参照）。

また、破産管財人A'は、委託者Cないし受託者に対する一部解約金返還請求に代えて販売会社Bに対して、受領した弁済金の交付を求めることもできる。そして、販売会社Bは、当該弁済金の返還債務を受働債権として、受益者Aに対する反対債権たる貸金債権（破産債権）との間で相殺を主張することはできないというべきである（破71条1項1号）。

(2) 破産法67条2項後段の「条件付」債権に該当するとの見解に対する批判　ところで、前掲最判平18・12・14は、解約前の一部解約金返還請求権を停止条件付債権とする。前掲大阪高判平22・4・9は、この判決を踏まえて、受益者の販売会社に対する一部解約金返還請求権は、破産法67条2項後段の「条件付」債権に該当するものとし、上記の通り、破産手続開始後に破産管財人が投資信託を解約し、一部解約金が受託者から販売会社に支払われた事案において、販売会社の相殺を許容した。

しかしながら、前掲最判平18・12・14は、投資信託のペーパレス化前において執行手続が整備されていなかったことを受けて、投資信託に対する執行手続を実効あらしめるために、一部解約金返還請求権の差押えを認めるとともに、差押債権者が解約の申し入れをした場合に販売会社がこれにゆえなく応じない場合には、民法130条の条件成就の妨害のルールを用いて差押債権者を救済するための法律構成であったと評価することができる。この法律構成を上記判決の事例を離れて過度に一般化することは適切ではない[28]。破産法67条2項後段の「条件付」債務は、破産法71条1項1号と区別されて破産手続開始後に相殺が許容される基準となるものであり[29]、前掲最判平18・12・14の事案と問題状況が明らかに異なる。

破産法67条2項後段の「条件付」債務は、破産手続下において保護に値する合理的相殺期待を基礎付ける内容のものであることが求められる。個別執行手続において積極的に保護されない相殺に対する期待は、包括執行手続において保護される余地はなく、破産法67条2項後段の停止条件付債権にも該当し

---

28) パネルディスカッション・前掲注13) 33頁〔鹿子木発言〕。
29) 最判平24・5・28金法1947-54。

ないというべきである。

　前掲最判平17・1・17において問題となった保険契約については、個別執行手続において差し押さえられた場合にも、保険契約の換価方法としては保険契約の解約をする以外になく[30]、保険会社が相殺をすることを回避する手段はないのであって、投資信託と相殺の問題とは事案が異なるというべきである。

　よって、販売会社Bの一部解約金返還債務は、破産法67条2項後段の「条件付」債務に該当するものではなく、販売会社Bによる相殺は認められない。

(3) 委任契約の終了を根拠とする見解の検討

以上の結論に対する理由付けとして、前述2の学説の指摘も実に傾聴に値するが、本稿では、上記の通り、販売会社Bによる相殺は代理受領に類するものとして平時の執行手続上も積極的に保護されない点を主な根拠としたい。前述2の学説の指摘については、民法653条2号は、委任者および受任者の意思を推定する任意規定であると解され[31]、相殺を禁止して破産財団の増殖を図るための強行規定では

---

30) 最判平11・9・9民集53-7-1173。
31) 幾代通＝広中俊雄編『新版注釈民法(16)債権(7)』（有斐閣・1989）292頁〔明石三郎〕、林良平編『注解判例民法Ⅲ　債権法Ⅱ』（青林書院・1989）816頁〔平岡建樹〕、条解破産420頁、伊藤・破産再生299頁、大コンメ239頁〔三木浩一〕、理論と実務212頁〔中島弘雅〕。委任者の死亡にもかかわらず、委任契約を終了させない旨の特約を認めたものとして、最判平4・9・22金法1358-55参照。
　以上に対して、同条を強行法規と解する見解と任意規定と解する見解の両論を併記するものとして、我妻榮＝有泉亨『コンメンタール民法　総則・物権・債権〔第2版追補版〕』（日本評論社・2010）1179頁、委任者の総財産は破産財団を構成して破産管財人の管理下に移されるため、委任者の破産を委任契約の終了原因としない特約は無効であるとする見解として、斎藤秀夫＝麻上正信＝林屋礼二編『注解破産法〔第3版〕(上)』（青林書院・2001）338頁〔吉永順作〕がある。これに対して、特約の有効性を認めて委任関係が存続するとしても、双方未履行の双務契約として破産管財人は履行か解除かの選択権を有するので（破53条1項）、破産債権者の利益を害することはないから、上記特約は有効とするべきと反論するものとして、条解破産421頁、大コンメ239頁〔三木〕。
　破産管財人の管理処分権と抵触する範囲において民法653条2号を強行法規と解する見解は、傾聴に値するが、本文に指摘した点のほか、以下のような疑問点もあるのではないかと思われる。第1に、委任者と受任者の間の信託契約も委任者の破産管財人の管理処分権と抵触するが、委託者が破産手続開始決定を受けても信託契約は当然には終了しないとされること（信託163条8号参照）の根拠をどのように説明するのかの問題があるように思われる。なお、受託者に破産手続等の倒産手続が開始した場合、信託契約をいわゆる双方未履行双務契約として解除することは同号により排除されていないが、その適用を限定するべきであるとする見解が有力である（金融法委員会「委託者報酬支

ないので、明示または黙示の特約により容易に回避されうることとならないかとの懸念が残る。現に、前述 1(2)・(3) の裁判例においても、受益者の破産によって、販売会社との間の委託契約が直ちに終了するとの判断はなされていない。

また、受益者に再生手続、更生手続が開始した場合については、民法 653 条 2 号は適用されない。この点、同法 651 条により再生債務者等、更生手続上の管財人は委任契約を将来に向かって解除することができるところ、委任（振込指定）を撤回できない旨の約定がされている場合があるが、包括執行である民事再生手続から財産を免脱させる趣旨の合意というべきであり、民事再生法の強行法的公序に反し無効と解すべきであるとする見解もある[32]。しかしながら、上記の通り委任契約の解除は再生債務者財産、更生会社財産の増殖のための強行法規ではないと解される[33] 点に問題があるのではなかろうか。

そこで、上記の通り、受益者 A と販売会社 B との間の委任契約が差押債権者 D に対抗しえない代理受領類似の関係にあることを基礎として、破産管財人 A' にも対抗しえないとの構成をとることが適切であると考える。

V 設問 3〔再生・更生手続下での投資信託の解約と相殺〕について

1 再生手続・更生手続と停止条件付債権による相殺

民事再生法、会社更生法には、破産法 67 条 2 項後段に相当する規定がない

払特約付信託契約の破産法 53 条 1 項の適用の可否に関する中間論点整理（概要）」金法 1806 号（2007）35 頁。第 2 に、委任契約以外にも、破産財団に属するべき財産が第三者に寄託されている場合も、破産管財人の管理処分権との抵触の可能性があるが、例えば寄託契約の一種（消費寄託契約）である預金契約が破産手続開始により当然に終了するとは解されない。

32) 岡・前掲注 14) 165 頁参照。
33) 幾代＝広中編・前掲注 31) 282 頁〔明石〕、林編・前掲注 31) 813 頁〔平岡〕。委任契約が受任者の利益をも目的としているときは、委任者は民法 651 条により委任契約を解除することができないとした大判大 9・4・24 民録 26-562 参照。最判昭 40・12・17 裁判集民 81-561、最判昭 43・9・20 判時 536-51。また、委任者が解除権自体を放棄したものとは解されない事情がある場合には、民法 651 条による解除が認められるとしたものとして、最判昭 56・1・19 民集 35-1-1 参照。内田貴『民法 II　債権総論・担保物権〔第 3 版〕』（東京大学出版会・2005）295 頁。なお、同条を強行法規と解する見解と任意規定と解する見解の両論を併記するものとして、我妻＝有泉・前掲注 31) 1177 頁。

ため、停止条件付債権を受働債権とする相殺が許容されるかについては、これを否定する見解[34]と肯定する見解[35]が主張されているところである。

前者は、民事再生法、会社更生法に破産法67条2項後段の「条件付」債務との相殺に相当する規定が存しないこと、再生手続、更生手続における事業の再生・更生のために、相殺を制約する必要があることを指摘する。

他方、後者は、条文の相違は決定的ではないとする。そして、相殺権者側からみれば、相殺期待の保護の必要性は、相手方につき開始した手続が破産手続か再生手続・更生手続かで異なるところはなく、相手方につき開始する手続の種類という偶然の事情により相殺の範囲が大きく異なるならば、相殺権者は、相殺権が保護されないリスクを考慮して平時の与信を絞り込むこととなるという懸念を指摘する。

なお、再生手続下での投資信託契約の解約が争われた事例として、大阪地判平23・1・28（金法1923-108）があるが、販売会社が取引約定に基づき投資信託契約を解約したことについて不法行為責任を追及する訴えであり、不法行為責任の成立が否定されたために、上記の論点について直接判断がなされることはなかった。

2　平時の執行との比較からのアプローチ

本稿では、以下のような理由から、再生手続・更生手続において、停止条件付債務を受働債権とする相殺が許容されるかにかかわらず、販売会社Bの相

---

[34] 条解会更㊥892頁（7刷第4次補訂）、伊藤・破産再生707頁、709頁（ただし、合理的相殺期待が認められる場合は相殺を保護すべきであり、債権届出期間満了までに停止条件が成就したときは、相殺を許すべきであるとされる）、条解再生479頁〔山本克己〕、坂本・前掲注2）34頁、同・前掲注25）141頁、パネルディスカッション・前掲注13）42頁〔中本敏嗣発言・鹿子木発言〕。

[35] 概説263頁〔沖野眞已〕（ただし相殺の合理的期待の認められないときは相殺は禁止されるとする）、松下淳一『民事再生法入門』（有斐閣・2009）113頁、新注釈㊤504頁、525頁〔中西正〕、パネルディスカッション・前掲注13）42頁〔浅田隆発言〕。また、水元宏典教授は、立法論として、「清算か再建かというのは、換価方法の違いであって、換価の問題は分配の問題とは関係がない。配当原資が現有財産なのか将来収益なのか（換価問題）によって、権利者間におけるプライオリティ──秩序（分配問題）が異なるいわれはない」とされる（水元宏典「倒産法における相殺規定の構造と立法論的課題」事業再生と債権管理136号（2012）14頁、16頁）。

殺の主張は許されないと解する。

　すなわち、再生手続開始決定、更生手続開始決定により、再生債務者等および管財人には、差押債権者類似の地位（第三者性）が生じると解されているところであり[36]、この点で破産手続と共通する。

　再生手続、更生手続下においても、破産手続下と同様、代理受領に類する法律関係と評価されるものであって、個別執行手続において保護されない相殺を保護する理由はない。

　したがって、前述**1**の点についていずれの見解をとるかを問うまでもなく、設問1・2の場合と同様、販売会社Bによる相殺は認められないものと解する。

VI　設問4〔危機時期における投資信託の解約と相殺〕について

1　「前に生じた原因」の意義について

　「前に生じた原因」による相殺が許容されるのは、破産債権者等が危機状態またはその徴表を知る前から有していた合理的な相殺の期待を保護することに求められるとされ[37]、「原因」にあたるためには具体的な相殺期待を生じさせる程度に直接的なものでなければならない[38]。ただし、設問1ないし3で問題となった差押命令ないし開始決定後の解約に基づく相殺とは場面が異なることから、「前に生じた原因」は、「条件付」債務としての相殺の可否よりも広く認められる余地がある。

　「前に生じた原因」に該当しないものとして、①当座勘定取引契約（最判昭52・12・6民集31-7-961）、②普通預金契約（最判昭60・2・26金法1094-38）が挙

---

36) 再生債務者、更生手続上の管財人の第三者性に関する文献として、園尾隆司ほか編『最新実務解説―問―答民事再生法』（青林書院・2011）411頁〔山本和彦〕、髙田賢治・判時2057号（2010）178頁、条解会更（上）540頁（5刷第4次補訂）、松田二郎『会社更生法』（有斐閣・1976）95頁、宮脇幸彦＝山口和男＝井関浩編『注解会社更生法』（青林書院・1986）203頁参照。なお、再生債務者の第三者性について、個別の問題ごとに検討するべきとするものとして、条解再生190頁〔河野正憲〕。
37) 条解再生497頁〔山本〕。
38) 最判昭60・2・26金法1094-38、伊藤・破産再生374頁、711頁。これに対して、宮脇幸彦＝時岡泰『改正会社更生法の解説』（法曹会・1969）269頁は、「原因」は、直接的な債務負担の原因たる行為に限定されるとしていた。

げられる。他方、「前に生じた原因」に該当するものとして、③取立委任手形（最判昭 63・10・18 民集 42-8-575）[39]、④金融機関、融資先、融資先の債務者の 3 者が融資先の債務者は代金を必ず金融機関の融資先名義の口座に振り込み、それ以外の方法で支払わない旨およびこの振込指定は金融機関の同意がなければ撤回できない旨を合意してするいわゆる強い振込指定（名古屋高判昭 58・3・31 金法 1029-38）[40]、⑤代理受領（横浜地判昭 35・12・22 判タ 122-18）、⑥所有権留保売買の剰余金返還請求権（大阪高判昭 63・10・28 判タ 687-254）[41]、⑦危機時期前に破産者が破産債権者を主債務者とする保証契約を締結し、危機時期に保証債務を履行した結果主債務者たる破産債権者が求償債務を負担した場合における保証契約[42]、⑧信託銀行が信託契約を特別清算開始申立後に解約してする相殺（大阪高判平 13・11・6 判タ 1089-279）がある[43]。前に生じた原因と認めるうえで考慮されるファクターとして、（ア）当該受働債権発生原因の特定性、（イ）債務者・第三債務者に課せられている拘束の強さが考慮されてきたとする見解[44]がある。

---

39) 条解破産 529 頁、伊藤眞「破産法 104 条 2 号に基づく相殺制限の意義」金法 1220 号（1989）6 頁、新注釈（上）536 頁〔中西〕、大コンメ 310 頁〔山本克己〕、条解再生 497 頁〔山本〕。瀬戸正義・昭和 36 年度最判解（民）293 頁は、「前に生じた原因」の該当性が認められる根拠として、「特定の手形を裏書・交付して具体的に取立委任をした場合には、それを撤回して取り戻さない限り、委任者が自ら取り立てたり、他に取立権を与えることができないので、当該債権者の相殺期待が大きい反面、他の債権者の担保的期待は小さい」と指摘する。これに対し、前掲注 26)最判昭 63・10・18 の判断に批判的なものとして、佐藤鉄男・判時 1309 号（1989）229 頁。

40) 青山善充「倒産法における相殺とその制限(1)」金法 910 号（1979）9 頁。これに対し、上原敏夫「いわゆる『強い振込指定』について」青山善充先生古稀祝賀『民事手続法学の新たな地平』（有斐閣・2009）655 頁は、振込指定についても、融資先と第三者との間で撤回をしない旨等が約されていれば、第三債務者の関与がなくとも強い振込指定に準じて相殺期待を保護するべきであるとする。

41) ただし、会社整理手続開始後に具体的に発生した譲渡担保の剰余金精算金につき、旧商法 403 条、旧破産法 104 条 1 号（現破 71 条 1 項 1 号に相当）により相殺が禁止されるとするものとして、最判昭 47・7・13 民集 26-6-1151 がある。同判決については、旧破産法 99 条（現破 67 条 2 項に相当）が準用されていない会社整理手続に係る判断であったことによるものであるとの理解がある（三木素子・平成 17 年度最判解（民）（上）17 頁、パネルディスカッション・前掲注 13) 28 頁〔鹿子木発言・中本発言〕）。

42) 条解破産 528 頁。

43) 最決平 16・12・16 金法 1744-56 により、上告・上告受理申立てが、棄却・不受理とされた。

44) 藤田友敬・法協 107 巻 7 号（1990）1172 頁。さらに、（ア）については、受働債権発生

2 裁判例

(1) 前掲名古屋高判平24・1・31の判断内容　投資信託の一部解約金返還請求権は、販売会社を通じてしか同解約金の支払を受けることができない仕組みとなっていることを重視する。そして、本件受益権について解約のほか譲渡、買取請求の換金方法が存在するものの、本件受益権についての換金方法としては解約の方法が一般的であることが明らかであること、また、管理委託契約を解約することができるが、管理委託契約が存続している限りは、相殺の期待が合理的なものでないとはいえないとして、民事再生法93条2項3号の「前に生じた原因」への該当性を認めた[45]。

(2) 名古屋地判平22・10・29（金法1915-114）の判断内容（(1)の原判決）　他の金融機関への振替等をなしうることに加え、受益権の換価方法は解約のほかに、買取請求、信託期間終了時の償還などの方法があるのであるから一部解約金返還請求権が発生する確実性は乏しいなどとして、「前に生じた原因」への該当性を否定した。

3 投資信託の販売契約の「前に生じた原因」への該当性

本件で、受働債権の発生原因は、投資信託契約の解約による一部解約金返還請求権の発生と特定されることから、(ア) 当該受働債権発生原因の特定性は認められうる。これに対して、(イ) 債務者・第三債務者に課せられている拘束の強さについては、問題が多い。

すなわち、上記の通り、受益者Aは、投資信託の換価方法として、①解約

の可能性が高いことを要するとし、(イ)に加えて、(ウ) 受働債権の価値を自働債権が優先的に把握することを正当化する事情があることが判断要素とされているという見解もある。

[45] この結論と同旨の見解として、名古屋地判平25・1・25判時2182-106、倒産実務交流会編『争点　倒産実務の諸問題』（青林書院・2012）289頁〔中西正〕、髙山崇彦＝辻岡将基・金法1944号（2012）6頁、福谷賢典・事業再生と債権管理134号（2011）18頁、佐藤勤「MMF解約代わり金からの債権回収」銀法735号（2011）28頁、永石一郎『Q&A倒産手続における相殺の実務』（新日本法規・2005）111頁、堂園昇平・金法1953号（2012）26頁がある。批判的なものとして、木村真也・事業再生と債権管理136号（2012）74頁、野村剛司・TKCローライブラリー速報判例解説・倒産法No.13（新・判例解説編集委員会編『新・判例解説Watch 2012年10月』（日本評論社・2012）171頁）参照。

実行請求による方法のほか、②第三者に譲渡する方法、③買取請求による方法および④クローズド期間が設けられた投資信託における受益者の特別解約の実行請求などの方法がありうる。換価方法としては、①解約実行請求の手続がとられることが多いようであるが[46]、受益者Ａが必然的に解約実行請求をするものではなく、他の換価方法をとると販売会社Ｂは容易に相殺の機会を失う。また、受益者Ａが販売会社Ｂとの管理委託契約を解約することも可能であり、その場合も販売会社Ｂの相殺は回避される[47]。このため、債務者である受益者Ａに対して、拘束の程度は極めて弱いといわざるをえない。

　この点は、保険契約と比較しても明らかに異なる。保険契約であれば、偶然の事由による保険事故が生じる場合を別とすれば、保険契約者は保険契約を解約するほかに換価の方法がない。そのため、保険契約者は、換価のためには解約をするほかなく、その結果保険会社の相殺の機会は確保されるのであり、保険契約者は強く拘束されている関係にある。

　以上によれば、少なくとも、販売会社Ｂが受益者Ａとの間の特約により、自らのイニシャティブにより投資信託契約を解約したうえで相殺をすることができる地位を確保していない場合には、「前に生じた原因」を認めることは許されないというべきである。販売会社がこのような地位を確保していて初めて、(イ)債務者・第三債務者に課せられている拘束が一定程度の強さをもつものと評価でき、販売会社Ｂの相殺期待が保護に値することとなるのである[48]。

----

46) 前掲名古屋高判平24・1・31もその旨判示する。
47) 実務的にも、上記の通り、販売会社がグループ会社として、同種の投資信託商品を販売しているような場合において、管理委託を他の販売会社へ振り替えることが可能な場合があるようであり、この方法がとれる場合には、容易に販売会社による相殺を回避することが可能となる。破産管財人として、このような方法を検討するべきことを指摘するものとして、伊藤・前掲注2) 52頁。
48) この点を指摘するものとして、パネルディスカッション・前掲注13) 34頁〔服部敬発言〕、木村・前掲注45) 78頁、伊藤・前掲注2) 62頁参照。
　　事案は異なるが、例えば前掲大阪高判平22・4・9は、以下の通り述べて、販売会社の相殺に対する期待の合理性の判断の根拠として、販売会社の解約権がある旨の指摘がなされている。「破産会社と被控訴人との間の銀行取引約定書……には、……任意処分に関する規定（4条3項）及び……差引計算に関する規定（7条1項）が存在することが認められる。これらは、直接被控訴人〔引用者注：販売会社〕に対する権利でないも

4 前掲名古屋高判平24・1・31の問題点

本設問と類似の事例において、「前に生じた原因」への該当性を認めた前掲名古屋高判平24・1・31に対しては、以下のような批判が妥当すると思われる。

第1に、投資信託は、上記の通り解約のほかに、買取請求、受益権の譲渡、償還金の受領等の換価方法があり、また、管理委託契約を解約することも可能なものであるから、販売会社が相殺を期待するならば、あらかじめ特約により平時においても自ら解約をしたうえで相殺をなしうる権限を留保しておくべきであるにもかかわらず、そのような特約がなされていないことは、販売会社に具体的な相殺の期待がなかったことを物語るといわざるをえない。販売会社に独自の解約権がないことは、相殺に対する期待に重大な疑問をもたらす[49]。

第2に、本件では販売会社が債権者代位により受益者の解約権を行使して解約を実行しているが、このような方法による解約を経て行う相殺の期待が、破産（再生）手続上保護に値するかについても疑問が残る[50]。すなわち、債権者代位自体が本来責任財産を保全するための制度であり、それに伴う相殺は「事実上の優先弁済」として民法においても本来の制度趣旨を逸脱するものであって[51]、そのような方法を経なければ実行できない相殺の期待を破産法（民事再生法）上合理的なものとして積極的に保護する必要があるかについては疑問が残る。

以上より、本件において、「前に生じた原因」を認めたことは相当とはいえない。

のであっても、被控訴人が事実上支配管理しているものについては、事実上の担保として取り扱うことを内容とする約定であって、このような約定の存在は、本件契約に基づく投資信託の解約金についても被控訴人の相殺の対象と期待することが自然であることを示しているというべきである」と述べている。

49) このような点を考慮してか、その後、銀行取引約定書第4条（担保等の処分）を改訂し、債務者が債務を履行しなかった場合には、金融機関は一般に適当と認められる方法等により担保を取り立てまたは処分のうえ債務の弁済に充当することができる旨の条項を、当該金融機関を口座管理機関とする債務者の社債等（投資信託受益権等を含むと解説される）に準用する旨の定めを置く例がみられる。

50) この点を指摘するものとして、伊藤・前掲注2) 62頁注15参照。

51) 潮見佳男『債権総論Ⅱ　債権保全・回収・保証・帰属変更〔第3版〕』（信山社・2005）53頁ほか。

5 本件での検討

以上により、本件において、販売会社Bが受益者Aとの間の特約により、自らのイニシャティブにて投資信託を解約することができる地位を確保していた場合には、投資信託契約は「前に生じた原因」に該当すると解される。

しかしながら、本件では、販売会社Bは、わざわざ債権者代位権の行使により投資信託契約の解約を行っており、自らのイニシャティブにより解約をする地位を有していなかったと解される。このため、「前に生じた原因」は認められず、販売会社Bの相殺は許されない。

Ⅶ 設問5〔投資信託に対する商事留置権の成否〕について

1 見解の対立

ペーパレス化された投資信託について、口座管理機関を兼ねる販売会社に商事留置権が成立するかという点については、肯定説[52]と否定説[53]が対立している。

肯定説は、金融商品取引法は有価証券が発行されていない有価証券表示権利を同法2条2項により有価証券とみなしていること、「有価証券」の定義として証券の存在を不可欠とする必要はないこと、ペーパレス化された証券についての権利の帰属は口座管理機関の記録に委ねられており、口座管理機関が記帳を行わない限り権利が動くことはないという意味で口座管理機関が事実上の支配を及ぼしているので「準占有」が認められ、これにより客体の性質の許す限り占有権に関する規定が準用されること、実質的にもペーパレス化前と取引の実態には何ら変化はないにもかかわらず、ペーパレス化により突然に債権者の

---

52) 弥永真生「商法521条にいう『自己の占有に属した債務者の所有する物又は有価証券』とペーパーレス化」銀法744号（2012）32頁、坂本・前掲注2) 26頁、中野修「振替投資信託受益権の解約・処分による貸付金債権の回収」金法1837号（2008）50頁、福谷・前掲注45) 15頁、森下哲朗「証券のペーパレス化と商事留置権」金判1317号（2009）1頁。なお、三井住友信託銀行法務部・前掲注16) 10頁〔早坂文高〕は、弁済充当を認めるべきであるとする。また、でんさいを含めて、商事留置権の成立の可能性を論ずるものとして、座談会・前掲注26) 6頁以下。坂本・前掲注25) 127頁は、振替受益権に商事留置権が成立することを前提として、弁済充当の可否等についても詳細に検討をしている。

担保的な期待が失われることは適当ではないことなどから、商事留置権の規定を類推適用するべきであるとする。このように商事留置権が成立すると解する場合には、商事留置手形に関する最判平10・7・14（民集52-5-1261）、最判平23・12・15（民集65-9-3511）の判断がこの場面でも適用されることにより、上記により相殺が許容されない場合にも、販売会社が投資信託の一部解約金から債権回収をすることが広く保護される可能性がある。

これに対して否定説は、ペーパレス化により受益証券がなくなっている以上、商事留置権の成立を認めることは難しいとする。

2 振替受益権に対する商事留置権の成立の有無

本稿では、ペーパレス化された受益権（振替受益権）に対する商事留置権の成立は認められないと解する。その根拠は、以下の通りである。

第1に、形式面として、商事留置権の対象としての「自己の占有に属した債務者の所有する物又は有価証券」の要件を欠いていることである。振替受益権について、「有価証券」が存しない（社債、株式等の振替に関する法律273条の3）。有価証券の定義を緩和して振替受益権等を含めるとの解釈は、従来の有価証券概念[54]からはかけ離れている。振替受益権については、執行手続も特有の手続が設けられており（民執規150条の3以下）、有価証券に対する動産執行の手続によることはできないと解され、法制度上振替受益権は「有価証券」であるものとして扱われていない。

第2に、実質面として、肯定説からは、従来は受益証券が発行されていたために、商事留置権が成立していたところが、ペーパレス化によりこれが成立しなくなることがアンバランスであると指摘されるが、この点についても、いく

---

53) 片岡宏一郎「銀行取引約定書の今日的課題（上）」金法1845号（2008）50頁、岡・前掲注14）162頁参照。天野・前掲注20）782頁、小林英治「口座管理機関の法律関係および債権回収手続」資本市場311号（2011）18頁参照。藤原彰吾「債権者代位権」金法1874号（2009）119頁は、ペーパレス化された受益権について商事留置権が成立するかについて疑義が生じていると指摘する。安東・前掲注2）39頁は、立法的解決の必要性を指摘する。

54) 財産的価値のある私権を表章するものであって、権利の移転および行使に証券の引渡しおよび提示が必要なものであるとされる（田邊光政『最新 手形法小切手法〔5訂版〕』（中央経済社・2007）22頁、福瀧博之『手形法概要〔第2版〕』（法律文化社・2007）6頁）。

つか疑問を提起しうる。まず、そもそも、従来の受益証券についても、上記の通り、多数の権利を表章する大券として一括して販売会社または受益者等で保管されていたようであり、これらについて個別の受益者に対して商事留置権が実務上行使されていたのかという点自体疑問が残る。さらには、仮に従来は商事留置権が成立しえたとしても、ペーパレス化の結果として（また特別の立法手当てもなされない以上）やむをえないとの評価も十分成り立ちうる。そもそも商事留置権は、商人間の継続的な信用に基づく取引関係を保護する留置権であるが[55]、金融機関が「準占有」するとされるペーパレス化された受益権を保護することは、商事留置権の趣旨からみても条文の文言を超えて類推適用をするほどに特に強い要請があるとはいえない。販売会社は、振替受益権に対する担保権を取得する必要があるならば、質権の設定の方法によることが可能である（社債、株式等の振替に関する法律120条・74条）[56]。振替受益権の口座管理態様は、振替機関たる証券保管振替機構、直接口座管理機関、間接口座管理機関という多層構造をとるところ、どの範囲で「準占有」が認められるかについても明確とはいえない。また、振替受益権のほかペーパレス化されたものとして、振替株式、振替社債等があり、ここでの問題は振替受益権の問題にとどまらない広範囲な問題であって、商事留置権の類推適用には慎重であることが求められる。

さらには、仮に、商事留置権の成立を認めると、販売会社および受益者が株式会社等の商人である場合には格段に厚く保護され、上記の相殺についての制約を無意味にするおそれがある反面、販売会社が信用金庫であること、受益者が事業者ではない個人であること等、当事者が商人ではない場合には販売会社は保護されないこととなり、処理内容としても合理性が高いとはいえない。

3 本問での検討

以上より、Bによる商事留置権の主張は認められない。

---

55) 江頭憲治郎『商取引法〔第7版〕』（弘文堂・2013）253頁、平出慶道『商行為法』（青林書院・1989）138頁、蓮井良憲『商法総則・商行為法〔第2版〕』（法律文化社・1998）192頁、近藤光男『商法総則・商行為法〔第6版〕』（有斐閣・2013）130頁。淺生重機・金判1452号（1996）20頁。

56) 今後は、約定担保を設定するべきか否かについても、議論がなされている。座談会・前掲注26) 6頁以下。また、担保取得の手続等について、天野佳洋「株券不発行制度下の株式担保」金法1715号（2004）32頁参照。

●── 一裁判官の視点

　本論稿は、差押えの処分禁止効は一部解約金返還請求権に及び、委託者が販売会社に対してその支払を行っても、民法481条により、差押債権者に対する関係で同請求権に係る債務の消滅を主張することができず、これは、販売会社が代理受領する旨の約定がされていた場合と類似するとし、そこから、委託者の販売会社への支払、支払を受けた販売会社の相殺というスキームに対して否定的な評価がされているとする（なお、代理受領は一般に権利担保のために用いられるが、投資信託において販売会社が一部解約金を受け入れるのは受益者に支払うためであり、定型的に販売会社の受益者に対する権利担保のためであるとはいえないように思われるので、ここでの類似性は販売会社が受領権限を付与されているということにあると思われる）。

　差押えの効力が一部解約金返還請求権に及ぶ場合、委託者において、その販売会社に対する支払が差押債権者に対抗できないのは、代理受領の場合と類似しているからではないのではないかと思われる（仮に、一部解約金返還請求権を有する受益者に対する直接支払ということが考えられるとした場合、その支払も差押債権者には対抗できない）。また、投資信託に係る一部解約金を返還する方法について、委託者、販売会社、受益者へと支払金が順次移動していくという事務フローが組まれている場合に、一部解約金返還請求権に差押えの効力が及んでいるため、委託者が販売会社に支払をしただけで免責されないことはその通りだと思われるが（販売会社以後に何らかの事情で上記事務フローが止まったような場合、そのリスクは、そのおそれを含む仕組みを作った委託者側（第三債務者）が負うべきで、いわれのない差押債権者が負うべきではない）、差押えの処分禁止効から販売会社の相殺を否定できるという結論を導くにはなおもう一理屈必要に思われる（本論稿は、販売会社に対し弁済金の交付を請求できるとしているので、上記事務フロー自体は否定できないとしているように思われる。本論稿は、委託者ないし受託者に対し直接請求もできるほか、販売会社にも請求できるとするが（上記事務フローは対抗問題的に考えるということであろう）、平時と比較して請求先が増えるということとなり、それでよいか疑問である）。この点、差押債権者が換価方法として解約実行請求の方法を選択した場合だけ相殺を許容する合理性は乏しいということが挙げられうるし、その種の違和感（形式の違いで効果が異なることについての違和感）はいろいろな論点で出てくるところであるが、その違和感そのものは直ちに結論を左右するものとできるかどうかという問題もあろうし（解約実行請求の方法を選択したことにより他の方法による場合と出現する関係者も異なるなどし、そういった差異によりリスクが異なるということからすれば、不合理

ということもできないという議論もありうる)、合理的な相殺期待がなく合理性に乏しいという価値判断を支える事情がなお必要なように思われる（例えば、他の方法を選択することが制限されているというような事情があれば、それは考慮されることになろうか。また、解約実行請求に併せて他の口座管理機関への振替ができるか、差押債権者の取立権能にそれが含まれるかどうかということも影響しよう)。

　本論稿は、一部解約金返還債務は、相殺の合理的期待を基礎付ける内容のものではなく、振替制度に移行した後は平成18年最高裁判決と状況が異なり、破産法67条2項後段の停止条件付債務ではないとする。

　この点、投資信託の解約に関する事項は、いわゆる社振法が直接定めているのではなく、投信約款や取引約款の定めによるのであり、これらの約款が振替制度導入後、停止条件付きとの部分を排斥する程度にどのように変更されたかが指摘されなければならないように思われる（受益者の解約実行請求、販売会社から委託者に対する当該請求があったことの通知、委託者の解約、委託者から販売会社への一部解約金相当額の交付、販売会社から受益者口座への入金という投資信託の解約事務の基本的な仕組みについて、大きな変更があったようには思われない)。また、確かに、振替制度移行後は、投資信託受益権そのものに対する差押えが認められたが、投資信託受益権そのものの内容の曖昧さもあって、一部解約金返還請求権の差押えが法的に認められないということなのかもはっきりせず、当該請求権の仮差押えが認められた例もあると聞くところであり、この点についても状況が異なるといえるかも検討を要しよう（本論稿は、平成18年判決について、差押債権者救済のため、民法130条のルールを用いるべく停止条件付債務としたと理解されるとするが、そのような読み方をしなければならないというところを説明する必要があろう。そうでなければ、販売会社が解約実行通知を怠ったという事情は、条件成就とみなされて委託者からの交付がないのに一部解約金を支払うことになるかどうかに関するものであって、当該事情により条件付債務であるかどうかの評価が動くわけではないと言われてしまうようにも思われる)。

　危機時期における解約と相殺に関し、合理的な相殺期待の有無という観点からみて「前に生じた原因」といえるかについては、振替制度移行前の大券を販売会社が保護預かりしていた当時、受益者が販売会社に対しその返還を請求することができることと、振替制度移行後、口座管理機関である販売会社（銀行）に対し他の口座管理機関へ振替を行うことができることとの比較、取立委任手形を処分できることと、振替制度移行後の銀行取引約定に基づいて受益権を解約して換価できるとされていることとの比較（口座管理機関として「販売会社たる銀行が備え置く振替口座簿」の顧客口に区分されている「投資信託受益権」が、銀行名義で記録されている有価証券の処分を認める銀行取引約定の文言にあてはまるのか、投資信託受益権の販売と銀行取引約定とがセットになっていることが約定の拘束力に影響することはないのかは検討されてもよいのではないか)、銀行取引約定に

は相殺できる旨の定めがないことをどう考えるかなどを踏まえ、合理的な相殺期待の有無を判断してされるものと思われる。また、相殺期待そのものは受益権を販売した時から始まって（将来の解約により販売会社の顧客口の振替口座に一部解約金が入金されることが期待されるという程度でも生じうる。あるいは、顧客に対して購入を求める時点でも生じうるとの意見もあろうか）、現実に入金されるまでの間、様々な程度で生じうるところであり、いつの時点の相殺期待をもって判断するのかという点が問題となりうるように思われる（金法1963号（2013）37頁参照。この点は本書の研究会でも問題提起されたが、あまり議論とならなかった）。

（山崎栄一郎）

6 破産手続における開始時現存額主義をめぐる諸問題

松下満俊

1　破産法104条は、数人の全部義務者がある場合において、その全員またはそのうちの数人もしくは1人について破産手続開始決定があったとき、破産債権者は破産手続開始時における債権の全額について破産手続に参加することができる（1項）とともに、破産手続開始決定後に他の全部義務者による弁済等があっても、その債権の全額が消滅した場合を除き、破産債権者は破産手続開始決定時の債権の全額についてその権利を行使することができる（2項）と定める。同条の定める原則は、開始時現存額主義と呼ばれる。

2　民法441条は、連帯債務者の全員または一部が破産手続開始決定を受けたときは、債権者は「その債権の全額」についてそれぞれの破産手続に参加することができる旨を定めているが、同条では債権者がいつの時点における「債権の全額」をもって破産手続に参加できるのかが必ずしも明らかでないため、破産法104条1項において、「破産手続開始の時」を基準時とすることが明確にされた[1][2]。

加えて、破産法104条2項では、破産手続開始決定後に他の全部義務者による一部弁済等があっても、債権者はなお破産手続開始決定時の全額を基準として破産手続に参加することができるとされている。この点において、同項は、破産手続に参加することができる額は債権者が有する債権額であるとの原則（破103条1項・2項2号）の例外をなすものであり、債権者が利益を享受することとなる。

このように、破産法104条2項の適用場面では、債権者の利益のため実体法上の債権額と破産債権額に乖離が生じることとなるが、このような食い違いを正当化する根拠として、従前の学説は、「一

---

[1] 大コンメ440頁〔堂薗幹一郎〕。
[2] 「他の破産債権者との利益との調和から、これを破産手続開始決定時における全額に制限したものである」とされる（条解破産720頁）。

般債権者の配当確保よりも、複数の全部義務者が存在する場合の人的担保機能を重視する」ことを挙げていた[3]。

しかし、人的担保を有する破産債権者が、なぜ一般債権者に比して優先されるべきなのか、必ずしも明らかではない。

また、破産手続開始後の一部弁済による減額をしても、減額分については当該弁済を行った全部義務者が求償権または代位取得した原債権の一部を破産債権として行使することができ、結局のところ一般債権者の配当に影響を及ぼすことはない。すなわち、破産手続開始後の一部弁済による減額を行うか否かは、人的担保を有する破産債権者と求償権者間の内部問題に過ぎない。

このような観点から、破産法104条は、一般債権者の利益が害されないことを前提として、破産手続開始決定時を基準時として、一部弁済をなした他の全部義務者の利益よりも人的担保をもつ原破産債権者の利益を優先させたものと理解すべきであるとの考え方も示されている[4]。

しかし、連帯保証人の破産事件において破産債権者が主債務者から一部弁済を受けたような場合、現行破産法の定めでは当該破産債権者の破産債権は減額されず、開始時現存額主義が適用されるが、この場合、一般債権者の利益が害されることになる。

このように、開始時現存額主義を単に人的担保を有する破産債権者と求償権者間の内部問題と捉えるだけでは説明できない場面もある。

3 開始時現存額主義については、上記の通りこれを採用すべき根拠も必ずしも定かではない。加えて、その具体的な適用方法についても、議論・判例の蓄積が十分とはいえない。

本稿では、開始時現存額主義に関する近時の重要判例である2件の平成22年3月16日最高裁判決[5]（以下、脚注に従い「A判決」「B判決」という）を分析するとともに、開始時現存額主義をめぐる諸問題について検討を加えることとする。

---

3) 中野貞一郎＝道下徹編『基本法コンメンタール破産法〔第2版〕』（日本評論社・1997）58頁〔上田徹一郎〕。

4) 伊藤眞「現存額主義再考」河野正憲＝中島弘雅編『倒産法体系―倒産法と市民保護の法理』（弘文堂・2001）53頁。

5) ①最判平22・3・16民集64-2-523・判タ1323-128（破棄差戻。以下「A判決」という）、②最判平22・3・16判タ1323-106（上告棄却。以下「B判決」という）。

Ⅰ 平成22年3月16日最高裁判決の概要[6]

1 事案の概要

　乙（主債務者）は、その所有する土地（本件土地）の持分2分の1および同土地上の乙所有の建物（本件建物）について、丁（物上保証人）は本件土地の持分2分の1について、甲（金融機関）に対し、債務者を乙とする極度額1億5000万円の根抵当権を設定し、乙は甲から5口計1億8000万円を借り入れた。丙（連帯保証人）は当該借入債務について連帯して保証した。

　その後、乙および丙は破産手続開始決定を受け、戊が両者の破産管財人に選任された。

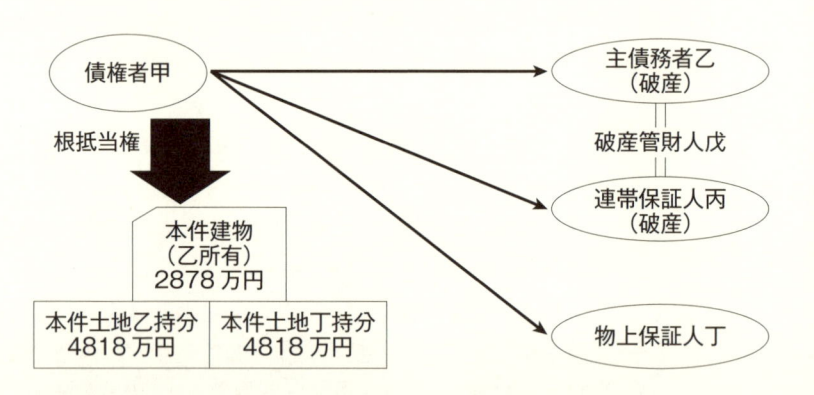

```
債権者甲 ──→ 主債務者乙（破産）
  │            │
根抵当権      破産管財人戊
  ↓            │
本件建物      連帯保証人丙（破産）
（乙所有）
2878万円  ──→ 物上保証人丁

本件土地乙持分　本件土地丁持分
4818万円　　　　4818万円
```

　甲は破産手続開始決定時に有していた5口の貸付金元本とその利息・損害金計1億2665万円を破産債権として届け出た（**別表A**および**別表B**の①参照）。

　その後、本件土地および本件建物は任意売却され、甲は乙に対する別除権の行使として計7696万円（本件土地の持分2分の1について4818万円、本件建物について2878万円）を受領し、**別表A**および**別表B**の②の通り充当した。

　また、甲は上記任意売却において、物上保証人丁の本件土地の持分2分の1に関し4818万円を受領した。

---

[6] 文中の金額については適宜1万円単位に調整したため、実際の事案の金額とは異なる。

別表A

主債務者乙に対する債権	①届出債権額（開始時債権額）	②別除権分充当額	③別除権分充当後残額	④物上保証人分法定充当額	⑤物上保証人分法定充当後残額	⑥破産管財人戊が主張する査定額	⑦破産裁判所、第1審および第2審の査定額
貸付1	3528万円	3528万円	0				
貸付2	1119万円	1119万円	0				
貸付3	2978万円	2329万円	649万円	649万円	0		649万円
貸付4	2608万円		2608万円	2608万円	0		2608万円
貸付5	2244万円		2244万円	1561万円	683万円	2244万円	2244万円
利息（1～5）	35万円	35万円	0				
損害金（1～5）	153万円および額未定	685万円	0				
合計額	1億2665万円	7696万円	5501万円	4818万円	683万円	2244万円	5501万円

別表B

連帯保証人丙に対する債権	①届出債権額（開始時債権額）	②別除権分充当額	③別除権分充当後残額	④物上保証人分法定充当額	⑤物上保証人分法定充当後残額	⑥破産管財人戊が主張する査定額（第2審の査定額）	⑦破産裁判所の査定額	⑧第1審の査定額
貸付1	3528万円	3528万円	0				3528万円	
貸付2	1119万円	1119万円	0				1119万円	
貸付3	2978万円	2329万円	649万円	649万円	0		2978万円	2978万円
貸付4	2608万円		2608万円	2608万円	0		2608万円	2608万円
貸付5	2244万円		2244万円	1561万円	683万円	2244万円	2244万円	2244万円
利息（1～5）	35万円	35万円	0				35万円	
損害金（1～5）	153万円および額未定	685万円	0				153万円	
合計額	1億2665万円	7696万円	5501万円	4818万円	683万円	2244万円	1億2665万円	7830万円

2 A判決の概要

　甲は、上記任意売却の後、乙の破産事件において、乙に対する別除権の行使として受領した7696万円を充当した残額5501万円（**別表A**③）を確定不足額として届け出たが、破産管財人戊がその全額に異議を述べた。

　戊は、甲が物上保証人丁から受領した4818万円については、**別表A**④の通り充当（法定充当）される結果、丁は貸付3および貸付4を全額弁済したことになるから（**別表A**⑤）、貸付3および貸付4については丁に権利が移転し、甲はもはや権利を行使することはできないと主張し、貸付5についてのみ開始

時現存額主義が適用され、甲が権利を行使することができる債権額は 2244 万円である旨主張した（**別表A⑥**）。

破産裁判所による査定決定、異議訴訟における第 1 審[7] および控訴審[8] は、いずれも戊の主張を認めず、甲が権利行使することができる債権額を 5501 万円とした（**別表A⑦**）ため、戊は上告受理を申し立てた。

A判決の原判決は、複数の債務の全部義務者は、他の債務者について破産手続が開始された後、そのうちの一部の債務を全額弁済しても、当該弁済した分について債権者に代位することはできず、債権者は当該弁済分を控除しない金額で破産債権を行使することができる（総債権説）としたが、最高裁判決（A判決）は、このような場合の開始時現存額主義について債権を 1 口ごとの単位で適用する旨（口単位説）を明らかにし、原判決を破棄し、差し戻した（A判決の判示した理由等については後述する）。

3　B判決の概要

甲は、丙の破産事件において、前記の通り開始決定時の残額計 1 億 2665 万円を破産債権として届け出ており（**別表B①**）、前記任意売却の後もこれを維持したところ、破産管財人戊がその全額に異議を述べた。

破産裁判所は甲の届出額通り査定する旨の決定をした（**別表B⑦**）ため、戊はこれを不服として異議訴訟を提起した。

戊は、本件任意売却の結果、貸付 1 〜 4、利息および損害金については全額弁済されたため（前述 **2** 参照）、その全額が消滅しなかった貸付 5 についてのみ開始時現存額主義が適用され、甲の破産債権額は 2244 万円である旨主張した（**別表B⑥**）。

第 1 審判決[9] は、甲が主債務者乙に対する別除権の行使に基づき受領した代金を充当したことによりその全額が弁済された貸付 1、貸付 2、利息および損害金については、丙に対する保証債権も附従性により消滅したとして甲による権利行使を認めなかったが、他方で物上保証人丁による弁済については、A判決の控訴審判決と同様に総債権説をとり、甲の破産債権額を貸付 3 〜 5 の元本

[7) 大阪地堺支判平 19・6・15 金法 1841-51。
8) 大阪高判平 20・4・17 金法 1841-45。
9) 大阪地堺支判平 19・6・15 金判 1298-42。

全額の合計額である 7830 万円と査定した（**別表 B** ⑧）。

B判決の原判決[10]は、口単位説をとり、物上保証人丁による弁済に基づく法定充当により貸付3および貸付4は全額弁済されたことから、甲はもはや貸付3および貸付4について権利を行使することは認められないとし、貸付5についてのみ開始時現存額主義を適用し、甲の破産債権額を 2244 万円と査定した（**別表 B** ⑥）。

なお、甲は、控訴審において、甲乙丙間における弁済充当特約（甲が適当と認める順序・方法により任意の時期に各債務に充当することができる旨の特約）の存在を理由として、物上保証人丁による弁済については充当を留保する旨主張したが、原判決は、控訴審になってかかる主張をすることは信義則上許されないとして甲の主張を認めず、物上保証人丁による弁済については法定充当する旨判示した。

甲はこれを不服として上告受理申立てをしたが、最高裁判決（B判決）は、弁済を受けてから1年以上経過した時期において初めて弁済充当特約に基づく充当指定権を行使することは、法的安定性を著しく害するものとして許されないとし、上告を棄却した。

II 総債権説・口単位説

債権者が複数の全部義務者に対して複数の債権を有し、全部義務者の破産手続開始決定後に、他の全部義務者が当該複数の債権のうちの一部の債権についてその全額を弁済した場合における開始時現存額主義の適用については、以下の2説がある[11]。

---

10) 大阪高判平 20・5・30 金判 1298-28。
11) なお、一部弁済における開始時現存額主義の適用については、民法 502 条 1 項に定められている一部弁済による代位における法律関係との整合性が問題となりうる。
　　すなわち、債権の一部について代位弁済がなされた場合、当該債権を被担保債権とする抵当権の実行による競落代金の配当については、債権者が代位弁済者に優先するものと解されている（債権者優先配分説。最判昭 60・5・23 民集 39-4-940）。このように一部弁済がなされた場合において、代位弁済者より債権者を優先させる点で開始時現存額主義と共通することから、両者を整合的に解すべきではないかとの考え方もありうる。
　　しかし、民法 502 条 1 項に定められている一部弁済による代位における法律関係は、

①総債権説

　債権者が有する複数の債権の全部（総債権）が消滅しない限り、債権者は破産手続開始時の総債権をもって権利行使することができる。

②口単位説

　債権者が有する複数の債権のうち一部の債権についてその全額が弁済された場合には、当該破産債権についてはその全部が消滅しているから、複数債権の全部が消滅していなくても、債権者は当該破産債権についてはその権利を行使することはできない。

　最高裁は、A判決において、以下の通り判示し、口単位説をとることを明らかにした。

> 「破産法104条1項及び2項は、複数の全部義務者を設けることが責任財産を集積して当該債権の目的である給付の実現をより確実にするという機能を有することにかんがみ、」開始時現存額主義を定めたものである。
>
> 「同条1項及び2項は、上記の趣旨に照らせば、あくまで弁済等に係る当該破産債権について、破産債権額と実体法上の債権額とのかい離を認めるものであって、同項にいう『その債権の全額』も、特に『破産債権者の有する総債権』などと規定されていない以上、弁済等に係る当該破産債権の全額を意味すると解するのが相当である」。

上記判示の「104条1項及び2項の趣旨に照らせば」なぜ口単位説につなが

担保権の実行による配当に際しての債権者・代位弁済者の優劣（配分の順序）を定めるものに過ぎず、配当の基準となる債権額が実体法上の債権額と乖離することはないほか、その優劣は担保権を有しない一般債権者の利害に関わるものではない。

　これに対し、破産手続における開始時現存額主義の適用場面では、配当の基準となる債権額が実体法上の債権額と乖離するほか、一般債権者の利益を害する場合もある。

　このような点からすると、両者は必ずしも統一的・整合的に解されるべきものではなく、開始時現存額主義の適用の問題については、破産法独自の観点から判断すべきである。

　A判決も、民法502条1項に定められている一部弁済による代位における法律関係やこれに関する判例に触れることなく開始時現存額主義の適用のあり方について判断している。

るのか、必ずしも明瞭ではないが、その前段において、破産手続開始決定後の一部弁済につき、「実体法上は、上記弁済等に係る破産債権は、上記弁済等がされた範囲で消滅する」との実体法上の原則が示されたうえで、破産法104条による開始時現存額主義の趣旨が述べられていることから、開始時現存額主義はあくまで実体法上の原則の例外であるから、総債権説のように拡張して解釈すべきではないとの論旨と考えられる[12]。

　B判決は、弁済充当特約に基づく弁済充当が許されないことのみを上告棄却事由としており、口単位説については触れられていないが、原審が口単位説をとっていることもあり、当然ながら口単位説を前提としているものと思われる。

　B判決の事案において総債権説をとった場合、主債務者乙に対する別除権の行使に基づく弁済金によって消滅した貸付1および貸付2についても、債権者甲は、保証人丙の破産事件においてなお権利を行使することができることになる。

　この点、口単位説をとった場合、貸付1および貸付2について権利を行使できるものはいなくなり、その分一般債権者に対する配当率が高まるのに対し、総債権説をとると、甲はなお貸付1および貸付2の全額について権利行使することができ、口単位説の場合に比べて一般債権者に不利益となるが、一般債権者に比して甲の地位をそこまで優先させるべき合理的な理由に乏しい。

　このように一般債権者に及ぼす影響も考えると、やはり口単位説をとるべきであろうと思われる。

　なお、一般債権者に影響を及ぼす場合は口単位説をとりつつ、総債権説・口単位説のいずれによっても一般債権者に影響を及ぼさない場合（弁済をした全部義務者が債権全額を代位行使するため、一般債権者の配当率に影響を及ぼさないような場合）は、債権者と求償権者間の内部問題に過ぎないから、債権者の利益を優先させて総債権説をとるという考え方もありうる[13]。

------

[12] 座談会「開始時現存額主義の適用範囲をめぐる最高裁判決の射程と実務対応」金法1902号（2010）22頁〔笠井正俊発言〕。

[13] B判決の第1審判決（前掲注9））は、開始時現存額主義の対象を「原則的には、個別の債権の一部のみが弁済された場合」としたうえで、根抵当権設定者である物上保証人について別除権が行使されたような場合は、「当該根抵当権の被担保債権である複数の債権全部が弁済されない限り、宣告時現存額主義が適用される」と判示し、口単位説を原則としながら、一定の場合には総債権説が適用されるとしている。

しかし、総債権説・口単位説は、結局のところ104条2項の「その債権の全額が消滅した場合」の「その債権」を「債権者の有する総債権」と解するか否かの違いであり、一般債権者への影響の有無に応じて文言解釈を変えるべきではない。

よって、前記の通り、一般債権者に影響を及ぼす場合も踏まえて口単位説をとる以上、104条2項の「その債権」を「債権者の有する総債権」と解することはできず、一般債権者に影響を及ぼさないような場合も口単位説をとるべきである。

Ⅲ 弁済充当特約

A判決により最高裁が口単位説をとる旨が明らかになった後、弁済充当により債権が消滅することを回避するため、債権者が破産手続開始前に当事者間で約定した弁済充当特約（債権者が適当と認める順序・方法により任意の時期に各債務に充当することができる旨の特約）に基づき個別の債権を消滅させないよう充当指定することが認められるかが論じられるようになった。

例えば、B判決の事案（連帯保証人丙の破産事件）において、債権者甲は主債務者乙に対する別除権行使に基づく弁済金を貸付1および貸付2の全額に充当したため、口単位説によりその分破産債権額が減額されたが、貸付1および貸付2が消滅しないように充当指定できたとすると、開始時現存額主義の適用により破産債権が減額されることはない（以下「設例1」という）。

・・・

B判決の第1審判決（前掲注9））は、さらに、**別表B**②の弁済（主債務者である破産者による弁済）の結果、貸付1、貸付2、貸付1～5の利息および損害金は全部消滅したことから、「届出に係る破産債権のうちこれらについての保証債権は、保証債務の附従性によって消滅し、これについて宣告時現存額主義が及ばないことは明らかである」旨判示している。

しかし、附従性により消滅した保証債権に開始時現存額主義が及ばないとすると、一部弁済の場合でも附従性により保証債権は一部消滅するのであるから、開始時現存額主義は及ばないことになってしまう。

思うに、開始時現存額主義は、そもそも実体法上の債権額と破産手続において行使できる債権額とが乖離することを許容するものであり、附従性がそのまま適用されないものであるから、附従性による消滅は開始時現存額主義の適用の問題とは関係ないと考えるべきであろう。

また、同様にB判決の事案において、債権者甲は物上保証人丁に対する根抵当権行使に対する弁済金を貸付3（の残額）および貸付4の全額に充当したため、口単位説によりその分破産債権額が減額されたが、貸付3および貸付4が消滅しないように充当指定できたとすると、開始時現存額主義の適用により破産債権が減額されることはない（以下「設例2」という）。

　B判決は甲による充当指定を認めなかったが、その理由は「弁済を受けてから1年以上経過した時期において初めて充当指定権を行使することは、法的安定性を著しく害するものとして許されない」というものであり、弁済充当特約やそれに基づく充当指定自体を否定したものではない。

　B判決の田原睦夫裁判官補足意見も、弁済充当特約の効力を一般に認めているが、破産手続開始後は、破産債権者は破産者との間でなした弁済充当特約の効力を破産手続において主張できないとする。

　その理由は、競売等の法定換価手続においては、弁済充当特約はその効力を有せず、法定充当（民489～491条）の規定に従って数個の債権に充当されるとするのが判例[14]であり、一般執行手続たる破産手続においても、同様に弁済充当特約は効力を有しないというものである。

　これによると、設例1のように甲が乙に対する別除権行使に基づく弁済金について充当指定権を行使することは認められないことになる。この場合、法的換価手続の場合と同様、法定充当が行われることになろう。

　他方、上記田原裁判官補足意見は、上記の通り弁済充当特約の効力を否定しながらも、「別除権の目的不動産の受戻しの際に、破産管財人が破産債権者一般の利益を図る観点から、別除権者との間で法定充当と異なる充当の合意を行うことを妨げるものではない」とし、破産管財人による担保目的物の受戻しに際しては当事者間での合意充当の余地を認めている。

　ここにいう「破産債権者一般の利益を図る観点」をめぐっては、以下のような問題も考えられる。

　例えば、設例1の場合、甲の乙に対する別除権行使に基づく弁済金をどのように充当しても、乙の破産手続における破産債権者一般の利益に影響はない（乙自身による弁済のため、どのように充当しても弁済額相当額が甲の債権額から減額

---

14) 最判昭62・12・18民集41-8-1592・判タ657-78。

される)。

　これに対し、当該弁済金をどの債権も消滅しないように分散して充当した場合、開始時現存額主義により、丙の破産手続において甲の破産債権額が減額されることはなく、丙の破産手続における破産債権者一般の利益が害される（乙の破産事件には影響がないが、丙の破産事件には影響があるということである）。

　このような状況下で、乙の破産手続における別除権の受戻しにあたり、甲が上記のような分散した充当を求めてきた場合、戊がこれに同意することは認められるのであろうか[15]。これを認めると、口単位説をとって（丙の破産事件における甲の破産債権額について）開始時現存額主義を制限した意味が失われることになりかねない。

　この点、乙の破産手続において破産管財人戊が甲と分散充当の合意をすることを認めたうえで、甲が丙の破産手続においてその結果を主張し、破産債権額全額を行使することは、開始時現存額主義を濫用するものとして、権利濫用や信義則に基づき認められないとする考え方も示されている[16]。

　一般論としてはこれに賛成であるが、現実に濫用的な意思を認定することは極めて困難ではないかと思われる[17]。

　また、上記田原裁判官補足意見は、破産債権者が破産者との間でなした弁済充当特約の効力を破産手続において主張することはできないとするが、「破産債権者が保証人や物上保証人[18]との間であらかじめ弁済充当特約をしているときに、（主債務者の）破産手続開始後に保証人から弁済を受け、あるいは物上保証人から担保権消滅の対価として受けた弁済につき、破産債権者が同特約に基づく充当指定の権限を行使することを妨げるものではない」とする。

　これによると、設例2において、甲が物上保証人丁との間であらかじめ約定していた弁済充当特約に基づいて（弁済金受領後遅滞なく）貸付3および貸付4が消滅しないように充当指定すること自体は妨げられないこととなる。

---

15) 担保目的物を受け戻して任意売却することにより、財団の増加など破産債権者一般の利益に資することを前提とする。
16) 座談会・前掲注12) 35頁〔石井教文発言〕。
17) 特定の債権を消滅させないように1円だけ残すような充当の指定は濫用的な意思を認定できると考えられるが、すべての債権に比例按分して充当したような場合、どの債権の消滅を免れようとしたのかも明らかではなく、濫用的な意思の認定は困難となろう。
18) いずれも破産していないことが前提と考えられる。

よって、このように充当指定することにより、丙の破産事件において甲の破産債権額は減額されることはないことになる。

このような結果は、口単位説をとった意味が失われることになりかねないが、前述の通り、権利濫用や信義則による制限が及びうるものと解する。

Ⅳ 口単位説における利息・損害金の考え方

1 口単位説と利息・損害金

A判決は開始時現存額主義の適用について口単位説をとることを明らかにしたが、債務の元本、利息および損害金の口数をいかに考えるのかの問題は残る。

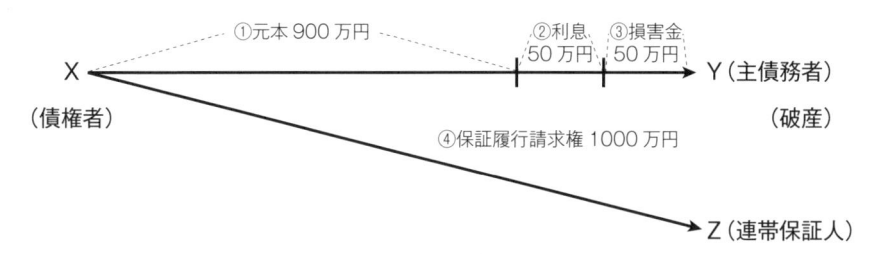

```
                    ①元本 900 万円          ②利息  ③損害金
                                          50 万円  50 万円
  X ●━━━━━━━━━━━━━━━━━━━━━━━━━━┨━━━━━┨━━━━━━▶ Y（主債務者）
（債権者）                                                （破産）
     ＼          ④保証履行請求権 1000 万円
      ＼
       ＼
        ▶ Z（連帯保証人）
```

XはYに対して貸金債権を有し、Zが連帯保証人である。Yは破産手続開始決定を受け、手続開始時のXの残債権額は、①元本900万円、②利息50万円、③損害金50万円の計1000万円であった、との上記設例をもとに検討する。

XのYに対する債権は、上記の通り①〜③の計1000万円であるが、ZがXに対し100万円を弁済し、これが②利息50万円および③損害金50万円に充当された場合、XのYに対する債権は①元本900万円だけが残ることとなる。

この場合に、Yの破産事件において、XのYに対する貸金債権を「元本・利息・損害金を包含した1口」と捉えると、利息・損害金が全額支払われたとしても、それは「貸金債権の一部」が支払われたに過ぎず、開始時現存額主義によりXの破産債権額は1000万円のままとなる。

しかし、この点については、すでに具体的に発生した利息・損害金は、支分権として元本から独立した存在になる以上、「元本・利息・損害金を包含した1口」と捉えるべきではなく、それぞれ独立した3口の債権と見るべきである。

そうすると、②利息50万円および③損害金50万円の2口の債権についてZによる全額弁済が行われた結果、口単位説を前提とすると、Yの破産事件にお

けるXの破産債権額は①元本900万円のみとなる。そして、②および③の2口の債権は、Zがこれを代位取得することになる。

ここでZが②および③の2口の債権についてYの破産手続に参加できるかをめぐっては、さらに代位権不行使特約の適用が問題となるが、この点については後述Vで検討することとする。

2 口単位説と保証履行請求権

上記の通り、主債務者Yとの関係では、元本・利息・損害金は個別の3口の債権として捉えることになるが、他方、XのZに対する④保証履行請求権は元本・利息・損害金を包含した1口（1000万円）である（民447条1項[19]）。

主債務者との関係では3口であるものが、連帯保証人との関係では1口となり、問題は複雑化する。

例えば、上記設例で、連帯保証人であるZも主債務者Yとともに破産手続開始決定を受けていたとする。XのYに対する別除権行使の結果、弁済金が②利息50万円および③損害金50万円に充当されたとする。この場合、口単位説を前提として、Zの破産事件におけるXの破産債権額は、全額弁済された②および③の分減額されるのか、あるいは1口の④保証履行請求権（1000万円）の一部（100万円）しか弁済されていないとみて、開始時現存額主義の適用により1000万円全額が破産債権となるのか[20]。

この点、保証人破産事案であるB判決の事案では、甲の主債務者乙に対する別除権行使に基づく弁済金充当の結果、貸付1〜5の利息・損害金が全額弁済されているが、B判決の原判決は、連帯保証人丙に対する甲の債権額から当該利息・損害金分を全額減額しており、保証人との関係でも利息・損害金を個別の債権口として捉えているように思われる[21][22]。

---

[19] 民法447条1項「保証債務は、主たる債務に関する利息、違約金、損害賠償その他その債務に従たるすべてのものを包含する」。
[20] 座談会・前掲注12）42頁〔印藤弘二発言〕では、後者のような考え方が示されている。
[21] ただ、利息・損害金の口数をどのように捉えるのかについてまで踏み込んだ判示ではない。
[22] B判決は充当指定の点をとらえて上告を棄却しており、利息・損害金の口数をどのように考えるのかは明らかにされていない。また、A判決は主債務者破産事案であり、主債務者が利息・損害金の全額を弁済していることから、利息・損害金の口数の問題が生じることはない。

すなわち、B判決の事案において、乙に対する別除権行使に基づく弁済および物上保証人丁に対する根抵当権行使に基づく弁済の結果、貸金5の元本の一部のみが実体法上残ることになったが（前記**別表B**⑤参照）、開始時現存額主義の適用の結果として認められた債権額は貸付5の元本全額（2244万円）のみであり、貸付5に対応する利息・損害金については全額減額されている。この結論をみると、原判決は、貸付5に関する甲の丙に対する保証履行請求権について、「元本・利息・損害金を包含した1口」とみるのではなく、元本、利息、損害金を個別の3口と捉えて口単位説を適用し、利息・損害金については全額の弁済があったため、債権額から減額したと考えられる。

思うに、保証債務があくまで「主たる債務に関する利息・損害金等を包含するもの」（民447条1項）である以上、主債務の利息・損害金が全額支払われた場合であっても、（利息・損害金等を包含する）保証履行請求権との関係では一部弁済に過ぎないと解すべきであろう。

このように解すると、開始時現存額主義に関し口単位説を適用するにあたって、主債務者の破産手続では元本、利息、損害金の3口の債権として取り扱う一方、保証人の破産手続では保証履行請求権として1口の債権として取り扱うことになるが、立場の異なる者の破産手続において、債権の口数を同数に取り扱わなければならない必然性はなく、また、実体法上もともと口数の取扱いが異なる以上、むしろ妥当であると考える。

なお、このように解するとしても、保証履行請求権について貸付口ごとの口単位説をとることを否定するものではない。

B判決の事案では5口の貸付債権があるが、貸付口ごとに「元本・利息・損害金」を包含した1口の保証履行請求権が成立する。よって、B判決の事案において、甲の丙に対する保証履行請求権の口数は5口となる。

これに対して、B判決の原判決の結論からすると、甲の丙に対する債権の口数は、貸付1～5、利息1～5、損害金1～5の計15口となる。

私見では、保証人との関係では「元本・利息・損害金」を包含して1口の保証履行請求権と捉えるべきであり、このような口数の考え方を本稿では「貸付口単位説」と呼ぶことにする。

V 代位権不行使特約と口単位説

1 代位権不行使特約について

　金融機関等が主債務者に貸付を行うにあたり、連帯保証人との間で以下のような特約を締結することが一般的に行われている（以下「代位権不行使特約」という）[23]。

> 　連帯保証人が保証債務を履行した場合、代位によって債権者から取得した権利は、債権者と主債務者との取引継続中は、債権者の同意がなければこれを行使しないものとする。債権者が請求したときは、連帯保証人はその権利または順位を債権者に無償で譲渡するものとする。

　代位権不行使特約は、前段（以下のア）および後段（同イ）からなる。
　すなわち、連帯保証人が保証債務を履行したことにより代位取得した権利について、連帯保証人は、
　　ア）債権者と主債務者の取引継続中は、債権者の同意がない限りこれを行使しない
　　イ）債権者が請求したときは、その権利または順位を債権者に無償で譲渡する
こととされている[24]。

　保証人が保証債務の一部を履行した場合、債権者に代位してその弁済した価額に応じて債権者とともに権利を行使することになるが（民500条・502条1項）、金融機関（債権者）と債務者との取引継続中に保証人が独自にその権利を行使することを許すと、金融機関と債務者との与信取引が維持できなくなるおそれがある。

[23) かかる特約は従前の銀行取引約定書ひな型に規定されていた。平成12年4月に同ひな型は廃止されたが、その後も多くの金融機関の取引約定書で同様の特約が規定されていると思われる。
24) 正確にはアが代位権不行使特約であり、それに続くイは権利無償譲渡特約と呼ぶべきものであるが、本稿では併せて代位権不行使特約と呼ぶこととする。

そこで、金融機関の同意がない限り、代位によって取得した権利を単独で行使してはならない旨が定められたものである（上記ア）。

また、債権者である金融機関が（代位弁済した保証人との関係で）優先弁済を確保するため、金融機関の請求があったときは、代位によって取得した権利または順位を金融機関に無償で譲渡しなければならない旨が定められたものである（上記イ）[25]。

なお、上記イで譲渡の対象とされている「その権利または順位」とは、従前の銀行取引約定書ひな型の解釈では、保証人が一部「代位によって債権者から取得した権利」のうち、担保権とその順位のことを指し、債権自体は除かれると解されてきた[26][27]。

また、民法502条1項につき、担保権の実行に伴う配当における債権者優先主義が判例法上確立された[28]ことから、代位権不行使特約のうち少なくとも上記イの規定はもはや不要であるとの考え方も示された[29]。

2 代位権不行使特約と口単位説

A判決およびB判決の事案では、債権者甲（金融機関）が、物上保証人丁との間の代位権不行使特約の存在を理由に、物上保証人丁は代位権を行使できない旨主張していた[30]。

この点、A判決の原判決および第1審判決は、丁による弁済について総債権説をとって甲の主張を認めたため、代位権不行使特約については判断されてい

---

[25] 石井眞司『新銀行取引約定書の解説』（経済法令研究会・1977）189頁。
[26] 同前193頁。
[27] 鈴木禄弥編『新版注釈民法⒄債権⑻』（有斐閣・1993）489頁〔鈴木＝山本豊〕では、その理由として「保証債務の履行によりいったん保証人に帰した債権を銀行が無償で再取得しうるとするなら、銀行は実質的には同一の貸付につき保証人と主債務者の双方から二重の支払をうけることになるからである」とされている。
[28] 最判昭60・5・23民集39-4-940。
[29] 「銀行取引約定書に関する留意事項」（全銀協平12・4・18全業会第18号）銀法583号（2000）66頁。
[30] A判決およびB判決の原判決および第1審判決からは、甲による代位権不行使特約の主張が、「物上保証人丁が代位権を行使することができない」との点にとどまるのか、「丁が取得した権利を甲が譲り受けて主張できる」ことにまで及んでいるのか定かではない。

ない[31]。

　また、B判決の原判決は、甲による代位権不行使特約の主張について、「これら特約は、一個の債権の一部についてのみ弁済された場合を想定していると解されるから、上記特約を主張することはその前提を欠くものとして理由がない」とし、代位権不行使特約についても口単位説が適用される旨判示して、甲の主張を認めなかった[32]。

　A判決およびB判決自体は、代位権不行使特約に関する考え方を示したものではないことから、開始時現存額主義における口単位説の適用により甲が行使できなくなった権利を、同特約に基づいて行使する途がないか、議論がなされている[33]。

　かかる議論は、前記イで債権者の請求によって代位弁済者が債権者に無償譲渡する「その権利」は担保権のみならず債権自体も含むことを前提としているようであり[34]、従前の銀行取引約定書ひな型の解釈（前述 1）とは異なるものである。

　前記イの特約の「その権利」に債権自体を含めて解釈することの妥当性についてはなお議論の余地があるが、特約の文言自体（「その権利」）は担保権に限定されていないことから、「債権自体を含む」との解釈が成り立つ前提[35]で、以下、代位権不行使特約と口単位説との関係を検討する。

　ここで、前述Ⅳ 1 の設例を図示すると次の通りである。

　Zが100万円をXに弁済し、それが②利息50万円および③損害金50万円に充当されたことにより、②および③の2口の債権は全額弁済されたことにな

---

31) A判決の差戻審は和解が成立したようであり、代位権不行使特約について判断が示されることはなかった。
32) 当該争点は独立の上告受理申立理由とはされなかったようであり、B判決では代位権不行使特約は触れられていない。
33) 座談会・前掲注12) 37頁以下。
34) 前記アは代位弁済者の権利行使を制限するのみであり、その反射的効果として債権者が当該権利を当然に行使できることにはならない。よって、債権者が権利を行使するには前記イの特約に基づき債権を譲り受ける必要があると考えられる。
35) このような解釈が成り立つとしても、対象となる債権は「代位取得した権利」すなわち代位弁済者に移転した原債権であり、代位弁済者が有する求償権が当然に含まれるものではない。代位弁済者に移転した原債権が、求償権と離れて、債権者に無償譲渡されるのか、なお議論の余地はある。

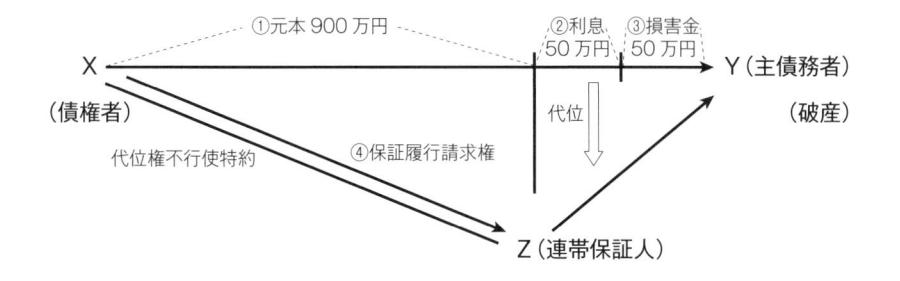

```
           ①元本 900 万円              ②利息  ③損害金
                                      50万円  50万円
X ─────────────────────────────────────┼──────┼────→ Y（主債務者）
（債権者）                                              （破産）
  \           代位権不行使特約           代位 ⇓
   \         ④保証履行請求権
    \                                 ↗
     ↘                              ↗
        Z（連帯保証人）
```

り、口単位説を前提とすると②および③の債権に開始時現存額主義は適用されず、Xの債権は同額減額される一方で、Zが②および③の債権を代位取得する（なお、Zは破産していないことを前提とする[36]）。

他方、XとZの間には代位権不行使特約が締結されており、この特約（前記イ）が有効であれば、XがZに請求することにより、Zが代位取得した②および③の債権はXに無償譲渡されて戻ることとなり、結局Yの破産事件におけるXの破産債権額は1000万円のままとなる。

この点、B判決の原判決は、前記の通り、「代位権不行使特約は一個の債権の一部についてのみ弁済された場合を想定している」として、債権の全部の弁済があった場合には同特約の適用はない旨判示している。

すなわち、代位権不行使特約についても「口単位説」が適用される旨の判示と解されるが、元本・利息・損害金をそれぞれ別口の債権と捉えて上記事案にこれを適用すると、Zが全額弁済した②および③の債権には代位権不行使特約は及ばず、Xが権利を行使することはできないことになる[37]。

しかし、代位権不行使特約における口単位説をこのように捉えると、平時において、Zが損害金のみXに全額弁済しただけで、Zは代位取得した損害金をもとにYに対する担保権を実行できることになるが、このような事態を許容する前提で金融機関が代位権不行使特約を締結したとは考えられない。

思うに、代位権不行使特約はあくまで債権者と保証人との間の特約であり、

---

[36] Zも破産手続開始決定を受けた場合、XはそもそもZの破産管財人に対し代位権不行使特約を対抗できないと解する。

[37] A判決およびB判決の事案は、利息・損害金は全額主債務者に対する別除権行使に基づく弁済金から充当されており、利息・損害金を別口と捉えるか否かは結論に影響を及ぼさない。

全部弁済か一部弁済かについても「保証履行請求権」を基準にすべきである。

前記の通り、保証履行請求権は「元本・利息・損害金を包含した1口の債権」であるから、利息・損害金の全額が支払われたとしてもそれは保証履行請求権に対する一部弁済でしかなく、代位権不行使特約は適用されると解される。

すなわち、代位権不行使特約に口単位説が適用されるとしても、それは前述Ⅳ2のような「貸付口単位説」と解するべきである[38]。

よって、上記設例では、XがZに請求することにより、Zが代位取得した②および③の債権はXに無償譲渡されて戻ることとなり、Yの破産事件におけるXの破産債権額は1000万円のままとなる。

このように解することは、開始時現存額主義について口単位説をとったことを結果的に無にしかねないものであるが、代位の対象となる債権が保証人に帰属するか債権者に帰属するかは、一般債権者の利益に関わるものではなく、保証人と債権者との間の特約により債権者が優先する途を残したからといって、開始時現存額主義を制限的に解する口単位説の趣旨を損なうものではない。

むしろ、開始時現存額主義においても、代位権不行使特約においても、保証人との関係（保証履行請求権との関係）においては、貸付口単位説をとることが統一的な解釈ではないかと考える。

Ⅵ 過剰配当の処理

最後に、開始時現存額主義に関し従前から論じられている論点である、過剰配当（配当額が残債権額を超える場合）の処理について検討する。

債権者Xが主債務者Yに対し貸金債権を有していたところ、Yが破産手続開始決定を受けた。開始決定時におけるXの残債権額は1000万円であった。Yの破産後、連帯保証人ZはXに800万円を弁済したが、一部弁済にとどまるため、開始時現存額主義によりXの破産債権額は1000万円のままであった。Yの破産手続における配当率は30％となり、Xの破産債権額1000万円に対する配当額は300万円となった。

---

38) 複数の貸付金がある場合、貸付口ごとに保証履行請求権の全額弁済か否かを判断することになる。

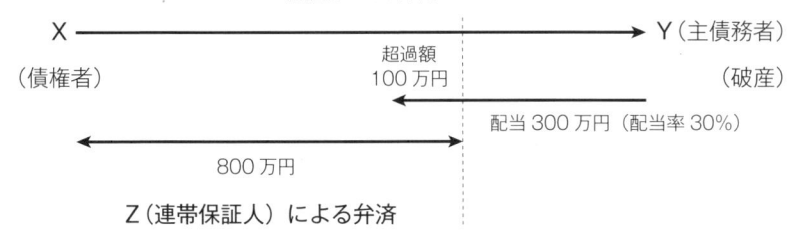

```
        債権額1000万円
X ─────────────────────→ Y（主債務者）
（債権者）      超過額              （破産）
              100万円
              ←─────── 配当300万円（配当率30％）
  ←──────────
       800万円
   Z（連帯保証人）による弁済
```

　上記設例において、XはZから800万円の弁済を受けているので、実体上のXのYに対する債権額は200万円となる。他方でYの破産手続におけるXに対する配当額は300万円となり、実体上の残債権額を超えるが、その超過部分100万円をどのように処理すべきか、という問題である。

　この問題に対する考え方は大別して3つあるようである[39]。

　①説：Xは300万円の配当を受領することができ、後はXとZとの間の不当利得の問題に過ぎないとする考え方[40]

　②説：800万円の弁済によって実体的にはZがXに代位できる地位を取得していることを重視し、300万円の配当のうちXの債権額を超える100万円部分はZに配当する考え方[41]

　③説：100万円部分は、他の破産債権者や破産財団との関係で不当利得となるから、破産管財人はこれをXに配当せず、または配当した後でも破産財団に返還させ、他の破産債権者に対する配当財源とすべきとの考え方[42]

　実体法上は、Zによる800万円の弁済により、原債権の一部がXからZに移転している。ただ、破産法上の開始時現存額主義（破104条2項および3項）の結果、Zの権利行使が許されず、Xのみが全額の債権を行使することができる

──────────

　なお、今後、金融機関が、口単位説（貸付口単位説を含む）の適用を避けるため、「金融機関が主債務者に対し有する全ての債権が弁済されない限り代位権の行使は認めず、無償譲渡等を請求できる」旨を明示した代位権不行使特約を締結するに至ったような場合、どのように解すべきか、問題は残る。

39) 条解破産725頁以下。
40) 基本構造368頁〔田原睦夫発言〕。
41) 同前369頁以下〔沖野眞已発言・山本和彦発言〕。
42) 同前369頁以下〔松下淳一発言・伊藤眞発言〕、中野＝道下編・前掲注3）58頁〔上田〕。

Ⅵ　過剰配当の処理

ことになる。

　実体上の権利関係を重視し、Zの権利を最大限に保護する観点からは②説をとるべきことになろう。

　②説の論者は、300万円の配当のうち200万円がXに支払われた時点で全額弁済となり、Zは自己の弁済分について代位権の行使が可能となるから（破104条4項）、残額100万円はZに配当されるべきであるとする。

　この点、確かに実体上の権利を忠実に実現する観点からは②説が妥当と考えられるが、配当表を作成する段階では未だXに対する全額弁済は実現しておらず、Zが破産債権を行使することはできないのであるから、Yの破産手続において直接Zに配当することは無理がある。よって、私見では②説をとることはできない。

　①説は、Xに300万円を配当したうえで、後はXとZとの間の不当利得の問題であるとし、Xから（Yの破産手続を介さず）Zに100万円を受け渡すことによりZの権利を守ろうとするものである。

　確かに簡明な方法であり、実体上の権利の実現にも馴染むものであるが、以下のような問題もある。

　1）XのYに対する債権は、配当の対象となる1000万円のみならず、劣後的破産債権である破産手続開始後の損害金も残っているのが通常である。Zの保証債務は当該損害金にも及んでいる。

　　よって、Xは、受領した配当のうち超過部分100万円をZに支払うにあたり、Zに対する上記損害金の保証履行請求権と相殺することができる。

　　すなわち、Xは、結果的にYの破産手続における配当により、劣後的破産債権の回収まで可能となるが、これは不当ではないか。

　2）Yの破産管財人は必ずしもZによる代位弁済の事実、代位弁済額を知りうるものではないが、仮にXからの自主申告により実体上の残債権額が200万円であることを知った場合、それにもかかわらずXに300万円を配当し、XにZとの間の処理を委ねるのはXに無用の負担を課すものではないか。

　　特に、一部弁済をした連帯保証人がZのほかにも複数いるような場合や、Zが求償権について第三者から保証履行を受けたような場合[43]、

Xにとって誰にいくらを「不当利得」として配分すべきかを判断するのは困難な場合もある。

このような問題点も考えると、私見では①説もとることはできない。

思うに、例えば複数の全部義務者が破産し、債権者に対し各破産手続において順次配当がなされ、最終的な総配当額が債権額を超えたような場合、その超過額は配当が最後になされた破産手続の関係では不当利得となり、当該破産手続の破産管財人は、当該破産財団の帰属財産として債権者にその返還を求めることになると考えられる[44]。

本件の場合も、Xに300万円の配当を行ったうえで超過部分（100万円）につき不当利得として破産財団に返還させるべきと考える。

ただ、破産法194条2項により、同一順位の破産債権については債権額の割合に応じた配当を行うものとされているため、破産管財人としては、Xに300万円を配当するとの配当表を作成せざるをえず、はじめからXに超過部分（100万円）を配当しないということはできないと解する[45]。

また、Xから返還された100万円については、追加配当の原資になると考える。

このように考えると、超過部分に対するZの権利は保護されないことになるが、そもそもZは配当が行われる前にXの残債権200万円を弁済することにより権利を行使できたにもかかわらずこれを行わなかった（むしろ全部義務者として弁済すべき立場にあった）のであるから、かかる不利益を受けてもやむをえないものと思料する。

---

43) ZのYに対する求償権について、Zが第三者と保証契約を締結しており、当該保証人から履行を受けたような場合。
44) 条解破産720頁、斎藤秀夫＝麻上正信＝林屋礼二編『注解破産法〔第3版〕（上）』（青林書院・2008）150頁〔加藤哲夫〕。
45) 実際上はあらかじめXに超過部分の配当受領権を放棄することを促すことになろう（条解破産726頁）。

●── 一裁判官の視点

　いわゆる口単位説をとるA判決が出され、B判決において、弁済充当合意そのものの効力が否定されたわけではないことから、今後は、弁済充当合意がどのように利用されるかについて、B判決の田原睦夫裁判官補足意見を参考に議論が深められることになると思われる。

　破産管財人は、別除権の目的物の受戻しの際に法定充当と異なる合意を行うことができるかという点については、受戻しに関する合意を締結する権限に含まれるものとして許容されるものと考えられる。したがって、破産財団への組入額を多くすることとのバーターで複数の債権に分散して充当することを合意することができないわけではないであろう。もっとも、そのような合意の結果、債権者が他の破産事件において充当後の分散した債権を前提に参加すること（これにより、合意がされずに法定充当された場合と比較して、その事件の一般債権者の配当額が減ることがある）まで許容してよいかは慎重に考える必要があろう。そのような他の倒産事件の一般債権者が、債権者と破産管財人という2当事者間の合意による実体関係の形成についてなんら関与できないまま、法的な論理関係から当然に不利益な扱いを受けることになるいわれはないようにも思われるからである。このように考えると充当関係の安定性を欠く結果をもたらしかねないが、そのリスクは、合意の効力が他の破産事件で否定されうることを前提にそのような合意をした別除権者が負うということになろうか。職権主義で進められる破産手続について、民事訴訟と異なり相対的解決が適当であるとは思われないし、そうした破産手続で重要な役割を担う破産管財人の地位を考えた場合、破産管財人は、選任された事件の破産債権者の利益だけを善管注意義務の内容として考えれば足り、他の影響は明文の根拠がない限りは配慮する必要がないと断言してよいか疑問もある。なお、上記のようなリスクから別除権者との間で合意ができずに組入額の増加が望めなくなったとしても、本来のあるべき法定充当の関係に戻るだけのことのように思われ、破産管財人に責任が生じるということもないように思われる。

　過剰配当の処理について、破産管財人が超過部分の配当を当該債権者に行うべきという結論をとることは消極に解したい。設例の事案で、破産管財人において、当該債権者が800万円の弁済を受けたことを認識すれば、債権額が1000万円である以上、200万円を超えて配当することは実体的に保持されることが許容されない額の配当をすることになり相当とは思われないからである。配当額で具体化した配当請求権のまま超過部分を含め配当しても義務違反が問われるべきではないと思われるが、債権額に満つるまでの額200万円を先行

的に配当し、その配当により債権は目的を達し、超過部分の配当請求権は消滅したと解して、超過部分の配当は行わないというようなことも許容されると解される（破産管財人に配当を一括で行わなければならない義務があるか疑問であるし、仮にあるとしても、債権額満額を得た以上、当該債権者には損害が発生したとはいえない）。

　なお、YとZがいずれも破産し、Xがそれぞれの破産手続で1000万円の債権届出をし、配当額がそれぞれ300万円と800万円となった場合で、いずれの破産管財人もそのことを認識したが、Xとの間で配当額について話合いがまとまらなかったとき（受領額合計1000万円となるようにそれぞれ相当額の配当受領権が放棄されなかったとき）、それぞれの破産管財人は、他方の破産事件の配当額を前提に行動することになると思われる。②説によった場合、Yの管財人はZ（Zの管財人）に、Zの管財人はY（Yの管財人）に、それぞれ100万円ずつ配当することになると思われるが、これは、③説によってそれぞれ配当を留保した100万円を各破産管財人が自ら遂行している破産事件の破産債権者の配当財源とするのと異ならないことになる。これはどのように考えたらよいだろうか。議論のポイントを開始時現存額、手続開始後の一部充当、（開始時現存額を前提とした）配当額に絞ったことにより1つの結果として得られることになるこのような結論は、弁済による代位というポイントが捨象されているから（配当と弁済との差異の有無も問題となるように思われる）、①説ないし③説の当否を考えるにあたってはまったく参考にならないということだろうか。

（山崎栄一郎）

7 弁済による代位と債権の優先性に関する考察

三森 仁

　労働債権や租税債権等の倒産手続において優先性が認められる債権（原債権）について立替払いがなされた場合に、立替払いをした者は原債権の優先性を承継できるか。

　この問題は、例えば、金融機関が保証受託に基づく業務として再生債務者が支払義務を負う租税（関税）を立替払いするケースや、独立行政法人労働者健康福祉機構が賃金の支払の確保等に関する法律に基づく未払賃金立替払制度事業として倒産した事業者に代わり労働債権を立替払いするケース等で問題となる。

　本稿では、この問題について判断を示した2つの最高裁判決の検討を中心に筆者なりの考察を行いたいと考えているが、その際、①求償権と原債権との関係、②事前の保証の有無等求償権の発生時期と求償権の倒産債権性、③優先性が与えられた原債権の優先性の趣旨、④代位弁済と債権譲渡との対比といった点に着目してみたい。

I 下級審裁判例の傾向

1　租税債権の立替払いについて

　租税債権について、下記の下級審裁判例は、立替払いをした者が有する立替金返還請求権あるいは保証契約に基づき代位弁済をした者が有する求償権または代位債権について、いずれも優先性は承継されないとの判断を示している。

　①東京高判平19・3・15（瀬戸英雄＝山本和彦編『倒産判例インデックス〔第2版〕』（商事法務・2010））、東京地判平18・9・12（金法1810-125）（業務に基づき立替払いをした後に、再生手続が開始した事例）

　②東京高判平17・8・25（TKC法律情報データベースに登載）、東京地判平17・4・15（金法1754-85）（保証契約を締結した後に再生手続が開始され、その後代位弁済をした事例）

③東京高判平17・6・30（金法1752-54）、東京地判平17・3・9（金法1747-84）（保証契約に基づき代位弁済をした後に破産手続が開始した事例）

2　労働債権の立替払いについて

労働債権については、下記の通り下級審裁判例は結論が分かれている。

①横浜地川崎支判平22・4・23（金判1342-14）：独立行政法人労働者健康福祉機構が破産手続開始後に破産会社の従業員に対し未払給料を立替払いした事例について、代位取得した原債権の財団債権性を肯定するとともに、求償権についても、破産法148条1項5号所定の破産手続開始後の事務管理または不当利得に基づく請求権として財団債権にあたるとした。

②大阪高判平21・10・16（金法1897-75）、大阪地判平21・3・12（金法1897-83）：第三者が立替払契約に基づき給料債権を立替払いした後で、立替払いを受けた会社について破産手続が開始した事例について、大阪地判は、原則として財団債権にはあたらないが、第三者が立替払いをした経緯を踏まえ特段の事情があるとして、代位弁済により取得した給料債権は財団債権として保護されると判示した。これに対し、大阪高判は、破産法149条1項が未払給料請求権を財団債権とした政策的見地を踏まえ財団債権には該当しないとした。

3　双方未履行双務契約の解除に基づく原状回復請求権の立替払いについて

①大阪高判平22・5・21（金法1899-92）、大阪地判平21・9・4（金法1881-57）：請負契約に基づき受領する報酬の前渡金返還債務を保証した金融機関が、再生手続開始後に民事再生法49条1項に基づき請負契約が解除されたため、保証契約に基づき前渡金返還債務を代位弁済した事例について、大阪地判は、保証人が代位弁済によって取得した共益債権たる原債権を再生手続外で行使することはできない（再生債権と同様の制約に服する）として訴えを却下した。これに対し、大阪高判は、原債権を再生手続外で行使することが許されないとするのは相当ではないとして、原判決を取り消し、原審に差し戻した。

②大阪高判平23・10・18（金判1379-22）、大阪地判平23・3・25（金判1366-54）：船舶売買契約に基づき受領する前受金の返還債務を保証した

金融機関が、再生手続開始後に民事再生法49条1項に基づき売買契約が解除されたため、保証契約に基づき前受金返還債務を代位弁済した事例について、大阪地判は、原債権である前受金返還債権が共益債権であるとしても（民再49条5項、破54条2項）、代位債権者である金融機関は、再生債権として債権の内容および効力が制限された求償権の限度において行使しうるにとどまるとし、前受金返還債権を再生手続外で行使することはできないと判示した。また、大阪高判も、民法501条に言及して、前受金返還債権の行使にあたり再生手続（再生計画）により免責または権利変更の効果が生じた後の求償権の範囲内との制限が及ぶと判示するとともに、原債権である前受金返還債権が再生手続において再生債権として届け出られ、再生債権として確定しているうえ、再生計画が認可決定の確定によりすべての再生債権者に対し効力を生じている点をとらえ、もはや前受金返還債権が共益債権であることを主張することは許されないと判示した。

II 最高裁判決

1　最判平23・11・22（判タ1361-131）

　最判平23・11・22は、以下のように判示して、原判決（前掲大阪高判平21・10・16）を破棄した。

> 　弁済による代位の制度は、代位弁済者が債務者に対して取得する求償権を確保するために、法の規定により弁済によって消滅すべきはずの原債権及びその担保権を代位弁済者に移転させ、代位弁済者がその求償権の範囲内で原債権及びその担保権を行使することを認める制度であり（最高裁昭和55年(オ)第351号同59年5月29日第三小法廷判決・民集38巻7号885頁、同昭和58年(オ)第881号同61年2月20日第一小法廷判決・民集40巻1号43頁参照）、原債権を求償権を確保するための一種の担保として機能させることをその趣旨とするものである。この制度趣旨に鑑みれば、求償権を実体法上行使し得る限り、これを確保するために原債権を行使することができ、求償権の行使が倒産手続による制約を受けるとし

ても，当該手続における原債権の行使自体が制約されていない以上，原債権の行使が求償権と同様の制約を受けるものではないと解するのが相当である。そうであれば，弁済による代位により財団債権を取得した者は，同人が破産者に対して取得した求償権が破産債権にすぎない場合であっても，破産手続によらないで上記財団債権を行使することができるというべきである。このように解したとしても，他の破産債権者は，もともと原債権者による上記財団債権の行使を甘受せざるを得ない立場にあったのであるから，不当に不利益を被るということはできない。以上のことは，上記財団債権が労働債権であるとしても何ら異なるものではない。

2　最判平23・11・24（判タ1361-136）

　最判平23・11・24は，以下のように判示して、原判決（前掲大阪高判平22・5・21）の判断を是認し上告を棄却した。

　　弁済による代位の制度は，代位弁済者が債務者に対して取得する求償権を確保するために，法の規定により弁済によって消滅すべきはずの債権者の債務者に対する債権（以下「原債権」という。）及びその担保権を代位弁済者に移転させ，代位弁済者がその求償権の範囲内で原債権及びその担保権を行使することを認める制度であり（最高裁昭和55年(オ)第351号同59年5月29日第三小法廷判決・民集38巻7号885頁，同昭和58年(オ)第881号同61年2月20日第一小法廷判決・民集40巻1号43頁参照），原債権を求償権を確保するための一種の担保として機能させることをその趣旨とするものである。この制度趣旨に鑑みれば，弁済による代位により民事再生法上の共益債権を取得した者は，同人が再生債務者に対して取得した求償権が再生債権にすぎない場合であっても，再生手続によらないで上記共益債権を行使することができるというべきであり，再生計画によって上記求償権の額や弁済期が変更されることがあるとしても，上記共益債権を行使する限度では再生計画による上記求償権の権利の変更の効力は及ばないと解される（民事再生法177条2項参照）。以上のように解したとしても，他の再生債権者は，もともと原債権者による上記

共益債権の行使を甘受せざるを得ない立場にあったのであるから，不当に不利益を被るということはできない。

Ⅲ 検　討

1　弁済による代位の意義と立法趣旨

代位弁済とは、第三者または弁済をするについて正当な利益を有する者が債務者に代わって弁済をした場合に、債務者に対して求償できる範囲で「債権の効力及び担保としてその債権者が有していた一切の権利を行使することができる」（民501条）制度をいう。

代位弁済制度の立法趣旨は、債権者・債務者・代位弁済者の三者いずれにとっても利益になる点にあるとされる。すなわち、「代位弁済者は、債務者に対して求償権を有するが弁済により債権者の有する担保権等が代位弁済者に移転して求償権は確保される。債権者は、すでに弁済を受けたのだから担保権等については何らの関心はないはずであり、代位弁済者への担保権等の移転を認めても害されることはない。また、この制度があれば弁済が促進され、債権の満足をうる機会が大となる。債務者にとってみても、この制度により自分に代わって弁済してくれる者が増大し、新たな信用を得る機会が大となるという利点がある」わけであるが、とりわけ、代位弁済者に求償権を確保するという点がこの制度の核心であるとされる[1]。

上記2つの最高裁判決も、代位弁済制度の立法趣旨について同様の理解に立っているものと思われるが、さらに踏み込んで、「原債権を求償権を確保するための一種の担保として機能させる」趣旨にあるとした点に留意する必要がある。

2　弁済による代位の効果（法的構成）

(1)　債権移転説　弁済により債権者に代位した者は、求償権の範囲内において、債権の効力および担保としてその債権者が有していた一切の権利を行使することが可能となる（民501条柱書）。

---

1) 以上について、平井宜雄『債権総論〔第2版〕』（弘文堂・1994）200頁。

かかる弁済による代位の効果について、最判昭59・5・29（民集38-7-885）は、「代位弁済者が債務者に対して取得する求償権を確保するために、法の規定により弁済によつて消滅すべきはずの債権者の債務者に対する債権（以下「原債権」という。）及びその担保権を代位弁済者に移転させ、代位弁済者がその求償権の範囲内で原債権及びその担保権を行使すること」を認めたものと判示し、原債権が代位弁済者に移転するとの法的構成を採用した。学説上もかかる債権移転説が通説である[2]。

(2) 原債権と求償権の関係　上記のように、弁済による代位に基づき原債権およびその担保権が代位弁済者に法律上当然に移転するものと考えた場合、弁済によって求償権を取得した代位弁済者は、原債権（およびその担保権）と求償権の双方を保有することとなる。

そこで、原債権（およびその担保権）と求償権の関係が問題となるが、そこには、①原債権と求償権が別個の債権であるという側面と、②原債権および担保権は求償権を確保することを目的として存在するという側面とが認められる[3]。以下、判例および通説的見解に従い両者の関係を整理する。

(a) 原債権と求償権が別個の債権であるという側面

①原債権と求償権とは、元本額、弁済期、利息・遅延損害金の有無・割合等が異なることがあり、総債権額が別々に変動する（最判昭61・2・20民集40-1-43）。

②担保権の被担保債権は、求償権ではなく、原債権である（最判昭59・5・29民集38-7-885）。

③原債権と求償権とは、債権としての性格に差異があることから別個に消滅時効にかかる（傍論であるが、最判昭61・2・20民集40-1-43）。

④原債権の消滅時効が中断され、民法174条の2により時効期間が10年に延長されたとしても、求償権の消滅時効は延長されない（最判平7・3・23民集49-3-984）。

⑤代位弁済をした保証人に対して債務者が債務の一部を弁済した場合に

---

2) 我妻榮『新訂債権総論』（岩波書店・1964）247頁、平井・前掲注1) 206頁、中田裕康『債権総論〔新版〕』（岩波書店・2011）346頁、潮見佳男『債権総論〔第3版〕』（信山社・2007）279頁等。

3) 中田・前掲注2) 346頁。

は、求償権と原債権のそれぞれについて弁済があったものとする（最判昭60・1・22判時1148-111）。

⑥求償権者が原債権を行使する場合、原債権の債務者は原債権に関する抗弁をもって対抗することができる。

(b) 原債権が求償権の確保を目的として存在することから導かれるもの

①求償権が発生しないときには、代位が生じないので、原債権も移転しない。

②原債権は、求償権が消滅すると当然に消滅し、その行使は求償権の額を上限とするなど、求償権の存在およびその債権額と離れて、これと独立して行使することはできない（最判昭61・2・20民集40-1-43）。

③求償権者が原債権を行使する場合であっても、原債権の債務者は求償権に関する抗弁をもって対抗することができる。

なお、本件で特に問題となるのは、原債権が求償権の確保を目的として存在することの法的意味をどのように理解するかという点であるが[4]、この点について、高木多喜男「民事再生手続における共益債権への弁済と再生債権である求償権の関係」（金法1890号（2010））22頁は、求償権担保のための譲渡担保に類似するものと構成しており、参考となる。

(3) 任意代位と法定代位　(a) 任意代位　「弁済をするについて正当な利益を有する者」（民500条）以外の者は、「弁済と同時に債権者の承諾」[5]を得て、債権者に代位できる（民499条1項）。この場合、指名債権譲渡と同様の対抗要件を備えなければならない（民499条2項・467条）。

(b) 法定代位　「弁済をするについて正当な利益を有する者は、弁済によって当然に債権者に代位する」（民500条）。この場合、債権者の承諾を得ることも、対抗要件を備えることも不要である。

「弁済をするについて正当な利益を有する者」には、①弁済しないと債権者から執行を受ける地位にある者と、②弁済しないと債務者に対する自分の権利

---

4) 前掲最判昭59・5・29に関する塚原朋一・昭和59年度最判解（民）271頁以下は、「『確保する』という趣旨は、『担保する』という趣旨を含むが、それよりは広い」としたうえで、「債権（多くは人的・物的担保を有する債権）という権利の譲渡の方法による法定担保制度」であるとする。

5) 債権者の承諾は、権利移転に対する同意であり、債権譲渡の意思表示ではない（我妻・前掲注2）250頁）。

が価値を失う地位にある者、の2類型が挙げられている[6]。

3 求償権に対する倒産手続上の制約と民法501条柱書

(1) 前提——求償権の法的性格（倒産債権か否か）
(a) 破産手続開始前の債務者からの委託または破産手続開始前の保証契約に基づき原債権を弁済した保証人の求償権の法的性格　　まず、「破産手続開始前の原因」（破2条5項）の意義が問題となるが、破産債権の発生原因のすべてが備わっていることは必要ではなく、主たる発生原因が備わっていれば足りるとする一部具備説が妥当である[7]。

そこで、破産手続開始前の委託または保証に基づく弁済をした保証人の求償権について検討するに、大別すると、①委託・保証契約の締結が開始前であることに着目し、破産手続開始前の原因に基づく債権として破産債権となると解する見解[8]と、②弁済が開始後になされていることに着目し、破産債権ではないとする見解とが考えられる。

ところで、平成7年度最高裁判例解説(1)事件（最判平7・1・20民集49-1-1）の八木良一調査官は、破産宣告や和議開始決定の後の弁済により発生する事後求償権がそのまま破産債権や和議債権になることはない旨述べる。しかし、破産手続開始前の委託または保証に基づき保証債務を履行し、その結果として求償権を取得した場合、求償債権の主要な発生原因は破産手続開始前に締結した委託・保証契約に存するというべきである[9]。この点、最判平24・5・28（判タ1375-97）は、主たる債務者の委託を受けないで保証契約を締結した無委託保証人が主たる債務者の破産手続開始前に締結した保証契約に基づき同手続開始後に弁済をした場合に取得する求償権と破産者に対して負担する債務との相殺制限（破72条1項1号）に関する事例において、求償権の発生の基礎となる保証関係は、その破産手続開始前に発生しているということができるから、当該求償権は、「破産手続開始前の原因に基づいて生じた財産上の請求権」（破2条5項）

---

6) 我妻・前掲注2）252頁など。
7) 条解破産30頁。
8) 大阪地判平20・10・31金判1309-40、大阪地判平23・3・25金判1366-54等。
9) もっとも、原債権が破産手続開始後の原因に基づき発生している場合には、求償権の主要な発生原因は破産手続開始後に生じたものと解する余地があろう。

にあたるというべきであるとしたうえで、「保証人が主たる債務者である破産者に対して取得する求償権は、破産債権であると解するのが相当である」と判示しており、参考になる。

　(b)　**保証契約を締結していない第三者が債務者からの委託を受けずに破産手続開始前の原因による原債権を弁済した場合の求償権の法的性格**　保証契約を締結していない第三者が債務者からの委託を受けずに弁済をした場合の求償権については、その発生根拠は事務管理の費用償還請求権（民702条1項・3項）であるものと思われる[10]。したがって、その発生原因が破産手続開始前にあると考えることは困難であり、破産債権と考えることはできない。

　この点、破産法148条1項5号は、事務管理または不当利得により破産手続開始後に破産財団に対して生じた請求権を財団債権とするが、当該求償権については破産財団への貢献がないことから財団債権と解することには躊躇を覚える。そこで、保証契約を締結していない第三者が債務者からの委託を受けずに弁済をした場合の求償権について、破産手続によらずに行使することを許容しない解釈論をとれないであろうか。

　この点、和議に関する最判平7・1・20（民集49-1-1）は、「連帯保証人の1人について和議認可決定が確定した場合に、和議開始決定後の弁済により右連帯保証人に対して求償権を取得した他の連帯保証人は、債権者が債権全部の弁済を受けたときに限り、右弁済による代位によって取得する債権者の和議債権（和議条件により変更されたもの）の限度で右求償権を行使することができる」と判示するところ、かかる考え方を及ぼし、原債権が破産債権である場合には、当該求償権を有する者は、原債権である破産債権の限度で求償権を行使できるに過ぎないと考えるべきである[11]。そもそも、事務管理に基づく求償権は、本人の意思に反する場合、本人が現に利益を受けている限度においてのみ発生するものであるから（民702条3項）、本人たる破産財団との関係において代位弁済された原債権の実際の価値を限度とする取扱いを行うべきものと思われる。

---

10)　中田・前掲注2）342頁。
11)　この点、沖野眞已「主債務者破産後の物上保証人による一部弁済と破産債権の行使」曹時54巻9号（2002）29頁は、破産法104条4項について、求償権者による求償権の破産債権行使を認めず、原債権の行使に限定する趣旨（求償権者の権利行使を原債権に限定する趣旨）と解しており、参考になる。

(2) 求償債権に対する倒産手続上の制約と民法501条柱書について

　以上の通り、求償権の行使に倒産手続上の制約が及ぶ場合がある。とすると、民法501条柱書の「自己の権利に基づいて求償をすることができる範囲内」として、原債権の行使にも倒産手続上の制約が及ぶと考えるべきであろうか。

　この点について、①大阪高判平22・5・21（金法1899-92）は、民法は手続法ではなく、実体法であるため、民法501条柱書の「自己の権利に基づいて求償をすることができる範囲内」とは、実体法上の制約を意味しており、求償権に関する手続法上の制約を含むとみることは疑問であるとして、原債権について再生手続によることなく行使することができると判示した。他方、②大阪地判平23・3・25（金判1366-54）は、原債権に対する再生手続による制約も実体法上の制限にあたるとして、民法501条柱書による制約に含まれると判断し、原債権を再生手続外で行使できないとした。

　前記2つの最高裁判決の法廷意見においては、この問題に関して言及がなされていないが、前掲最判平23・11・24の金築誠志判事の補足意見では、「民法501条柱書きの『自己の権利に基づいて求償をすることができる範囲内』が、原判決がいうように、求償権が存する場合にその求償できる上限の額の範囲内、すなわち実体法上の制約の範囲内を意味しており、手続法上の制約を一切含まないものと限定的に解することは、いささか早計のように思われ、問題となる手続法上の制約の性質、効果等を考慮して、個別的、具体的に検討する余地を残しておくことが賢明であると考える。法廷意見の引用する昭和59年5月29日第三小法廷判決及び昭和61年2月20日第一小法廷判決も、実体法上の制約に限るという趣旨まで判示しているものとは解されない」と述べられており、参考となる。

　しかしながら、検討するに、民法501条柱書の「自己の権利に基づいて求償をすることができる範囲内」とは、倒産手続上の制約を含まないものと考えるべきではなかろうか。なぜなら、倒産手続上の制約は、弁済による代位に係る関係者（債権者、債務者、代位弁済者）にとどまらない、その他多数の債権者も含めた利益調整規律に基づくものであることから、その取扱いについては特別法である倒産法の規律に従うことが相当と考えられるからである。すなわち、倒産手続の観点においては、他の倒産債権者の処遇との公平・均衡が重要であるところ、かかる見地に従って原債権の優先性の承継の是非を検討するべきで

ある。

4 倒産法の規律
(1) 別除権的構成ないし倒産手続外の権利構成
前掲最判平23・11・24は、前述したように弁済による代位の制度趣旨を「原債権を求償権を確保するための一種の担保として機能させること」と理解したうえで、「この制度趣旨に鑑みれば、弁済による代位により民事再生法上の共益債権を取得した者は、同人が再生債務者に対して取得した求償権が再生債権にすぎない場合であっても、再生手続によらないで上記共益債権を行使することができるというべきであり、再生計画によって上記求償権の額や弁済期が変更されることがあるとしても、上記共益債権を行使する限度では再生計画による上記求償権の権利の変更の効力は及ばないと解される（民事再生法177条2項参照）」と判示[12]した。

また、前掲最判平23・11・22は、前掲最判平23・11・24と同様に、弁済による代位の制度趣旨を「原債権を求償権を確保するための一種の担保として機能させること」と理解したうえで、「この制度趣旨に鑑みれば、求償権を実体法上行使し得る限り、これを確保するために原債権を行使することができ、求償権の行使が倒産手続による制約を受けるとしても、当該手続における原債権の行使自体が制約されていない以上、原債権の行使が求償権と同様の制約を受けるものではないと解するのが相当である。そうであれば、弁済による代位により財団債権を取得した者は、同人が破産者に対して取得した求償権が破産債権にすぎない場合であっても、破産手続によらないで上記財団債権を行使することができるというべきである」と判示[13] [14]した。

----

12) 高木多喜男「民事再生手続中における共益債権への弁済と再生債権である求償権の関係」金法1890号（2010）22頁は、弁済のよる代位を求償権担保のための譲渡担保に類似するものと構成し、倒産法規律に関し（再生の場合）、「民事再生法177条2項の別除権者としての待遇を本条の類推適用により与え得る」旨述べる。

13) 松下淳一「共益債権を被担保債権とする保証の履行と弁済による代位の効果」金法1912号（2010）25頁は、「求償権は再生債権であって給付訴訟を提起することはできないとしても、額面額で給付保持力のある求償権の満足を確保するための補助的な権利があり、これが個別行使（給付訴訟提起を含めて）可能なのであれば、補助的な権利の存在意義は求償権の満足の確保［圏点は引用者による］にあるのであるから、その個別

(2) 代位と譲渡との対比　杉本純子「優先権の代位と倒産手続」(同志社法学59巻1号(2007))222頁は、米国連邦倒産法を参照して、代位による原債権の移転の場合には、保証契約等契約の履行によるものであることから代位弁済者による優先権の主張を許すべきではなく、他方、譲渡による原債権の移転の場合には、自発的な取引によるものであることから譲受人による優先権の主張を認めるべきとする。前述3(1)の分析によれば倒産債権と取り扱うべき求償権を取得する代位権者に優先権の主張を認めることにはいささかの疑問を感じるところであり、代位と譲渡の相違から解釈を導くかかる見解は魅力的である。

(3) 求償権者と他の倒産債権者の利益衡量　これに対し、伊藤眞「財団債権(共益債権)の地位再考」(金法1897号(2010))24頁は、前掲大阪地判平21・9・4に関し、「他の再生債権者としては、原債権者が原債権を行使した場合には、共益債権としての負担を受忍せざるを得ない以上、代位弁済がなされたという事実に基づいて共益債権の負担が消滅することを期待するべき利益は認められない」、また、「代位弁済者としては、新たな出捐として共益債権たる原債権について代位弁済をなしているにもかかわらず、債権者平等を理由としてその者を再生債権者の地位にとどめるべき理由はない」と指摘する。

また、髙部眞規子「民事再生法上の共益債権を弁済により代位した者が民事再生手続によることなくこれを行使することの可否」(金法1897号(2010))36頁も、①求償権者が原債権を民事再生手続外で行使することが許されないとする否定説を採用した場合、求償権者の犠牲のもとに債務者の弁済率が増加することになり、当事者間の公平を害するおそれがあると指摘するとともに、②否定説を採用すると、保証人は先に弁済すると、優先的に弁済を受けられず損失を被ることとなるとして、保証債務の履行確保に支障が生じることを懸念する。

この点、保証債務の履行確保の点についていえば、保証人において原債権の

行使を認めるのはむしろ当然である」ことを理由として、「自己の権利に基づいて求償をすることができる範囲内」の意味に「手続的な制約」を含まないとする前掲大阪高判平22・5・21の結論を是認する。

14) この点、前掲最判平23・11・22の判示においては、前掲最判平23・11・24のように「民事再生法177条2項」を引用していないが、これは破産手続においては民事再生法177条2項に相当する規定がないために過ぎないと思われる(なお、個人である破産者に関する破253条2項参照)。

譲渡による出捐の交渉をする余地があり、社会政策的に重視すべき支障とまではいえないように思われる。しかし、求償権者に原債権の優先性の主張を認めても、そもそも他の倒産債権者に不利益はないとの指摘はもっともであり、この点について正面から効果的な反論を見いだすことは困難である。上記2つの最高裁判決も、他の倒産債権者は，もともと原債権者による共益債権・財団債権の行使を甘受せざるをえない立場にあったのであるから、不当に不利益を被るということはできない旨判示し、同様の指摘をしている。

(4) 私見 以上を踏まえ、私は、上記2つの最判の別除権的構成を採用したうえで、優先権の付与の趣旨(優先権が付与される債権の譲渡許容性を含む)[15]に照らして、代位弁済者と他の倒産債権者との利益を適切に調整するアプローチ[16]を採用したいと思う。なお、その際、債権譲渡[17]との対比にも留意して検

---

15) この点、松下・前掲注13) 26頁は、前掲大阪高判平22・5・21に関し、「共益債権の再生手続外での行使可能性(民事再生法121条1項)や再生債権に対する優先性(同条2項)は、権利『者』の属性なのかどうかが問題となる」と述べ、共益債権とされる趣旨に立ち返り検討する必要を指摘する。

もっとも、私見では、優先性の付与の趣旨が主体に着目している場合には優先性の承継を認めないところ、松下教授は、差押権者が取立権を行使して共益債権となる原債権の回収を行った場合(債権譲渡と異なり、原債権の代位について原債権の債権者の意思が介在しない)に関する個別具体的な利益衡量を行ったうえで、「弁済による代位があっても、複数の権利の間の優先順位秩序や倒産手続外での権利行使可能性は原則として変わらない、と解すべき」と述べる。この点、杉本和士「代位弁済者が原債権を共益債権として再生手続外で行使することの可否」金判1361号 (2011) 54頁も、「民再法があらかじめ規律する《債権》間の優先性秩序の下において共益債権性が定型的に付与されている以上、再生手続の下では、もはや共益債権者の要保護性によってその共益債権性の存在は一切影響を受けないと考えるべき」とする。

16) 求償権者に一律に優先権の主張を認めるのではなく、倒産手続開始前の契約に基づき原債権を弁済した求償権者を保護すべきか否かについて、優先性付与の趣旨および優先権が付与される債権の譲渡許容性に立ち返って個別に検討するべきと考えるものである。

これに対し、高部眞規子「求償権が破産債権である場合において財団債権である原債権を破産手続によらないで行使することの可否」金法1947号 (2012) 51頁は、財団債権・共益債権という手続上の優先的地位は、すでに抽象的・観念的に序列化されているという見解に立ち、上記2つの最判について、「個別に判断する方向性を否定し、総合考慮型ではなく、ルールを明確にしたものであって、法的安定性をもたらし、とくに金融機関の定型的な保証業務について予見可能性を高めたものとして、評価される」とする。

17) 伊藤・前掲本文「財団債権(共益債権)の地位再考」12頁以下は、債権譲渡との対比において、求償権者による原債権の優先性の承継を否定する見解を論難する。また、高部・

討してみたい。

5 優先性付与の趣旨（優先権が付与される債権の譲渡許容性を含む）
(1) 租税債権について
租税債権に優先性を認めた趣旨は、国家の租税収入の確保にあるが、租税債権の優先性が主体に着目している点に注意する必要がある。国税徴収法の例による滞納処分は徴収職員等の特定の主体にのみ認められるものであることに鑑みれば、代位弁済者が優先性を主張することは許されないというべきである[18]。

すなわち、国税徴収法8条は、「国税は、納税者の総財産について、この章に別段の定がある場合を除き、すべての公課その他の債権に先だつて徴収する」と規定し、国税債権について優先の原則を定めるが、ここにいう優先性は「徴収」手続を通じた優先性であり、代位弁済者は国税に係る徴収権を行使できない以上、国税徴収法8条に規定する優先性を主張することはできないと考えるべきであろう[19]。

前掲本文36頁も、「民事再生手続によることなく優先的に弁済を受けられる原債権を債権譲渡の方法によって譲り受けた者は、対抗要件さえ具備すれば、そのような性質のまま権利を行使できると思われる」と述べたうえで、債権譲渡との対比において、代位によって原債権が移転した場合も同様に考えるべきとする。

[18] 前掲最判平23・11・22の田原睦夫裁判官の補足意見は、租税債権について、「弁済による代位自体がその債権の性質上生じない」とする。

なお、源泉徴収において、源泉徴収義務を履行した源泉徴収義務者が源泉納税義務者に対して有する求償権（所税222条）は民事訴訟によって処理すべきとする見解が通説である（注解所得税法研究会編『注解所得税法〔4訂版〕』（大蔵財務協会・2005）33頁、最判昭45・12・24民集24-13-2243参照）。

以上に対し、社会保険料について、例えば、健康保険料は、任意継続被保険者の場合を除き（健保161条3項）、事業者が従業員たる被保険者の負担部分も含め保険料（標準報酬月額および標準賞与額を基準とする（健保156条1項））の納付義務を負うものとされ（健保161条2項）、事業主は被保険者に報酬・賞与を支払う場合に、保険料を源泉控除できるとされる（健保167条）。被保険者に代わって被保険者の負担部分の納付義務を履行した事業主の求償権についてどのように扱うべきか問題となるが、健康保険料について国税徴収の例により徴収するとされる趣旨（健保183条。優先性は主体に着目したもの）に鑑みれば、上記源泉徴収所得税の場合と同じく、民事訴訟によって処理すべきものと考えるべきであろうか。

[19] これに対し、上原敏夫「納税義務者の民事再生手続における租税保証人の地位についての覚書」新堂幸司＝山本和彦編『民事手続法と商事法務』（商事法務・2006）205頁は、

なお、国税通則法41条2項は、国税の代位弁済者が国税を担保するために設定された抵当権について代位できると規定しているが、他方で、徴収における優先性について何ら規定を置いていない以上、代位弁済者は国税に係る優先権を主張できないとの解釈と矛盾するものではなく、むしろ整合的である。この点、『国税通則法精解〔平成22年改訂〕』（志場喜徳郎ほか、大蔵財務協会・2010）480頁は、国税通則法41条2項の意義について、民法501条と異なり、「国税の効力として国が有していた権利（例えば優先権や滞納処分の執行権）につき一般私人が代位することを認めるわけにはいかないし、人的担保についても、その執行方法が滞納処分による等の特異な内容を含むから、同様に代位が認められない。そこでそのような障害のない抵当権に限り、代位を認めることとしたものである」と述べ、また、田中二郎『租税法〔第3版〕』（有斐閣・1990）238頁も、国税通則法41条の代位制度について、「法律（通則法41条）で定める限度でその代位が認められるに止まり、求償権の行使にあたっては、租税の優先徴収権や滞納処分の規定の適用はない」とする[20]。

　　「民法上の一般の先取特権にきわめて類似した権利であるという、租税の優先性の性質からいって、租税債権の属性である一般の優先権もまた、民法501条による代位の対象となり、租税債権と共に弁済をした租税保証人に移転する、と考えられないであろうか」と述べる。また、濱田芳貴「租税債権への代位弁済と財団債権性」金判1245号（2006）12頁は、「租税債権について国が有する特権のうち確定権（賦課権）や徴収権を一般私人に行使させるべきではない（必要性も許容性もない）」としつつ、共益費用の先取特権に代位するものとの対比において、これと同等の地位を認めるべきであるとする。
　　しかし、租税の優先性は、国税徴収法8条や地方税法14条といった規定が根拠となるものであって、民法上の一般の先取特権や共益費用の先取特権と同列に扱うことは困難ではなかろうか（吉国二郎ほか『国税徴収法精解〔第17版〕』（大蔵財務協会・2009）129頁参照。田中二郎『租税法〔第3版〕』（有斐閣・1990）269頁は、租税の優先権を「優先徴収権」と言い換えている）。
　　なお、代位弁済者が租税債権に代位する場合、租税に係る延滞金請求権をも取得するのか（しかも、財団債権となる本税について生じたものであれば、延滞金請求権についても財団債権とされる（破148条1項4号参照））、疑問なしとしない。また、租税債権が優先的破産債権にあたる場合に、これを代位弁済した私人の届出債権について、破産法134条以下の特例が適用されるのか、やはり疑問である。
20）武田昌輔監修『DHCコンメンタール国税通則法』（第一法規・1982）2166頁も、国税通則法41条2項の解説において、「国税の優先権についての効力及び抵当権の目的物に対する滞納処分の例による処分（法52条）ができる効力は、これらの効力が国税債権の特殊性に基づいて与えられたものであるから、代位の効果は及ばない」とする。なお、

最後に、債権譲渡との対比について検討するに、租税債権の優先性が主体に着目している点に鑑みれば、債権譲渡の場合にも優先性が承継される余地はないというべきであり、差異が問題となることはないと思料する。また、他の債権者が予期しない利益（棚ぼた）を受ける問題についていえば、少なくとも倒産手続開始前の保証契約に基づく代位弁済者は保証による負担を覚悟していたものというべきであり、そもそも、弁済による代位への期待といっても、それは、そもそも法が優先性を付与した趣旨にとどまるべきものであるから、やむをえない帰結というべきである[21]。

　　国税通則法が制定される前の判例であるが、大判明37・12・8民録10-1564は、租税の納付は民法上の弁済と異なるとして、租税納付者による民法上の代位を否定していた。

21) 本書の研究会において、岡正晶弁護士より、租税債権の優先性について、「自力執行権（自ら滞納処分を行う権限）」と倒産法が租税債権に付与した「当該倒産手続における優先順位権」とを区別すべきとして、（少なくとも倒産手続開始後の代位弁済においては）租税債権に係る自力執行権を伴わない優先順位権の代位行使を認めるべきではないかとの示唆を受けた。岡正晶弁護士の指摘によれば、民法理論においても、代位によって代位債権の性質は変わらない一方で、契約上の地位に基づく解除権・取消権の代位行使は認められないとされており（中田・前掲注2）348頁）、租税債権の優先性について、「自力執行権（自ら滞納処分を行う権限）」と「当該倒産手続における優先順位権」とを区別することは民法理論上不合理とはいえないようである。また、優先権の代位行使を否定した場合に、他の倒産債権者が予期せぬ利得を受けるとの指摘（上原・前掲注19）206頁参照）も説得的である。
　　しかし、租税の優先性については、その強力さが故に私法秩序（担保付債権を含む）との調整措置や、公租公課間の調整が講じられ（田中・前掲注19）271頁）、また、その調整においては、「徴収する」という徴収権者を名宛人とする規定が置かれ、差押えの際の第三者権利の尊重等の調整規定（税徴49条・50条等）も設けられている。かかる意味において、租税の優先性は、徴収秩序と切り離して観念することは困難であるように思われる。要するに、徴収権者を名宛人とする調整規定も含めた優先秩序が形成されているものと理解すべきであり、やはり優先性付与の趣旨において代位を許容していないものと考えるべきではなかろうか。この点に関し、杉本和士「代位弁済者が原債権を財団債権・共益債権として破産手続・再生手続外で行使することの可否」金判1387号（2012）6頁は、滞納処分の執行力は格別、代位それ自体については肯定する見解が学説上有力であるとしつつ、租税債権に認められる優先性がそれに基づく滞納処分の執行権と不可分の関係にあると解釈されるか否かによって結論が異なると考えられると示唆する。
　　なお、本書の研究会において、松下淳一教授より、①破産法43条1項・2項に照らすと滞納処分をできる地位が必ずしも租税債権の優先性を基礎付けるものではない旨、②外国租税債権の徴収共助に伴う倒産法制の整備において、日本の倒産手続における外

(2) 労働債権について　　(a) 優先性付与の趣旨（優先権が付与される債権の譲渡許容性を含む）
民法（306条・308条）が労働債権に優先性を認めた趣旨は、給与生活者保護の社会政策的考慮にある[22]。すなわち、労働者は雇用関係から生じる債権を生活の基礎としているので、その優先的回収を認め生活を保護する趣旨である[23]。また、破産手続開始前3か月間の破産者の使用人の給料の請求権等が財団債権とされるのは（破149条）、労働債権の保護を厚くしたものである[24]。

加えて、法は、賃金債権について債権譲渡を受けた譲受人が使用者に対して請求権を行使することを基本的に認めない立場をとっている（労基24条1項）。すなわち、労働基準法24条1項本文の直接払いの原則は、「かつて仲介人や親方、あるいは年少者の親などが賃金を代理受領して中間搾取をしたという経験に鑑み、これを防止しようとした」ものであり[25]、「賃金債権については、労働者がこれを他に譲渡するか否かは労働者の自由な意思にまかして一般私法の領域によって処理されるが、労働法は別個の立場（前近代的支払形態の排除と労働者の生活の保障）から契約の履行に関する私法原理を修正し、賃金がいったんは確実にかつ現実に労働者の手に渡るようにすることによって、労働者の生活を保障しようとすることを罰則をもって強制しようとするもの」[26]にある。すなわち、労働者が賃金の支払を受ける前に賃金債権を他に譲渡したとしても、使用者は直接労働者に対し賃金を支払わなければならず、賃金債権の譲受人は自ら使用人に対しその支払を求めることは許されないわけである[27]。

　　国租税債権に基本的に優先権が与えられない方向で議論されているが、国家権力の衝突の場面である外国租税債権の徴収共助と国内租税債権の代位承継とは場面が異なる旨の指摘があった。
22）林良平編『注釈民法(8)物権(3)』（有斐閣・1965）112頁〔甲斐道太郎〕。
23）道垣内弘人『担保物権法〔第3版〕』（有斐閣・2008）47頁。
24）条解破産962頁参照。
25）荒木尚志『労働法』（有斐閣・2009）121頁。
26）吉井直昭・昭和43年度最判解（民）（上）314頁（最判昭43・3・12民集22-3-562）。
27）賃金債権が第三者に譲渡された場合にも直接払いの原則の適用があると解すると、使用者、労働者（譲渡人）および譲受人間の法律関係をどのように捉えるかが問題となる。この点、①債権の実体は譲受人に移転するが、取立権能のみは労働者（譲渡人）に残留するとの見解や、②労働者が法律上当然に譲受人の代理人となる見解、③少なくとも使用者との関係において譲渡そのものが効がないとする見解（吉井・前掲注26）315～

以上の通り、民法が定める雇用関係の先取特権が労働者の保護を目的としたものであること、また、労働法が、賃金がいったんは確実にかつ現実に労働者の手に渡るようにすることによって労働者の生活を保障するとの立場において賃金債権の譲渡に制限を及ぼしていることに鑑みれば、賃金債権に係る優先性付与において、法は、労働者以外のものが優先権を行使することを想定しておらず、優先性は労働者限りで生じるものと考えることが相当ではなかろうか[28]。とすれば、弁済による代位の場面においても、例外的な場合（例えば、労働基準法24条1項但書に基づく協定に基づく控除の場合等）を除き、代位弁済者が使用者に対して優先性のある賃金債権を行使することは認められないと考えるべきである[29]。

　要するに、私は、優先性付与の趣旨が労働者という主体・属性に着目しているものと考えるべきであり、法が認める例外（例えば、労働基準法24条1項但書に基づく協定に基づく控除の場合等）を除き、弁済による代位によって優先性の承継は認めるべきではないものと考える。このように解しても、賃金を「いったんは確実にかつ現実に労働者の手に渡るようにすることによって、労働者の生活を保障しよう」とする法の趣旨に沿ったものであり、給与生活者保護という優先性付与の趣旨に反するものではない[30]。

316頁）等が考えられる。いずれにしても、労働法は、例外的な場合を除き、労働者以外のものが優先権を行使することを想定していないというべきである。
　　もっとも、賃金債権全額の代位弁済の場合には、労働者は全額の満足を受ける以上、もはや労働基準法24条1項本文の直接払いの原則の適用がないと解する余地はある。
28) この点、山本和彦「労働債権の立替払いと財団債権」判タ1314号（2010）5頁以下は、（民法が労働債権に優先性を認めた趣旨ではなく）破産法149条による労働債権の財団債権化の立法趣旨および破産法の文言解釈（破産法149条1項「破産者の使用人の給料の請求権」、同条2項「破産者の使用人の退職手当の請求権」と債権者を使用人に限定している［下線は原典による］）に照らし、この種の財団債権は、債権自体の性質のみならず、債権者の性質から特別な保護が認められたものであり、したがって、労働債権が移転して債権者が使用人（労働者）でなくなった以上は、財団債権という特別扱いを例外的に認める根拠は失われるとする。
29) これに対し、榎本光宏・ジュリ1444号（2012）94頁は、①弁済による代位の制度趣旨（求償権を確保するための制度）、②他の債権者が偶然の利益（棚ぼた）を受けることの問題、③債権譲渡との均衡等に照らし、原債権が労働債権であっても、優先性の代位行使を認めるべきとする。
30) もっとも、前注27）で述べたように、代位弁済が行われた時点においてはすでに給与

そしてまた、このように考えた場合、債権譲渡の場合にも優先性の承継（随伴性）はないものと考えることとなるので、債権譲渡と代位とで差異が問題となることはないというべきである[31)][32)]。

なお、弁済による代位によって優先性の承継を認めない場合、他の倒産債権者は棚ぼた的利益[33)]を得ることになる。しかし、代位弁済者は、倒産手続開始生活者の保護という法の趣旨は達成されている以上、代位弁済者に優先性の承継を認めることに支障はないのではないかとの疑問もある。この点、榎本・前掲注 29) 94 頁は、「かえって、原債権が労働債権である場合には、労働者の保護という観点から、代位弁済の促進が一層重要性を増すということもできる」とする。

この点、賃金債権が譲渡された場合についてではあるが、もはや労働基準法 24 条 1 項本文の直接払いの原則の適用がないと解すると、「同条の規定が潜脱される可能性が大きくなり、相当な対価を伴わないまたは前近代的形態における譲渡は公序良俗違反とか強迫であるとかの私法上の規制でしか処理し得なくなって、労基法の規定の意義が大きく失われることになりはしまいか」との指摘がある（吉井・前掲注 26) 314 頁）。代位弁済の場合、第三者が労働者に対し賃金を支払うことになるが、こうした取扱いを許容することが労働者の保護の観点から問題を生じないか、例えば、労働者供給事業の禁止等の労働法規整も視野に入れ、検討する必要があるかもしれない。

31) 債権譲渡の場合について、通説は随伴性を肯定するが（我妻榮『新訂担保物権法』（岩波書店・1968）59 頁ほか）、道垣内・前掲注 23) 77 頁は、雇用関係の先取特権が使用人の保護を目的としたものであるとして、随伴性に疑問を投げかける。また、同書 77 頁は、債権者の期待の保護を趣旨とする先取特権（不動産賃貸等の先取特権）について、債権譲受人が目的物への優先権行使の合理的期待を有するとはいえないとして、随伴性を否定すべきとするが、弁済による代位の場合も同様に解すべきと思われる。

32) なお、労働者の債権者が賃金債権の差押えをして自ら使用者から取立てをする地位を得た場合には、取立権の行使は直接払いの原則に反するものではない。この場合、差押債権者が取立権を取得したにとどまるときは（民執 155 条）、賃金債権は未だ労働者に帰属しているが、差押債権者が転付命令（民執 159 条）を受けたときは、賃金債権は差押債権者に移転する。この点、転付命令の場合には賃金債権の優先性も差押債権者に承継されると解すべきと思われるが、債権譲渡と代位弁済との相違は、裁判所によってなされる差押・転付命令の特殊性（法が認める例外。この場合は民事執行法 155 条以下が、直接払いの原則の例外を認めていること）に求めることになろうか。

33) もっとも、破産手続において債権者が享受する利益は、破産手続を通じて発生する諸事情の影響を受けて変化するものであり（例えば、大口債権者が債権届出をしなかったことにより配当率は変化する）、棚ぼた的利益との評価自体変動可能な概念との見方も可能である。また、中西正「財団（共益）債権性・優先的倒産債権性の承継可能性」銀法 727 号（2011）38 頁は、優先的な債権は、柔軟な（裁量の余地のある）取扱いが可能な、破産財団を債権者間で分配する際の標識的な性質を有しているとみることが可能であり、「優先的な債権に配当される価値は当該債権に排他的・専属的に帰属しているの

前に保証契約等による負担を覚悟していたか、倒産手続開始後に債務者の信用低下を認識して代位弁済を行ったものである。その弁済による代位への期待といっても、そもそも法が優先性を付与した趣旨にとどまるべきものであるから、やむをえない帰結というべきではなかろうか。

(b) 独立行政法人労働者健康福祉機構の立替払いについて　上記のように優先性の承継を認めない考えをとった場合、独立行政法人労働者健康福祉機構の立替払いについて、どのように考えるべきであろうか。

悩ましい問題であるが、私は、独立行政法人労働者健康福祉機構による立替払いが、法律（賃金の支払の確保等に関する法律）で認められ[34]、かつ義務付けられた立替払いであることに鑑み、法が認めた例外的な場合にあたるものとして、優先性の承継を認めうると考える[35]。実質的にも、独立行政法人労働者健康福祉機構は倒産手続開始後に労働者自らによる立替払い申請を受けて立替払いをするものであり、他の倒産債権者との関係において保護しても不公平な扱いとはならないものと思われる。

(3) 双方未履行双務契約の解除に基づく財団債権　破産管財人が双方未履行の双務契約を解除した場合の相手方の反対給付価額償還請求権（破54条2項後段）が財団債権として保護されるのは、公平の見地から、解除の場合の原状回復請求権（民545条1項本文）を破産の場合にも保護する趣旨である（言い換えれば、契約の解消場面における公平確保の趣旨である）[36]。そしてまた、当該償還請求権について債権譲渡が禁止されるといった法の制約も特段認められない。

とすれば、当該償還請求権に付与された優先性は債権者の属性に依拠したも

ではなく債権者が変わったため優先的に取り扱う要請が低くなり、債権者平等という原則的要請が優越するに至った場合には、当該配当されるべき価値を破産財団に戻し、債権者平等原則に従って分配し直すこともありうる」と指摘する。

34) 賃金の支払の確保等に関する法律7条は、政府が、民法474条1項但書および2項の規定にかかわらず、未払賃金等を事業主に代わって弁済することを規定する。
35) もっとも、法律で立替払い制度を設けながら、優先性の承継について格別の規定を設けていない法制度に照らすと、優先性の承継を認めない考えも成り立ちうるかもしれない。この点、山本・前掲注28) 5頁は、破産法による労働債権の財団債権化の制度趣旨（労働者の保護）は、独立行政法人労働者健康福祉機構の債権には妥当しないこと等を理由として、同機構による財団債権性の主張を否定すべきとする。
36) 伊藤・破産再生232頁、条解破産404頁。

のではないと思われる。したがって、当該償還請求権については、債権譲渡の際に優先性が譲受人に承継されることはもちろん、弁済による代位の場合にも優先性を代位弁済者が承継することに支障はないというべきである。

●── 一裁判官の視点

　ある債権が倒産債権か倒産債権より優先性を有するものかが問題となる場合の対応は難しい。本論稿が指摘するように、優先性を基礎付ける政策的利益の享受主体が代位によりその利益を享受してしまったことは相応に考慮されておかしくないように思われるし、また、原債権が求償権との関係で担保的に機能するといっても担保権そのものでもない。下級審での判断があるのみで、解釈上の争いがある段階で、どちらかに態度決定すべきともいい難く、債権の性質決定に係る起訴責任のようなものについて、債務者が負担すべきともいえず、破産事件の場合、破産管財人が自ら訴えを提起するインセンティブはない（破産債権として届出があれば、破産管財人としては異議がなく、債権者は別途財団債権であるとして給付訴訟を提起することになる）。解釈が確定されていない現状では、破産管財人としては、財団債権が除斥されるまで（財団債権として扱ったとしてもなお配当見込みとなる事案であれば最後配当額の通知を発するまで。財団債権の弁済のみで破産手続が終了見込みとなる事案では他の財団債権者に一律の弁済がされるまでということになろう）は債権額に応じた額をプールしておくとしても、それまでに債権者が財団債権として給付訴訟を提起したことを破産管財人に通知しないのであれば、プールした額を他の債権者への弁済ないし配当の原資としても善管注意義務違反に問われないか、過失はないと考えられる。（山崎栄一郎）

第II部

破産財団・手続機関

8 支払不能と支払停止をめぐる考察

清水祐介

　支払不能（破 2 条 11 項）は破産開始原因であるとともに相殺禁止のメルクマールとなり、また偏頗弁済否認の時的限界を画する。自由な経済活動から破産平等弁済強制への境界となるのが支払不能であり、その認定基準は極めて重要である。

　従来、支払不能を認定できるもっとも典型的な事例は、手形不渡による銀行取引停止処分をもって支払停止とし、支払不能が推定される場合であった（破 15 条 2 項）。しかし近年、手形の利用は明らかな減少傾向にあり、また債務整理の手法も多様化している。手形を使用していない債務者が窮境に陥り、金融機関との協議・交渉を経てついに倒産状態に至るような事例が多い。手形不渡以外に、いかなる外形的事実をもって支払停止に該当すると考えるのか。それとも、支払停止を介さず、端的に支払不能という客観的状態を判断するのか[1]。手形不渡＝支払停止＝支払不能というパターンが減少する中で、支払不能と支払停止についての解釈論の重要性が高まっている。

　本稿では、従前から支払不能について議論されている「支払不能の要件として実際に債務不履行が生じていることが必要か」[2]という問題を中心に、事業再生ＡＤＲ、コンプライアンス違反疑念による信用喪失など、今日的な事例を含めて検討したい。

----

1) 基本構造 408 頁〔小川秀樹発言〕「手形の不渡りであったり，その他の例としても，回状や貼り紙のような古典的な概念で構成されているところがあり，手形が使われなくなってくる時代にあって，支払停止というのは，今後，どういうものになるのかというのも必ずしもよくわからないところがあります。……今後は，ますます支払停止を理由とするほうが減っていく可能性があるのではないかと思います」。
2) 一般に「債務不履行の要否」または「弁済期の到来した債務の要否」として議論される。両者の関係につき、基本構造 162 頁〔松下淳一発言・山本和彦発言〕。本稿では、両者は同一の問題であると理解し、特に区別していない。

I 手形利用の減少

　近年、手形の利用は著しく減少している。全国銀行協会（以下「全銀協」という）が公開している「全国手形交換高・不渡手形実数・取引停止処分数調」によれば、以下の通りである[3]。

(1～12月)	交換枚数 (千枚) (a)	交換金額 (10億円)	不渡枚数 (千枚) (b)	比率 (b/a)	取引停止処分 (件)
平成 9 年	283,373	1,584,991	571	0.17%	15,200
平成12年	225,874	1,052,338	527	0.23%	16,268
平成16年	159,175	603,444	209	0.13%	7,922
平成21年	96,210	373,530	151	0.16%	5,241
平成22年	87,993	375,895	85	0.10%	3,603
平成23年	82,585	379,631	72	0.09%	2,975
平成24年	77,453	396,203	58	0.07%	2,629

　交換枚数に対する不渡手形の比率は、景気の動向に左右される。しかし、手形交換枚数、交換金額、不渡枚数および取引停止処分件数の減少は著しい。

　平成16年の破産法立法当初と比較して、平成24年は交換枚数で49%、交換金額で66%と減少している。これに伴って手形不渡も減少し、枚数比で28%、取引停止処分件数比で33%と約3分の1に減少している。

　倒産法改正作業当時と比較すれば減少はさらに著しい。法務省民事局参事官室が「倒産法制に関する改正検討事項」[4]を発表した平成9年と比較すれば、交換枚数で27%、交換金額で25%に減少しており、手形不渡は枚数比で10%、取引停止処分件数で17%に減少している。法務省民事局参事官室が「破産法等の見直しに関する中間試案と解説」[5]を発表した平成12年と比較すれば、交換枚数で34%、交換金額で38%に減少しており、手形不渡は枚数比で11%、取引停止処分件数で16%に減少している。

　企業倒産件数全体と手形不渡件数との関係をみても、手形不渡を伴う倒産が減少している。帝国データバンクが公表している「全国企業倒産集計」の倒産

---

3) なお平成25年2月18日より、手形とほぼ同じ機能をもつ電子債権を扱う「でんさいネット」の運用が開始されているが、その利用実態については本稿に反映していない。
4) 法務省民事局参事官室『倒産法制に関する改正検討課題』（NBL別冊・1998）。
5) 法務省民事局参事官室『破産法等の見直しに関する中間試案と解説』（NBL別冊・2002）。

	企業倒産件数 (件) (a)	取引停止処分 (件) (b)	比率 (b/a)
平成 9 年	16,365 ※	15,200	92.8%
平成12 年	19,071 ※	16,268	85.3%
平成16 年	9,053	7,922	87.5%
平成21 年	13,306	5,241	39.3%
平成22 年	11,658	3,603	30.9%
平成23 年	11,369	2,975	26.1%
平成24 年	11,129	2,629	23.6%

※企業倒産件数は平成9年、同12年は任意整理を含み、同16年以降は倒産4法(会社更生、民事再生、破産、特別清算)による法的整理のみを対象としている。

件数に、上記の全銀協のデータを比較すれば、以下の通りである。

倒産法改正作業を経て現行破産法が施行された当時、企業倒産の圧倒的大部分は手形不渡・取引停止処分を伴っていた。しかし、その後、不渡を伴う倒産は激減し、平成24年では、法的整理となった企業倒産のうち、銀行取引停止処分を伴うものは4分の1に満たない。もはや「企業倒産=手形不渡」という時代ではない。

II 平成16年破産法改正時に議論された「支払不能基準の曖昧さ」について

旧破産法の危機否認は支払停止または倒産手続開始申立てを基準としていたが、支払停止より前であっても実質的な危機状態に陥ることが多いとの指摘があり[6]、危機否認の対象を支払停止前に拡張することが検討されていた[7]。現行破産法は、支払停止の一定期間前を一律に偏頗行為否認の対象とする形はとらず、旧法の支払停止に代えて支払不能を基準として、支払停止前であっても支払不能である場合について、否認対象行為を拡大した。

支払不能基準の導入に際し「支払不能が一定の評価を伴う概念であって、支払停止と比較して明確でないことから、信用供与に対する萎縮的効果が生ずることを懸念する」[8]との立場があり、折しも資金調達の仕組みとして証券化・

---

6) 旧法下では、実務上しばしば問題となる支払停止等より前の偏頗行為については、本旨弁済の故意否認(旧破72条1号)を認めることで実務上の解決をはかっていた。最判昭42・5・2民集21-4-859。
7) 法務省民事局参事官室・前掲注4) 102頁。
8) 法務省民事局参事官室・前掲注5) 143頁。

流動化が著しい進展をみせたことから、倒産隔離の要請、予測可能性の確保（証券化した資産が後から否認されては意味がない）がいわば新たなコンセンサスとなった[9]。

懸念に対する解決として、破産法は①受益者である債権者が支払不能について悪意でない限りは否認できず、その証明責任も破産管財人の負担とし、②同時交換的行為を偏頗行為の否認の対象から除外し、③支払不能概念を法文上定義した。定義につき立法担当官は「支払不能は、弁済期の到来した債務の支払可能性を問題とする概念ですので、弁済期未到来の債務を将来弁済できないことが確実に予想されても、弁済期の到来している債務を現在支払っている限りは、支払不能ではありません」[10]と説明した。

支払不能基準の導入の是非につき、全銀協が検証作業を行った経緯が公表されている。これによれば「その債務のうち弁済期にあるものにつき」の解釈について質疑が集中し、法務省民事局参事官室から前記見解が示されたことが「支払不能基準の導入に対する銀行側の前記懸念を払拭していくうえで、最初のターニングポイントとなった」[11]という。

III 新たな状況

先にみた通り、平成16年改正に至る一連の改正作業の当時、企業倒産の約9割は手形不渡・取引停止処分を伴っていた。改正検討における議論が「支払不能が一定の評価を伴う概念であって、支払停止と比較して明確でない」というとき、支払停止の具体例として念頭にあったのは手形不渡、取引停止処分であったと思われる。

しかし、手形の利用は減少し、手形不渡・取引停止処分で支払停止という企業倒産は激減している。金融機関が支援を打ち切る場合など、債務者の外部的行為たる支払停止がなくとも、客観的状態としての支払不能が問題となる。

このような状況の中、立法担当官の説明通り「支払不能の要件として現に債

---

9) 改正経緯について、基本構造374頁以下。
10) 小川秀樹編『一問一答 新しい破産法』（商事法務・2004）31頁。
11) 川田悦男「全銀協通達『新破産法において否認権および相殺禁止規定に導入された「支払不能」基準の検証事項について』の概要」金法1728号（2005）38頁。

務不履行にあることを必要とする」と判示する裁判例[12]もあるが、議論は一致をみていない。

Ⅳ 破産法の定義と旧法下の議論の整理

1 破産法の定義

支払不能は「債務者が、支払能力を欠くために、その債務のうち弁済期にあるものにつき、一般的かつ継続的に弁済することができない状態」と定義された（破2条11項）。この定義について立法担当官は「これまでの通説的な見解に基づき」定義規定を置いたものと説明している[13]。

2 旧法下の議論

しかし「これまでの通説的な見解」すなわち旧法下における支払不能についての議論は決して一義明確ではなかった。旧法下では、支払不能は破産原因としてのみ規定され（旧破126条1項）、法律上の定義は定められておらず、その内容は解釈論の問題であって、様々な見解が主張されていた。

「現に債務不履行が生じていることを要するか」について、旧法下の学説状況が整理されている[14]。これによれば①現に債務不履行が生じていることを必要とし、特段その例外を述べない見解[15]、②債務を履行していても、無理算段して資金を調達している場合は支払不能を肯定する見解[16]、③履行期到来の有

---

12) 否認につき、東京地判平19・3・29金法1819-40、東京地判平22・7・8判時2094-69。
　　ただし債務不履行の要否につきどちらの説に立っても結論に影響しない事案と考えられることについては後述。
　　なお開始原因としての支払不能につき、東京高決平23・9・16金判1381-33は、負債2億5000万円超（うち破産申立てと同日に弁済期が到来した債務3000万円、その他は弁済期未到来）、現預金5000万円の株式会社について、債務超過を認定したうえで、支払不能も認定しており、債務不履行不要説と思われる。
13) 小川編・前掲注10）30頁。
14) 山本和彦「支払不能の概念について」新堂幸司＝山本和彦編『民事手続法と商事法務』（商事法務・2006）151頁。
15) 山本・前掲注14）161頁。青山善充ほか『破産法概説―倒産処理法の基礎』（有斐閣・1979）32頁〔井上治典〕。
16) 山本・前掲注14）161頁。兼子一『破産法』（有斐閣・1956）148頁。

無を明示的には問題とせず、客観的な支払能力を重視して、一時的な借入などによって弁済能力があるようにみえても、客観的に能力が不足しているとみられれば、支払不能を肯定する見解[17]、④債務者が経済活動等により債務の履行期までに調達する可能性が、一般的継続的に消滅した時点を支払不能とし、債務不履行の存在を支払不能の要件として否定する見解[18]が紹介されている。

3 議論の実益

旧法下では、支払不能は破産原因としてのみ問題となるので、債権者が破産を申し立てる場合などを除いて、支払不能か否かを争う場面は少なかったとも考えられる[19]。

これに対して、現行法では、支払不能が破産原因であると同時に偏頗弁済否認の基準時、相殺禁止の基準時とされたことから、その認定基準が極めて重要な問題となったことが広く指摘されている[20]。現行法において、「支払不能」の認定基準、特に「現に債務不履行にあることの要否」は極めて重要な問題点となっている。

Ⅴ 破産法2条11項の文言解釈

破産法2条11項「債務者が、支払能力を欠くために、その債務のうち弁済期にあるものにつき、一般的かつ継続的に弁済することができない状態」の文言解釈を確認する[21]。

1 「支払能力」

支払能力は、財産、信用および労務の3要素から構成される。資産が不足し

---

17) 山本・前掲注14) 161頁。伊藤眞『破産法』(有斐閣・1988) 43頁。
18) 山本・前掲注14) 161頁。中西正「ドイツ破産法における財産分配の基準(2・完)」法と政治43巻3号 (1992) 120頁。
19) 山本・前掲注14) 153頁は「学説上の議論も必ずしも実際の必要性に根ざしたものではなかったのではないかと思われる」と指摘する。
20) 山本・前掲注14) 153頁。ほかに、園尾隆司ほか編『新版破産法〈新・裁判実務体系28〉』(青林書院・2007) 482頁〔岡正晶〕など多数。
21) 条解破産35頁、大コンメ21頁〔小川秀樹〕、伊藤・破産再生79頁。

ていても、信用や労務に基づく支払能力が認められることもあるし、資産があっても、換価が困難で期間を要するような場合は支払不能となる（債務超過との区別）。

表面的にみて支払能力を維持しているようにみえる場合でも、返済の見込みのない借入や、商品の投げ売りなど、「無理算段」して資金を調達して支払している場合、その支払能力はいわば糊塗されたものに過ぎない。客観的に支払能力が欠けているなら、支払不能に該当するといわざるをえない。支払不能は支払停止に先行して生じうる。

2 「一般的」・「継続的」

「一般的」とは、総債務に対して支払できないことをいう。特定の債務についてのみ弁済を行っていても、総債務についての弁済能力が欠ければ支払不能に該当する。

「継続的」とは一時的に支払ができなくても、速やかに回復する場合は支払不能にならないことをいう。一時的な手元不如意は支払不能に該当しない。

3 「その債務のうち弁済期にあるものにつき」

(1) 債務不履行必要説　支払不能は、弁済期の到来した債務の支払可能性を問題とする概念であり、弁済期が到来していない債務を将来弁済できないことが確実に予想されても、弁済期の到来している債務を現在支払っている限りは、支払不能ではないという考えである。立法担当者の見解[22]であり、金融実務はこの説に立っている[23]。

ただし、この見解も無理算段により資金を調達して「延命を図っている」状態にある場合は、客観的な支払能力の欠如として支払不能となることを認め、「再建計画が明らかに合理性を欠き、支払不能の時期を先送りにするだけの目的で現在弁済期にある債務につき期限の猶予をしたような濫用的事例については、当該再建計画に基づく弁済がされている場合であっても、支払不能と認定される可能性がある」[24]という。

------

22) 小川編・前掲注10) 31頁、大コンメ21頁〔小川〕。
23) 川田・前掲注11) 36頁。
24) 同前49頁。

(2) 実質的な観点から拡張する説、債務不履行不要説

　客観的な支払能力に着目し、一定の合理的な範囲内で、実質的にみて支払不能と同視される客観的な状態に拡張する考え方がある[25]。無理算段など無謀な財産の管理処分によって債務者が支払不能時を操作できるとすることは不当であり[26]、客観的な状態に着目して支払不能を認定すべきことは、債務不履行必要説も承認している。とすれば無理算段の場合に限らず、現在の弁済能力の一般的欠乏と同視すべき客観的状態に至ったとき、支払不能を認めうると考えられる[27][28]。

　さらに進めて、そもそも債務不履行は不要と構成し、将来の債務不履行の発生が高度の蓋然性をもって予測される事態になれば、これをもって現在の弁済能力の欠乏を認める考えもある[29][30]。その場合、破産法2条11項の文言の読み方は「その債務のうち（現実にまたは将来の時点で）弁済期にあるものにつき、（弁済期が到来した時点において）一般的かつ継続的に弁済することができない（と認められる現在の）状態」[31] と説明される。文言解釈としては「状態」の部分に

---

25) 条解破産36頁「一定の合理的範囲内で拡張できないかどうかが議論される……このような議論が生じるのは、表面的には支払能力を維持しつつ、履行期の到来する債務を履行している場合であっても、その実質をみると、破産手続開始の決定によって経済活動を終焉させるべき債務者が存在し、あるいは債権者間の実質的平等を回復するために、特定の債権者が得た利益を破産財団に返還させるべき状況が存在するためである」。

26) 松下淳一「新たな否認権と相殺制限の理論的根拠」今中利昭先生古稀記念『最新　倒産法・会社法をめぐる実務上の諸問題』（民事法研究会・2005）52頁は「支払不能は客観的状態であって、弁済期の到来した債務について弁済できないものが現にあるという事態が発生している必要はない。学説上つとに指摘されているように、仮に弁済期の到来した債務を現に弁済していても、弁済資金調達のための……無理算段により弁済をしている場合には、支払不能を認定できるのである。このように解さないと、支払不能に陥る時点を債務者が無謀な財産の管理処分により操作できることになり、妥当ではない」とする。

27) 伊藤・破産再生80頁注51は「将来の債務不履行が確実に予測されても、それが現在の弁済能力の一般的欠乏と同視すべきものでないかぎり、支払不能とはみなされない」とする。

28) 伊藤・会更40頁注12は「支払不能などの発生蓋然性が確実に見込まれる状況に立ち至っているときには、むしろ破産手続開始原因の発生が肯定される可能性がある」とする。

29) 理論と実務77頁〔中西正〕。

30) 新注釈(上)736頁〔中西正〕「将来のある時点から弁済期の到来した債務を一般的・継続的に支払えなくなることが確実になれば、まだ不履行が生じていなくても、その時点で支払不能が生じたと認めるべきである」。

31) 山本・前掲注14）170頁。

力点を置き、また無理算段説の視点[32]から、「弁済期にある」の規定は、現実に履行期が到来している場合に限定する意義を失っていると読むことになる。

4 検討

このように、支払不能の要件として債務不履行が生じていることの要否について、破産法2条11項の文言解釈からは解釈の幅がある。次に、破産法上、支払不能が問題となる場面ごとに検討する。

Ⅵ 破産手続開始原因としての支払不能と、否認・相殺の基準時としての支払不能

旧法下では、支払不能の定義規定はなく、破産手続開始原因としての支払不能と、否認・相殺の基準時としての支払不能を分けて考える立場もあった[33]。

現行法は定義規定を設けており、場面によって別の概念と考えることはできず、統一的に理解することになる。ただし、現実の審理判断では、事実認定の資料や判断の構造が異なるので、結果も異なることはありうる[34]。

破産手続開始原因の場合、過去の事象についての判断は不要であり、現に支払不能であるかどうかが問われる。債務者の経済的自由を拘束して破産清算を開始するか慎重な判断が求められる一方、限定された資料の中で、迅速に判断すべき要請も強い。債権者申立ての破産事件で債務者が支払不能を争う場合、

---

32) この点につき、前掲注12)東京地判平22・7・8は「弁済期が到来している債務が存在し、当該債務について上記のような事情［引用注：無理算段］があるとして支払不能にあたると判断されているのであり、『支払不能』であるか否かは、やはり履行期の到来した債務について判断されているものというべきである」と指摘する。しかし、客観的な支払能力に着目して2条11項の文言を解釈する立場の当否は、また異なる問題である。

33) 中西正「否認権・相殺権」福永有利ほか『倒産実体法 改正のあり方を探る』(NBL別冊・2002) 125頁「支払不能は、履行期の到来した債務を一般的・継続的に支払うことのできない財産状態であるが、そのためには少なくとも債務者が負う債務の一つにつき債務不履行が現実に生じていなければならないという見解もありうるし、そのような必要はなく、債務を履行期に一般的・継続的に支払うことができないことが確実になればよいという見解もありえよう……確実性だけで支払不能を認めるなら破産申立ての濫用の可能性があるというのなら、解釈論のレベルにおいてであるが、破産手続開始原因としての支払不能と、危機否認の原因としての支払不能を分けて考えることも可能であろう」。

34) 基本構造409頁〔松下発言〕、山本・前掲注14) 171頁。

裁判実務は、現に債務不履行のあったことを認定基礎事情として重視し、債務不履行を必要とする運用であるという[35]。

一方、否認・相殺の局面では、破産手続開始決定があった後に過去の事象を検討し、過去の行為と支払不能の先後をみる。訴訟手続で時間をかけて審理することも可能であり、債務不履行時期を含めて様々な事情が収集・検討される。後に実際に破産になったことも資料の1つである。債務不履行不要説は、債権者申立事案での開始決定についての実務運用と矛盾するものではない。

Ⅶ 支払不能の検討場面①（破産手続開始原因として）

1 支払不能が開始原因とされる趣旨

支払不能は法人・個人に共通する破産手続開始原因である（破15条1項）。その趣旨は、支払不能が「債務者の財産管理・処分の自由（さらに各債権者の権利行使の自由）と、債権者全体の利益を、正当に調整する概念」[36]「債務者の事業を継続する利益と、債権者全体の債務者の倒産による損失を回避する利益を調整する概念」[37] として機能することに求められる。

本来、債務者は自己の財産管理処分権を有し、経済活動を続ける利益を有しているし、債権者は個別の権利行使ができる。しかし、履行期に債務を弁済する可能性が一般的・継続的に消滅する時点、すなわち支払不能となれば、この原則を修正し、債務者の財産を拘束して総債権者の「倒産による損失を回避する利益」との調和を図り、債権者には個別権利行使を禁じることが合理的である[38]。すなわち、破産者は責任財産に対する包括的差押えを受けて強制換価されてもやむをえないし、債権者には、平等原則（満足の多寡の平等のみならず、満足の時期の平等まで）を強制できるのである[39]。

---

35) 園尾ほか編・前掲注20) 108頁〔中山孝雄〕。
36) 中西・前掲注33) 125頁、条解破産115頁。
37) 新注釈（上）736頁〔中西〕、理論と実務78頁〔中西〕。
38) 松下・前掲注26) 42頁、条解破産115頁、新注釈（上）736頁〔中西〕。
39) 結果的に100％配当となっても破産原因が否定されるわけではない。理論と実務81頁〔中西〕は「債務者が支払能力を失い、取り立てようとする債権者が競合するという紛争を解決することが、破産手続の目的である以上、このような場合にも破産手続を開始せねばならないことは当然である」と説明する。

2 将来の不履行予測の高度の蓋然性（現実の債務不履行の要否）

　支払不能の要件として、現に債務不履行が生じていることまで必要とするのか、手続開始の場面で検討する。将来の債務の一般的・継続的な不履行が高度の蓋然性をもって予測され、その客観的状態を立証できるとき、現に債務履行期——それも、どれか1つの、個別の履行期——が到来するまで、待機しなければならない合理性があるだろうか。債務者（個人）が近い将来の弁済期を前に客観的支払能力の欠如を認識し、もはや万策尽きて、弁済期が到来すれば混乱は必至であると判断して自己破産の申立てをした場合はどうか。債務不履行必要説を厳格に解すれば、裁判所は弁済期が到来しない限り開始決定できない。申立てを棄却するか、または保全処分を命じるにとどまることになる。債務者本人が開始決定を求めていても、個別執行が可能な時点まで待機させなければならない。最初の不履行が起きるまでの間に、総債権者の損失は増大する[40]。「どれか1つ個別の債務期限が到来する」という以外の点で、すべて破産原因を満たしているとき、保全処分にとどまらず、直ちに開始決定し、劣化前に資産を換価するなど、管財業務を進める方が財団の維持増殖に資する[41]。

　このように解しても、事業継続の可能性がある債務者を、不当に破産手続に追い込むことにはならない。支払不能は「債務者の財産管理・処分の自由（さらに各債権者の権利行使の自由）と、債権者全体の利益を、正当に調整する概念」であり、例えば債権者申立破産を債務者が争うとき、債務履行期の到来が重要な間接事実となることは、前記の通りである。その一方で、将来の債務の一般的・継続的な不履行が高度の蓋然性をもって予測され、その客観的状態を立証できるとき、破産開始を遅らせる必要もないのではないか。

　高度の蓋然性という破産手続開始の規範的要件は、再建型の開始要件とも整合的に理解される。再建型では早期着手が必要であるから、開始要件の認定に際して、債務不履行の蓋然性の程度を緩和すべきである。再建型手続の開始要件である「支払不能のおそれ」は、高度の蓋然性までは要求しない趣旨に解釈される[42]。

---

40) 新注釈(上)736頁〔中西〕。
41) 伊藤・会更40頁注12は「支払不能などの発生蓋然性が確実に見込まれる状況に至っているときには，むしろ破産手続開始原因の発生が肯定される可能性がある」とする。
42) 伊藤・会更39頁は「ここでいうおそれとは，単なる可能性をいうのではなく，会社の

以上の通り、破産手続開始原因について支払不能の趣旨を検討し、将来の債務不履行の高度の蓋然性という規範的要件を得た。しかし、支払不能が裁判規範としての意義を問われるのは、否認や相殺禁止との関係が多いであろう。定義規定をもつ現行法で支払不能概念の二義性は許されないから、規範的要件の内容と外延については、否認や相殺の場面も考慮して検討されなければならない。

VIII 支払不能の検討場面②（破産法162条1項2号の「他の破産債権者を害する事実」）

1 「他の破産債権者を害する事実」の解釈

破産法162条1項2号は、非義務的偏頗行為否認について定める。ここにいう「他の破産債権者を害する事実」の解釈について、理解が分かれる[43]。

その立法経緯は、債務者の財務状態を熟知した金融機関が、債務者が支払不能状態に陥る直前に、融資を引き上げたり、追加担保を徴求することに対処する必要があるという問題意識によっており[44]、破産法160条1項1号と異なって「他の」という文言があることから、同条同項の趣旨は債権者平等にあり、「他の破産債権者を害する事実」とは支払不能が近いことの認識、すなわち「債務者が近い将来支払不能に陥ることが予測できる客観的な根拠」であるとの説明[45]が説得的である。

2 支払不能についての債務不履行必要説・不要説との関係

破産法162条1項1号（義務行為についての偏頗行為否認）は支払不能後を対象としており、同項2号（非義務行為の偏頗行為否認）は支払不能前30日以内を対象としている。同号「他の破産債権者を害する事実」の趣旨を前述**1**の通り理解した場合、支払不能についての債務不履行必要説・不要説とどのよ

事業収益の予測や資金調達の見込みなどを総合的に考慮して，相当の蓋然性が認められることをいうが，その蓋然性が高度のものにまで高まっている必要はない」とする。
43) 水元宏典「新しい否認権制度の理論的検討」ジュリ1349号（2008）62頁以下、新注釈（上）738頁〔中西〕。
44) 基本構造413頁〔小川発言〕、415頁〔山本克己発言〕。
45) 山本克己「否認権(下)」ジュリ1274号（2004）126頁、大コンメ656頁〔山本和彦〕。

に整合するか。

(1) 支払不能についての債務不履行必要説　支払不能の要件（その債務について弁済期にあるものにつき）として現に債務不履行があることが必要と解する場合、破産法162条1項1号の適用場面は弁済期到来・債務不履行後であり、同条同項2号の適用場面はその前30日ということになる。

(2) 支払不能についての債務不履行不要説　「30日前」という規定の起算日は、債務不履行必要説の方が明確であり、債務不履行不要説は不都合ではないか、という指摘がある[46]。

債務不履行不要説からは、「30日前」は現に債務不履行となる日から遡るのではなく、当該行為の日から30日以内のいずれかの時点で、支払不能という客観的状態となるかの問題である。行為時からみれば「行為後30日以内に客観的支払能力がどうなっているか」の予測が問われる。例えばA社の約定弁済日が40日後であっても、A社が全面的に依存する得意先B社が自己破産を申し立てた場合、A社も致命的な信用喪失に至る事態が考えられる。A社・B社双方のメインバンクが共通の場合など、約定弁済へ向けた資金調達は不可能となり、メインバンクはその客観的な状況を知る。

実際に否認可能となるのは破産管財人が「否認対象行為から30日以内のいずれかの時点で支払不能であったこと」の立証に成功した場合であって、かつ債権者が「近い将来支払不能に陥ることが予測できる客観的な根拠」を認識していなかった場合には否認が否定される。非義務行為（特に、モニタリング等で債務者を熟知する金融機関等）に対する倒産実体法の規律として合理性があり、特段の不都合はないと考える。

したがって、破産法162条1項2号との整合的な解釈という点で、債務不履行必要説・不要説に特段の優劣はない。

------

[46] 基本構造406頁〔山本（克）発言〕、東京地判平22・7・8判時2094-69「同規定（破産法162条1項2号）が、支払不能について必ずしも明確ではない基準を採用したものとは解し難い……その弁済期前に行われた偏頗行為（例えば、ある時点では弁済期未到来のため支払不能とはなっていないが、近々到来する弁済期において支払不能となることが確実であるというような場合に行われる債権者への担保提供行為）を一定の範囲で否認することを可能にしたものであると解するのが自然である」。

Ⅸ 支払不能の検討場面③(破産法162条1項1号、偏頗行為否認)

1 詐害行為否認と偏頗行為否認の区別(二元論)

　偏頗行為否認の趣旨は破産債権者間の平等を図り、破産配当を強制するものと整理されており、詐害行為否認が財産の減少部分を取り戻して財産状態の悪化を防ぐ趣旨にあることと区別されている[47]。危機時期における債権の実価と当該債権への弁済額の差額について財産を減少させると捉えるなら、その趣旨は財産減少行為と同じになる(一元説)。しかし、破産法160条2項の対価的均衡を欠く代物弁済否認の規定の法文上、財産の出入り計算が債権の実価ではなく名目額を基準としていることから、両者の有害性は異なる(二元説)と説明されている。

2 偏頗行為否認の時的限界を支払不能が画する趣旨

　将来の債務の一般的・継続的な不履行が高度の蓋然性をもって予測され、その客観的状態を立証できるときを支払不能と理解し、この時点を「債務者の事業継続の利益(あるいは個々の各債権者の優先的満足を得る利益)と、債権者全体の損失を被らない利益を調整」[48]するための時的限界と定める。この時点以降は一部の債権者への弁済を許さず、偏頗弁済否認により債権者平等を回復して破産配当を強制する[49]。このようにして、支払不能の趣旨は、開始決定と否認の双方について統一的に理解される。

3 規範的要件としての支払不能

　支払不能は客観的な状態を指す概念であるから、そこで検討すべきは客観

---

47) 山本(克)・前掲注45) 124頁、小川編・前掲注10) 219頁。
48) 理論と実務78頁〔中西〕、新注釈(上)736頁〔中西〕、中西・前掲注33) 125頁。
49) 債務不履行必要説の立場からの説明として、山本(克)・前掲注45) 124頁「弁済期にある債務を一般的に支払うことができない状態にある債務者が、一部の債権者に弁済をすることは、債権者平等に明らかに反すると考えられる……支払不能に陥った時点は、一部の債権者に対する弁済が確実に債権者平等に反すると断言できる最も早い時点である」。

的な支払能力そのものである。ゆえに、債務不履行必要説も、例えば無理算段の場合には債務不履行発生前に支払不能を認める。そこでは履行期の到来という事実そのものが必須の要件と位置付けられているのではなく、これをメルクマールとして客観的な支払能力を検討しているのであり、この点で、債務不履行必要説といっても、実質化・規範化を免れないように思われる。例えば明日の債務を決済できないとき、前日夜 11 時 59 分の時点では、未だ債務履行期は到来していない。もし、これゆえに 11 時 59 分現在は未だ支払不能ではなく、したがって悪意の債務者に弁済しても偏頗弁済否認の対象たりえないというならば、硬直的に過ぎるのではないか。

4 課題──予測可能性の要請（規範的要件の内包と外延）

　支払不能を規範的な要件と捉えるなら、債務不履行が「現に生じた」ことは、規範的要件を基礎付ける間接事実である[50]。重要な事実であることは確かだが、それが必須の要件なのか、他の事情によって代替可能なのか──「必要説」と「実質的に同視する」考えの差異、さらに「不要説」の差異は、「11 時 59 分」のような設例では紙一重になってくる。

　支払不能に該当するか否か、予測可能性の要請は大きい。この観点から、立法担当官見解が必要説であったことは先にみた通りであるし、破産法 2 条 11 項の解釈論として考えたとき、文言を限定的に読めば必要説となる。より実質的、弾力的に解釈して「将来に債務不履行の発生する高度の蓋然性」という規範的要件を基準とするなら、その内包と外延について、解釈の準則たりうるコンセンサスが求められよう。それを果たすことは筆者の能力を超えるが、若干の考察を続けたい。

---

50) 山本・前掲注 14) 166 頁「資産の廉売や高利の借入は、弁済継続にもかかわらず支払不能を認定する特段の事情（そうだとすればその認定は厳格になる）から、客観的弁済能力を測定する例示（そうだとすれば他の場合にも支払不能を認める余地が生じる）へと、その意義を大きく転換することになろう」。

X 偏頗行為否認の場面において、支払不能要件の規範化の検討

1 支払不能についての悪意が要件となっていること

　支払不能が偏頗行為否認の時的限界を画するについて、受益者である債権者が支払不能について悪意でない限り否認できず、その点についての立証責任も原則として破産管財人の負担とされている。これは、弁済を受けた債権者が不測の損害を被ることがないための立法の配慮である[51]。したがって、支払不能要件を規範的に考察するとして、これを基礎付ける事実の検討も、常に債権者が悪意の場合を念頭に置くことになる。

2 倒産手続の申立直前期における偏頗行為の問題

　激減したとはいえ、今も相当数の手形取引が残っており、支払期日に手形を決済できなければ、即倒産である。特に営業継続中の企業の場合、現実に手形不渡となれば混乱が起きるので、密行性を保って準備し、手形不渡となる支払期日の前に、つまり債務不履行の発生前に、手続開始申立てをすることが実務上のセオリーである。しかるに申立直前こそは、偏頗弁済がもっとも発生しやすい時期でもある。大多数の債務（例えば手形債務）の弁済期が同時に到来し、その資金手当が不可能であることが確実な状況で、一部の債務（例えば知人からの借入）につき、情を明かして返済するケースがある。期限前弁済であれば非義務的偏頗行為の問題となり、支払不能前30日に該当するか否かが問われる。たまたま、他の大多数の債務より1日早く弁済期が到来していたとすればどうか。現に債務不履行が発生していない以上、明日の申立てを知って弁済を受領しても偏頗行為否認の対象とならないとすれば、その結論には実務家として違和感を禁じえない。

3 資金繰りの精査・検討による弁済不能予測の場合

　債務不履行の発生という事態は、弁済期が到来して初めて認識されるものではない。債務者は迫り来る弁済期を意識し、資金繰りを策定して、債務不履行

---

51) 小川編・前掲注10) 229頁。

を事前に予測する。破綻を避けるべく債務者は尽力し、結果的に回避できることもある。しかし万策尽き、資金繰りを策定・検討して債務不履行が避け難いと債務者が判断するとき、もはやそれは単なる予測ではなく、客観的な支払能力の問題である。

高度の蓋然性をもって予測される債務不履行が、どのくらい将来の事象なのか——予測の成立時が債務不履行から遡る時間的間隔の長短は、規範的要件の重要な要素である。時間的に近接するほど、客観的な支払能力の欠如を認めやすい。

実務上、債務者の弁済不能予測に関する諸事情（資金繰り、資金調達努力、万策尽きたという認識、避け難い債務不履行の時期等）について、債権者が認識しているケースが考えられる（モニタリング中の金融機関や、親密な取引先が資金繰りの相談を受ける等の場合）。その債権者が、債務者に「見切りを付けて」回収に転じるときは、特に難しい問題となる（期限利益喪失については後述4に検討する。期限前弁済であれば非義務的偏頗行為否認の適用場面である）。

いうまでもなく、破綻を避ける努力こそ貴重であり、危機に瀕した債務者の救済を閉ざすことになってはならない。しかし、同時交換的行為であれば否認の問題とならないように手当てされていることに鑑みれば、他の債権者よりも事情をよく知る債権者の回収行為について、「債務者の事業継続の利益（あるいは個々の各債権者の優先的満足を得る利益）と、債権者全体の損失を被らない利益を調整」するという支払不能の趣旨から、弁済期の到来前であっても、偏頗弁済を規律する必要が認められることもありうるのではないか。それを支払不能そのもの（債務不履行不要説）とするかはともかく、事情を知った当該債権者との間では、「実質的にみて支払不能と同視できる客観的な状態」、あるいは、「現に履行期が到来し債務不履行が生じるに準じた客観的な支払不能状態」と評価できることがあるように思われる。

このように、弁済期到来前の微妙な状況につき、倒産手続からみて是認できるかどうか、否認の趣旨に照らして慎重に検討できる枠組みが望ましく、かつ予測可能性をもった準則でなければならない。支払不能の解釈論は、その微妙なバランスを保つことが求められるだろう。本稿はその試みと問題提起である。

4 銀行取引約款の請求喪失事由「その他債権保全を必要とする場合」と預金拘束

(1) 請求喪失事由の一般条項「その他債権保全を必要とする場合」

銀行取引約定には期限利益の請求喪失条項として、履行遅滞、担保目的物について差押えまたは競売手続開始、取引約定違反と並んで「前各号のほか債権保全を必要とする相当の事由が生じたとき」[52] 等の一般条項が設けられている。

この一般条項について「取引先の信用度が客観的かつ実質的に低下し、融資債権を弁済期到来まで放置しておくことを銀行に期待することが社会通念上無理であるときにのみ発動できるという趣旨において、その限りで有効と解される。具体例としては、大口取引先の倒産などで、債務者の体力からみて多額の売掛金の回収不能が生じ、あるいは連鎖倒産の懸念が明らかな場合、主力銀行が支援を打ち切った場合、自行の担保ではない債務者の主要資産への差押えや競売手続の開始、他の債権者宛の大口の債務の延滞等の悪質な債務不履行の発生・継続、役員間の内紛により業績が悪化し改善の目途が立たない場合、主力施設が被災する、主力商品に欠陥が判明する、あるいは大規模な不祥事が発覚するなどして本業に甚大な影響が及ぶことが明らかな場合等が考えられる」[53]と説明されている。長年の金融実務を通じて実例が集積され、一般条項が具体的な準則となったものであり、その適用場面は相当に広い。それだけに「期限利益喪失の必要性（例えば相殺実行の必要）が具体的に生じるまでは、その発動は慎重であるべきであろう」[54] とされる。

(2) 預金の緊急拘束

関連する問題として、預金のいわゆる「緊急拘束」がある。期限利益を喪失させれば、貸付と預金を相殺することが可能である。そこで実務上、①相殺適状を前提として、相殺前に預金の払い戻しを拒んでも債務不履行ではないという考えや、②さらに進んで、期限利益喪失前に、債権保全のため緊急避難的な例外措置として預金を拘束できるという考え方がある。これを「緊急拘束」と称し、その正当性を認める立場からは「客観的に期限の

---

52) 改正銀行取引約定書ひな型第5条2項5号。ひな型は平成12年に廃止され、各行が独自の取引約定をもっているが、おおむねこれに同じと思われる。
53) 三上徹「期限の利益喪失条項と喪失事由」塩崎勤＝雨宮真也＝山下丈編『銀行関係訴訟法〈新・裁判実務体系29〉〔補訂版〕』（青林書院・2009）167頁。
54) 同前。

利益を請求喪失させる事由は存在しているが、期限の利益を喪失させる旨の通知の送達が間に合わない場合で、当該預金を拘束しないと債権保全ができないといった場合に限って、すみやかに期限の利益を喪失させて相殺適状を作出することを条件に、緊急拘束は認められると考えるべき」[55]と説かれる。これを正当と認める複数の裁判例がある[56]。たとえ緊急拘束となっても、確定的に期限利益を喪失して相殺されるよりは債務者に有利と評価し、緊急拘束が債務不履行とならないことの根拠とする考えもある[57]。

　これに対し、緊急拘束の正当性を厳格に捉える立場からは、普通預金のような要求払預金について、顧客の期限利益喪失が銀行の相殺権の前提であり、期限利益喪失の効果が生じる前に預金拘束をすることは、仮にその間に払戻請求がなされれば債務不履行を免れないとし、相殺適状後であっても、別途差押えなき以上、払戻請求を拒絶することまでは正当化できず、相殺権者は相殺の意思表示によって自らの利益を守るべきとする[58]。

　かように緊急拘束の是非は微妙な問題であるが、金融実務上、1つの手法となっていることは事実であり、預金を緊急拘束したうえ、期限利益は喪失させずにおけば、預金拘束後、期限到来までの間の入金について形式的には「支払不能前」であり、相殺禁止効が働かないことになる[59]。

5　あえて「期限利益を喪失させない」場合と支払不能

　企業が銀行借入を期日に返済できず倒産する場合、前項で検討した通り、約定弁済日前に資金繰り破綻が決定的になっていることが稀ではない。この場合、債務不履行必要説に立てば、支払不能となる時期は期限利益に係る。請求喪失

---

55) 伊藤眞ほか編『回収〈新訂貸出管理回収手続双書〉』（金融財政事情研究会・2010）68頁。
56) 東京地判平3・2・18判タ767-174、東京高判平21・4・23金法1875-76、東京高判平24・4・26金判1408-46。
57) 印藤弘二「融資先の信用不安時の口座凍結」金法1968号（2013）4頁、前掲注56)東京高判平24・4・26。
58) 伊藤眞「危機時期における預金拘束の適法性」金法1835号（2008）10頁。
59) 三上・前掲注53) 161頁は「従来『期限利益喪失は回収の第一歩』と言われ続けてきたが、新しい倒産法制下では、これがすでに『いつ喪失させるかの選択が回収戦略の第一歩』に変わっている」と注意を喚起する。討論会「新破産法と否認の実務(下)」金法1731号（2005）28頁以下、特に33頁参照。

事由の一般条項（債権保全を必要とする相当の事由）が発動されて期限利益を喪失すれば債務不履行であり、その債務が一般的なものとみられるなら[60]、支払不能である。では期限利益を喪失させず、様子見が続くときはどうか。各当事者の破綻を避ける努力を尊重すべきであり、支払能力回復の見込みがある限り、請求喪失事由に該当するかに思われても、なお期限利益の喪失は避けることが望ましい[61]。債務者の破綻防止を模索する金融機関に対し、支援の早期打ち切りを促すような解釈は慎むべきである。

とはいえ、請求喪失事由に該当しながらあえて期限利益を喪失させず、その一方で、預金口座への入金（月末の売掛入金など）を見込んで緊急拘束し、口座着金により新たな預金債務（受働債権）を作出するような場合が仮にあれば、もはや明らかに回収局面である。貸付先の客観的支払能力不足について悪意でありながら、期限利益を喪失させるタイミングによって支払不能の時期を調節していることになる。

法が支払不能を基準時に採用したのは「債務者の財産管理・処分の自由（さらに各債権者の権利行使の自由）と、債権者全体の利益を、正当に調整」する機能に着目したからである。支払不能概念を個別優先的満足のために機能させることは趣旨に合わない。請求喪失事由の一般条項（債権保全を必要とする相当の事由）に該当するが、金融機関が当該条項を発動せず期限利益を維持している場合、少なくとも一方で預金の緊急拘束が行われるなら、客観的にみて総債権者の責任財産保全が要請される段階に入ったといえる。このような場合、形式的には期限が到来していなくとも、支払不能に該当するか（不要説）、または「支払不能と同視すべき状態」にあり、または「現に債務不履行が生じるに準じた客観的な支払不能状態」にあるということができ、支払不能に該当し、債権者の主観的要件も満たすので、偏頗弁済否認・相殺禁止の適用を受けると解する。

XI 支払停止の再検討

以上の検討にみる通り、支払不能は客観的な支払能力の問題として決すべき

---

60) 条解破産 37 頁注 12。
61) 三上・前掲注 53) 167 頁「期限利益喪失の必要性（例えば相殺実行の必要）が具体的に生じるまでは、その発動は慎重であるべきであろう」。

であり、その要件である「現に債務不履行が生じていること」については、慎重な検討を要するが、規範的な理解が可能だと考えられる。

　しかし現在も債務不履行必要説は有力であり、そのように判旨する地裁裁判例[62]もあることは先にみた通りである。その理由は、①破産法2条11項の文言、②基準明確化の要請であろう。①文言解釈についてはすでに検討した通り、両説とも許容されると考えるので、ここでは②基準明確化の要請について、立法当初から指摘された「支払不能が一定の評価を伴う概念であって、支払停止と比較して明確でないことから、信用供与に対する萎縮的効果が生ずることを懸念する」[63]という指摘を再検討する。支払停止は、それほど「明確」であろうか。「一定の評価」を伴うことはないのか。

1　支払停止の意義

　支払停止は、債務者が資力欠乏のため債務の支払をすることができないと考えてその旨を明示的または黙示的に外部に表示する行為[64]であり、支払不能を推定させる（法律上の推定）。主観的な行為であるから、誤信や弱気から支払を停止しても、支払不能でないことがありうる。支払停止の典型事例は、2回目の手形不渡により銀行取引停止処分となる場合である。1回目の手形不渡でも、事情によって支払停止に該当する[65]。黙示的な支払停止の例として「廃業」「閉店」「逃亡」等が挙げられている。

2　近時の裁判例

　手形不渡以外の外形的行為について、支払停止に該当するか否かが問題となった近時の裁判例を以下に検討する。

(1)　私的整理による再建計画を伴った弁済猶予の申し入れ　　支払停止に該当するとした事例、該当しないとした事例の双方がある。

　　(a)　支払停止に該当するとした事例[66]　　複数の金融機関に対して約定

---

62) 前注12)。
63) 法務省民事局参事官室・前掲注5) 143頁。
64) 最判昭60・2・14判時1149-159（倒産判例百選〔第4版〕(2006) 23事件)。
65) 東京地判平6・9・26金法1426-94、東京地判平9・4・28判時1628-60。
66) 東京地判平22・11・12判タ1346-241。

弁済ができず債務不履行に陥った債務者が、各金融機関に返済繰延の申し入れ書面を提出し、併せて運転資金を削りながら返済に充てていく状態はこれ以上耐え難い局面に入ったこと、今後10年間の返済計画を立案したことを説明したが、その後約9か月間は通常の営業活動を継続した後に破産した事例について、弁済猶予の申し入れが支払停止にあたることが明らかであると認定した事例である。

（b）**支払停止に該当しないとした事例**[67]　金融機関に対し、2週間後に弁済期が到来する債務について支払能力も支払意思もないことを明示し、事業再生ＡＤＲによる再建を企図していることを伝えて支払猶予を求めた事例について、合理性のある再建方針や再建計画が主要な債権者に示され、これが債権者に受け入れられる蓋然性があると認められる場合には、一般的かつ継続的に債務を弁済できない旨を外部に表示する行為とはいえず「支払の停止」に該当しないとした。

(2) 個人債務者の介入通知　個人債務者の代理人弁護士が債務整理開始通知（いわゆる介入通知）を債権者宛に一斉送付した後、通知について悪意の雇用主が、給料控除により貸金弁済を受けた事案につき、介入通知が支払停止に該当するかが争われた。最高裁は、当該介入通知の記載内容等を総合的に検討し、破産申立方針が明記されていなくとも支払停止に該当するとした[68]。

(3) 黙示の行為（会社更生申立直前の社債弁済期の例）　内部的に会社更生手続開始申立ての方針を決めた会社が、社債弁済期前に弁済資金を入金しなかった行為につき、相手方が大手金融機関であることを併せ考慮し、一般

---

67) 東京地決平23・11・24金法1940-148。
　　事案の概要は以下の通りである。債務者は、10月30日に準メインＸ銀行との間に根抵当権設定契約を締結したが登記を留保していたところ、事業再建の方策として、事業再生ＡＤＲを利用することを企図し、12月16日にメイン行を、同月17日には準メイン行を訪問して、同月30日および翌年1月4日に弁済期が到来する借入金について支払能力も意思もないことを明示し、事業再生ＡＤＲによる再建を企図していることを伝えて、支払猶予を申し入れた。その後Ｘ銀行は12月24日に根抵当権の仮登記を具備した。債務者は翌年1月に事業再生ＡＤＲの正式申込みを行ったが、金融債権者相互の調整が難航したことから2月2日に事業再生ＡＤＲを取り下げ、同日、会社更生手続開始の申立てを行った。会社更生手続において仮登記具備行為の否認該当性が争われ、12月17日の支払猶予が支払停止に該当するか問題とされた。

68) 最判平24・10・19金法1962-60。須藤裁判官の補足意見がある。

的継続的に債務弁済できないことを黙示的に示す行為であって支払停止に該当するとした（控訴）[69]。

(4) **黙示の行為（信用喪失後の手形支払期日の例）**　コンプライアンス違反疑念の報道等から新規受注を得ることができなくなる可能性が強いと判断されて債務者が信用を喪失した後、手形不渡となる前日から同日にかけて、当座預金口座に決済預金を入金することなく、手形債務の決済資金について一切手当てをしようとしなかった行為をとらえ、弁済期にある債務について一般的かつ継続的に弁済することができない旨を外部である銀行に黙示的に表示する行為であり、債務者は手形不渡当日の午前０時に支払を停止したものであって、同日午前０時に支払不能になったと認定した[70]。

[69] 大阪地判平21・4・16金法1880-41。
　　事案の概要は以下の通りである。12月26日に社債の弁済期が到来し、これを弁済しなければ信用を失墜し、他の債務についても期限利益を喪失し、または喪失のおそれがあることから、社債償還原資を当該金融機関に交付できなければ倒産必至であったということができる場合に、当該債務者が内部的に会社更生手続を選択することを決定し、代理人弁護士の指示のもと当該社債元金等の交付日であった同月21日に入金をせず、当該金融機関からの入金要請に対しても財務担当役員の指示がない限り入金できないとして入金を断った。同月25日（月）に至り、週末の売上金が現在に存在し、かつ当該金融機関もその売上金の存在を認識しているのに、同様の形式的理由で入金を拒んで現金確保に努めたことについて、判旨は「事業継続上極めて不自然な行動」であり「当該金融機関が大手金融機関であって一般的に取引先の倒産という事態についても多数経験している事情を併せて考慮すると」「上記異常行動は、本件社債がデフォルトとなり他の債務についてもその期限の利益が喪失したとしても現金の確保を優先するという行動を示したものということができ」「一定の現金を必要とする法的整理手続の準備に入ったことを示すもの」であって、「社債元金等の不払によって期限利益を喪失する全ての債務の支払を拒絶することを示したと評価することができる」ので、一般的かつ継続的に債務の弁済をすることができないと黙示的に表示した行為があるとして、同月25日の時点において支払停止を認定した。

[70] 東京地判平19・3・29金法1819-40。
　　事案の概要は以下の通りである。債務者Ａ社が将来的に建設工事を受注できることがＹ銀行のＡ社に対する信用供与の前提であったところ、耐震偽装問題が世間の注目を集める中、建設会社Ａ社の関与を疑わせる内容の新聞報道等があり、これを受けてＹ銀行は11月19日、Ａ社の支援打ち切りを決定し、銀行取引約定に定める「債権保全を必要とする相当の事由」があるとして期限利益喪失を通知したが、この段階でＡ社はＹ銀行に対する債務16億円に対して21億円の弁済原資を確保しており、支払不能ではなかった。21日が手形7億円の支払期日であり、先に期限到来した16億円と合計して23億円の債務についてＡ社は弁済資金が調達できない客観的な状態に陥った。同月20日午

3　支払停止概念の実質化・規範化

　以上の裁判例にみる通り、ある外形的行為が「支払停止」に該当するか否か、それ自体が法的評価の対象であり、決して一義明確とは限らない。裁判例は、当該行為について実質的に検討し、法的規範的に評価して、支払停止に該当するかを判断しているのである。支払停止該当性について、行為態様の明示性・黙示性と、行為の相手方の一般性・個別性という観点から整理することが理解に資すると思われる（次頁の参考図を参照）。

4　弁済猶予・一部免除の申し入れ

　一部免除等の要請をなし、仮にその要請が受け入れられるならば残部について弁済をなしうる旨を表明した場合には、債権者による受け入れ可能性等からみて相当とみなされるものであれば、支払停止にあたらないという見解がある[71]。

　この見解によれば、受け入れ可能性など相当性如何によって支払停止となるか否かが分かれる。外形的な行為について規範的な判断を持ち込むことは避けるべきであり、純客観的に外形的行為だけから判断すべきであって、債務一般について弁済猶予や一部免除の申し入れがあれば、常に支払停止に該当するとも思われる。

　しかし、支払停止が問題とする客観的外形的行為は、債務者の主観の顕れと

後6時頃、Y銀行支店長らがA本社を訪れ、支援を継続できない旨を伝達したところ、A社は従業員給与2か月分相当を残してほしい旨を要請し、Y銀行はこれを検討した結果、翌21日（手形不渡当日）午前、A社に対し1億5600万円を解放すること、11億円余を回収することを伝え、小切手2通をY銀行に持参させた。持参交付された小切手により、Y銀行は同日午前11時15分から午後1時58分にかけて11億円余を貸付回収口座に振り替えて回収する一方、午前11時53分から58分にかけておよび午後0時24分に手形不渡処理をして、午後2時40分、A社の取引先に対して一斉に資金不足を理由に手形の不渡発信をした。判旨は、同月20日から21日にかけて、A社が当座預金口座に決済預金を入金することなく、手形債務の決済資金について一切手当てをしようとしなかった行為をとらえ、弁済期にある債務について一般的かつ継続的に弁済することができない旨を外部であるY銀行に黙示的に表示する行為であり、A社は同月21日（不渡となるべき手形支払期日）の午前0時に支払を停止したものであり、同月21日午前0時の時点で支払不能となったと認定して、21日昼の弁済11億円余について偏頗行為否認を認めた。

71) 伊藤眞「債務免除等要請行為と支払停止概念」NBL670号（1999）15頁、同「第3極としての事業再生ＡＤＲ」金法1874号（2009）144頁。

様々な行為例と支払停止該当性

	一般的行為 （広く外部から認識可能）	個別的行為 （当該行為の相手方のみ認識可能）
明示の行為	#貼り紙	#債務整理開始通知 　各債権者へ一斉に通知する場合 　　個別債権者のみに連絡の場合 　　破産方針に言及する・しない #弁済猶予 （大）（受け入れ可能性・相当性）（小） 事業再生ADRを前提 　　各行へ・1行のみへ
黙示の行為	#手形不渡（2回目） 　#手形不渡（1回目） 　　#廃業・閉店・逃亡 （支払停止の該当性） （該当する）　　　　（該当せず）	#弁済期前に支払口座に弁済資金を用意しないこと（外部的行為なし） （支払停止の該当性） （該当する）　　　　（該当せず）

しての行為である。純粋に客観的な現象としてのみ捉えることはできず、どのような主観が顕れた行為なのかを検討すべきである。債権者による受け入れ可能性からみて相当であり、資力回復の合理的見込みを伴うものである限り、自己の資力回復を信じてこれを外部に表示する債務者の主観的行為（猶予・免除があれば支払うことができる）であって、支払停止に該当しないとの立場に賛成する[72]。

---

[72] 伊藤・前掲注71)「債務免除等要請行為と支払停止概念」15頁。杉山悦子・ジュリ1188号（2000）84頁（福岡高決平9・4・22判タ956-291の評釈）は「猶予が全く期待できない場合に履行猶予を求める行為は、猶予がなければ支払えない旨の表明と解され支払停止と認められるが、これに対し、猶予が期待できる場合に債務者が猶予を求める行為は、猶予があれば支払うことができる旨の表明と解され、支払停止は認められない」とする。

実務上も、事業者が締結している各種約定・コベナンツ等には、支払停止を期限喪失事由とするものがあり、弁済猶予を伴う再建計画の呈示が常に支払停止となれば、一斉に期限を喪失して即破産に追い込まれることになりかねない。例えば、特定認証紛争解決事業者である事業再生実務家協会による事業再生ＡＤＲ手続（以下「事業再生ＡＤＲ」という）では、協会と債務者が連名で「一時停止」の申出を行うが、これが支払停止に該当するとなれば連鎖的に各取引のデフォルト（特に、対象債権としない公募社債の期限前弁済や、デリバティブの早期解約など）が発生し、私的整理の続行は不可能となってしまう[73]。事業再生ＡＤＲの一時停止は厳格な審査と手続に基づいて発せられるものであり、支払停止には該当しない[74]。

5 黙示の行為を個別的に表示する場合

先に検討した2(3)・(4)の裁判例はいずれも、支払日を目前にして、弁済原資を支払口座に用意しなかったという事実をとらえ、当該口座がある金融機関を相手方とする黙示の支払停止行為と認定した。行為態様に加え、行為の相手方も個別的であることに特徴がある。従来から講学上「黙示の支払停止」として説明される「廃業」「閉店」「逃亡」等の行為は、支払できない旨の表示方法は黙示であっても、行為そのものは一般的に外部から認識可能である。しかし「弁済原資を支払口座に用意しなかった」行為は、当該口座のある金融機関には認識できるが、それ以外の外部からは認識できない。こうした個別的・黙示的行為の場合まで、あえて「支払停止」を認定することに、どれほどの意味があるだろうか。

支払停止に該当するか微妙な判断を迫られるケースになれば、実質的に検討して支払停止を認定したうえ、法律上の推定を経て支払不能を認定するアプローチと、間接事実から端的に支払不能という客観的状態を認定するアプロー

---

[73] 事業再生迅速化研究会「会社更生手続における手続迅速化に関する運用上・立法上の提言(上)」NBL987号(2012)85頁注18は、クレジットデフォルトスワップ(CDS)のクレジットイベントを指摘する。
[74] 伊藤・前掲注71)「第3極としての事業再生ＡＤＲ」144頁は「事業再生の見込みがあり、それが債権者全体の利益保全に資するものであるとの協会の判断を表明したものという性質を持っている」と説明する。

チとの差異は少なくなってくる。

6　再考・手形不渡

　むしろ手形不渡（特に、2回目の手形不渡）が、例外的に一義明確だったのである。手形不渡は「生の事実」であるが、それさえあれば一義明確に支払停止という法律概念を示し、特段の法的評価の作業を必要としない。その点で手形不渡は特殊な、事実認定の実務的観点からは「便利な」事実である。その例外的な手形不渡が、たまたまわが国の企業倒産においては大部分を占めるという現象が定着していたゆえに、「手形不渡＝支払停止＝支払不能」という認定が当然のパターンとなった。先に検討した裁判例 **2**(3)・(4) は、技巧をこらして支払停止を認定しており、それもまた 1 つの方法であろうが、むしろ支払不能という客観的な状態を端的に認定すれば足りたのではないか。

　確かに「支払不能」は客観的な状態であるから、その認定は外部的行為等の間接事実を積み重ねて推定することになる。しかし、そのような認定方法はそもそも裁判実務に一般的な法的営為であり、特別に珍しいことではない。たまたま手形不渡その他、一義明確に支払停止といえる行為があれば、法律上の推定が働いて便宜だというだけのことであって、間接事実から客観的状態を端的に認定するルートを避ける必要はない。

　このように考えるとき、手形不渡を伴わない企業倒産が常態化している現在では、手形不渡の減少に伴って、支払停止による支払不能の推定機能が活用される場面も減少しているというべきである[75]。

　とすれば「支払不能は支払停止と異なって客観的状態だから曖昧だ」という破産法改正時の議論を今日的に解釈するに、支払不能が曖昧なのではなく、手形不渡が他と比較して特別に明確であるということを裏から指摘していたに過ぎないようにも思われる。

---

75) 松山地判平 22・1・13 金法 1941-168（高松高判平 22・9・28 金法 1941-158 の原審）（上告不受理）は、9 月末の支払資金の借入が困難となった 9 月 28 日をもって支払不能を認定し、その後、代理人が各債権者あて破産申立受任を通知した 10 月 9 日をもって支払停止を認定した事例であり、支払不能が先行している。なお金融機関 1 行に対して 10 月 2 日に「6 日をめどに受任通知をする」と伝えたが、個別対応にとどまることから、この時点で支払停止に該当しないとした。

XII 裁判例の検討[76]

債務不履行必要説に立つとみられる判示を含む裁判例2例について検討する。

1 東京地判平19・3・29（金法1819-40）

先に検討したXI 2(4)の裁判例である。

まずメイン銀行からの借入債務16億円について、11月19日（土）の期限利益喪失通知で期限が到来し、11月20日（日）にメイン銀行が支援打切を通告した後、11月21日（月）に支払手形7億円の支払期日が到来し、21日の午前0時をもって支払不能が認定されている。より精密にみれば、以下の通りである[77]。

19日（土）	期限利益喪失通知による弁済期到来	15億9500万円
20日（日）	メイン銀行の支援打切通告	
21日（月）	手形支払期日到来	7億1912万2492円
	合計債務（他の金融債務、仕入債務等を除く）	23億1412万2492円
21日（月）における全預金		22億9619万4960円
その他に調達できる弁済原資なし		

＊現金は数十万円程度であり、土日は銀行休業日であり、担保設定済み不動産は即時に換価できず、売掛金の入金予定があるも、耐震偽装によるパニック的な信用喪失状況と手形不渡から、予定通りに入金する見込みはないことが詳細に認定されている。

メイン銀行は20日に債務者に支援打切を通告したので、この時点で手形決済できないことは明らかであり、債務者が倒産必至であることが債務者と銀行の共通認識であって、それを前提に債務者は給料2か月分を残してほしいと要請している。20日の支援打切時点で客観的な状態としての支払不能を認定することができる。

---

76) 開始原因としての支払不能につき、東京高決平23・9・16金判1381-33は履行期が到来した債務を弁済する資力があっても支払不能を認めた事案であり、債務不履行不要説に馴染む。前注12）。

77) 債務不履行必要説の立場から、本件の詳細な検討として、三上徹「新破産法と支払不能・支払停止、相殺禁止の時期」金法1820号（2007）8頁がある。

本件で問題となった回収は21日の昼に行われたので、それより前に支払不能を認定すれば否認成立であり、20日の支援打切通告で支払不能とするか、21日午前0時とするかで結論に差異がなかった。決定的だった手形債務の期限到来時（21日午前0時）まで認定を待つ方が期限債務不履行必要説にも適合して穏当だ、という程度の差異に過ぎなかったのではないか。不渡処分は21日の午後3時であり、それより前の21日午前0時に支払不能を認定したという点で、現に債務不履行が生ずる前に支払不能を認めたケースとも評価しうる。

　なお、本件では19日に期限利益喪失により銀行借入分の債務弁済期限が到来しているが、仮に期限利益喪失通知がなく、20日の支援打切通告だけであった場合はどうか。

　21日の手形を不渡にする場合、当然に他についても期限利益を喪失すること、支払できないことが20日の時点ですでに明らかである。

　21日の手形債務を履行する（手形を「落としてしまう」）場合でも、20日に支援打切通告を受けているので、前記の資金繰り状況から残債務（当該金融機関以外の債務を含む総債務）を支払できないことが明らかである。現に本事案では、債務者は銀行の支援打切通告を受けた後は手形債務を履行する考えがなかったことが窺える。

　いずれの場合でも、20日の支援打切通告をもって支払不能の客観的状態を認定できるのであり、19日の期限利益喪失（現に債務不履行が生じていたこと）は本件において決定的な事情ではない。

2　東京地判平22・7・8（判時2094-69）[78]

　K社がLB社に金銭預託（①）し、その返還請求権を担保（②）にSA社が

---

[78]　事案の詳細は以下の通りである。某社が証券取引法違反容疑で強制捜査を受けた事件の後、某社傘下のK社が、経営安定のため某社傘下から脱却することが至上命題となっていたところ、SA社がK社株の公開買付を企図し、K社もこれに期待する状況の中で、SA社がLB社から公開買付資金を借入調達することとなった。まず、K社がLB社に120億円を預託し、その預託金返還請求権を担保（質権設定）として、同時にSA社がLB社から公開買付資金120億円を借り入れて、これを原資にSA社は公開買付を行い、K社の株式51％を取得した。次に、LB社とK社は質権を合意解約し、LB社は120億円をK社に返還したが、同時に、K社は同額を親会社となったSA社に預託し、SA社は同額をLB社に預託して、同預託金返還請求権にSA社借入を被担保

ＬＢ社から預託額と同額を借り入れて（③）公開買付の原資を調達し、Ｋ社の株式を取得した（④）。ＳＡ社の子会社となったＫ社はＬＢ社に預託していた金銭の返還を受け（⑤）、同時にこれをＳＡ社に預託し（⑥）、さらに同時にＳＡ社がＬＢ社に預託して（⑦）その返還請求権に質権を設定した（⑧）。ＬＢ社は、ＳＡ社への貸付を被担保債権として、当初はＫ社から（②）、引き続きＳＡ社から（⑧）担保設定を受けたことになる。その後ＳＡ社が破産し、管財人は質権設定（⑧）を否認（破162条1項2号）して、Ｋ社のＳＡ社に対する預託（⑥）以降、ＳＡ社はＫ社の請求があれば返還すべき債務を負うが、その支払能力がなく、現に弁済期が到来せずとも、ＳＡ社の質権設定時から30日以内に支払不能に陥っていたと主張した（下記の参考図を参照）。判旨は、債務不履行必要説を述べて支払不能を否定した。

子会社となったＫ社がＳＡ社へ預託する（⑥）のは、さらにＳＡ社からＬＢ

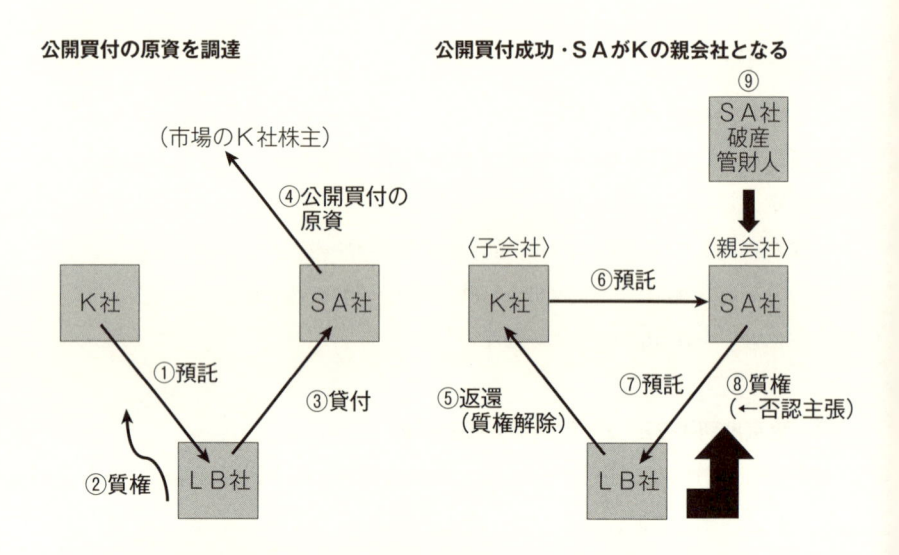

公開買付の原資を調達　　　　　　　　**公開買付成功・ＳＡがＫの親会社となる**

債権とする質権を設定した。

　ＳＡ社破産管財人はＳＡ社の質権設定を否認し（破162条1項2号）、支払不能時期が争われた。ＳＡ社破産管財人は、Ｋ社のＳＡ社に対する120億円の預託をとらえ、同預託以降、ＳＡ社はＫ社の請求があれば返還すべき債務を負っており、この債務を弁済できる状況にはなかったので、現に弁済期が到来しなくても、質権設定時から30日以内には支払不能に陥っていたと主張したが、東京地裁は、Ｋ社質権の解除と、ＳＡ社質権の設定が、一連のＬＢ社に対する質権設定を実質的に継続する行為であると指摘したうえ、債務不履行必要説を述べて支払不能を否定した。

社に預託して借入金の担保を継続する（⑦）趣旨が明らかであり、そもそも偏頗性に疑問がある。Ｋ社がＳＡ社に預託金返還を迫る事態は予定されておらず（現実にも返還請求権は行使されなかった）債務不履行不要説の立場からも、「将来のある時点から弁済期の到来した債務を一般的・継続的に支払えなくなることが確実」という状況にはないことが明らかな事案である。支払不能の要件につき債務不履行の要否いずれの解釈からも、請求棄却の結論は変わらない[79]。

3 結 論

以上の通り、いずれの判例も、債務不履行必要説を必須の前提として初めて結論を得るものではなく、厳格な債務不履行必要説を採用していると評価することはできない[80]。むしろ、きめ細かい事実認定を経て妥当な結論を導いているというべきである。

XIII 結 語

外形的行為である支払停止もまた実質的、規範的な概念であり、当該行為の支払停止該当性を検討するについては、行為態様の明示性・黙示性と、行為の相手方の一般性・個別性という観点から整理することができる。

支払不能の解釈については、予測可能性を保ちつつ実質的、規範的に考え、現に債務不履行が発生していない場合であっても、支払不能と同視すべき場合、または現に債務不履行が発生するに準じた支払不能の状態を認めうると解する。今後の実務展開により、将来の債務不履行の予測の高度の蓋然性について間接事実が集積され、債務不履行なき支払不能について準則化が図られることもありうると考える。

---

79) 本件評釈である栗原伸輔・ジュリ1448号（2012）111頁は「弁済期の到来した債務の要否についての解釈論によって結論が左右される事件ではなかったように思われ」ると指摘する。
80) 伊藤・会更40頁注12は、前注78）の判例（東京地判平22・7・8判時2094-69）が「債務者が、無理算段をしているような場合や、高利貸しによる借入れをしながら債務を支払っているような場合には、支払不能に当たるとされることがある」と判示する点をとらえ、支払能力の点から支払不能状態についての弾力的解釈の余地を認めるものと評価する。

◉── 一裁判官の視点

　本論稿は、支払不能というためには債務不履行が必要かという問題提起をする。裁判実務のあり方を考えた場合、効果の重大さを考えると支払不能の説明として明確さを優先し、一般的には支払不能について債務不履行を要求しておくこととし、具体的事実経過によって、間近に迫った履行期までに金策がつかず債務不履行必至という状態にあり、厳密に履行期経過を要求すると効果において実質的に不都合が生じるというときには、債務不履行があったと「同視する」とか「準じる」などとして、結論のおさまりをよくするのではないかと思われる。本論稿が指摘するように、手形の利用数の減少に伴い手形の不渡も減少したが、そうした状況下における現実の裁判の場で、きめ細かい事実認定がされていることもまた本論稿で指摘されている通りのように思われる。これは、裁判所も形式的なあてはめだけをすれば足りるという姿勢にないことを示しているといってよく、そのことからすれば、裁判実務としての支払不能の一般的な基準が動くのは難しいように思われる。支払不能や支払停止については、本論稿の指摘の通り、具体的な事実を踏まえて要素を抽出して準則化が図られるということになっていくものと思われる。その際は、裁判所が適切に判断をすることができるよう、例えば、銀行取引約定の文言とその適用場面との乖離の有無、程度等といった金融実務の実情に関する的確な訴訟活動が不可欠となる。

（山崎栄一郎）

9 将来賃料債権処分等の倒産法上の取扱い
――「投資の清算」理念からの試論

籠池信宏

I　倒産手続は、「倒産手続開始前の投資関係（債権債務関係）の清算」を本質とする手続であり、過去投資たる倒産債権に対する清算分配の原資は、倒産手続開始時に実在し倒産債務者に帰属する責任財産（経済価値）に限定されるのが、倒産法の理念的要請である。

II　将来債権譲渡等取引は、倒産債務者による将来の財貨・用益の提供を対価的給付とする与信取引の一種（いわゆる「信用供与型取引」）であり、将来債権譲受人は、倒産手続上、倒産債権者として処遇すべきである。

III　上記Iの「投資の清算」の法理に立脚すれば、倒産法上の相殺権の行使は、倒産手続開始時に、倒産債権への優先引当ての対象となるべき責任財産（受働債権にあたる資産）が実在し、倒産債務者に帰属していることが前提となる。倒産手続開始後に負担した債務による相殺を禁止する倒産法上の規定（破71条1項1号ほか）は、「投資の清算」法理を踏まえて「受働債権の開始時実在性」を要請する趣旨の、倒産法上の相殺の原則的規律として理解すべきである（したがって、「相殺の合理的期待」の有無によって倒産法上の相殺の可否を判断する有力説の考え方は妥当ではなく、停止条件付債務を受働債権とする相殺も例外則としてその許容範囲を限定的に解すべきである）。

IV　将来賃料債権は、賃貸不動産の使用収益をなさしめるという将来時点の用益提供（経済的負担）が履行されて初めて発生する債権であり、倒産手続開始時に実在する債権ではないから、将来賃料債権を受働債権とする相殺は本来認められるべきではない（民再92条2項、会更48条2項は、本来は認められない相殺権の行使を、政策的に6月分の限度で認めたものと理解すべきである）。

I 将来賃料債権の処分等に関する現行法の取扱いと問題の所在

1 将来賃料債権の処分等に関する現行法の取扱い

(1) 現行倒産法は、㋐賃貸人による将来賃料債権の処分、㋑賃借人による賃料の前払い[1]、㋒賃借人による将来賃料債権を受働債権とする相殺、を次のように取り扱っている。

㋐および㋑については、将来賃料債権の処分および賃料の前払いの効力を倒産手続開始後2期分に制限していた旧破産法63条を廃止し、実体法において将来賃料債権の処分等の効力が認められる限り、倒産手続においても無制限に将来賃料債権の処分等の効力が認められる取扱いに改めた。

㋒については、相殺の範囲を倒産手続開始後2期分に制限していた旧破産法103条1項前段を廃止し、破産手続においては無制限に相殺が認められる取扱いに改めた。他方、再生手続・更生手続においては、倒産手続開始時賃料6月分の限度で相殺を認める取扱いに改めた（民再92条2項、会更48条2項）。

(2) 上記㋐〜㋒の改正後取扱いの論拠としては、次のような点が指摘されている[2]。

① 民法および民事執行法において、将来債権譲渡等の効力が広く認められる取扱いとされる中で、倒産手続においてのみ将来債権譲渡等の効力を制約する合理性を見いだしえないこと

② 将来債権譲渡等による資金調達によって倒産債務者がすでに利益を受けている以上、倒産手続開始時に倒産債務者に帰属する財産は、当該譲渡等によって賃料債権が流出した財産であり、負担のみが倒産債務者に帰すこともやむをえないと考えられること

③ 倒産手続における将来賃料債権処分等の効力の制約は、賃料債権の証券

---

1) 「賃料の前払い」は賃借人自身が賃料債権譲受人となることを意味し、問題の所在は「将来賃料債権の処分」と変わらない（基本構造298頁〔松下淳一発言〕）。そこで、以下においては、両者を併せて考察する。なお、経済的観点からは、「前払い」は、典型的な与信取引（信用供与型取引）として位置付けられ、その意味においても、後述の信用供与型取引についての議論があてはまる。

2) 小川秀樹編『一問一答　新しい破産法』（商事法務・2004）88頁、90頁。

化取引の安全を損ない、証券化スキームによる資金調達の妨げになること
④一般に相殺権の行使が広く保障されている破産手続において、賃料債権を受働債権とする場合にのみ特別に制限を課す合理性を見いだしえないこと

2 現行法の取扱いについての疑問点

上記の現行法の取扱いについては、以下のような疑問点がある。

(1) ①の点については、倒産法の本質的目的や、その目的から派生する平時実体法秩序に対する修正原理が看過されているのではないかという疑問がある。

倒産手続は、倒産手続開始時に倒産債務者に帰属する全財産を責任財産として倒産債権者間での衡平分配を図る包括執行手続であり、「倒産手続開始前の投資関係（債権債務関係）の清算」を本質とする手続であると理解される。

倒産法は、財政破綻状態に陥った投資客体たる倒産債務者の投資関係をリセット（清算・整理）することを目的とした法制度であり、かかる目的を達成するために、平時実体法に基づく権利義務関係を修正し、倒産債権者の権利を変更する制約原理として機能する。

倒産法は、「投資の清算」局面における権利義務関係を規律する特別法であり、①の指摘はこのような倒産法の機能を看過している。

(2) ②の点については、「倒産手続開始時の責任財産による倒産債権者間での衡平分配」という「投資の清算」の理念に反し、倒産債務者の経済的再生（フレッシュスタート）の実現という倒産法の目的にも反するという批判が可能である。

後述の通り、将来債権譲渡等取引は、「信用供与型取引」としての属性を備えており、将来債権譲渡等取引に基づく債権者は、倒産債権者として処遇すべきである。

(3) ③の点については、将来賃料債権処分等の効力を制約したとしても、倒産隔離措置が講じられている証券化取引への特段の悪影響は考えられないのではないかという疑問がある。

むしろ、過剰与信により投資客体が財政破綻状態に陥った場合にこそ、倒産

法に基づいて平時実体法に基づく権利義務関係を修正し、適正な「投資の清算」を図ることが必要であると考える。

(4) ④の点については、将来賃料債権のように、用益の提供という対価的給付を履行することによって初めて発生する債権の場合でも、「停止条件付債務」として相殺に供することが認められるのか、また、このように倒産手続開始時に実在しない資産（受働債権）を優先的回収財源とする相殺を認めることは、「投資の清算」の法理に照らして合理的といえるのかという疑問がある。

3　私見要旨

倒産手続における将来賃料債権処分等の取扱いについての私見を先に述べれば、次の通りである。

(1) 将来債権譲渡等取引については、倒産手続上、将来債権の処分効を否定すべきであり、将来債権譲渡等取引の債権者は倒産債権者として処遇すべきである。

その論拠は、Ⓐ将来債権譲渡等取引が「信用供与型取引」（倒産債務者の信用リスクを孕んだ金融取引）にあたること、および、Ⓑ「投資の清算」の法理、すなわち、倒産手続においては、倒産手続開始時に倒産債務者に帰属する財産は、すべて倒産債権者に対する清算分配の対象となるべき責任財産として捕捉されており、既存の倒産債権は当該責任財産をもって清算・整理されるから、倒産債権者はもはや倒産手続開始後に発生する将来債権（当該将来債権は主として倒産手続開始時に実在する他の責任財産の価値変形物に過ぎない）の自身への帰属を主張しえないこと、に求められる。

(2) 将来賃料債権を受働債権とする相殺は、倒産手続上、本来認められるべきものではない。民事再生法92条2項、会社更生法48条2項は、本来は認められない相殺権の行使を、政策的に6月分の限度で認めたものと理解すべきである。

その論拠は、Ⓒ倒産債権に対する清算分配の原資を倒産手続開始時の責任財産に限定する「投資の清算」の法理を前提にすれば、倒産法上の相殺が認められるためには、倒産債権の優先回収を正当化する相殺見合いの責任財産（受働債権）が倒産手続開始時に実在していることが必要であるところ（破産法71条1項1号、民事再生法93条1項1号、会社更生法49条1項1号は、この理に基づく

倒産法上の相殺に関わる根本的規定として理解される)、将来賃料債権は倒産手続開始時に実在する債権ではないから、回収財源となるべき相殺見合いの責任財産たりえず、もともと債権債務の簡易決済手段たる相殺を認める基礎を欠くうえ、優先回収を認めるべき法的根拠も見いだし難いこと、に求められる。

II 倒産手続は「投資の清算」を本質とする手続であること

1 倒産手続における債権債務処理の大要

(1) 倒産手続は、倒産手続開始時に倒産債務者に帰属する全財産を責任財産として、倒産債権者間での衡平分配を図る包括執行手続として位置付けられる。

(2) 倒産手続の処理の大要を経済的観点からみた場合、「倒産手続開始前の投資関係(債権債務関係)の清算」を本質とする手続であると理解される。

清算型倒産手続の場合、処理の大要はまさに「投資の清算」そのものである。清算型倒産手続では、倒産手続開始時の貸借対照表(BS)を前提として、資産計上されるべき全財産を換金したうえで弁済原資とし、負債計上されるべき倒産債権を弁済対象債権として、実体法に定めるプライオリティルールに基づく清算分配がなされる。

再建型倒産手続の場合[3]、清算型倒産手続と異なり、現有資産の即時換金を前提とするものではないものの、倒産手続開始時のBSを前提とする財産評定を通じて、「観念的な清算」が実施される。すなわち、再建型倒産手続では、財産評定手続において、資産計上されるべき全財産を評価することにより、倒産債権者に対する理論値としての弁済総額が画定される。そして負債計上されるべき倒産債権が弁済対象債権として確定され、実体法に定めるプライオリティルールに基づく再分配が、更生計画等に定める権利変更に基づいて実施される。

---

3) 再建型倒産手続のうち再生手続については、無担保債権のみを手続対象とする簡易な制度設計とされているが、倒産手続開始時のBSを前提とする財産評定手続を踏まえて、倒産債権に対する弁済総額の画定と、倒産債権の権利変更(債権カット)が行われるという基本構造自体は更生手続と変わりがないから、その大要は「倒産手続開始前の投資関係(債権債務関係)の清算」といって差し支えない。

(3) 上記の通り、倒産手続においては、倒産手続開始時に倒産債務者に帰属する資産を弁済原資として総倒産債権に対する弁済総額を画定し、倒産債権を整理・清算するという調整手法がとられる。

個別の倒産債権ベースでみれば、倒産手続開始時をもって倒産債権の権利行使は凍結され、上記のプロセスによって算出される総倒産債権に対する弁済原資を基礎として、当該弁済原資の総額に見合うように、それぞれの倒産債権の担保付債権・無担保債権の別、優先性の有無等のプライオリティに応じて、権利の変更（権利の縮減）が図られる。

(4) 倒産手続開始時の責任財産を基礎として、その責任財産の総額に見合うように、すべての倒産債権者を通じてプライオリティルールに基づく権利変更（債権の減縮）を行うという法的仕組みは、個別執行手続や平時実体法にはなく、これは倒産法独自の仕組みである[4]。

2 倒産手続を「投資の清算」手続として捉えることの意味——倒産法のもつ「リセット機能」が再認識されるべきこと

(1) 上記の通り、倒産手続は、「倒産手続開始時の責任財産による倒産債権（過去投資）の清算」を基本構造としており、このような構造をもつ倒産手続は「投資の清算」を本質とする手続であると理解される。

(2) 別の観点からすれば、倒産法は、投資客体が財政破綻状態に陥った局面において、裁判所の関与のもと、既存の投資関係（債権債務関係）を強制的にリセット（清算・整理）する法制度であると捉えることができる。

既存の投資関係を強制的にリセットする法制度が存在することによって、平時には過剰な信用取引を戒める機能をもつとともに、有事にはリセット機能に基づく「過去投資の清算」を通じて、投資客体たる個人や企業の財政破綻状態を解消し、その経済的再生と、将来に向かっての投資関係の正常化を図ることが可能になる。

倒産法は、このようなリセット機能を通じて、財政破綻状態に陥った投資客

---

[4] 清算型倒産手続のうち破産手続については、倒産債権の権利変更（債権の減縮）は予定されていないが、これは手続内ですべての責任財産を実際に換価分配してしまうことから、あえて財産評定等に基づく理論値による倒産債権の権利変更（債権の減縮）を行う必要がないために過ぎない。

体についてスクラップアンドビルドの実現を目的とする法制度であり、平時実体法秩序にはない独自の目的と理念を備えている[5]。

(3)　上記の通り、倒産手続を「投資の清算」という視点から捉え直すことによって、ⓐ既存の投資関係をリセットし、「投資の清算」を通じて、個人や企業の経済的再生を実現するという倒産法の目的と、ⓑ倒産法が、かかる目的を実現するために、平時実体法秩序に基づく権利義務関係の修正を図るべき特別法としての位置付けにあること、が再認識されるべきである[6]。

(4)　以下においては、「投資の清算」の考え方について、㋐内容（開始時責任財産による過去投資の清算）と基礎となる倒産法上の制度（財産評定制度）、㋑論拠（倒産債権者の投資の自己責任原則）、㋒目的（将来投資価値に対する倒産債権者の追求の遮断）、㋓帰結（過去投資の倒産手続外処理の禁止）、の順に従って論ずる。

3　「投資の清算」の内容（開始時責任財産による過去投資の清算）と基礎となる倒産法上の制度（財産評定制度）

(1)　「開始時責任財産による過去投資の清算」という「投資の清算」の考え方は、開始時責任財産と過去投資との経済的・会計的な結びつきを前提としており、倒産手続上の仕組みとしては、財産評定制度（破153条、民再124条、会更83条）によって基礎付けられている。

(2)　財産評定制度は、倒産手続開始時に倒産債務者に帰属するすべての財産価額を評定し、同時点の貸借対照表を作成することを内容とする。財産評定貸借対照表（財産評定ＢＳ）は、倒産債務者を投資客体として投下された投資

----

5) 倒産法の存在理由（法システムとしてのアイデンティティ）は、投資客体の破綻に際し、過去投資を強制的にリセット（清算・整理）する機能を備えた法制度が存在することによって、正常な投資秩序の維持、回復が図られ、社会経済全体のパレート効率の改善に資することに求められる。
6) 将来賃料債権処分等の取扱いに関する現行倒産法改正時の考え方（前掲①～④）は、倒産法の基本理念に通ずる「リセット機能」を損ない、これに抵触しているのではないかというのが、筆者の率直な実感である。法改正時の考え方は、平時実体法に基づく「投資の継続」の理論をそのまま倒産局面に適用しようとするものであるが、これは「リセット機能」を企図した「投資の清算」を前提とする倒産法の理念とは根本的に相容れない考え方であるように思われる。

資金について、倒産手続開始時の資産運用状態を借方に計上し、資金の調達源泉を貸方に計上して表示する。

「投資の清算」の考え方は、倒産手続開始時の財産評定ＢＳをもとに、そのまま、借方計上されている資産を「清算原資となるべき責任財産」として捉え、貸方計上されている倒産債権を「清算分配に与る対象債権」として捉えることを意味する。

(3) 前記の通り、清算型倒産手続では、借方計上されている責任財産を実際に換価処分し、換価金を清算配当する方式をもって「投資の清算」が実現される。

再建型倒産手続では、借方計上されている責任財産に見合う額にまで倒産債権の額を圧縮整理（権利変更による債権の減縮）する方式をもって広義の「投資の清算」が実現される。

(4) 上記の通り、「開始時責任財産と過去投資との紐付き関係」は、倒産手続開始時の財産評定ＢＳによって示されており、「開始時責任財産による過去投資の清算」という「投資の清算」の考え方は、かかる財産評定ＢＳを踏まえた清算（清算型倒産手続の場合）と権利調整（再建型倒産手続の場合）によって実現される。

4 「投資の清算」の論拠（倒産債権者の投資の自己責任原則）

(1) 「開始時責任財産による過去投資の清算」という「投資の清算」の考え方からは、倒産債権者に対する分配原資が倒産手続開始時という一定時点の責任財産に固定されるという帰結が導かれる。

このような倒産債権者に対する分配原資を倒産手続開始時の責任財産に固定する取扱いを正当化する論拠としては、倒産債権者の「投資の自己責任原則」を挙げることができる。

(2) 信用供与取引に基づいて投資者（債権者）が投資先（債務者）に対して提供した資金等は、会計上の「貸借均衡の原理」に基づき、同額が投資先の貸借対照表に資産計上される。当該資金等は、投資先の資産運用（事業活動）に伴い様々に資産形態を変化させるが、資産運用の成果または損失が生じるまでは、取得原価主義のもと貸借対照表の資産計上額は変わらない。したがって、貸借対照表の性質上、負債に見合うだけの資産が不足し、債務超過を生じてい

るという事態は、信用供与後の投資先の資産運用（事業活動）上の損失発生による投資対象資産の目減り、すなわち投資の失敗を意味するものにほかならない。

このような投資の失敗の結果責任は、投資者（倒産債権者）が自ら負担すべきであり、倒産手続開始後の将来の投資者に転嫁することは許されない。

(3) 清算型倒産手続において倒産手続開始時の責任財産を清算分配の対象とすること、ならびに、再建型倒産手続において倒産手続開始時の責任財産額に見合う額にまで倒産債権額を減縮することは、いずれも倒産債権者の「投資の自己責任原則」を体現する取扱いとして正当化できる。

5 「投資の清算」の目的（将来投資価値に対する倒産債権者の追求の遮断）

(1) 「開始時責任財産による過去投資の清算」という「投資の清算」の目的は、リセット機能のもと、「将来投資価値に対する倒産債権者の追求を遮断する」ことにより、将来投資者の保護と倒産債務者の経済的再生（フレッシュスタート）を図ることにある。

(2) 清算型倒産手続の場合、通常、倒産債務者は事業を廃止しており、倒産債務者に対して新規投資がなされることもないから、将来投資者の保護を考慮する必要性はない。

(3) 一方、再建型倒産手続の場合は、倒産手続開始後も事業の継続を前提とし、倒産債務者に対してDIPファイナンスその他の新規投資がなされることから、開始後の事業活動によって開始前投資運用財産と開始後投資運用財産との混同を生ずることが避けられず、両者の経済価値的遮断を図ることが必要とされる。

この点、既述の通り、再建型倒産手続では、財産評定手続を通じて開始時責任財産を評価し、当該責任財産の価額に見合う弁済総額にまで倒産債権額を圧縮整理することによって、「投資の清算」の目的を実現することとなる。

(4) なぜ、倒産債権者に対する分配原資を開始時責任財産（評価額）に固定する必要があるのか。

それは、第1次的には、倒産手続開始後の新規投資によって生ずる経済価値への倒産債権者の追求を遮断することにより、将来投資者を保護することにある。

倒産会社は、通常、債務超過状態にあることから、倒産手続開始時の責任財産額に見合う額にまで倒産債権額を圧縮しなければ、倒産手続開始後に倒産債務者に対してなされた新規投資は、計数上その一部が倒産債権者の弁済に回ることとなり、本来、倒産債権者の負担すべき損失分が新規投資者に一部転嫁されることとなってしまう。このような将来投資者への損失負担の転嫁が不合理かつ不公平で、将来投資者の保護に悖ることはいうまでもない。

　(5)　第2次的な目的としては、倒産債務者の財政破綻状態を解消することにより、その経済的再生（フレッシュスタート）を果たすことが挙げられる。

　財政破綻状態の解消がなされていないような投資客体（個人、法人）は、新規投資者から信用を得ることは困難であり、倒産債務者の経済的再生（フレッシュスタート）という倒産法の目的を達成することはできない[7]。

　また、破産法が支払不能ないし債務超過を破産原因としており、当該破産原因が存する場合には申立てさえあれば破産手続開始決定がなされる制度設計になっていることに鑑みれば、倒産手続（再建型倒産手続）内において倒産債務者の債務超過状態の解消を図ることは、倒産法の理論的要請であると理解される[8]。

　(6)　後に考察する将来債権譲渡等取引の倒産手続上の処遇については、上記にみた「将来投資価値に対する倒産債権者の追求の遮断」、および、「倒産債務者の経済的再生（フレッシュスタート）」との関係で問題を生じる。

　倒産債務者の倒産手続開始時の貸借対照表には、もとより将来債権は計上されていない。将来債権は、倒産債務者が将来時点で財貨・用益の提供を行うことによって初めて発生する債権である。

　したがって、将来債権の処分等の効力を倒産手続上も認めることとなれば、倒産債務者は、開始時責任財産に見合う過去投資（倒産債権）に対する弁済資金とは別に、将来債権を生み出すためのコスト負担を余儀なくされることにな

---

7) 倒産債務者の経済的再生の目的に関しては、個人倒産の場合と法人倒産の場合とで微妙に理念を異にするものと考えられるが、本稿では立ち入らない。
8) なお、本文中の「債務超過状態の解消」は、少なくとも倒産手続終結までの間には財政破綻状態を解消すべきであるという実質概念としての指摘である。実務上は、繰越控除が可能な範囲の欠損金を倒産債務者に残存させる等の取扱いがなされているところ、このような取扱いを否定する趣旨ではない。

るところ、これは一種の簿外債務にほかならない[9]。このような将来債権を生み出すための将来のコスト負担を前提としていたのでは、上にみた「将来投資価値に対する倒産債権者の追求の遮断」が図れず、将来投資者の保護に悖るとともに、倒産債務者の経済的再生（フレッシュスタート）を妨げることは明らかであろう。

6 「投資の清算」の帰結（過去投資の倒産手続外処理の禁止）

（1）「開始時責任財産による過去投資の清算」という「投資の清算」の帰結として、「過去投資（倒産債権）の倒産手続外処理の禁止」を指摘することができる。

（2） 既述の通り、「開始時責任財産による過去投資の清算」という「投資の清算」の考え方は、開始時責任財産と過去投資との経済的・会計的な結びつきを前提にしている。

比喩的に表現すれば、倒産手続開始時の財産評定ＢＳ上、借方計上されている開始時責任財産は「投資の現価」であり、貸方計上されている過去投資は「投資の原価」である。これらは、会計主体たる倒産債務者を投資客体とする投資取引の原因（後者）と結果（前者）の関係を示している。この関係を踏まえつつ、投資客体である倒産債務者を「投資の器」（ビークル）とみれば、「投資の清算」を行うときには、当該「投資の器」の内で清算処理を完結するのが当然の取扱いであることが理解されよう。経済的・会計的に相互に紐付き関係にある「開始時責任財産」と「過去投資」を切り離して、過去投資の一部を倒産手続外で処理するようなことがあれば、過去投資者間の不公平を生じ、不合理かつ不適切であることは多言を要しない。

（3） 後に考察する将来債権譲渡等取引の倒産手続上の処遇は、まさに将来債権譲渡等取引に基づく権利の「過去投資（倒産債権）」性をめぐる問題にほ

---

9) 仮に、財産評定ＢＳ内において当該将来債権分の負担を考慮するとなれば（共益債権的に引当計上する等の処理が考えられる）、簿外債務扱いは避けられるが、この場合、倒産債権者間での不衡平を生ずることとなる（本来、倒産債権者として平等な処遇を受けるべきところ、他の倒産債権者に対する清算分配額が将来債権分の負担額だけ削減される犠牲のもとで、将来債権譲渡等取引債権者のみが将来債権による優先弁済を受けられることとなる）。

かならない。

　後述の通り、将来債権譲渡等取引は、将来債権譲受人が拠出する現在の資金と、将来債権譲渡人が将来時点の財貨・用益提供の対価として取得する将来債権との、交換を約束する金融取引（投資取引）である。将来債権譲渡人が財貨・用益の提供を実行し将来債権が実現するまでは、将来債権譲受人は将来債権譲渡人の信用リスクからは解放されない。

　かかる観点に照らせば、将来債権譲受人が行った将来債権の対価の拠出は将来債権譲渡人（倒産債務者）に対する「過去投資」に相当し、倒産債権として処遇されるべき性質の権利であることは明らかであろう。したがって、将来債権譲渡等取引に基づく権利を、倒産手続外で処理することは許されない。

III 「投資の清算」を規律する法制度としての倒産法の位置付け

1　はじめに

　本稿冒頭の通り、将来賃料債権の処分等に関する改正後取扱いの論拠として、「民法および民事執行法において、将来債権譲渡等の効力が広く認められる取扱いとされる中で、倒産手続においてのみ将来債権譲渡等の効力を制約する合理性を見いだしえないこと」が指摘されている。しかし、上記の指摘は、「投資の清算」を規律する法制度として、独自の目的と理念を有する倒産法の機能を軽視するもので是認しえない。

2　倒産手続と個別執行手続の相違点

　(1)　個別執行手続は、執行債権者が執行債務者に対して有する個別債権につき満足を得させることを目的とする手続である。

　これに対し、倒産手続は、単に個別債権者の満足を図るための手続ではなく、当該手続内において、倒産手続開始時の債務者責任財産を基礎として、倒産債権自体の清算・整理（債権の減縮）を図る手続である点において、個別執行手続と制度趣旨を大きく異にしている[10]。

---

[10] 谷口安平『倒産処理法〔第2版〕』（筑摩書房・1982）9頁は、「倒産の事態においてはプラスがマイナスを下廻るのが普通であるから、債権額に応じた按分比例により弁済（配当）を与えるのである。この関係は債権者の側からみると債務者の全財産を対象とする

(2)　既述の通り、倒産手続においては、倒産手続開始時の責任財産をもって倒産債権を文字通り清算するか（清算型倒産手続）、あるいは、倒産手続開始時の責任財産に見合うように倒産債権を整理する（再建型倒産手続）ことが予定されている。倒産債権の権利変更（債権の減縮）が手続内において予定されている点は、個別執行手続にはない倒産手続独自の仕組みである。このように、倒産手続内に倒産債権自体の清算・整理（債権の減縮）を図るプロセスが組み込まれているのは、倒産手続が、破綻した投資関係[11]をリセット（清算・整理）することを通じて、投資関係の正常化と倒産債務者の経済的再生を図ることを目的とした法制度であるからにほかならない。

　(3)　また、個別執行手続は、執行債務者の個別財産を対象とする「部分執行」であるゆえ、執行手続外債権者との権利調整を図る必要がなく、時の経過による責任財産の価値移転（資産変化）を考慮する必要もない。これに対し、倒産手続は、倒産債務者の総財産を対象とする「全体執行」であるゆえ、総債権者間での権利調整を図る必要があるとともに、時点を異にすることで責任財産の価値移転（資産変化）を生ずるため、倒産手続開始時を基準時として、同時点での責任財産を静態的（固定的）に捉える必要がある[12]。

強制執行の観を呈するので、破産を目して包括ないし一般執行と称することがあるが、執行面を強調することは清算的な本質や債務者保護のための破産という一面を見誤らせるおそれがある」として、倒産手続の「清算的な本質」を強調している。
11)　投資客体たる債務者が支払不能または債務超過という破産原因を生じた場合、それはとりもなおさず投資の破綻を意味する。倒産法は、破綻した投資客体（投資関係）について、当該投資客体を文字通り清算するか（清算型）、責任財産に見合う額に投資額を減縮することにより整理するか（再建型）、いずれかの方法によって破綻した投資関係のリセット（清算・整理）による正常化を目的とした法制度であると理解される。
12)　企業に投下された資金は、事業活動の中で「現預金→商製品→売掛債権→現預金→……」というように、時の経過に伴い責任財産の形態を変化させる。個別執行手続では、各々の執行手続における差押物を対象として換価配当を行えば足りるから、執行基準時を定める必要はないし、時の経過に伴う責任財産間の価値移転を考慮する必要もない。これに対し、倒産手続では、基準時を異にすれば責任財産の形態が変化し価値移転が生ずるから、経済価値の重複評価を避けるために、倒産手続開始時に基準時（財産評定時）を固定し、当該基準時の責任財産の価値（経済価値）を静態的に捉えることが必要となる。この役割は、倒産法上、財産評定手続によって果たされることが予定されている。
　倒産手続上、将来債権譲渡等取引の効力を認めることの問題性は、結局のところ、倒産開始時に倒産債務者に帰属する財産をいったん倒産債権者に対する責任財産として捕捉しながら、さらに、当該倒産開始時債務者帰属財産の価値変形物に過ぎない将来債権

このように、倒産債務者の総財産と総債権者を対象とする「全体執行」として、利害関係者間の全体調整を図る必要のある倒産手続と、そのような調整を図る必要のない個別執行手続とを、単純に同視することは適切でない。

3 倒産法と平時実体法の相違点

(1) 平時実体法秩序のもとでは、私的自治の原則が妥当し、他律的に権利関係が変更（債権の減縮）されることはない。

また、平時実体法のもとでは、基本的には、債務者に債務履行を果たすための資力が備わっていることが暗黙の前提とされており、債務者の資力による制約を度外視した権利義務関係の規律がなされている。

(2) これに対し、倒産手続は、支払不能または債務超過という倒産手続開始原因によって示される通り、投資客体たる倒産債務者の財政破綻状態を所与とする手続である。

倒産法は、投資客体が財政的に破綻した状態のもとで、破綻した投資関係を清算・整理するために、投資者である倒産債権者の平時実体法に基づく既存の権利について、全体的・集団的な権利変更（権利の減縮）を図る強行法規として位置付けられる。

前記の通り、破綻した投資関係を強制的にリセットし、投資関係の清算・整理を規律する法システムは平時実体法にはなく、これは倒産法独自の法機能として特に強調されなければならない。

(3) 平時実体法秩序においては、私的自治の原則のもと、債務者の経済的信用を背景として、各種の信用供与取引が行われるほか、将来債権譲渡等取引のように将来時点で発生する財貨（経済価値）をあらかじめ処分するような取引も是認され、これらの取引を制約する特段の必要性もない。

しかしながら、投資客体である債務者が財政破綻状態に陥り、投資の破綻が顕在化した倒産手続下において、各種の信用供与取引や将来債権譲渡等取引のような「将来財」取引がどこまで保護されるかという問題は、責任財産の不足に伴う損失を利害関係人間でどのように負担配分するかという問題であるから、平時実体法秩序のもとで当該取引の有効性が認められるか否かという問題とは、

を将来債権譲渡等取引債権者に帰属させるという、経済価値の重複捕捉の点にある。

問題の本質を異にしている。

(4) 前記の通り、倒産法は、財政破綻状態に陥った投資客体たる債務者の投資関係を清算・整理することを目的とした法制度である。倒産法のもとでは既存の投資関係は継続性を断たれるとともに、倒産債権者に対する分配原資は倒産手続開始時の責任財産に固定され、当該責任財産の額を超える倒産債権はトータル計算において切り捨てられる。

このように、倒産法の規律は、平時実体法に基づく権利義務関係を修正し、既存の倒産債権者の権利を制限し変更する制約原理として機能するものであり、この点が、平時実体法との相違点として重視されなければならない[13]。

4 「投資の清算」の観点からの倒産法の位置付け

(1) 倒産手続を「投資の清算」の視点から捉え直す観点から、倒産法は「財政破綻状態に陥った投資客体について、当該投資関係をリセット(清算・整理)することを通じてスクラップアンドビルドの実現を図る」という固有の目的をもつ法制度として再認識されなければならない[14]。

(2) また、「投資の清算」を実現するため、財務会計に基礎を置く財産評

---

13) 小川・前掲注2) 88頁は、旧破産法63条を廃止する論拠として、最判平10・3・24民集52-2-399を引用している。しかし、同最判は、賃貸借契約の対象不動産が譲渡された場合において、これに先行する賃料債権の処分等を不動産譲受人に対抗できるかどうかという、平時実体法秩序のもとでの賃料債権に関する債権譲受人と不動産譲受人の優劣を判示したものに過ぎない。同最判は、あくまで平時実体法が適用される局面についての判示であるから、包括執行たる倒産手続の局面において、倒産手続に先行する賃料債権の処分等がどのように処遇されるかについては、何一つ示唆するものではなく、同最判を論拠として旧破産法63条を廃止した立法措置の合理性については、大いに疑義がある。

14) 中田裕康「将来の不動産賃料債権の把握」みんけん547号(2002)12頁は、将来債権譲渡等取引に関する平時実体法と倒産法の棲み分けについて、「債権流動化の社会的要請は強く、また、不動産所有者による賃料債権処分の自由も尊重されなければならない。他方、不動産の所有権と賃料債権との長期間の分離は、当事者にとってのみならず、社会的にも不利益をもたらす可能性がある。そこで、調整が必要である、従来は、その調整を、破産の場面では特別な処理をするという、平時と倒産時とのルールの棲み分けという形で行ってきた。最終段階に押え石を置いておくという方法であり、それはそれで1つの選択であったと思われる」と指摘する。倒産法が、過剰与信による投資客体の財政破綻を最終処理する法制度として位置付けられることを考慮すれば、平時実体法と倒産法との法システムの棲み分けを示唆する論者の指摘はもっともであると考える。

定制度を主柱として位置付ける倒産処理手続の遂行にあたっては、清算の対象となるべき個々の投資取引の倒産手続上の処遇について、その法律的側面のみならず、これと併せて経済的・会計的側面等をも重視した解釈がなされるべきである。

(3) 後に考察する将来債権譲渡等取引の倒産手続上の処遇については、ⓐ将来債権譲渡等取引が「信用供与型取引」に該当するという経済的・会計的観点、ⓑ将来債権譲渡等取引が行われた場合、「金融取引」として処理されるという会計的観点、ⓒ将来債権譲渡等取引の処遇の如何による経済的効率性（社会的な富の最大化）という社会的・経済学的観点、等をも踏まえたうえで当該取引の倒産手続上の処遇を決すべきであると考える。

Ⅳ 将来債権譲渡等取引の倒産手続上の処遇

1 同時交換的取引と信用供与型取引の区分──「信用供与型取引」債権者は倒産債権者として処遇されるべきこと

(1) 近時の有力説として、倒産債務者を当事者とする取引の性質を「同時交換的取引」と「信用供与型取引」とに区分する見解がある[15]。

この説は、倒産債権者が倒産による損失を負担させられる根拠をリスクの引受けに求め、「同時交換的取引」については、取引の相手方は信用を供与しておらず、倒産による損失をリスクとして引き受けていないから、倒産による損失を負担させるべきではないとする。他方、「信用供与型取引」については、債権者は、自らの給付を完了し、反対給付を得る権利を債権として有している立場にあり、当該債務が債務不履行となるリスクを債務者との合意により引き受けていることから、倒産による損失を負担させられてもやむをえないとする。

有力説の見解は、以下の通り、経済的・会計的考察とも整合する考え方であり、基本的に首肯することができる[16]。

---

15) 中西正「双方未履行双務契約の破産法上の取扱い」谷口安平先生古稀祝賀『現代民事司法の諸相』（成文堂・2005）497頁、同「ファイナンス・リースの破産法上の取扱い」倒産実務交流会編『争点　倒産実務の諸問題』（青林書院・2012）444頁、条解破産384頁。
16) 以下においては、債権者が対価を支払って、債務者から財貨・用益の提供を受ける取引を想定し、債務者側の会計処理を考察する。

(2)　「同時交換的取引」は、財貨・用益の提供とその対価の給付が同時交換的に行われることを特徴とする取引である[17]。会計上、「同時交換的取引」は、資産の交換取引として処理されるため、債務者の会計帳簿には、取引の前後を通じて、取引債権者に対する負債が認識されることはない[18]。したがって、「同時交換的取引」の取引債権者を倒産債権者として倒産手続に取り込まない取扱いは、会計上の取扱いと整合している。

　(3)　一方、「信用供与型取引」は、財貨・用益の提供に先立ってその対価の給付が行われることを特徴とする取引である[19]。会計上、「信用供与型取引」では、債務者の会計帳簿には、債務者が財貨・用益の提供を行うまでの間、債権者に対する負債（前受金等）が認識され続ける[20]。したがって、財貨・用益の提供前に債務者が倒産手続開始決定を受けた場合、「信用供与型取引」の取引債権者を倒産債権者として倒産手続に取り込む取扱いは、会計上の取扱いと整合している[21]。

　(4)　「信用供与型取引」の債権者は、債務者から財貨・用益の提供を受ける前に対価的給付を先履行している。かかる「信用供与型取引」の取引形態は、経済的には「現在の経済価値（現在財）と、将来の経済価値（将来財）の交換を約束する取引」すなわち「金融取引」にほかならない。「信用供与型取引」の債務者は、債権者から提供された現在財の見返りとして、将来の経済価値（財貨・用益）の給付をなすべきところ、もとよりその給付は債務者の将来の経済

---

[17]　「同時交換的取引」の典型例としては、不動産等の実物資産の売買取引が挙げられる。
[18]　「同時交換的取引」では、財貨・用益の提供（および対価の給付）が行われるまでは、会計処理はなされず、財貨・用益の提供（および対価の給付）が行われた段階で、「財貨・用益の提供に係る資産減少」（貸方）と「対価的給付の受領による資産増加」（借方）が認識されるから、取引段階のいずれの時点においても債権者に対する負債が認識されることはない。
[19]　「信用供与型取引」の典型例としては、金銭消費貸借取引や、売買代金の前払い取引が挙げられる。
[20]　「信用供与型取引」では、債務者が債権者から対価的給付を受領した段階で、「対価的給付の受領による資産増加」（借方）と「債権者からの前受金等の負債増加」（貸方）が認識される。そして、このようにして計上された債権者に対する負債（前受金等）は、債務者が財貨・用益を提供するまでの間、計上され続けることとなる。
[21]　倒産手続開始時の債務者の貸借対照表には、債権者に対する債務が前受金その他何らかの名目で負債計上されているから、これをそのまま倒産債権として倒産手続に取り込むこととなる。

的負担（資力ないし責任財産）に依拠している[22]。その意味で、「信用供与型取引」の債権者は、債務者の信用リスク（デフォルトリスク）を避けることはできない[23]。

既述の「投資の清算」の理論に照らせば、「信用供与型取引」の債権者は、倒産債務者に投資を行った倒産債権者として「投資の自己責任原則」に基づくリスクを負担すべき立場にあるといえる。

(5) 以上の考察に示される通り、ある取引債権者が、倒産による損失を負担すべき立場の者（倒産債権者）として処遇されるか否かの判断にあたっては、当該取引が「信用供与型取引」と「同時交換的取引」のいずれに属するかの見極めが重要である。

そして、この見極めにあたっては、倒産手続開始時における取引当事者の対価的給付の履行状況の如何が決定的なファクターとなる。すなわち、倒産手続開始時に、債権者側の対価的給付の提供が履行済みであり、倒産債務者側の財貨・用益の提供が未履行である場合、当該取引は「信用供与型取引」に該当し、当該債権者は原則として倒産債権者として処遇すべきであると解される。

2 将来債権譲渡等取引が「信用供与型取引」に属すること

(1) 将来債権譲渡等取引は、債権譲渡人が将来時点で財貨・用益の提供を行うことを前提として、その財貨・用益提供の対価として発生する将来債権を、あらかじめ債権譲受人に対して譲渡する取引である。

将来債権譲渡等取引の目的となる将来債権が発生するためには、法律的にも、経済的にも、債権譲渡人が現実に財貨・用益の提供を行うことが不可欠である[24]。

---

22) 「信用供与型取引」に基づく債務者の経済的負担を負債認識する会計上の取扱いは、「信用供与型取引」の「金融取引」としての経済的実体を直截に反映したものといえる。
23) 信用供与型取引と同時交換的取引の特徴を図表にまとめると、次の通りである。

取引類型	信用供与型取引	同時交換的取引
会計上の負債認識の有無	借入金・前受金等として負債計上	負債認識なし
債務者がなすべき給付	将来の経済価値（財貨・用益）の給付	現在の経済価値（財貨・用益）の給付
給付の価値源泉	債務者の将来の経済的負担に依拠	債務者への依拠なし（給付履行済み）
信用リスクの有無	債務者信用リスク有り	債務者信用リスク無し
倒産手続上の処遇	倒産債権	倒産手続外処遇（取戻し）

24) 将来債権が売掛債権の場合には、当該売掛債権の発生のために、売買目的物たる財貨の引渡義務の履行が必要であるし、将来債権が不動産賃料債権の場合には、当該賃料債権

その意味で、将来債権譲渡等取引に基づいて債権譲受人が取得する権利（金融資産）は、債権譲渡人の将来の経済的負担（人的信用）に依拠し、その信用リスクを孕んだ権利（金融資産）であるということができる。

　(2)　将来債権譲渡等取引では、債権譲受人は、債権譲渡人の財貨・用益の提供により将来債権が現に発生する前段階において、すでに債権譲渡人に対する対価的給付の履行（将来債権の譲渡対価の支払）を終えている。仮に、債権譲渡人が財貨・用益の提供を怠ったために、その代償としての将来債権が発生せず、その結果、債権譲受人が当該債権を実際に取得することができなかった場合には、債権譲渡人は債務不履行責任を負い、債権譲受人の履行請求権は損害賠償債権に転化することになる。

　このように、債権譲受人が将来債権の対価たる給付を先履行し、債権譲渡人のデフォルトリスクを負担しているという点は、「信用供与型取引」の特徴に相似している[25]。

　(3)　将来債権譲渡等取引は、単なる将来債権の処分行為ではなく、「将来時点で財貨・用益の提供を行うことによって、将来債権を発生させる義務」を債権譲渡人の法的義務として包含しており、むしろ給付の対価性（経済価値的牽連関係）の観点からは、当該義務こそが債権譲渡人の中核的義務であると解すべきである。

　最判平11・1・29（民集53-1-151）は、「将来発生すべき債権を目的とする債権譲渡契約にあっては，契約当事者は，譲渡の目的とされる債権の発生の基礎を成す事情をしんしゃくし，右事情の下における債権発生の可能性の程度を考慮した上，<u>右債権が見込みどおり発生しなかった場合に譲受人に生ずる不利益については譲渡人の契約上の責任の追及により清算することとして，契約を締結するものと見るべきである</u>から，右契約の締結時において右債権発生の可能性が低かったことは，右契約の効力を当然に左右するものではないと解するの

の発生のため、賃借人に対して賃貸目的物を使用収益させるという用益提供義務の履行が必要である。
25) 中西・前掲注15)「ファイナンス・リースの破産法上の取扱い」445頁は、信用供与者たる破産債権者が破産による損失を負担させられる根拠を、リスクの引受けに求める。この点、後掲最判平11・1・29の判示を踏まえれば、将来債権譲渡等取引における債権譲受人は、債権譲渡人の不履行等により将来債権が発生しないリスクを引き受けていると見ることができる。

が相当である」［下線は引用者による］と判示する。

　同最判の当該判示部分は、「将来時点で財貨・用益の提供を行うことによって、将来債権を発生させる義務」が、将来債権譲渡等取引における債権譲渡人の債務であることを含意し、同債務の不履行時には、当該取引当事者間での契約責任、すなわち内部的な金銭債権債務関係（損害賠償）として処理すべきことを示唆するものとして注目すべきである。

　(4)　将来債権譲渡等取引の例としては、医師が将来の診療報酬債権を有償譲渡するケースが考えられる[26]。この場合、債権譲受人は、現在の資金を提供するのと引き換えに、将来の診療報酬債権を取得するところ、かかる取引の属性は、現在財（現在の資金）と将来財（将来の診療報酬債権）の交換を約束する「金融取引」（信用取引）にほかならない[27]。そして、将来の診療報酬債権は、債権譲渡人が診療行為をして初めて実現する権利であることから、その成否は債権譲渡人の将来の経済的負担（診療用益の提供）に依存しており、役務提供が履行されるまでは債権譲渡人の信用リスク（デフォルトリスク）を回避することができない[28]。

----

[26]　将来債権自体には実体的経済価値は認められないから、このような有償取引の成立は疑問であるが、担保的取引としては現実に活用が図られている。前掲最判平11・1・29も、債権回収目的をもって将来診療報酬債権が譲渡された事案である。

[27]　金銭消費貸借取引と比較してみても、将来債権譲渡等取引は、将来時点で提供を約束する経済価値が「現金資金」（金銭消費貸借取引の場合）であるか「現金資金以外の財貨（将来債権）」（将来債権譲渡等取引の場合）であるかの違いがあるだけで本質的な違いはなく、等しく「金融取引」たる性質の取引である。そして、債権譲渡人の経済的負担（財貨・用益の提供）によって実現する権利であるという将来債権の性質上、将来債権譲渡等取引に基づいて債権譲受人が取得する権利（金融資産）である将来債権の経済価値も、債権譲渡人の資力ないし責任財産に依存しているという点において、金銭消費貸借取引に基づいて債権者が取得する貸付債権（金融資産）と変わりがなく、経済的観点からは両者間に根本的な違いを見いだすことはできない。

[28]　例えば、A（債権譲渡人）がB（第三債務者）に対する将来診療報酬債権を、C（債権譲受人）に譲渡するケースを想定する。Aによる診療行為（役務提供）の実施前に、AとBが共に倒産手続開始決定を受けた場合、Cはどのような権利行使をすることが可能であろうか。この場合、Cは、Bに対する権利行使はできない。なぜなら、BないしBの管財人は、Aによる診療行為（役務提供）の未履行を理由に診療報酬債権の不存在を主張してCの権利行使を拒絶しうると解されるからである。結局、本ケースにおいて、Cは、AないしAの管財人に対して、倒産債権を行使するほかないと解される。この帰結は、AC間の将来債権譲渡等取引に基づくCの権利が、Aの人的信用に依拠した債

(5) 結局のところ、将来債権譲渡等取引に基づいて債権譲受人が取得する権利は、本質的には、「債権譲渡人に対して、将来時点での経済価値の給付（財貨・用益の提供）を要請し、将来債権を発生させることを求める」債権的属性の権利であるといえる。このような倒産債務者に対する人的請求権（債権）は、まさしく「倒産債権」にほかならない[29]。

もともと将来債権譲渡等取引は、取引客体である将来債権の実現の成否が、将来の債権譲渡人による財貨・用益の提供の如何によって左右され、実現可能性が不確実であるというリスクを孕んでいる取引である。倒産手続開始時において、債権譲受人が将来債権の対価的給付の履行を終え、債権譲渡人に対して「財貨・用益の提供による将来債権の実現」を求める権利のみが一方的に残存しているに過ぎないことを考慮すれば、債権譲受人は倒産債権者として処遇するほかないと解される。

(6) したがって、先の例において、仮に、債権譲渡人が役務提供（診療行為）の履行前に倒産手続開始決定を受けたとすれば、債権譲受人は将来債権譲渡等取引の対価を倒産債権として行使しうるにとどまり[30]、倒産手続開始後の診療によって生じた診療報酬債権は、債権譲渡人に帰属すると解すべきである。将来債権譲渡等取引に基づいて債権譲受人が取得する権利は対人権たる属性の権利（債権）に過ぎず、対人権である以上、将来にわたる隷属的債務拘束は近代法下において許容されず、かかる隷属的債務拘束から債務者を解放し、その経済的再生を実現するのが倒産法の制度目的だからである[31]。

的属性の権利に過ぎないことを示している。

[29] 倒産債権の意義（要件）については、「倒産債務者に対する人的請求権、すなわち倒産債務者の財産を直接に支配する権利（物権）ではなく、倒産債務者の行為を介して財貨を獲得し、ないしは財産的利益を享受する権利（債権）を意味し、倒産債務者の一般財産を責任財産とする権利」と解するのが通説的見解である（条解破産29頁、伊藤・破産再生195頁）。

[30] 前掲最判平11・1・29の判示にあてはめてみても、将来債権譲渡人の倒産は「債権が見込みどおり発生しなかった場合」に該当し、「譲渡人の契約上の責任の追及」による「清算」（損害賠償請求権の行使）が図られることになるため、同旨の結論が導かれるものと解される。

[31] 将来債権譲渡等取引は、将来債権譲渡人を債務拘束するわけではなく、将来債権が実現したときに当該将来債権を債権譲受人に帰属させる旨の処分取引に過ぎないから、あえて倒産手続内で処理する必要はないとする見方もありうる。しかし、将来の経済的負担

(7) 上記の将来診療報酬債権の例の帰結は、将来賃料債権譲渡取引についても同様にあてはまる。将来賃料債権譲渡取引も、現在財（現在の資金）と将来財（将来の賃料債権）の交換を約束する「金融取引」にほかならず、債権譲受人が取得する将来の賃料債権は、物的権利の裏付けのない対人権たる債権属性の資産だからである。

将来賃料債権譲渡取引は、第三者対抗要件を備えることで、債権譲受人があたかも物的権利（実物資産）を取得したかのような外観を呈するが、将来賃料債権は、紛れもなく対人権たる債権（金融資産）に過ぎない。そして、将来賃料債権は、債権譲渡人たる賃貸人が賃借人に賃貸不動産の使用収益をなさしめる用益提供をして初めて実現する債権であるから、債権譲渡人の将来の経済的負担に依存し、その信用リスクを孕んだ金融資産であるという点において、前記の将来診療報酬債権の例と変わりない[32]。

このように、将来賃料債権譲渡取引に基づいて債権譲受人が取得する権利も、「倒産債務者の人的信用（経済的負担）に依存した金融資産」に過ぎず、かかる経済的特性に鑑みれば、「倒産債権」として処遇すべき権利といわなければならない。

3 将来債権譲渡等取引の会計上の取扱い

(1) 将来債権譲渡等取引が行われた場合、会計上は、「売買取引」ではな

・・・・・・・・・・・・・・・・・・・・・・・・・

のもとで実現した将来債権を自ら取得しえないとする経済的制約は重大な財産権の制約であり、かかる制約が倒産手続後も残存するのでは、倒産債務者の経済的再生は望めない。また、そのような法的前提のもとでは、合理的経済人は、将来債権を発生させる特定の経済取引活動を回避することが見込まれるが、かかる法的状態がパレート効率性を阻害していることは明らかであり、いずれにせよ妥当な法システムとはいい難い。

[32] 将来診療報酬債権の例と同様、A（債権譲渡人）がB（第三債務者）に対する将来賃料債権を、C（債権譲受人）に譲渡するケースを想定する。Aによる使用収益（役務）提供義務の履行前に、AとBが共に倒産手続開始決定を受けた場合、Cは、Bに対する権利行使はできない。BないしBの管財人は、Aによる使用収益（役務）提供義務の未履行を理由にCの権利行使を拒絶しうると解されるからである。結局、本ケースにおいても、Cは、AないしAの管財人に対して、倒産債権を行使するほかないと解される。なぜなら、CはAに帰属する財産上に何らかの物的権利を有しているわけではなく、CのAに対する権利は、「倒産手続開始前の原因に基づく財産上の人的請求権」に過ぎないからである。

く「金融取引」として処理し、債権譲受人から債権譲渡人に提供された将来債権の対価は「借入れ」として処理するのが通常の取扱いである[33]。

　将来債権は将来時点において発生する未実現の資産であるから、債権譲渡人の貸借対照表上、資産として認識・計上されておらず、将来債権を譲渡したとしても「売買取引」として処理することはできない。

　将来債権は、その対価的給付である財貨・用益の提供を履行して初めて、経済的実体の裏付けのある財貨としての実現が認められるものであり、将来の経済的負担が残存している限り、資産性が認められるものではない[34][35]。

　(2)　このように、会計理論上、将来債権譲渡等取引は、与信取引の一種として取り扱われている。将来債権の発生前に債権譲渡人に倒産手続開始決定がなされた場合、債権譲渡人の倒産手続開始時の貸借対照表には、債権譲渡対価と同額の「借入金」ないし「前受金」が負債計上されているが、このことは、債権譲受人が信用供与者（与信債権者）の立場にあることを如実に示している。

　(3)　上記の会計上の取扱いにも示される通り、将来債権譲渡等取引は「同時交換的取引」ではなく「信用供与型取引」に属するものといえる。将来債権譲受人を与信債権者として位置付ける会計理論との整合性を考慮すれば、倒産手続上、将来債権譲受人は倒産債務者として処遇されるべきであると解される。

4　将来債権の保障は「投資の清算」の理念とは相容れないこと

　(1)　経済価値的側面からみれば、将来債権は、その価値源泉となる「現在財」（債権譲渡人に現時点において帰属し、爾後に提供することとなる財貨または用益に

---

[33] 久禮義継編『流動化・証券化の会計と税務〔第4版〕』（中央経済社・2008）215頁。

[34] 「金融商品に関する会計基準」（企業会計基準委員会・企業会計基準第10号）7項注3、55項。「金融商品会計に関する実務指針」（日本公認会計士協会・会計制度委員会報告第14号）7項は、「商品等の売買または役務の提供に係る契約が締結されたときには、その権利義務は等価であり現金又はその他の金融資産を授受すべき会計上の金銭債権債務は生じていないから、当該金銭債権債務を認識しない。当該商品等の受渡し又は役務提供の完了時に、契約条件に従い、初めてその対価として現金又はその他の金融資産を授受する片務的な権利又は義務に変わるから、この時点で金銭債権債務を認識する」とする。

[35] 「財産の価額の評定等に関するガイドライン（中間報告）」（日本公認会計士協会・経営研究調査会研究報告第23号）78項は、将来債権に関する会社更生法83条の時価について、「将来債権を譲り受けている場合、又は譲渡担保として譲り受けている場合、開始決定日時点では債権としての実在性はなくゼロ評価とする」としている。

係る経済価値）の価値犠牲によって生み出される「将来財」であり、かかる資本循環の基礎をなす「投資の継続」を前提として生じる財貨であるということができる。

　倒産手続開始後に発生する将来債権は、倒産手続開始時に倒産債務者に帰属する責任財産中にその価値源泉を求めることができる[36]。

　(2)　既述の通り、倒産手続開始時に倒産債務者に帰属する責任財産（経済価値）は、すべて倒産債権者に対する清算分配に供されるべき引当財産として織り込まれたうえで、倒産債権者に対する総弁済額が画定されている。

　したがって、このような資産負債見合い方式をもって倒産債権者に対する総弁済額を画定したうえで、別途、将来債権譲受人に対する保障として将来債権を実現するためにその対価となる財貨または用益の提供を余儀なくされるとすれば、倒産債務者は再度の財政破綻を生ずることが避けられない。

　(3)　しからば、倒産手続開始時に倒産債務者に帰属する責任財産の価額から、あらかじめ将来債権の実現保障のために必要となる財貨等の価額を控除し、その残額をもって倒産債権者に対する総弁済額を画定することは妥当であろうか。

　確かに、かかる方式によれば倒産債務者の再度の財政破綻は回避しうる。しかしながら、この方式は、倒産手続開始時に倒産債務者に帰属する責任財産の一部を、あたかも将来債権譲受人のために倒産隔離が図られた独立した責任財産として取り扱うことを意味するところ、<u>将来債権譲受人は倒産手続開始時に倒産債務者に帰属する責任財産上には上記のような信託財産性（倒産隔離機能）や優先回収性を根拠付けるような権原は何ら有しておらず</u>[37][38]、法的根拠を欠

---

[36]　例えば、将来売掛債権の価値源泉は、主として倒産手続開始時の商製品在庫の資産価値に求めることができ、将来賃料債権の価値源泉は、主として倒産手続開始時の賃貸不動産の資産価値に求めることができる。「主として」というのは、厳密には、将来債権の価値源泉には、倒産手続開始時に倒産債務者に帰属する資産だけでなく、倒産手続開始後に将来投資者が倒産債務者に投下した経済価値（労働用益等の価値価値）も含まれるからである。

[37]　将来債権譲受人が将来債権譲渡について対抗要件を具備していたとしても、当該将来債権は倒産手続開始時の責任財産を構成しているわけではないから、これは倒産手続開始時の責任財産に対して優先性を認める法的根拠にはならない。例えば、収益不動産の将来賃料債権が譲渡されており、当該将来賃料債権譲渡の対抗要件が具備されていたとしても、倒産手続開始時の責任財産である収益不動産自体については、将来債権譲受人の

くことが明らかである。

（4）　結局のところ、平時下の「投資の継続」を前提として「将来財」を取引の目的とする将来債権譲渡等取引と、「投資の清算」を本質とする倒産法の制度とは、根本的に相容れない関係にあるものといわざるをえない[39]。

そして、倒産法が、既存の投資関係をリセット（清算・整理）することを通じて将来に向かって投資関係の正常化を図ることを目的とし、そのために、平時実体法に基づく既存の権利の修正・制約原理として機能する点を考慮すれば、本局面は倒産法の理念が優先されるべき局面であると思料される。

（5）　上記に検討した通り、<u>倒産手続開始時に倒産債務者に帰属する責任財産は、すべて倒産債権者に対する清算分配に供されるべき引当財産として捕捉されている。倒産手続開始後に発生する将来債権は、倒産手続開始時に捕捉された責任財産の価値変形物（換価財産）に過ぎないから、当該将来債権を将来債権譲受人に帰属させることはできないと解すべきである</u>[40]。そして、将来債

優先性を根拠付けるべき権原は何ら存在しないから、当該収益不動産の経済価値について優先権を認めることはできない。

　この点に関連して注意されるべきは、賃料債権に関する「将来賃料債権担保」と「不動産担保」の優劣に関する物上代位の議論との峻別である。同論点については、対抗要件具備の先後により両権利の優劣を決すべきであるとする見解が有力であるが、これはあくまで賃料債権発生後における、当該賃料債権に対する「将来賃料債権担保」と「不動産担保に基づく物上代位権」の優劣に関する議論に過ぎず、かかる物上代位を前提とした議論は、賃料債権発生前の不動産本体の価値帰属に関わるものではない。倒産手続を手続開始時を基準時とする債務者帰属財産の清算手続として理解する見地からは、賃料債権発生前である倒産手続開始時の不動産本体の価値帰属こそが要点であるところ、将来債権譲受人は不動産本体については何らの物的権利も有しないのであるから、将来債権譲受人を一般倒産債権者と同列に処遇する上記の帰結はやむをえない。

38)　本書の研究会において、将来時点で発生する賃料債権を債権譲受人に帰属させたとしても、財産評定においてあらかじめその将来負担分を不動産本体の価額から控除して評価すれば、経済価値の重複捕捉にはならないのではないかとの意見があった。しかし、前記の通り、将来債権譲受人が有する権利の目的物はあくまで将来賃料債権でしかなく、不動産本体については何らの物的権利も有しないから、かかる取扱いは法的根拠を欠くものと思料する。

39)　倒産手続は、パイの分配に喩えられるが、分配時に存在しないパイは分配のしようがないし、特定の者に優先分配できるはずもない。

40)　本書の拙稿「10　破産管財人の法的地位―通説に対する批判的考察」は、破産手続開始決定に基づく破産財団組成財産の特別財産（信託的財産）化を根拠として、破産手続開始後に発生する債権について将来債権譲渡担保の効力を否定すべきであるとの結論を導

権譲受人は、他の一般債権者と同様、倒産債権者として倒産手続開始時の責任財産を原資とする清算比例分配に与ることのできる地位にとどまるものと解すべきである。

5　将来債権譲受人が将来債権に対して有する権利の「取戻権」性について（消極）

(1)　将来債権譲渡等取引について、将来債権譲受人が将来債権に対して有する権利を「取戻権」として構成する見解がある[41]。

確かに、将来債権譲渡等取引は、将来債権を権利客体たる一個の財貨として処分する取引ではある。しかし、将来債権は倒産手続開始時において実在する財貨ではなく、排他的支配権を行使すべき権利客体としての実体を未だ備えているとはいえない[42]。

(2)　「取戻権」は、「倒産債務者に属しない財産を取り戻す権利」（破62条ほか）であるところ、倒産手続開始時においては、取り戻すべき財産（将来債権）の実体はなく、その経済価値は将来債権の価値源泉となる他の責任財産に由来している。

既述の通り、倒産手続開始時に倒産債務者に帰属する責任財産はすべて倒産債務者に対する清算分配のための引当財産として捕捉されているところ、将来債権譲受人は、当該責任財産上には優先性（信託財産性）を根拠付ける権原を何ら有していないから、当該責任財産について「取戻権」を認める余地はない。

また、倒産手続開始後に発生する将来債権は、倒産手続開始時に捕捉された責任財産の価値変形物（換価財産）に過ぎないから、倒産手続開始時を基準時とする包括執行手続であり「投資の清算」手続である倒産手続の性質上、当該将来債権を将来債権譲受人に帰属させることはできないと解すべきである。

(3)　前記の通り、将来債権譲渡等取引における債権譲渡人の中核的義務は、

くものであるが（261頁）、これも同じ趣旨である。

41) 山本和彦編『倒産法演習ノート〔第2版〕』（弘文堂・2012）201頁〔沖野眞已〕。なお、論者は、「賃料債権の譲渡人に、賃貸借契約を維持し、賃料債権の発生の確保につとめるべき債務があるとした場合、それを求める譲受人の権利は破産債権である」として、将来賃料債権の発生につとめる債務が倒産債権であることを前提としている。

42) 前記の通り、現行会計理論上、将来債権は資産性が認められていない。

「将来時点で財貨・用益の提供を行うことによって、将来債権を発生させる義務」であり、このような財貨・用益の提供を求める権利は、「倒産債権」として処遇されるべき債権的属性の権利に過ぎないと解すべきである[43]。

6 証券化取引への影響

(1) 本稿冒頭の通り、将来賃料債権の処分等に関する改正後取扱いの論拠として、「将来賃料債権処分等の効力を制約した場合、賃料債権の証券化取引の安全を損ない、証券化スキームによる資金調達の妨げになる」との点が指摘されている。

(2) しかし、不動産の流動化スキームにおいては、収益不動産本体を原資産保有者に帰属させたまま将来賃料債権のみを分離処分することによって証券化を図ることは通常ありえず、信託等の手法を用いて収益不動産本体を原資産保有者から分離するなど入念な倒産隔離措置を講ずるのが一般的である。

適切な倒産隔離措置が講じられた場合、収益不動産とその賃料債権は一体として原資産保有者から分離されており、仮に原資産保有者が倒産手続開始決定を受けたとしても、当該収益不動産等は原資産保有者の責任財産を構成することはない。

(3) したがって、倒産事案において将来賃料債権譲渡等取引の効力が問題となるようなケースは、倒産隔離措置が不十分であったために、倒産債務者た

---

[43] 本稿では、紙幅の都合上、将来債権譲渡担保の効力について詳しく言及することはしないが、基本的に将来債権譲渡等取引に関する本稿の議論がそのままあてはまる。

すなわち、倒産手続を「倒産手続開始時に倒産債務者に帰属する責任財産を分配原資とする清算手続」として捉える「投資の清算」の法理を前提とすれば、倒産債権の優先的回収を認めるためには、倒産手続開始時の責任財産上に優先的回収を基礎付けるべき権原を有していることが不可欠である。しかるに、将来債権譲渡担保権者は、このような権原を何ら有していないから、倒産債権の優先回収を是認することはできない。たとえ将来債権担保権者が将来債権譲渡担保について対抗要件を具備していたとしても、当該将来債権は倒産手続開始時の責任財産を構成しているわけではないから、これは倒産手続開始時の責任財産に対して優先性を認める法的根拠にはならない。将来債権は、倒産手続開始時の他の責任財産の価値変形物に過ぎず、将来債権譲渡担保権者に優先弁済権を認める取扱いは、倒産手続開始時に倒産債務者に帰属している資産価値（経済価値）を重複捕捉する誤りを犯している（籠池信宏「将来債権譲渡担保と更生担保権評価」倒産実務交流会編・前掲注15）183頁以下参照）。

る原資産保有者に収益不動産本体が帰属しているとみなされる場合であるか、あるいは、まさに濫用的に将来賃料債権譲渡等取引がなされているような場合に過ぎないものと目される。

このような観点からすると、将来賃料債権処分等の効力を倒産手続上制限したとしても証券化取引への特段の影響はないと考えられる[44]。

(4) むしろ、将来賃料債権の処分等に関する現行法の取扱いは、本来、「信用供与型取引」としての属性を備え、倒産債権者として処遇されるべき将来債権譲渡等取引債権者を過剰に優遇するものであり、是正が図られるべきであると考える。

7 倒産実務処理上の問題点

(1) 将来賃料債権の処分等を保護する現行法の取扱いを前提とした場合、将来的な賃料収受の見込めない収益不動産の管理を余儀なくされることによる倒産債務者のコスト負担が問題となる。

破産手続においては、このような賃料収受の見込めない収益不動産を破産財団から放棄する管財実務処理が示唆されている[45]。

(2) 収益不動産が破産財団から放棄された場合、当該収益不動産は管理主体を失うことになるから、賃料債権の回収等に支障を生ずるほか、当該収益不動産も荒廃劣化することが予想される。たとえ将来賃料債権の処分等が法的に保護されていたとしても、当該将来賃料債権自体も、経済的な資産価値の減少は避けられない。

また、かような財団放棄不動産は、法的権原の帰属が不明確になるため、アウトロー的な取引の対象となることも否定できない。

(3) 上記のような倒産実務処理上の問題事象に鑑みれば、将来賃料債権の処分等を過剰に保護する現行法の取扱いは、社会経済的な効用最大化の観点からみても、必ずしも合理的とはいえないものと思料される。

(4) 既述の通り、将来債権譲渡等取引は「信用供与型取引」としての属性を備え、将来経済価値の先取りを目論む取引であるところ、不動産本体の経済

---

44) 基本構造 297 頁〔山本和彦発言〕は、証券化取引の安全を図るという改正後取扱いの論拠の合理性に疑問を呈している。
45) 同前 296 頁〔田原発言〕。

価値と流動化された将来賃料債権の経済価値の価値重複の問題等、過剰与信の原因となる契機を多分に孕んでいる取引であるといえる。

過剰与信を原因として投資客体が財政破綻状態に陥った場合、リセット機能を発動し「投資の清算」を図ることによって投資関係の正常化を図ることこそが倒産法の目的にほかならない。

このような倒産法の目的、理念に鑑みても、倒産実体法による将来債権譲渡等取引の制約の必要性は明らかであると考える[46]。

V 将来賃料債権を受働債権とする相殺を無制限に認める取扱いの不合理性

1 「投資の清算」の理念とは相容れないこと

(1) 将来債権を受働債権とする相殺を認めることは、倒産債権者に対して将来債権を担保取得させ、当該将来債権からの優先弁済を認めるに等しいことを意味するが、このような取扱いは合理性があるといえるのだろうか。

結論としては、このような相殺を認めることは、「投資の清算」の理念とは相容れず、相殺を否定すべきであると考える。

(2) 倒産手続においては、倒産手続開始時に倒産債務者に帰属する財産は、すべて倒産債権者に対する清算分配の対象となるべき責任財産として捕捉されており、当該責任財産はその換価処分あるいは事業活動による資金化を通じて、倒産債権者への返済財源として充てられる。

将来債権は、将来時点で財貨・用益の提供を行うことによって初めて発生する財貨である。将来債権の価値源泉は、倒産手続開始時に倒産債務者に帰属していた責任財産に求めることができ、経済的には、将来債権は当該責任財産の価値変形物（換価財産）に過ぎないものと認められる。

したがって、倒産手続開始時の責任財産を倒産債権者に対する返済財源として織り込みつつ、当該責任財産の価値変形物（換価財産）たる将来債権を特定の倒産債権者の優先弁済に充てたのでは、同一経済価値を二重に捕捉している

---

[46] 立法論としては、後述の将来賃料債権を受働債権とする相殺の取扱いとの平仄を合わせて、政策的に6月分の限度で、将来債権譲渡等取引の倒産手続上の効力を認める取扱いが考えられる。また、このような取扱いは解釈論としても成立する余地があると思われる。

こととなり、財政的な矛盾を孕んでいる。

　(3)　倒産手続開始後に発生する財貨である将来債権（当該将来債権の経済価値は、倒産手続開始時の責任財産の経済価値か、倒産手続開始後の新規投資に基づく経済価値のいずれかに、その価値源泉を求めざるをえない）をもって倒産債権者に対する弁済に充てるという取扱いは、将来投資価値に対する倒産債権者の追求を遮断し、倒産債務者のフレッシュスタートを企図する「投資の清算」の理念に反するものであり、将来債権譲渡等取引と同様、その効力を否定すべきであると考える。

2　倒産手続開始時に倒産債権者が倒産債務者に対して債務負担していることを相殺権行使の要件とする倒産法上の規定（破産法71条1項1号ほか）の趣旨

　(1)　平時実体法上が相殺を認める理由は、相殺適状にある債権債務の簡易決済手段として相殺を認めるのが、便宜かつ公平である点に求められる。

　相殺は、一方的意思表示により、相手方に帰属する財産である受働債権（反対債権）の経済価値をもって、自働債権の決済に供する取引であるから、自働債権の回収財源となるべき相殺見合いの引当財産として、受働債権が実在していることが、相殺の許容される前提であり、この前提は倒産法上の相殺権の行使においても妥当する。

　(2)　既述の通り、倒産法は、リセット機能に基づく「倒産手続開始時の責任財産による過去投資の清算」を基本理念としており、倒産債権の優先的回収が是認されるためには、「清算基準時である倒産手続開始時に、優先的回収の引当てとすべき責任財産たる受働債権が発生し、倒産債務者に帰属する財産中に実在していること」（受働債権の開始時実在性）が大前提とされなければならない。

　倒産手続開始時に倒産債権者が倒産債務者に対して債務負担していることを相殺権行使の要件とし、その後に相殺適状を生じたとしても相殺を認めない倒産法上の規定（破71条1項1号、民再93条1項1号、会更49条1項1号）は、上記の「投資の清算」の法理を体現した規定であると理解される。

　前記の通り、倒産手続開始後に発生する債権は、倒産手続開始時に倒産債務者に帰属していた別の責任財産の価値変形物に過ぎないから、このような債権

を受働債権とする相殺を認めることは、同一経済価値の二重捕捉であり、「投資の清算」の法理に反するのである[47]。

(3)　将来債権は、倒産手続開始時の倒産債務者の責任財産中に実在する財貨ではないから、倒産債権の優先的回収の引当財産となりうるものではなく、相殺権の行使を認める前提を欠くものといわなければならない。

したがって、将来債権を受働債権とする相殺は、上記の倒産法上の規定（破71条1項1号ほか）に基づき、本来、認められないものと解すべきである。

そして、将来賃料債権を受働債権とする相殺も上記同様、本来、相殺権の行使を認める前提を欠くものであるから、民再92条2項、会更48条2項は、例外的に6月分の限度で相殺を許容した政策的規定であると理解すべきである。

3　将来賃料債権について条件に関する利益を放棄することによる相殺が認められるべきではないこと

(1)　上記の倒産手続開始後の債務負担に基づく相殺禁止規定（破71条1項1号ほか）の適用に関して、有力説は、民法上の一般原則として条件の成就・不成就による利益を放棄することが妨げられないことを根拠として、条件に関する利益を放棄することによる相殺が認められるべきであるとする[48]。

(2)　しかし、将来賃料債権は、賃貸人が賃借人に対して賃貸不動産の使用収益をなさしめるという用益を提供して初めて、当該用益提供の対価として発生する債権である。

仮に、かかる性質の債権について、条件に関する利益を放棄することによる相殺が認められるならば、倒産債務者は、相殺によって債権債務の清算がなされたはずであるにもかかわらず、倒産手続開始後もひたすら用益の提供（対価的給付の履行）という経済的負担のみを余儀なくされることになる。

このような帰結が、「投資の清算」の法理や、これを体現する倒産手続開始後の債務負担に基づく相殺禁止規定（破71条1項1号ほか）の趣旨に反するこ

---

47) 条解破産522頁は、破産手続開始後に破産者の預金口座に振り込まれた預金との相殺を否定する根拠について、「振込みで生じた預金債権は、破産手続開始時に破産財団に所属していた第三者に対する権利の価値変形物であり、これをもってする破産債権への個別弁済を認めることはできないのである」と説明する。

48) 概説248頁〔沖野眞已〕、条解破産508頁。

とは明らかであろう。

　(3)　所論の通り、倒産手続は、倒産手続開始時を基準時とする「清算」を本質とする手続であるから、倒産手続開始時に優先的回収の引当てとすべき受働債権（経済価値）が実在しない以上、倒産債権の優先的回収を是認することはできない。

　たとえ、条件に関する利益を放棄したとしても、倒産手続開始時に実体経済価値の裏付けをもった受働債権が実現することにならない限り、優先的回収の引当てとはなしえないから、相殺による優先的回収を認めることはできないのである。

　この点、将来賃料債権は、賃貸不動産の使用収益をなさしめるという用益を提供して初めて実体経済価値の裏付けをもって実現する債権であるから、単に、条件に関する利益を放棄しただけでは、優先的回収の引当てとなるべき実体経済価値が創出されるわけではなく、相殺を認めるべきではない[49)][50)]。

----

49) 将来賃料債権のように、対価的給付の履行等の経済的犠牲をもって初めて創出される債権について、条件に関する利益を放棄することによる相殺を認めることが不都合であることは、保険解約返戻金債権のように、実体経済価値の裏付けのある債権の場合と対比すれば明らかである。保険解約返戻金債権の場合、相殺を認めたとしても、倒産債務者は、当該債権を失うだけで、将来的な経済的負担が残存するわけではない。これに対して、将来賃料債権の場合、相殺が容認されれば、倒産債務者は、「債権債務の簡易清算」という相殺の本来の機能にもかかわらず、賃貸不動産の使用収益をなさしめるという経済的負担だけが事後に残存することになる。倒産債務者が得るべき将来経済価値を奪い、将来の経済的負担のみを残存させるのでは、「清算」の意味をなさない。将来賃料債権の取扱いについて、保険解約返戻金債権のケースと同視できないことは明らかであろう。

50) 上記の通り、将来賃料債権を受働債権とする相殺を許容した場合、将来の経済的負担だけが事後に残存する。これは、将来賃料債権が実体経済価値の裏付けを伴っておらず、経済価値的観点からみれば、将来賃料債権を受働債権とする相殺が、倒産手続開始時に存在する別の資産（賃貸不動産などの将来賃料債権の価値源泉となる資産）の経済価値や、将来時点で倒産債務者に投下される経済価値（労働用益等に供する経済価値など）の「取込み」に過ぎないからにほかならない。倒産手続開始時をもってする「清算」たる本質に着目すれば、賃借人たる倒産債務者に対して、これらの経済価値に対する優先回収権を認めるべき法的根拠は見いだしえず（例えば、倒産手続開始時に存在する価値源泉資産たる賃貸不動産は、特定の担保権者か、もしくは、担保設定がなされていなければ総債権者の引当てとされるべき責任財産である）、将来賃料債権を受働債権とする相殺を認める取扱いは、倒産債権者間の衡平に反する。

4　破産法67条2項後段の「停止条件付債務」の意義――将来賃料債権は停止条件付債務にあたらないこと

(1)　破産手続においては、停止条件付債務を受働債権とする相殺を容認する規定（破67条2項後段）があり、同条の「停止条件付債務」の意義が問題となる[51]。

(2)　この点、「投資の清算」の法理と、これを体現する倒産手続開始後の債務負担に基づく相殺禁止規定（破71条1項1号ほか）の趣旨（受働債権の開始時実在性の原則）に鑑みれば、同条の「停止条件付債務」とは、「条件に関する利益を放棄する等の倒産債権者の単独行為によって、倒産手続開始時に実体経済価値の裏付けのある受働債権[52]を実現できる場合の、当該受働債権たる債務」をいうものと解するのが合理的であり、債務者の将来の対価的給付の履行によって初めて発生するような債務は、同条の「停止条件付債務」にはあたらないと解すべきである[53]。

(3)　最判平17・1・17（民集59-1-1）は、保険解約返戻金債権が「停止条件付債務」に該当することを前提として、破産法67条2項後段に基づく相殺を認める旨判示する。保険解約返戻金債権は、倒産手続開始時に条件未成就ではあるもののすでに実体経済価値の裏付けのある資産として存在しており[54]、これを優先的回収の引当てとする相殺を認めたとしても「投資の清算」の法理に

---

51) 一口に「停止条件付債務」といっても停止条件には様々な態様があるから、すべての「停止条件付債務」を一律に議論することは適切ではない。例えば、最判昭47・7・13民集26-6-1151と、最判平17・1・17民集59-1-1とでは、同じ停止条件付債務であるにもかかわらず相殺の可否の結論を異にしているが、その理由は、受働債権の開始時実在性の観点に鑑み、停止条件付債務の態様を異にしている点に見いだされるべきである。

52)「実体経済価値の裏付けのある債権」を換言すれば、「倒産債務者の将来の経済的負担を必要としない債権」ということもできる。

53) パネルディスカッション「倒産と相殺」事業再生と債権管理136号（2012）35頁〔服部敬発言〕は、「受働債権が停止条件付などの場合、基準時において、自働債権者がその単独行為で受働債権の負担を実現することのできる地位を確保しているか否かがメルクマールであり、条件成就が開始後の場合、単独行為で基準時に債権の対立を現出できていないならば71条1項1号の問題という理解でいます」とする。本稿もこの考え方に近い。

54) 保険解約返戻金債権の場合、その実体経済価値の裏付けとなる保険料の拠出は終えており、当該返戻金債権に見合う資産が、「保険積立金」等として倒産債務者の貸借対照表にも資産計上されている。

反するものとはいえないから、同最判の判示は、上記の私見と齟齬するものではない。

　(4)　前記有力説は、「相殺の合理的期待の保護」を理由として、破産法67条2項後段の「停止条件付債権」を広義に解し、倒産法上の相殺権の行使範囲も広く認める。

　しかし、倒産法のもつリセット機能とこれに基づく「清算」の観点を重視するならば、倒産手続開始時に優先回収の引当てとなるべき責任財産が存在しない以上、いくら平時に合理的相殺期待があったとしても、倒産債権者間の衡平分配を害してまで、このような「期待」に過ぎない利益を保護することはできないのが道理である[55]。

　しかも、将来賃料債権のように、賃貸人の用益の提供という対価的給付を履行することによって初めて発生する債権は、もともと、その成否が将来の賃貸人による対価的給付の履行の如何によって左右される不確実な債権に過ぎない[56]。このように、将来賃料債権を受働債権とする相殺が、多分に不確実性を孕んでいることに鑑みても、なおさら、かような「期待」を、倒産債権者間の衡平分配よりも優先すべき合理性はなく、「清算」を本質とする倒産局面において保護する必要性は見いだし難いと考える。

---

55)「相殺の合理的期待」の有無によって倒産法上の相殺の可否を判断する有力説（いわゆる合理的期待説）の考え方は、①「相殺の合理的期待」という判断基準の曖昧さもさることながら、それ以前の問題として、②優先回収の引当てとなるべき財産（受働債権）が倒産手続開始時に実在しないにもかかわらず相殺を許容することが、「清算」の本質に反する点において、妥当ではないと考える。

56) 確かに、賃貸不動産に係る賃借権等が対抗要件を具備するものであった場合には、賃借人は賃貸人たる倒産債務者に対して、賃貸不動産の使用収益をなさしめるよう求める権利が確保されており（破56条）、継続的な賃料債務負担の発生が見込まれるところではある。しかしながら、破産法56条は、元来、賃借権等の使用収益権の保護を目的とした規定であり、賃借人が賃貸人たる倒産債務者に対してたまたま破産債権を有していた場合に、当該破産債権と賃料債権との相殺期待を保護するまでの趣旨は含んでおらず、このような期待を一般化することはできないというべきである。

●―― 一裁判官の視点

　現在の金融は、当事者の合意のもと、債務者の全体的な経営成績や財産状況に依拠してされるだけでなく、そこから切り出された特定の資産や事業に依拠してもされており、そのことに一定の合理性があるものとされている。その資産や事業の中には債務者の個性に必ずしも重点が置かれておらず、いわば経営者としての地位が移転することによって評価が大きく変動してしまわないというものもある。また、対象資産や事業が将来生み出すであろうキャッシュ・フローも現在価値に引き直されて金融に利用されている。債務者が倒産した場合、当該債務者を取り巻く法律関係は倒産法秩序によって調整されることになるが、その際の倒産業務としては、経営主体が交替し事業が解体とはならない場合や、また、対象資産が処分されるにしても、金融に利用されたキャッシュ・フローを生み出す法律関係が法的に維持されるという場合があり、そうした場合において、合理性の認められる金融については、その態様に即し、債務者の全体的な財産の価値から切り出された特定の資産や事業がもつ価値について、他の債権者に優先して適切に把握させることが求められるように思われる。

　本論稿は、将来債権分の価値をその譲受人等に把握させることは債権者間の衡平を害し、債務者の経済的再生を妨げるとするが、こうした合理性があるものとして現実に行われている金融について、その合理性の有無、実在性の法的な評価、倒産手続開始時の財産の価値から将来債権分の現在価値を切り出して将来債権の譲受人等に把握させることが債権者間の不衡平となるのか、債務者の経済的再生を不合理に妨げることになるのかとの点についてのより具体的な検討を捨象してしまうように読める点で疑問がある。また、本論稿は、不動産が倒産手続開始時に実在し、貸借対照表に計上されることとの対比で、将来賃料債権が実在せず、貸借対照表に計上されないとする。確かに、現在の平時の会計上の認識（計上）規準からは、将来債権等の将来の事象から発生するキャッシュ・フローを計上することは困難であるが、その発生可能性の測定や会計上の認識規準のあり方は現在的な問題としてあるように思われ、それ如何によって清算貸借対照表への影響も考えられるところであり、固定的に捉えた会計に引っ張られていないかという点で疑問がある。

〔山崎栄一郎〕

10 破産管財人の法的地位
——通説に対する批判的考察

籠池信宏

I 破産管財人の法的地位は、破産財団を対象とする包括執行たる破産手続を主宰し、利害関係人間の権利関係を「所与」としつつも、これに「拘束」されることなく、中立公平な立場でプライオリティルールに基づく衡平分配を実現する「手続機関(執行機関)」として位置付けるのが妥当である(職務説)。

II 「手続機関(執行機関)」としての破産管財人の性質に鑑み、「破産管財人の実体法上の地位(破産管財人の三面性)」という枠組みで破産法律関係を考察するアプローチは適切ではない(「破産管財人の実体法上の地位」不要論)。

III 破産管財人を破産者の一般承継人として位置付けることを原則的規律とする法解釈は、見直されるべきである(「承継論」否定説)。

I 通説的見解とその問題の所在

(1) 破産管財人の法的地位について、現在の通説的見解は、次のように説明する。

①破産管財人の地位の理論的性格——管理機構人格説

財産の集合体としての破産財団に法人格を認め、破産管財人をその代表機関とするのではなく、むしろ財団財産について管理処分権を行使する、管理機構たる破産管財人自身に法人格を認めようとする考え方である。破産債権者や破産者から独立して、破産法律関係の主体となり、破産実体法上の各種の権能を行使する主体として破産管財人を位置づける点では、私法上の職務説に近似するが_ア、選任される私人とは独立に破産財団の管理機構たる破産管財人そのものに法主体性を認めるところに特徴がある_イ。この考え方によれば、破産財団所属財産は破産者に帰

属し，また破産債権の債務者は破産者であるが，それらについての管理処分権は破産管財人に帰属し_ウ_。また，財団債権については，管理機構としての破産管財人が債務者となる_エ_。さらに，法が破産管財人について認める特別の権能，すなわち否認権や双方未履行双務契約についての解除権も，管理機構としての破産管財人に帰属する。……管理機構人格説を前提とすると，破産管財人は破産法律関係においても，破産者や破産債権者とは独立の主体とみなされるし，外部者との実体的法律関係においても，独立の法主体とみなされる_オ_。ただし，それを前提としても，物権変動や債権譲渡などの場合について，破産管財人が第三者とみなされるか，それとも権利義務の帰属主体としての破産者と同視されるかが当然に決定されるものではない。この点は，対抗要件などの実体法規定の解釈として，破産管財人がいかなる者の利益のためにその管理処分権を行使するとみられるかにかかわる[1]。[下線およびカタカナの符号は引用者による]

②破産管財人の実体法上の地位——破産管財人の三面性

　実体法律関係における破産管財人の法的地位を決定するについては，法律関係の性質に即して，3つの基準が適用される。第1は，破産者と同視され，またはその一般承継人とみなされる破産管財人である。破産手続開始によって破産管財人が管理処分権を付与されても，権利義務の帰属自体には何ら変更がないとすれば，第三者との関係において破産管財人を破産者と区別して取り扱うべき理由がない。破産手続開始前から破産者と何らかの法律関係を結んでいた第三者からみた場合でも，相手方の破産という，自己と無関係の事由によって法律関係の内容が変更されることを受忍する理由に乏しい。第三者が破産者に対して主張することができた法律上の地位は，破産管財人に対しても認められるべきであるし，逆に，破産管財人が第三者に対して主張できる法律上の地位は，破産者が主張しえた範囲に限られるべきである。破産管財人を破産者ま

---

1) 伊藤・破産再生 148 頁。

たはその一般承継人と同視するのは，このようなことを意味する。したがって，法が破産手続開始を原因として従来の法律関係を変更する特別の規定を設けていない限り，破産管財人の法的地位は破産者と同視されるヵ。

　第2は，破産債権者の利益代表者としての破産管財人であり，破産手続開始決定が破産債権者の利益のために破産管財人に破産財団財産の管理処分権を付与することから，財団財産に対する差押債権者と類似の法律上の地位が破産管財人に認められる。物権変動や債権譲渡の対抗要件の問題などに典型的に現れているように，実体法が差押債権者の地位を保護している場合には，その趣旨に照らして破産管財人も，破産手続開始の効力として，その時点における差押債権者と同様の地位を認められるし，また，破産手続開始前に債権者のうちのある者が現実に差押えを行っている場合には，破産管財人は，その効力を援用することが許されるキ。

　第3に，破産管財人には，破産法その他の法律によって特別の地位が与えられることがある。後に説明するように，第三者が破産手続開始後に破産者の財産について登記をえた場合であっても，その者が破産手続開始について悪意であれば，破産管財人は，その第三者の権利を否定することができる（破49Ⅰ）。そのほかに，否認権行使の主体たる破産管財人についても同様に考えることができる。第1から第3までの基準の相互関係は，以下のように整理される。破産管財人と外部の第三者との法律関係は，破産手続開始によって破産財団所属財産の帰属が変動するものでない以上，基本的には第1の基準，すなわち破産管財人を破産者自身と同視し，またはその一般承継人として規律されるヶ。しかし，実体法規がある法律関係について差押債権者に特別の地位を与えている場合には，破産管財人にも同様の地位が与えられるヶ。これが第2の基準である。さらに，破産法その他の法律が破産管財人に対して特別の地位を認めている場合には，それが第3の基準となる[2]。［下線およびカタカナの符号は引用者による］

---

2) 同前 248 頁。

(2) 従前、上記①の論点は、「破産管財人の理論的地位をどのように説明すれば、破産手続開始によって形成される破産者、破産管財人および債権者間の法律関係をいかに矛盾なく説明できるか」という、単なる説明概念として理解されており、このような説明概念としての破産管財人の法的地位から、実体法に関する個別の解釈論を演繹することは相当でないとされてきた[3]。

しかし、①の論点は、破産管財人による管理処分権行使の効果が、どのような法的メカニズムをもって破産者あるいは破産財団組成財産に効果帰属するのか、破産管財人と破産者あるいは破産財団組成財産との法律関係をどのように説明するのか、という破産法律関係の基本構造に関わる論点であり、この点を解明することなしに、破産手続下における各利害関係人間の法律関係や、破産管財人の法的地位を解明することはできないと思われる。

一例として、近時、破産管財人の申告納税義務や源泉徴収義務の有無など、租税法上の破産管財人の地位が問題とされる場面が多々見受けられるようになっているところ、帰属者課税原則のもと権利義務の実体的帰属関係を基礎とする租税法律関係の解明を行ううえで、①の論点を解明することは、不可欠の前提となる。

(3) 上記②の論点に関して、通説的見解（上記②の下線カ、クの部分）は、破産管財人の「一般承継人」的地位を原則的規律として強調している。また、「破産管財人は、質権設定者が質権者に対して負う担保価値維持義務を承継する」旨判示した最判平18・12・21（民集60-10-3964）以降、破産管財人を破産者の一般承継人として位置付ける議論（いわゆる「承継論」）が、勢いを増している。

しかし、このような「承継論」は、破産管財人を破産者から独立した法主体として位置付ける①の論旨（上記①の下線オの部分）とは整合しない。

そもそも、「倒産法的清算」は、総債権に対する責任財産の絶対的不足状態[4]において、プライオリティルールに基づく責任財産の衡平分配を実現することを目的としているところ、破産管財人を破産者と同視し、破産管財人が既存の債権債務関係に直接「拘束」されることを前提としていたのでは、このよ

---

[3] 概説364頁〔山本和彦〕。
[4] 倒産処理を要する局面においては、破産者は「債務超過」にあるのが通常であるから、弁済資力の不足によってすべての債務を満足に履行できる状態にはなく、もともと優先弁済権のない債権者は比例的満足を甘受するほかない立場にある。

うな倒産法の法目的を達成することはできない。

　また、通説的見解が「破産管財人の第三者性」として表現する効果は、包括執行たる破産手続の性質を前提とした「破産手続開始決定の効果（包括的差押効）」として説明するのが適切であり、破産管財人自身に「第三者性」を見いだす必要はないと考える（むしろ、破産管財人の第三者性が問題とされる局面において、「第三者」として位置付けるにふさわしいのは「総債権者」である）。

　(4)　先に私見を述べれば、上記①の破産管財人の地位の理論的性格に関しては、「破産法は、破産財団組成財産や破産債権等の実体的権利義務を破産者に帰属させたまま、破産財団組成財産に係る管理処分権のみを破産管財人に専属的に移転することを破産法律関係の基本的枠組みとしており、裁判所から選任された破産管財人は、破産債権者や破産者等の利害関係人から独立した公平中立な立場で、破産財団組成財産の換価処分、プライオリティルールに基づく衡平分配等の、破産法所定の職務を遂行する『手続機関（執行機関）』として位置づける解釈（職務説）が妥当である」と考える[5]。

　職務説においては、管理処分権の行使主体（破産管財人）と、権利義務の帰属主体（破産者）とが相違するところ、破産管財人の行った管理処分行為が破産者に帰属する法的効果帰属メカニズムは、「授権」概念をもって説明することが可能であると考える。「授権」概念は、「自己の名において他人の権利を行使する権限」として説明され、他人の名において他人の権利を行使する「代理」と対比される。職務説を前提とする破産法律関係においては、破産管財人がそ

---

[5] 谷口安平『倒産処理法〔第2版〕』（筑摩書房・1982）60頁以下では、破産管財人の法律上の地位について、「破産管財人・更生管財人は財産関係の清算・企業の再建の目的達成のため倒産者・債権者・その他の関係人の個々の利害からは中立の立場に立つ独立の管理機構を意味し、同時に、その管理機構を構成する自然人、または法人（更生管財人の場合）を意味する。この管理機構はそれ自体権利義務の帰属点ではなく、倒産者に帰属する財産につき一定方向に目的づけられた管理処分権を有するにすぎない。その限りにおいて一つの法的主体ではあるが、それ自身対象たる財産の帰属主体となるわけではない。その帰属主体たる倒産者はこの管理機構の外部に管理処分権を奪われた状態で存続する」とされ、破産管財人の法的地位論について、「管理の機構そのものを直視してこれに主体性を認めるのがその独立的性格に最も忠実な理解であり、また破産管財人と更生管財人の性格を統一的に理解するうえでも有意義であると考える。結局、この考え方は従来のいわゆる職務説に近いアプローチである」とされる。私見のアプローチも同見解と基本的な方向性を一にするものである。

の名をもって行った管理処分行為の効果を、破産者に直接効果帰属させる「他人効」のメカニズムが要求されるところ、破産管財人の「執行機関」としての法主体性を維持しつつ、「他人効」をもたらす法概念としては、「授権」概念が優れている。

（5）　上記②の破産管財人の実体法上の地位に関しては、破産管財人の中立的・公益的性格が強調されるべきであり、破産管財人が独自の実体法上の法的地位ないし利益を有するかの如き通説的見解の説明は妥当ではない。

すなわち、破産者と破産管財人を同視する「承継論」は、実体法上の権利義務の帰属主体たりえず、「倒産法的清算」目的のために、職務上、管理処分権を付与された立場にある破産管財人の地位の説明として適切ではない。破産管財人は、破産手続開始決定時の破産者・利害関係人間の権利義務関係を「所与（与件）」としつつも、これに「拘束」されることなく、倒産実体法が定めるプライオリティルールに基づいて衡平分配を実施する、公的手続機関（執行機関）としての地位にあると解すべきである。

（6）　職務説を敷衍すれば、管理処分権を行使する「手続機関」に過ぎない破産管財人は、破産財団組成財産や破産債権等について実体法上の権利義務の帰属主体となることはないから、利害関係人との間で権利義務関係の直接的な対立当事者となることはない。このような手続機関（執行機関）に過ぎない破産管財人自身の実体法上の地位を論ずることの重要性は乏しいうえ、各種の利害調整を図るべき手続機関たる破産管財人の中立的・公益的地位を見誤り、議論をミスリードするおそれがある。

破産管財人は、破産手続を主宰する「手続機関」として、破産手続開始時の利害関係人間の権利義務関係を所与（与件）とし、プライオリティルールを主とする倒産実体法と倒産手続法を行為規範とし、これらに従って利害関係人間の利害調整や衡平分配を実施する公益的な立場にある。その立場は、個別執行における執行機関とパラレルに考察することが可能であるところ、本来、かかる執行機関性を備えた破産管財人の「実体法上の地位」を考察することは適切なアプローチとはいえない。

むしろ、従前「破産管財人の実体法上の地位」として議論されていた事項（承継論や第三者性の議論）は、債権者の破産者に対する既存の実体法上の権利の破産手続下での処遇や、債権者等利害関係人相互間での実体法上の権利の優先

劣後といった、実体法規[6]の解釈適用の問題に帰着すると考えられるのであり、これらの問題を解決するにあたって、あえて「破産管財人の実体法上の地位」を考察する必要性はないと考える。これらの問題は、「倒産法的清算」を扱う破産実体法の指導理念や解釈の問題に置き換えて考察し直すべきであり、ア）平時実体法秩序の倒産法的修正の問題（破産者と倒産債権者との間の既存の権利義務関係が、破産手続下においてどのような影響を受けるか）、あるいは、イ）破産手続開始決定の法的効果（破産手続開始決定による包括的差押効が、利害関係人の実体的権利義務関係にどのような影響を及ぼすのか）、等として、あらためて検討されるべきであると思料する。

II 破産管財人の地位の理論的性格

　本稿は、破産管財人の地位の理論的性格として「職務説」の妥当性を論ずるものであるところ、議論の順序として、**1**　破産管財人の地位の理論的性格に関する現在の有力学説を概説し、**2**　現在の通説的見解である「管理機構人格説」と「職務説」の異同点を確認したうえで、**3**　「管理機構人格説」の問題点を指摘し、**4**　「職務説」の妥当性を論ずることとする。そして、**5**　「職務説」を前提とする破産管財人の管理処分行為の効果帰属メカニズムとして「授権」概念の有用性について検討したうえで、**6**　「職務説」を前提とした破産法律関係のフレームワークを論ずることとしたい。

1　学説の状況

　破産管財人の地位の理論的性格に関する現在の有力学説は、次のように整理される[7]。

　（1）　職務説　　職務説は、破産管財人の地位を、裁判所の選任により、破産法の規定に基づいて管理処分権等を行使する職務者として位置付ける見解で

---

6) 平時実体法と破産実体法の両者を含む。
7) 条解破産 538 頁、伊藤・破産再生 146 頁、理論と実務 139 頁〔垣内秀介〕。
　　本文に掲げたほか、㋐代理説、㋑破産財団代表説、㋒破産団体代表説が、学説上の分類として挙げられるが、いずれも解釈上の難点があるため、現在では少数説にとどまっている。

ある。職務説はさらに、破産管財人を破産債権者のための執行機関として捉える公法上の職務説と、国家機関たる裁判所からその職務を委託された私人として捉える私法上の職務説に区分される。

　職務説は、利害関係人間の利害調整を図るとともに、責任財産の衡平分配を実施し、適正な「倒産法的清算」を実現するという破産管財人の公益的性格を直截に反映する点で優れているとされる。また、破産財団組成財産や破産債権等の帰属換えを前提とせず、破産者・破産財団・破産管財人間の内部的法律関係を、破産管財人への管理処分権の移転によって説明する点において、破産法の諸規定（78条ほか）と整合的である。

（2）管理機構人格説　　管理機構人格説は、破産財団の管理機構としての破産管財人自身に、私人とは別の法人格を認め、管理処分権行使の主体として位置付ける見解であり、現在の通説的見解である。

　管理機構人格説は、破産財団組成財産や破産債権等の帰属換えを前提とせず、破産者・破産財団・破産管財人間の内部的法律関係を、破産管財人への管理処分権の移転によって説明する点において、破産法の諸規定（78条ほか）と整合的である。ただし、破産管財人に私人とは別の法人格を認める点については、法的根拠を欠いているとの指摘がなされている。

（3）受託者説　　受託者説は、破産者を委託者、破産債権者を受益者、破産管財人を受託者とする法定信託の成立を前提とする見解である。

　受託者説については、法定信託の成立を認める点、破産財団組成財産等の帰属換え（信託移転）を前提とする点において法的根拠を欠いている、との指摘がなされている。

2　管理機構人格説と職務説の異同点について

　管理機構人格説と職務説を比較すれば、両説は、破産財団自体に法主体性を認めず、破産管財人を、破産実体法上の権能を自ら能動的に行使する、破産者や破産債権者から独立した法主体として位置付ける点においては共通している。

　他方、ⓐ職務説は、破産管財人自身に私人とは別の法人格を認めないのに対して、管理機構人格説は、管理機構たる破産管財人に私人とは別の法人格を認める点、ⓑ職務説は、財団債権の債務者を破産者と解するのに対して、管理機構人格説は、財団債権の債務者を破産管財人自身と解する点、において相違が

ある。

3 管理機構人格説の問題点

(1) 破産管財人に私人とは別の法人格を認める点について　管理機構人格説が、破産管財人に私人とは別の法人格を認めている点については、次のような批判が可能である。

(a)破産管財人に私人とは別の法人格を認める法的根拠を欠いている。

(b)破産管財人に管理処分権のみが帰属し、管理処分権の対象となる権利義務関係は破産者に帰属することを前提にすれば、破産管財人に固有の法人格を認める必要性はない[8]。

(c)財団債権の債務者は破産者と解すべきであり、破産管財人自身を債権債務の帰属主体と解すべきではないと考えられるが、そうであれば破産管財人に私人とは別の法人格を認める意義を見いだしえない。

(d)管理機構人格説は、私人とは別の法人格を認める効用として、破産管財人が職務上の善管注意義務を怠った場合に、その個人財産をもって財団債権たる損害賠償債務の弁済責任を負わないことを指摘する。しかし、破産管財人の職責上、破産管財人がその個人財産をもって賠償責任を負担すべき場合は否定しえず、このような立論の正当性自体が疑わしい[9]。

(e)管理機構人格説の論者は、「管理処分権の帰属、双方未履行双務契約に関する解除権の帰属、否認権の帰属、あるいは財団債権の債務者など、破産実体法上の権利義務の帰属を考えれば、破産管財人に選任される私人ではなく、破産管財人自体に人格を認める、管理機構人格説が優れている」とする[10]。しかし、破産管財人に否認権等の権限が帰属すること

---

8) 理論と実務142頁〔垣内〕は、「管理機構としての破産管財人に管財人個人とは別個の法人格を認める意義は、突き詰めれば管財人個人の責任財産から分離された固有の責任財産を管理機構たる管財人に認める点に求められるとすれば、ここでは、その効果は、破産管財人には財団財産の管理処分権のみが帰属し、財産の所有権は帰属しない、との構成によってすでに達成されているのであり、にもかかわらず、あえて明文上の根拠なく管理機構に法人格を認める必要性は、疑わしいとも考えられる」として、管理機構としての破産管財人に法人格を認める必然性について疑問を投げかけている。

9) 条解破産541頁。

10) 伊藤・破産再生146頁。

によっても、直ちに独立の法人格を認めるべき必然性はなく、職務説によって説明が困難になるわけではない。例えば、成年後見制度において成年後見人には固有の取消権が付与されているが（民9条本文・120条1項）、これをもって成年後見人に私人とは別の法人格を付与すべき必然性はなく、法人格を否定することによる特段の不都合もない。結局、否認権等が破産管財人に対して破産法上付与された「職務上の地位に基づく権限」であると解すれば、破産管財人には、独立の「法主体性」を認めれば足り、「法人格性」まで認める必要性はない。

(2) 破産管財人を財団債権の債務者とする点について　管理機構人格説が、破産管財人を財団債権の債務者とする点については、次のような批判が可能である。

(f) 管理機構人格説の論者は、管理機構としての破産管財人が財団債権の債務者になることのメリットとして、「破産手続終了後に破産者が財団債権について責任を負うことがない」点を指摘する[11]。しかし、同様の効果は、財団債権の性質を、責任財産が破産財団に限定された債権（物的有限責任の債権）と解することによっても可能である[12]。

(g) 破産債権の帰属主体を破産者であるとしながら、財団債権の帰属主体を破産者とは別の法主体である破産管財人と解するのは、財団債権には様々な性格の債権が存することを考慮すれば、いたずらに法律関係を錯綜させる結果をもたらすもので相当でない。

(h) 倒産手続相互間の移行の局面に着目すれば、財団債権の帰属主体と破産債権の帰属主体を異にする考え方は、倒産手続間の円滑な移行を妨げる要因になると考えられる。

(i) 破産債権としての本来的属性をもつ財団債権（労働債権等）についてみれば、仮にこの種の財団債権の債務者を破産管財人と解するとすれば、破産手続開始決定の前後で破産者と破産管財人との間で当該債務の帰属換え（移転）が生ずることを前提としなければならないが、そのような帰属換えは不合理であるし、法的根拠も欠く。

---

11) 伊藤・破産再生235頁。
12) 松下淳一「財団債権の弁済」民訴53号（2007）58頁、概説90頁〔沖野眞已〕、理論と実務143頁〔垣内〕。

(j) 租税債務についてみれば、納税義務者等との間の継続的な課税徴収関係を前提とし、形式的、硬直的な制度設計を備える租税法規の解釈上、破産手続開始決定の前後で租税債務の帰属主体を別異に解することは実務運用上困難であり、合理的でもない[13]。

4 職務説の妥当性

一方、職務説を妥当とする論拠としては、以下の点を指摘することができる。

(1) 破産法78条1項が規定する破産法律関係のフレームワークとの整合性 破産法78条1項は、「破産財団組成財産や破産債権等の実体的権利義務を破産者に帰属させたまま、破産財団組成財産にかかる管理処分権のみを破産管財人に専属的に移転すること」を破産法律関係の基本的枠組みとして規定している。

この点、職務説は、破産管財人への実体的権利義務の帰属を否定することから、破産財団組成財産や破産債権等の帰属換えを必要とせず、破産者・破産財団・破産管財人間の内部的法律関係を、専ら破産管財人への管理処分権の移転によって説明する点において、上記の破産法律関係のフレームワークと整合的である。

(2) 再生手続(DIP型手続)における再生債務者の地位の解釈との整合性 通説的見解も、再生手続(DIP型手続)における再生債務者の法律上の地位については、「私人たる再生債務者は、再生債務者財産たる権利義務の

---

[13]「財団債権の債務者が誰か(破産管財人か破産者か)」という問題は、倒産後の処理であることから、今まで債権償却等を通じてうやむやに処理され、重視されることはなかったのが実情である。しかし、破産管財人の源泉徴収義務や消費税の納税義務等、各種の租税法上の義務が問題とされるようになった現在、その前提となる実体法上の債権債務の帰属主体を確定することは必要不可欠である。

この点、税務会計上の実務処理の一例を挙げれば、破産管財人による消費税の申告納付にあたっては、免税事業者や簡易課税事業者の判定等は破産者を基準として行い、納付税額の計算も破産手続開始決定前の会計処理からの継続を前提として行っているのが現状である。このように現行の税務会計実務上、財団債権に係る債務は、破産手続開始決定の前後を通じて、破産者に帰属することを前提として処理する取扱いが定着しており(税務会計実務上は、破産管財人を破産者から独立した会計主体とみることはなく、破産管財人自身を会計主体とする会計帳簿とか申告納付という発想自体がない)、破産管財人自身を租税債務の帰属主体(納税義務者)として捉えることは困難である。

主体であり、本来はその資格に基づいて管理処分権等を行使するが、再生手続開始後は、再生手続の機関の職務としてその権能を行使する」として、「私法上の職務説」がもっとも合理的な説明であるとする[14]。このような再生債務者の法律上の地位の解釈との整合性の観点からは、破産管財人の法律上の地位についても職務説を帰結するのが合理的である。

(3) 包括執行たる「倒産法的清算」を司る公益的機関としての性格との整合性

破産管財人は、利害関係人間の利害調整を図るとともに、責任財産の衡平分配を実施し、適正な「倒産法的清算」を実現するという公益的職責を担っている。このような破産管財人の職務の中立性・公益性を踏まえれば、利害関係人との間で直接的な権利義務関係の当事者に立つことのない「手続機関（包括執行の手続主宰者）」としての位置付けを確保するのが合理的である。その意味において、「破産管財人自身を権利義務の帰属主体とすることなく、破産者に権利義務を帰属させたままで管理処分権のみを移転させ、当該管理処分権の行使によって、破産財団組成財産の換価処分と、倒産実体法の定めるプライオリティルールに基づく衡平分配を実現する」という職務説のフレームワークは、破産管財人の公益的機関としての性格を体現するのにふさわしい。

(4) 個別執行手続のフレームワークとの整合性

個別執行手続において、執行裁判所は、個別差押財産に係る執行売却を実行し、執行債権者等に対する配当を実施する。当該執行売却等の性格は、個別差押財産に係る執行債務者の管理処分権の剥奪と、執行裁判所による管理処分権行使に基づく当該差押財産の換価処分、ならびに、債務弁済行為であると理解される（この場合、執行裁判所が行った買受人に対する差押財産の執行売却の効果は、授権概念をもって執行債務者に効果帰属し、その結果、執行債務者と買受人との間で、売買契約が成立したのと同様の法的効果が生ずるものと理解される）[15]。

---

[14] 伊藤・破産再生612頁。

[15] 中野貞一郎『民事執行法〔増補新訂6版〕』（青林書院・2010）36頁は、個別執行における差押物売却の法的性質について、「競売を公法上の処分と認めつつ、私法上の売買としての性質ないし効果の併有ないし私法上の売買としての評価を説く見解」（折衷説）を正当とし、「売主は何びとかという問題については、執行機関を職務上の売買当事者とみ、売主としての権利義務を債務者（担保執行の場合は所有者）に帰せしめれば足りる」とする。また、同書382頁は、民事執行法184条に関し「同条は端的に実体的効果帰属要件としての処分授権の擬制を定めたものと解される（授権擬制説）。不動産の担

個別執行手続において、執行裁判所は、もとより「執行機関」として位置付けられるところ、破産法における包括執行手続も、個別執行手続とパラレルに考察するのが合理的である。この場合、個別執行手続における執行裁判所のポジションには、破産管財人を置き換えて考察することが可能であり、そのような破産管財人の地位にふさわしい説明概念としては、職務説が帰結される。

5 職務説を前提とした破産管財人の管理処分行為の効果帰属メカニズム

(1) 授権概念　　職務説においては、破産財団に係る権利義務関係を破産者に帰属させたままで、管理処分権のみを破産管財人に移転させるという内部的法律関係を前提とする。

職務説を前提とした場合に、破産管財人の行った管理処分行為が破産者に帰着する法的効果帰属メカニズムは、「授権」概念をもって説明することができる。

1(4)に前述のように、「代理」が、他人の名における法律行為によって、当該法律行為の法的効果を他人に効果帰属させる制度であるのに対し、「授権」は、自己の名における法律行為によって、当該法律行為の法的効果を他人に効果帰属させる制度として説明される[16]。

(2) 破産法78条1項の趣旨——法定授権の根拠規定　　破産法78条1項は、「破産手続開始の決定があった場合には、破産財団に属する財産の管理及び処分をする権利は、裁判所が選任した破産管財人に専属する」と定める。同条が規定する破産法律関係のフレームワークは、破産者から財産管理処分権を剥奪し、破産管財人に専属させる一方、財産の所有者たる地位（既存の権利義務関係）は破産者に残存させることを前提としている[17]。

> 保執行に即していえば、競売の実体面は私法上の売買であり、売却の効果帰属要件として、目的不動産が執行売却の当時に競売債務者に属すること、および、それを処分する権能が執行機関にあることを要する。競売債権者が換価権を内含する担保権を有するときは、その申立てに基づいて執行機関への処分授権が認められるが、民事執行法184条は、さらに、そのような担保権を欠いた執行売却の場合についても、買受人保護の法政策的考慮に基づき、処分の効果帰属を定める特則を設けた」として、執行行為の債務者への効果帰属メカニズムを「授権」概念により説明する。

16) 於保不二雄編『注釈民法(4)総則(4)』（有斐閣・1967）9頁、14頁、22頁〔於保不二雄＝浜上則雄〕。

17) 条解破産584頁。なお、権限の範囲に違いはあるものの、これと類似したフレームワークをもつ法律関係として、担保不動産収益執行における管理人と担保不動産所有者との

このように破産法は、管理処分権の行使主体たる破産管財人と、財産（権利義務関係）の帰属主体たる破産者とを、別異の法主体として分離するフレームワークを採用しているため、破産管財人の行った管理処分行為を破産者に効果帰属させる「他人効」の法的メカニズムが必要とされるところ、これに対応する法技術が「授権」概念である。
　破産財団帰属財産に係る管理処分権の破産管財人への専属を定める破産法78条１項は、破産管財人に対する「法定授権」の根拠規定として位置付けることができる。

（3）　破産管財人に対する管理処分権の授権の性格

　前記の通り、「代理」と「授権」とでは、「他人（本人）の名」で法律行為をするか（代理の場合）、「自己の名」で法律行為をするか（授権の場合）、という形式面の違いがある。

　これに加えて、財産管理を目的とする「授権」については、実質面の「代理」制度との違いも指摘されている。すなわち、「代理」制度は、本人がその意思に基づいて自己の個人的な利益のために利用することを本来の制度目的とするのに対し、財産管理を目的とする「授権」制度は、財産帰属者たる本人の利益のためにというよりは、むしろ債権者等の利害関係人の利益のために財産管理を行うという公共的、公益的色彩を帯びており、本人の意思にかかわらず、被授権者たる財産管理人が主体的に自己の名をもって管理行為をなすことが予定されている点に、本質的な相違を見いだすことができる[18]。

　　関係が挙げられる。最判平21・7・3判時2057-16は、担保不動産収益執行に関して、「管理人が取得するのは、賃料債権等の担保不動産の収益に係る給付を求める権利自体ではなく、その権利を行使する権限にとどまり、賃料債権等は、担保不動産収益執行の開始決定が効力を生じた後も、所有者に帰属しているものと解するのが相当であり、このことは、担保不動産収益執行の開始決定が効力を生じた後に弁済期の到来する賃料債権等についても変わるところはない」と判示する。

18）我妻榮『新訂民法総則』（岩波書店・1965）330頁以下は、他人の財産を管理する権能は代理権に限らないとして、「自己の名において管理して、直接本人の財産的権利義務に変動を及ぼす」旨の権能を掲げる。そして、その権能の性質について、「財産管理人は、その財産の主体たる特定の個人の利益のために管理するというよりも、むしろその特定の財産そのもののために――正確にいえば、特定の財産に利害関係を有するすべての人のために――これを管理するものである。……従って、その管理人を特定の者の代理人とすることは、甚だしく擬制的色彩を帯びる。かような場合には、むしろ管理人が、管理人の資格において（管理人たる自己の名において）管理行為をなし、その財産に属する権利関係の変動を生じ、本人はただ財産帰属者たる地位においてその効果を受けるも

破産法78条1項が破産管財人に財産管理処分権を専属させた目的は、破産者の利益のためではなく、すべての利害関係人の利益のために、適正な「倒産的清算」を実現することにある。そして、破産管財人は、財産帰属者たる破産者の利益のために管理処分権を行使するのではなく、管理処分権の対象たる破産財団組成財産に利害関係を有するすべての利害関係人のために管理処分権を行使するものとして理解される。

　このような破産管財人の職責に鑑みても、「授権」概念による説明は、破産管財人の管理処分行為の効果帰属メカニズムとしてふさわしいものといえる。

(4) 「授権」概念を前提とする破産法律関係のフレームワーク

　以上の通り、破産管財人の管理処分行為が破産者に効果帰属するメカニズムは、「授権」概念をもって説明することが可能であり、破産法78条1項の定める破産法律関係のフレームワークを維持するうえで、破産管財人に法人格を認める必要はないと解される[19)][20)]。

のとなすことが、はるかに真実に近いように考えられる。と同時に、財産の帰属する主体が明瞭である場合でも、財産管理人が、単にその主体たる個人の利益のために管理するのではない場合、例えば破産管財人、遺言執行者などにおいても、元来本人の利益をはかることを目的とする代理は、決して適当なものではない。近代法は、代理でなければ他人の行為によって権利義務の変動を生ずることはない、という前提のもとに、すべての場合に、何人かの代理人としようとするのであろう。しかし、擬制をあえてしてまで、個々の人格者を想定し、その代理人とする理論は必要なものではあるまい。特定の財産とその管理行為とについて、その社会的作用に基づいて独自の意義を認め、個々の人格者を単なるその帰属者とみる理論を構成すべきものと思う。……その者の他において財産管理行為をして、その効果が直接自分に帰属するような権限を与えることは、民法の解釈としてもできる、というべきだと思う」とする。

19) 管理機構人格説の論者は、破産管財人に法人格を認めなければ、破産管財人が破産手続開始決定後に破産者（個人）を従業員として雇用した場合、給料債権の取扱い（誰の誰に対する債権であるのか）の説明に窮するのではないかと指摘する。しかし、かかるケースでは、債権債務の帰属上は、破産者（自由財産）が破産者（破産財団）に対して給料債権を取得するものとして理解するほかなく、また、それで足りると解する。当該給料債権は、自由財産に属する財産権として破産者に帰属するとともに、破産財団を責任財産とする債務（財団債権に係る債務）として破産者に帰属するものと解される（この場合、「破産財団組成財産」は「自由財産」と区別される一種の信託的財産として破産者に帰属するものと理解され、「債権・債務の帰属する財産が分離独立している場合」として、民法520条の混同による債権の消滅は生じないと解される（磯村哲編『注釈民法(12)債権(3)』（有斐閣・1970）508頁〔石田喜久夫〕）。なお、相続財産破産や信託財産破産における混同の例外について、条解破産1436頁、1444頁、1501頁参照）。

破産法78条1項の定める破産法律関係のフレームワークは、破産者に帰属する財産を、その帰属関係を維持したまま「自由財産」と「破産財団組成財産」に区分し、「破産財団組成財産」を一種の信託的財産として取り扱うとともに[21]、これを破産管財人の管理処分権の対象とすることによって、「倒産法的清算」の目的を実現しようとするものであると解される[22]。破産管財人の地位は、一種の信託的財産として破産者に帰属する「破産財団組成財産」について管理処分権を行使する、職務上の「機関」として位置付けられる。そして、破産管財人は、他人効の効果帰属メカニズムである「授権」を通じて、管理処分行為の効果を「破産財団組成財産」に及ぼすことによって、倒産法的清算の目的を実現するものと理解される。

6 「職務説」を前提とした破産法律関係のフレームワーク
(1) 破産管財人の「執行機関」としての位置付け　　職務説を前提とす

[20] 管理機構人格説の論者は、破産管財人に法人格を認めなければ、破産法156条1項に定める引渡命令の当事者関係の説明に窮するのではないかと指摘する。しかし、破産財団組成財産たる財産の引渡請求の根拠は、「権利行使授権」（被授権者が自己の名で授権者の権利を行使する効果帰属の類型）をもって説明することが可能であると考える。すなわち、破産管財人は、管理処分権に含まれる「権利行使授権」をもって、破産者に帰属する所有権に基づく返還請求権を行使することができるのに対し、破産者は破産法78条1項に基づき管理処分権を剥奪されているから、所有権に基づく権原（抗弁）を行使することができず、その結果、破産管財人の破産者に対する引渡命令が是認されるものと解される。なお、この場合の破産管財人の訴訟法上の地位は、いわゆる「職務上の当事者」として位置付けられるものと解される。

[21] 理論と実務156頁〔山本克己〕は、「破産財団は、相続財産や信託財産などと同様に、一種の特別財産（一定の目的のために同一の帰属主体が有する他の財産から区別されるべき財産の集合体）である」としている。破産手続が包括執行としての性格を有し、破産手続開始決定が差押類似効を有することを前提にすれば、破産財団組成財産は、個別執行における差押財産と同様、債権者への換価分配に充てられることを予定された拘束財産としての性格を帯びている。かかる拘束財産（差押財産）は、①目的財産性、②他の財産からの独立性、の点に鑑み、一種の信託的財産といって差し支えないものと解される。

[22] 本稿は、「破産財団組成財産」を一種の信託的財産として捉えるが、その帰属主体（受託者）は、あくまで破産者であると解するものである。「受託者説」は、信託概念を用いて破産法律関係を説明するが、破産者から破産管財人への破産財団組成財産の帰属換え（信託的移転）を前提とし、破産管財人を受託者とする点において、本稿の破産法律関係のフレームワークとは相違している。

れば、破産管財人は、実体法上の権利義務の帰属主体とはならず、破産法78条1項の法定授権によって、破産財団組成財産に係る管理処分権のみを専有することとなる。破産法が、このような管理処分権のみの移転という法形式を採用したことは、破産管財人の中立性・公益性を維持し、その「執行機関」としての位置付けを確保するための仕組みとして、積極的な意味を見いだすことができる。

破産管財人は、適正な「倒産法的清算」の実現に向け、利害関係人全体の利益のために、その職務として管理処分権を行使する立場にあり、破産財団組成財産を換価し、プライオリティルールに基づいて衡平分配を実施する「執行機関」として位置付けられる[23]。

(2) 公法上の職務説か私法上の職務説か 破産管財人の地位と権限は、裁判所の選任行為(破78条1項)によって発生する。破産手続が包括執行としての性格を有することや、破産者の財産処分権の剥奪と破産管財人への移転という「侵害的権力作用」を内容とし、その効果が破産手続開始決定という裁判

---

23) 破産管財人と同様の性格を備えた「執行機関」として、民事執行法94条1項に基づく管理人が挙げられる。管理人は、執行対象不動産について「管理並びに収益の収取及び換価」に関する広範な権限が付与されており(民執95条1項)、破産管財人のミニチュア版としてパラレルに考察することが可能である。この点、長谷部幸弥「担保不動産収益執行における管理人の法的地位に関する若干の考察」門口正人判事退官記念『新しい時代の民事司法』(商事法務・2011) 629頁は、「収益執行と物上代位は、収益を執行客体とする担保権実行として共通の面を有するだけでなく、物上代位を個別執行、収益執行を(いわば限定的な)包括執行と位置付けるものである。このように解するときは、管理人の実体法上の地位に関し、破産手続におけると同様に、個別執行における規律を包括執行に及ぼすという枠組みによることが可能となると思われる」として、管理人の地位と破産管財人の地位の類似性を指摘している。

中野・前掲注15) 584頁は、管理人の法的地位について、「管理人は、一種の執行共助機関であり、……不動産の管理、収益の収取・換価のためにするその裁判上・裁判外の行為は、職務による当事者としてするのであり、その効力は債務者に及ぶ」として、「職務説」的な位置付けを示唆している。

山本和彦「担保不動産収益執行における管理人の地位と権限」鈴木禄弥先生追悼『民事法学への挑戦と新たな構築』(創文社・2008) 947頁は、ドイツ法下での管理人の法的地位について、「職務説」が今日の判例通説であり、倒産管財人や遺言執行者、相続財産管理人も同様であるとし、「管理人は、裁判所の信任を受けた司法機関として、独立して自己の名で自己の権利に基づき債務者の費用で債務者の財産を管理するものとされる。そして、訴訟上は職務上の当事者として理解される」とする。

所の司法権の行使によって発動することを踏まえれば、破産管財人の地位と権限は、公法関係を基礎としていることは否定できない。

そして、破産管財人は、本来、司法裁判所の権限と責務をもって遂行すべき包括執行手続を、司法裁判所の選任・委託により、司法裁判所に代わって遂行するのであるから、その公的手続機関（執行機関）としての性格は否定できないと考える。

他方、破産管財人は、財産管理処分権その他破産法に基づく権限（否認権の行使等々）を行使することによって、その職務を遂行するところ、これらの権限は、いずれも私法上の権利としての性格を有するにとどまり、専ら私法上の効果を生ずるに過ぎない。

このように破産管財人は、その地位と権限の源泉を公法関係（裁判所による司法権の発動）に依拠しつつ、専ら私法上の権限を行使して、「倒産法的清算」の実現を図る手続機関（執行機関）として理解するのが妥当である。その意味で、「公法上の職務説」、「私法上の職務説」という紋切り型の分類は適切とはいえず、折衷的な理解が妥当であると考える。

(3) 「破産管財人の実体法上の地位」論とのギャップ

「職務説」を前提とした破産法律関係においては、破産管財人は、授権概念のもと、自己の名による法律行為（管理処分権の行使）によって、当該法律行為の法的効果を破産者に効果帰属させることにより、破産手続を遂行する。

破産管財人は、自己の名により破産管財業務を遂行するため、一見すれば、固有の法人格を備えた存在として実体法上の地位があるかのように映るが、破産管財人自身は権利義務の帰属主体ではなく、その実体は、破産者の管理処分権の行使主体（一種の「機関」としての位置付け[24]）に過ぎない。法的効果帰属メカニズム（自己の法律行為により「他人効」を生じさせる制度）の観点からは、

---

[24] 田原睦夫「民事再生手続と会社の機関」河合伸一判事退官・古稀記念『会社法・金融取引法の理論と実務』（商事法務・2002）110頁は、民事再生手続における再生債務者の法的地位について、「再生手続開始決定後の再生債務者の財産は、いわば債権者の債権の引当てであり、再生債務者はその管理者的な立場に立つということになり、一種の機関性を帯びることを意味する」とし、再生債務者の「機関性」を認めている。田頭章一「再生債務者の『第三者性』」櫻井孝一先生古稀祝賀『倒産法学の軌跡と展望』（成文堂・2001）69頁も同旨。

むしろ法人の機関や法定代理人の地位に近似しているともいえる[25]。

　破産管財人は、授権による管理処分権の行使主体（機関[26]）に過ぎず、破産管財人自身は権利義務の帰属主体ではないから、破産管財人について独自の実体法上の地位を議論することは適切ではない。

　本人たる破産者が第三者に対して一定の法的義務を負う場合であっても、管理処分権を行使するに過ぎない「外部機関[27]」としての破産管財人が、破産者と同一の法的義務を第三者に対して負うわけではない。ましてや、破産管財人は、総債権者の利益のために管理処分権を行使すべき公的「執行機関」だから、特定の第三者のために何らかの法的義務を負うべき立場にはない。

Ⅲ 破産管財人の実体法上の地位

1 承継論の問題点

　本稿冒頭摘示の通り、通説的見解は、破産管財人が「破産者と同視されるべき一般承継人的地位」にあることを原則的規律として強調する。しかし、かかる「承継論」については、以下の問題点を指摘することができる。

(1) 破産管財人が破産者等から独立した法主体であることとの不整合

　破産管財人を破産者ないしその一般承継人と同視する「承継論」は、「破

---

[25] ただし、既述の通り、法人の機関や法定代理人は本人の利益のために活動するのに対し、破産管財人は財産帰属者たる本人のためではなく債権者等の利益のために活動するという点において、本質的な違いが存する。

[26] 「機関」の意味には、倒産手続遂行上の「手続機関」としての意味と、法人等の意思決定等を掌る実体法上の「機関」としての意味があり、本来、両者は区別して議論される必要がある。ただし、職務説が前提とする破産法律関係のフレームワークでは、破産管財人は、両者の「機関」性を併有しているものと解される。すなわち、破産管財人は、破産手続の主宰者であるという意味において「手続機関」としての性質を備えるとともに、破産法78条1項をもって付与される「職務上の地位」に基づき、破産者に帰属する一種の信託的財産たる「破産財団組成財産」について管理処分権を専属的に行使し、当該管理処分権の効果が破産者（破産財団組成財産）に帰属するという意味において、実体法上の「機関」としての性質も兼ね備えていると理解される。

[27] 破産管財人は、破産者との間の委託信任関係を基礎とする破産者の「内部機関」ではなく、破産清算目的のために破産裁判所の選任に基づいて管理処分権を行使する、破産者から独立した外部の法主体として位置付けられるものであり、その意味で「外部機関」と表現することができる。

産債権者や破産者から独立して、破産法律関係の主体となり、破産実体法上の各種の権能を行使する主体として破産管財人を位置付ける」ことを内容とする「職務説（管理機構人格説も同趣旨）」とは整合しない。

破産管財人を破産者ないしその一般承継人と同視したのでは、わざわざ破産管財人を破産者等から独立した法主体として位置付ける意味がなくなってしまう。

(2) 破産管財人の中立的・公益的性格との不整合　破産管財人は、利害関係人間の利害調整を図るとともに、責任財産の衡平分配を実施し、適正な「倒産法的清算」を実現するという公益的職責を担っている。このような破産管財人の職務の公益性・中立性と、破産管財人を破産者と同視する承継論は、根本的に相容れない関係にある。

(3) 破産管財人に管理処分権を専属させた法目的との不整合　破産法78条1項に基づく破産管財人に対する管理処分権の付与は、破産者の利益のためになされるのではなく、すべての利害関係人の利益のために、その利害調整を図るとともに衡平分配という倒産的清算の「目的」を達成する「手段」としてなされるものである。

破産者の財産管理処分権の破産管財人への移転を根拠として、破産管財人を破産者の一般承継人として位置付け、破産者と同様の義務拘束を債権者等から受けるという「承継論」の考え方は、「手段」から「目的」を論ずるかのような逆向きの思考であり、管理処分権の法定授権の「目的」と「手段」を取り違えている感がある。

(4) 責任財産の絶対的不足を前提とする「倒産法的清算」の目的との不整合　「倒産法的清算」は、責任財産の絶対的不足状態を前提とする点において「通常清算」と異なる。このように、破産債権者全員の満足を図ることが不可能な状態で、いかに利害関係人間の衡平分配を実現するかが、破産法の目的であり、破産管財人の職務であるはずである。

破産管財人を破産者と同視し、破産者と利害関係人との間の既存の実体的権利関係による「拘束」を受けることを前提としたのでは、責任財産の絶対的不足状態下において、破産法が目指す適正な「倒産法的清算」の目的を達成することはできない。

(5) プライオリティルールに基づく衡平分配というフレームワークに

反すること　　破産法は、各利害関係人が破産者に対して有する各種の財産上の権利について、破産実体法に定めるプライオリティルールに基づいて処遇することを定めている（取戻権、別除権、破産債権、優先的破産債権、財団債権等）。

「倒産法的清算」は、責任財産の絶対的不足状態においてプライオリティルールに基づく衡平分配を実施することを本質としているところ[28]、既存の約定や債務による拘束を前提とした「承継論」では、「利害関係人間の利害調整」や「プライオリティルールに基づく衡平分配」という目的を実現することはできない。

(6) 破産管財人の「手続機関」としての性格に反すること

破産法78条1項は、破産財団組成財産や破産債権等の帰属主体を破産者にとどめたまま、破産財団組成財産に係る管理処分権のみを破産管財人に専属的に移転することを破産法律関係の基本的枠組みとしている。

したがって、破産管財人は、利害関係人との間で権利義務関係の直接的な対立当事者となることはなく、破産者・利害関係人間の既存の権利義務関係による拘束を直接受ける立場にはない。

むしろ、破産管財人は、プライオリティルールに基づく衡平分配を実現するための「手続機関」として、利害関係人間の利害関係を調整する立場にある。端的にいえば、破産管財人は、責任財産を原資としてプライオリティルールに基づく衡平分配を実施すれば、「手続機関」としての職責を果たすのであり、その余の残債務について何らの義務を負うわけでもない。

破産管財人を破産者と同視し、破産管財人自身をあたかも既存債務等による拘束を受ける直接当事者であるかの如く論ずる「承継論」は、このような破産管財人の中立的・公益的な「手続機関」としての性格と整合しない。

破産管財人の地位と権限の源泉は公法関係（裁判所による司法権の発動たる破産手続開始決定）に依拠するものと解され、その地位は個別執行における執行機関とパラレルに考察することができるが、このような点からしても「承継論」は破産管財人の地位の説明として適切ではない（例えば、個別執行において、執行機関が差押物の換価処分や執行債権者に対する配当を実施する際、執行機関が執行債務者の地位の承継者であるなどとは誰も考えないだろう）。

28）谷口・前掲注5）11頁は、倒産処理は究極的には諸利益の一定のプライオリティの実現であるとする。

(7) **法解釈上の根拠を欠くこと**　破産法78条1項は、「破産財団に属する財産の管理及び処分をする権利」が破産管財人に専属することを規定するだけであり、破産者が負担している債務その他の財産上の義務について、破産管財人が破産者と同様の義務を承継し、その拘束を受けることを根拠付ける規定はない[29]。

2　「破産管財人の第三者性」の議論の検証

本稿冒頭摘示の通り、通説的見解は、「実体法規がある法律関係について差押債権者に特別の地位を与えている場合には、破産管財人にも同様の地位が与えられる」とし、物権変動による対抗要件の具備が問題とされる場面等において、「破産管財人の第三者性」のロジックをもって破産法律関係の処理を図っている。しかし、かかる「破産管財人の第三者性」のロジックについては、以下の問題点を指摘することができる。

(1)　実体法上の権利義務の帰属主体を破産者とすることとの不整合

管理機構人格説（通説的見解）と職務説はいずれも、実体法上の権利義務の帰属主体が破産管財人ではなく破産者であることを前提としている。

実体法上の権利義務の帰属主体性もなく、したがって実体法上の権利主張を行うべき独自の地位ないし利益を有していない破産管財人を、実体法上の「第三者」として位置付けることは適切ではなく、実体法上の解釈論としても問題がある（破産管財人が有するのは破産財団に係る管理処分権のみであり、権利義務自体は破産者に残存している以上、実体法の解釈として破産管財人を「第三者」と位置付けることはできないはずである）。

破産管財人の公益性を考慮すれば、破産管財人は、適正な「倒産法的清算」の実現に向け、利害関係人全体の利益を図るために、粛々と破産法上の職務権限を行使すべき、無色透明の中立的な「手続機関」として位置付けるべきであり、本質論としても、独自の実体法上の地位ないし利益を前提とする「第三者

---

29) 最判平23・1・14民集65-1-1は、所得税法204条1項2号所定の源泉徴収義務に関するものではあるが、「破産管財人は、破産財団の管理処分権を破産者から承継するが（旧破産法7条）、破産宣告前の雇用関係に基づく退職手当等の支払に関し、その支払の際に所得税の源泉徴収をすべき者としての地位を破産者から当然に承継すると解すべき法令上の根拠は存しない」と判示し、承継論を否定している。

性」を認めるべきではない。

(2) 第三者保護規定の主観的要件を破産債権者により判断することとの不整合　通説的見解は、「破産財団の管理機構としての破産管財人が第三者にあたるのであれば、破産管財人の善意・悪意が問題になるが、破産管財人に選任された私人の善意・悪意をもって管理機構としての破産管財人の善意・悪意を決することは合理性を欠く。……包括執行としての性質から、破産債権者の中に1人でも善意の者がいれば、破産管財人はその地位を援用できるとするのが合理的である」とする[30]。

しかし、破産管財人自身に第三者性を認めておきながら、その主観的要件を、破産債権者の善意・悪意をもって判定するというのは、合理的な説明とはいえない。

第三者保護規定の主観的要件を破産債権者の善意・悪意をもって判定することを前提とするならば、直截に、破産債権者に「第三者性」を見いだすのが合理的である。

(3) 個別執行のフレームワークとの不整合　通説的見解は、破産手続の包括執行としての性格を根拠として、破産管財人の第三者性を説明する。

しかし、個別執行のフレームワークとパラレルに考察すれば、個別執行における「差押債権者」に相当するのが破産手続における「破産債権者」であり、個別執行における「執行裁判所」に相当するのが破産手続における「破産管財人」である、と理解される。

したがって、個別執行とパラレルに考察すれば、破産債権者にこそ「第三者性」を見いだすべきであり、包括執行を担う手続機関たる破産管財人に「第三者性」を見いだすことは適切とはいえない。

(4) 説明概念としての問題性　通説的見解は、破産管財人の実体法上の地位について、ある場面では「破産者の承継人」と位置付け、ある場面では「第三者」と位置付ける。しかしながら、このような説明は、破産管財人の実体法上の地位を合理的に説明したものとはいえず、単なる現象説明に過ぎないように思われる[31]。

---

30) 伊藤・破産再生 252 頁。
31) 通説的見解のいう「破産管財人の第三者性」とは、破産手続開始決定後は、対抗要件なくして物権的権利の主張ができないことを「現象」的に説明したに過ぎず、「破産管財

むしろ、このような局面ごとの破産管財人の多面性は、破産管財人の受動的地位（利害関係人間の利害について破産実体法を踏まえた調整を図り、法適合的に諸手続を遂行する中立的な立場）を意味しているものといえ、破産管財人の手続機関性（執行機関性）の顕れであるように思われる。

　確かに、破産管財人には、否認権、双方未履行双務契約に係る解除権等、破産法上の各種権限が付与されているが、これらの権限はいずれも、破産者を帰属主体とする権利義務関係について他人効（形成効）を生じさせる権限に過ぎない。破産管財人自身は実体的権利関係の帰属主体たりえないのであるから、あえて「破産管財人の実体法上の地位」を積極的に論ずる意義は乏しい。

（5）包括的差押効による説明が適切であること

　通説的見解が「破産管財人の第三者性」として指摘する効果は、「破産手続開始決定の効果（包括的差押効）」として説明するのが適切である。

　すなわち、包括執行たる破産手続の性格を踏まえれば、破産手続開始決定によって破産財団組成財産を対象とする包括的差押えがなされたのと同視することができる。そして、破産手続は、総債権者の衡平的満足を図るための手続であるから、「総債権者」を実体法上の「第三者」と位置付けることが可能であり、包括的差押えたる破産手続開始決定後は、物権的権利を有する者であっても対抗要件を具備しなければ、当該破産手続下においては物権的権利を主張しえないものと解される（包括的差押えたる破産手続開始決定後は、破産財団帰属財産が総債権者のための責任財産たる差押財産としての性格を帯びるため、他の債権者に対して、対抗要件なくして物権的権利の主張はできないと理解される）。

　この場合、破産手続を主宰する手続機関（執行機関）たる破産管財人は、上記のような破産手続開始決定に伴う実体法上の効果（利害関係人間の権利義務関係に生ずる実体法上の効果）を踏まえて、管財業務を遂行すべき立場にあるものと理解すれば足りる。

　このように、破産手続下における第三者保護規定の適用に関して、あえて「破産管財人の第三者性」を論拠として持ち出す必要はなく、実体法の解釈として適切でもない。

人の一般承継人性」も、破産手続下においては、平時実体法秩序における既存の権利義務関係が「所与」とされるべきことを、「現象」的に説明したに過ぎない。

なお、DIP 型再生手続における同種の法的効果（再生債務者の第三者性）の説明としても、上記のように「倒産手続開始決定の効果（包括的差押効）」として理解する方が合理的であり、「再生債務者の第三者性」という一見矛盾する概念を用いないですむ分、理解しやすい。

3　職務説を前提とした破産管財人の地位——これまでの議論の小括として

職務説を前提とすれば、破産管財人の法的地位は、破産法上の諸規定に基づき職務として権限を行使する「執行機関」として位置付けるのが妥当であり、通説的見解のように「破産管財人の実体法上の地位」という枠組みで破産法律関係を考察するアプローチは適切でない。これまでの議論とかなり重複する部分もあるが、職務説を前提とした破産管財人の地位は、以下のように理解される。

(1)　破産法 78 条 1 項の法定授権の趣旨——破産管財人の執行機関としての本質的性格　所論の通り、破産法律関係のフレームワークは、破産管財人は実体法上の権利義務の帰属主体とはならず、破産法 78 条 1 項の法定授権に基づく管理処分権の行使を通じて「倒産法的清算」を実現するという建付けとなっている。

このように管理処分権のみの移転という法形式は、債権者等との間で破産管財人自身が直接的な権利義務関係に立つことを避け、破産管財人の中立性・公益性を維持し、手続機関（執行機関）としての位置付けを確保するための仕組みとして、特別の意味合いをもっていると解すべきである。

そして、破産法 78 条 1 項が破産管財人に管理処分権を専属させた趣旨は、破産管財人の管理処分権の行使を通じて、破産財団組成財産を換価処分し、プライオリティルールに基づいて衡平分配を実現するという、包括執行としての「倒産法的清算」を実現するためにほかならない。

かかる法目的に鑑みれば、破産管財人の法的地位は、「手続機関（執行機関）」性にその本質を見いだすことができるのであり、あえて「破産管財人の実体法上の地位」を考察する必要はなく、適切でもない。

(2)　破産管財人の対外的な位置付け（債権者その他利害関係人との法律関係）　職務説による破産法律関係のフレームワークを前提にすれば、破産管財人は、利害関係人との間で直接的な権利義務関係に立つわけではなく、取戻権者、別除権者、財団債権者等、破産手続による手続的制約を受けない利

害関係人との間においても、当該権利による直接的な義務拘束を受けるものではない。

　破産管財人は、あくまで「倒産法的清算」の目的実現のために、その職務を遂行する手続機関に過ぎないから、たとえ利害関係人が有する実体法上の権利が破産手続において実現されなかったとしても、そのことのみによって破産管財人の責任が生じるわけではないし、その職務上の善管注意義務に反しない限り、法的責任を負うものではない。

　例えば、破産管財人を名宛人とする財団債権たる請求権の給付判決が下された場合において、破産管財人が当該判決の命ずる給付内容を履行しなかったとしても、そのことのみによって破産管財人の責任が生じるわけではない。破産管財人は、破産法規に従って衡平分配を負うべき職責を担っているところ、責任財産たる破産財団が不足する場合等においては、それに応じた措置（破152条）を講ずれば職務を適正に履践したこととなる。さらにいえば、たとえ、破産管財人が法令に反する分配処理を結果的に行ったとしても、善管注意義務に反しない限り、破産管財人の法的責任は生じえない。

　結局のところ、破産管財人は、法令に従って債権者その他利害関係人との法律関係を処理する手続機関（執行機関）に過ぎないから、「破産管財人自身の実体法上の地位」を議論する必要性は乏しく、債権者その他利害関係人との法律関係は、すべて倒産実体法・倒産手続法の適用解釈に帰着すると考えられる。

(3)　個別執行における執行機関とパラレルに考察すべきこと　破産管財人は、破産手続を主宰する「手続機関」として、破産手続開始時の破産者を中心とする利害関係人間の権利義務関係を所与（与件）とし、プライオリティルールをはじめとする倒産実体法と倒産手続法を行為規範とし、これらに従って中立公平な立場で、利害関係人間の利害調整や衡平分配を実施する。

　このような破産管財人の地位は、ⓐその地位の中立的・公益的性格、ⓑその地位と権限の源泉を公法関係（裁判所による司法権の発動）に依拠していること、ⓒその基本的な職務内容の類似性（執行対象財産の換価処分と配当実施により債権者に満足を得させることを職責とする）、等の諸点において、個別執行における執行機関とパラレルに考察することが可能である。

　特に、破産手続が、本来、国家機関たる司法裁判所の権限と責務をもって遂行すべき包括執行手続としての性質を備えており、破産管財人は、当該包括執

行手続を司法裁判所の選任・委託により、これに代わって遂行する立場にあることに鑑みれば、破産管財人の「手続機関（執行機関）」性を否定することはできないし、「破産管財人自身の実体法上の地位」を考察するアプローチは適切ではないと解される。

(4) 「破産管財人の実体法上の地位」論の不要性　　通説的見解が説く「承継論」や「破産管財人の第三者性」のロジックに看過し難い問題点があることは、前述1・2において論じた通りである。

通説的見解が「破産管財人の実体法上の地位」からアプローチする事項（承継論や第三者性の議論）は、結局、債権者の破産者に対する既存の実体法上の権利の破産手続下での処遇（平時実体法秩序の倒産法的修正の有無）や、債権者等利害関係人相互間での実体法上の権利の優先劣後といった、実体法規の解釈適用の問題に帰着すると考えられるところ[32]、これらの解決にあたっても、特に「破産管財人の実体法上の地位」を考察することが不可欠なわけではない（前記の通り、物権的権利の対抗問題においても、総債権者を「第三者」とみれば事足りる）。

上記の通り、破産管財人の地位は、その手続機関（執行機関）性による説明で足りると解され、手続機関（執行機関）たる破産管財人の実体法上の地位を考察することに、議論としての重要性は見いだせない。

4　職務説を前提とした破産手続の各局面における破産管財人の地位

職務説を前提とした場合、破産手続の各局面における破産管財人の地位は、次のように解される。

(1) 破産財団組成財産の換価処分の局面　　破産管財人は、破産法78

---

[32] 水元宏典「破産管財人の法的地位」高木新二郎＝伊藤眞編集代表『講座倒産の法システム第2巻―清算型倒産処理手続・個人再生手続』（日本評論社・2010）49頁は、破産管財人の法的地位（第三者性）の論点について、「通説は、対抗要件規定や善意者保護規定の適用問題など、破産の外部実体関係の問題を破産管財人の第三者性の問題として把握する。……しかし、そのように区別された外部実体関係をさらに破産管財人の法的地位によって解明することについては、疑問が残る。なぜなら、通説が破産管財人の第三者性によって解明しようとする問題は、破産債権者を中心とした債権者相互のプライオリティーの問題と考えられるからである」として、プライオリティの観点からアプローチすべきことを指摘している。

条1項に基づく管理処分権を行使し、破産財団組成財産の換価処分を進めるところ、その地位は、個別執行における執行機関と同視することができる。

すなわち、破産管財人が行った買受人に対する破産財団組成財産の売却処分の効果は、授権概念をもって破産者に帰属し、その結果、破産者と買受人との間で売買契約が成立したのと同様の法的効果が生ずるものと理解される。

当該売却処分に起因して発生する消費税に係る納税義務も、破産者に帰属したうえで、破産管財人が、その職務として当該消費税に係る申告納付を行う（納税義務者はあくまで破産者であり、破産管財人は職務上の事務取扱者に過ぎない）ものとして理解すべきである。

(2) 取戻権者、別除権者、財団債権者による権利行使の局面　破産管財人は、破産法所定の手続機関（職務上の当事者）として、破産法78条2項13号に基づき、取戻権、別除権、財団債権に係る権利行使を是認し、あるいは否認する。

この場合、破産管財人自身は、権利義務の帰属主体ではないが、破産財団帰属財産に係る管理処分権を有し、破産実体法に定めるプライオリティルールに基づく衡平分配を実施する職責を負う関係上、破産法78条2項13号に基づく「職務上の当事者」として権利行使の相手方となる。

破産管財人は、取戻権、別除権、財団債権の直接的な義務拘束（履行義務）を受けるわけではなく（これらの義務を破産者から承継するわけではない）、明らかな過失によって正当な理由なくこれら権利者の破産実体法上の利益を毀損した場合等、その職務上の善管注意義務に反した管財事務処理を行った場合にのみ、職務上の責任を負うに過ぎない。

訴訟手続等においては、破産管財人自身が取戻権、別除権行使の名宛人（当事者）となるところ、この場合の管財人の地位は、いわゆる「職務上の当事者」になるものと解される（通説的見解は、この場合の破産管財人の訴訟手続上の地位を「狭義の法定訴訟担当」であるとするが[33]、職務説の立場からは、破産管財人自身が訴訟物たる権利関係について独自の実体法上の利益や地位を保有しているわけではなく、一定の職務にあることに基づいて、法が担当者としての適格を付与したものと理解されるから、「職務上の当事者」と解するのが妥当である）。

---

33) 伊藤眞『民事訴訟法〔第4版〕』（有斐閣・2011）182頁。

(3) 破産債権者による権利行使の局面　破産管財人は、破産法所定の手続に則り、その手続機関として破産債権に係る債権調査、認否等の手続を行い、破産実体法に定めるプライオリティルールに基づき配当を実施する。

　破産管財人は、破産債権に係る直接的な義務拘束（履行義務）を受けるわけではなく、破産法所定の手続に則り、プライオリティルールに従って配当を実施すれば、職務上その余の義務を負うものではない。

(4) 未履行双務契約の処理の局面　破産管財人は、破産法53条1項に基づく解除権の行使ないし履行の請求を行い、同条および54条所定の規律に従い相手方の権利を処遇するとともに、破産法78条1項に基づく管理処分権の行使によって給付関係の処理を行う。

　この場合も、破産管財人は、契約関係に基づく直接的な義務拘束（履行義務）を受けるわけではなく、職務上の当事者として、契約上の給付関係の処理を行うに過ぎず、破産法所定の手続に則って処理を行えば、職務上その余の義務を負うものではない[34]。

(5) 否認権の行使の局面　破産管財人は、破産法に基づく特別な権能として否認権を付与されているが、かかる権能の付与は破産管財人の手続機関性を否定する根拠となるものではない[35]。

　破産管財人は、適正な「倒産法的清算」を実現するため、その職務にふさわしい権限として否認権を付与されているのであり、職務上の善管注意義務に従って、その権限を行使する立場にある。破産管財人の否認権行使に基づいて生ずる実体上の権利義務（破167条・168条・169条）は、破産者に帰属するものであり、破産管財人自身について、実体法上の地位を論ずる意味はない。

---

[34] なお、破産者と債権者との間の既存の約定合意（倒産解除特約等）の破産手続上の効果については、倒産法的修正の余地がある。すなわち、利害関係人間の衡平性をはじめとする「倒産法的清算」の理念や秩序に反する既存の約定合意に関しては、倒産法に基づく実体的修正が図られる必要があり、この場合には、倒産手続開始決定の効力として、そのような倒産法的修正を経た権利義務関係を前提として、破産管財人は管財事務処理を行うものと考えられる。

[35] 民事再生手続の監督委員には、特定の行為について否認権限が付与され（民再56条1項）、否認権行使に必要な範囲で財産管理処分権が付与されるが（同条2項）、かかる取扱いは、監督委員の手続機関性と抵触するものではないと解されている（条解再生260頁〔西澤宗英〕、634頁〔坂井秀行＝渡部香菜子〕）。

Ⅳ 破産管財人の地位が問題となる個別論点についての検討

以下においては、私見（職務説）を前提として、近時の個別重要論点についての考察を試みることとする。

1 消費税の納税義務の帰属主体について

(1) 職務説を前提とすれば、破産手続開始決定がなされたとしても、破産財団組成財産の帰属主体が破産者であることに変わりはなく、その管理処分権のみが破産管財人に移転し、破産管財人が行った破産財団組成財産の換価処分の効果は、すべて破産者に帰属する。

したがって、破産財団組成財産の換価処分に係る消費税の納税義務自体は、破産者に帰属するものといえ、破産管財人は、破産清算目的のために管理処分権を行使する職務上の「手続機関」として、当該基準期間に係る消費税の申告納税を行う「職務上の義務」を負うに過ぎないと解される[36]。

(2) なお、消費税の納税義務の主体は破産者であるから、消費税課税の前提となる基準期間、簡易課税特例、免税特例、貸倒控除等々の課税要件の判定は、すべて破産者を基準として行われる。

(3) また、破産管財人が消費税の申告納税を行う「職務上の義務」を負い、当該申告に係る納税義務が破産者に帰属するとしても、それによって直ちに当該消費税分の租税債務が破産手続における弁済対象となることを意味するわけではない。破産管財人は、破産実体法に定めるプライオリティルールに基づく衡平分配を実施すべき職責を負っているから（破148条1項2号・151条・152条）、当該規律に基づく分配を実施すれば足り、それ以上の責務を負うものではない。

2 源泉徴収制度に係る徴収納付義務について

(1) 源泉徴収制度に係る徴収納付義務は、破産管財人ではなく、破産者に帰属する義務として理解すべきであり、破産管財人は破産財団に係る管理処分権を行使する職務上の「手続機関」として、破産者に帰属する徴収納付義務を

---

36) 名古屋高金沢支判平20・6・16金法1873-71。

遂行する「職務上の義務」を負うに過ぎないと解すべきである。

職務説を前提とすれば、給与等の支払義務は破産者に帰属しており、破産管財人が給与等の支払を行ったとしても、それは「執行機関」として「法定授権」に基づく支払事務を行ったに過ぎず、その支払の法的効果（給与等債務の消滅）は破産者に帰属するからである[37]。

管理処分権を有するだけで課税物件たる給与等「支払」義務の実体法上の帰属主体でもない破産管財人が、独自の公法上の徴収納付義務を負担すると解するのは、「帰属者課税原則」[38]に立脚する租税法理論上、無理がある。

(2) 最判平23・1・14（民集65-1-1）は、「破産管財人は、その報酬につき、所得税法204条1項にいう『支払をする者』に当たり、同項2号の規定に基づき、自らの報酬の支払の際にその報酬について所得税を徴収し、これを国に納付する義務を負うと解するのが相当である」と判示し、破産管財人自身が所得税法204条1項の「支払をする者」に該当するかのような説示をしているが、そのように解するのは適切ではない[39]。

(3) 源泉徴収制度は、一定期間存続する継続的な徴収納付関係を前提としており、徴収納付義務の有無（所税184条）や、納期その他課税上の特例等（所税216条）の判定は、徴収納付義務の帰属主体を基準として行われることが前提とされている。このような継続的な徴収納付関係を前提とする制度設計に鑑みれば、あくまで所得税法204条1項にいう「支払をする者」にあたるのは、

---

37) 最判平23・3・22民集65-2-735は、個別執行に基づき給与等の支払がなされた場合について、「給与等の支払をする者が、強制執行によりその回収を受ける場合であっても、それによって、上記の者の給与等の支払債務は消滅するのであるから、それが給与等の支払に当たると解するのが相当である」と判示し、執行債務者の源泉徴収義務を肯定する。同最判との整合性に鑑みれば、破産法律関係を個別執行とパラレルに考察する職務説の見地からは、個別執行における執行裁判所のポジションに位置付けられるべき破産管財人に源泉徴収義務を帰属させるのは不合理であり、給与等の支払の法的効果が帰属する破産者に源泉徴収義務を帰属させるのが合理的帰結となる。

38) 金子宏『租税法〔第18版〕』（弘文堂・2013）163頁によれば、「納税義務は、課税物件がある者に帰属することによって成立し、課税物件の帰属した者が納税義務者となる」とされる。このような帰属者課税原則に鑑みれば、「支払」の法的効果（給与等債務の消滅）が破産者に帰属する以上、徴収納付義務も破産者に帰属すると解するのが合理的である。

39) 本書の木村真也論稿「11　源泉徴収義務の破産管財人に対する適用方法と適用範囲」は、同最判の判示について、破産管財人を「支払をする者」と解する見解を前提にしており（276頁）、私見とは異なる立場に立脚する。

継続的な徴収納付関係の主体である破産者であり、課税特例の適用等の判定も破産者を基準として行うべきであると考える[40]。

3　破産管財人の担保価値維持義務について

(1)　前掲最判平18・12・21は、「破産管財人は、質権設定者が質権者に対して負う担保価値維持義務を承継する」旨判示する。

しかし、同最判の判示は、破産者と破産管財人を同一視し、また、破産者が担保権者に対して負う債務の履行義務（実体法上の直接的な法的義務）と、破産管財人が担保権者に対して負う職務上の義務を同一視している点において、妥当ではない（破産管財人は担保権者に対して直接的な債務の履行義務は負っておらず、公的手続機関としての職務上の善管注意義務を負っているに過ぎない。その義務は、せいぜい、会社の機関が会社債権者に対して負担する義務と同様の位置付けの、職務上の一般的義務に過ぎない）[41]。

──────────

[40] 破産手続開始決定前に発生した給与等を破産管財人が支払う場合における源泉徴収義務の成否については、㋐徴税コストを他の債権者に転嫁すべきでないこと、および、㋑源泉徴収制度が破産手続下での適用に耐えうる制度設計にはなっていないこと、を論拠として、これを否定すべきであると解する。給与等の源泉徴収制度は、源泉徴収事務の遂行を可能ならしめる支払者の事務処理能力の存在を前提としていると理解されるところ、支払者が破産した場合には、通常、源泉徴収事務の遂行の前提となるべき既存の労務事務処理組織をはじめとする事業基盤は失われている状態にある。源泉徴収制度は、各種の法定文書の作成等（所税224条以下）を義務付けるなど、源泉徴収義務者の事業の存続を前提とした、組織的・継続的な課税法律関係として構築されているところ、このような源泉徴収制度の枠組みを維持することは、破産手続下では困難であるし、源泉徴収制度それ自体も、破産手続下においても適用されるべき事態を想定していないと解される。

[41] 前掲最判平18・12・21に懐疑的な見解を示す論稿として、上野保「破産管財人の義務についての考察」NBL851号（2007）22頁、岡正晶「担保権者に対する善管注意義務？」同23頁、木内道祥「破産管財人の善管注意義務と再生債務者の機関の義務」同28頁、多比羅誠「破産管財人の善管注意義務と担保価値維持義務」同38頁、服部敬「違和感の残る判決」同50頁、三森仁「最高裁判決の射程如何」同55頁、がある。林道晴「破産した賃借人の破産管財人が賃貸人との間でした破産宣告後の未払賃料等を敷金に充当することを合意したことによる、破産管財人の敷金返還請求権の質権者に対する損害賠償義務および不当利得返還義務の成否」金判1268号（2007）6頁は、「破産管財人が破産者の質権者に対する義務を当然に承継するという説示には疑問を抱かざるを得ない」、「［破産管財人の質権者に対する義務は、］破産管財人が別除権者の優先的な地位を尊重するという破産法上の要請から、破産管財人の独自の義務として認められると解する方

(2)　破産管財人は、担保権者に対して直接的な担保価値維持義務を負うものではなく、破産手続を主宰する「手続機関」として、担保権者を別除権者として処遇し、破産財団の状況その他の制約のもと、他の利害関係人との利害調整を図りつつ、「倒産法的清算」の目的に照らして別除権者としての利益が実現されるよう配慮する、職務上の義務を負うに過ぎないと解すべきである。

　(3)　したがって、担保価値維持のための追加コストが破産財団の負担において生ずるようなケースにおいては、破産管財人は、そのような追加コストの負担を生ずるような管財事務処理は行うべきではなく、追加コストの負担を甘受してまで担保価値維持を図るべき職務上の義務は負わないと解される。なぜなら、破産手続が包括執行としての性格を有し、破産財団が総債権者の引当てとなるべき責任財産としての性格を有していることを考慮すれば、破産手続開始後に、特定の債権者（担保権者）の利益のために破産財団のコスト負担を生ずることは正当化できないからである。

　破産法上の担保権の処遇は、別除権として破産手続による制約を受けないで権利行使することを保障しているにとどまり（破65条）、破産手続上、破産財団のコスト負担において、積極的に権利の確保・実現を求めうるまでの権利性はないと解される[42]。

　(4)　もともと、担保権は特定の責任財産に対する直接的価値支配権たる性質（物権性）を本質とし、担保権者は、破産手続によることなく、自ら担保権に内在する換価権を行使し、担保執行手続や私的実行を通じて優先弁済を得るべき立場にある。

　担保権設定契約においては、担保価値維持義務をはじめとして様々な担保設定者の義務が約定されることがあるが（例えば、将来債権譲渡担保設定契約における、月次の売掛債権リストの担保権者への交付義務など）、このようなコベナンツ上の権利は、物権たる担保権の本質とは異質の財産上の請求権（債権）として位置付けられ、本来、破産債権として処遇されるべきであると考えられる。このような観点からしても、前掲最判平18・12・21の判示は疑問である。

・・・

　が自然であろう」とする。
42)　本書の松下満俊論稿「3　破産手続における動産売買先取特権に関する考察」は、破産管財人が別除権者に対して負う善管注意義務について、破産財団の維持・増殖に対する配慮に比べて制限的なものと解すべきことを示唆する（38頁）。

(5) 前掲最判平 18・12・21 のいう「担保価値維持義務」が、担保目的物の価値を侵害、毀損してはならないという「消極的義務」を意味するにとどまるのであれば、それは一般的な権利の不可侵性に由来するものとして理解できるが、そうであれば、もともと誰に対してでも主張できる権利であり、わざわざ「承継論」によって説明する必要もない。

4 将来債権譲渡担保の効力は破産管財人が破産財団組成財産を売却して生じた売掛債権に及ぶか

(1) 本論点については、「承継論」を根拠に、破産管財人を「将来債権を生じさせるべき契約上の地位を譲渡人たる破産者から承継した者」とみて、破産管財人のもとで破産財団組成財産を売却して生じた売掛債権について将来債権譲渡担保の効力を認める見解がある[43]。

しかし、「承継論」が、破産管財人の地位の解釈として適切でないことは、すでに論じた通りである。

職務説を前提とすれば、破産管財人は、包括執行を主宰する手続機関（執行機関）として位置付けられるべき存在であるから、破産者の実体法上の地位を承継するものではない。また、執行機関たる破産管財人は、担保権者との間で直接的な権利義務関係に立つわけではなく、破産者が将来債権譲渡担保契約に基づいて負担する義務の拘束を受けることもない。

このように、「承継論」を根拠として将来債権譲渡担保の効力を認める見解は、破産管財人の手続機関（執行機関）性を看過しており、与することができない。

(2) 本論点については、以下の通り、「破産手続開始決定の効果（包括的差押効）」を根拠として、将来債権譲渡担保の効力を否定すべきである[44]。

破産手続が包括執行としての性格を有し、破産手続開始決定が差押類似効を

---

[43] 議論の詳細については、沖野眞已「債権法改正と倒産」山本和彦＝事業再生研究機構編『債権法改正と事業再生』（商事法務・2011）40 頁、小林信明「将来債権譲渡に関する法制」同 117 頁参照。井上聡「事業の証券化・ABL への広がりを持つ判決」NBL851 号（2007）18 頁は、さらに進んで、破産管財人が将来債権譲渡担保の目的売掛債権に係る事業を譲渡した場合に、事業譲受人に対して将来債権譲渡人たる地位（負担）を引き受けさせるべき義務についても言及する。

[44] 本論点については、籠池信宏「将来債権譲渡担保と更生担保権評価」倒産実務交流会編『争点　倒産実務の諸問題』（青林書院・2012）183 頁以下も参照されたい。

有することを前提にすれば、破産手続開始決定時に現存する破産財団組成財産は、その時点で、特定の債権者への換価分配[45]に充てられることを予定された拘束財産（差押財産）としての性格を帯びるものと理解される[46]。

したがって、破産手続開始決定後に、破産管財人が破産財団組成財産を換価した結果、売掛債権が生じたとしても、それはもはや開始決定の包括的差押効によって特定の債権者への換価分配に供されるべきことが予定された拘束財産（差押財産）の価値変形物（換価財産）に過ぎず、そのような財産の性質上、開始決定後の換価によって将来債権譲渡担保権者への価値の帰属換えが生ずるわけではないと解すべきである[47][48]。

この理は、個別執行の場合と対比すれば理解がしやすい。すなわち、個別執行における執行債務者が商品売掛債権を目的とする将来債権譲渡担保を設定している場合において、個別執行機関が差押財産たる在庫商品の執行換価処分を行った結果、一時的に売掛債権が生じたとしても、当該売掛債権が将来債権譲

---

45) 担保目的財産であれば特定の担保権者のための責任財産として、担保目的外財産であれば総債権者のための責任財産として、換価分配の対象とされる。
46) 前注21) の通り、かかる拘束財産（差押財産）は、破産者に帰属する他の財産（自由財産）と区別され、破産管財人による換価分配の対象となるべき特別の目的財産であり、一種の信託的財産とみることができる。
　　個別執行における差押えや、破産手続における開始決定は、債務者に帰属する他の財産から執行対象財産ないし破産財団組成財産を分離し、公的執行機関による換価分配を目的とした特別財産（信託的財産）を設定する効果をもつ司法行為として捉えることができる。公的執行機関の管理下に置かれた特別財産（信託的財産）であることは、個別執行の場合は差押登記等、破産手続の場合は破産手続開始決定をもって公示される。
47) 当該拘束財産（差押財産）は、公的執行機関の管理下に置かれた執行目的物たる特別財産（信託的財産）として、事後的な私権設定の対象からは外れるものと解さざるをえない。この特別財産（信託的財産）は、その設定時点たる差押時または破産手続開始時において、すでに換価分配を受けるべき価値帰属者（受益者）が特定されているとみるべきであり、その特別財産（信託的財産）としての性質上、公的換価手続の過程で事後的に将来債権譲渡担保の対象に組み込まれることはないと解される。
48) 将来債権譲渡担保権者が第三者対抗要件を具備していたとしても、担保目的財産たる将来債権が破産手続開始決定時に現存しない以上、それは破産財団を構成せず、破産管財人が行う換価分配の対象にもならないし、このような開始時責任財産の裏付けを欠く実体のない担保について優先弁済権を認める余地もない。倒産手続の本質が「清算」である以上、清算基準時である破産手続開始決定時に現存しない担保目的物（経済価値）を倒産法的清算による分配対象とすることはできないのが道理である。

渡担保権者によって担保捕捉されると解することがナンセンスであることは自明であろう。なぜなら、当該差押財産は、その差押時点において特定の債権者（執行債権者等）の換価満足に充てられることが予定された拘束財産としての性質を帯び、その後の執行換価処分によって売掛債権に価値変形したとしても、特定の債権者の換価満足に充てられるべき財産としての拘束性は変わらないはずだからである。

(3) 従前の肯定説は、「破産管財人の実体法上の地位（破産管財人の三面性）」の観点からアプローチした結果、将来債権譲渡担保が第三者対抗要件を具備していることに目を奪われ、「第三者性」ではなく「承継人性」が妥当する局面であると捉えてしまったため、担保効を認めざるをえないという結論に帰着したものと目される。

しかし、本論点において真に重視され、検討されるべきは、「破産管財人の実体法上の地位（破産管財人の第三者性の有無）」ではなく、「破産手続開始決定の法的効果（破産手続開始決定による包括的差押効が、破産者帰属財産や利害関係人間の実体的権利関係にどのような影響を及ぼすのか）」であると思料する。

この点、上記の通り、破産手続開始決定は、破産者に帰属する他の財産（自由財産）から破産財団組成財産を分離し、執行機関たる破産管財人による換価分配を目的とした特別財産（信託的財産）として拘束する法的効果を有するものと解される。破産手続開始後に生じた売掛債権は、執行客体たる特別財産（信託的財産）の価値変形物に過ぎず、新たに私権設定の対象となるものではない[49]。将来債権譲渡担保の効力は、かかる破産財団組成財産の特別財産（信託的財産）化を根拠として、否定されるべきものと解する。

〔追記〕 校正段階で、田原睦夫先生古稀・最高裁判事退官記念『現代民事法の実務と理論』（金融財政事情研究会・2013）が発刊され、同書所収の中西正「破産管財人の実体法上の地位」、山本克己「財団債権・共益債権の債務者——管理機構人格説の検討を兼ねて」に接した。いずれも通説的見解に対する批判的考察を

---

49) 将来債権譲渡担保権者が将来売掛債権について対抗要件を具備していたとしても、破産手続開始後に生じた売掛債権は、特別財産（信託的財産）として財産隔離された執行客体たる財産（在庫等）の価値変形物に過ぎないから担保効は及ばない。債権者が優先弁済権を確保するためには、倒産手続開始時に存する執行客体たる財産（在庫等）の上に担保権を有していなければならない。

テーマとし、大いに触発される内容を含んだ論稿であるが、残念ながら本稿に反映することはできなかった。

● ── 一裁判官の視点

　裁判所は、破産管財人の理論的な地位そのものを正面から判断することを慎重に避けてきたように思われる。理論的な地位論は、破産管財人の実体法上の地位の議論と必ずしも直結せず、事件の解決に不可欠というわけではないというところがあるように考えられているからであろう（実体法上の地位に関しては、再生債務者の第三者性について判示したものなどがある）。各論的なⅣの部分も、理論的な地位から必然的に導かれるともいえないように思われ、その意味で本論稿に対するコメントは難しいところがある。

　本論稿は、破産管財人の実体法上の地位について、執行裁判所と置き換えられる公的手続機関（執行機関）であり、中立的・公益的性格が強調されるべきで、実体的な第三者ではなく、独自の実体法上の法的地位を有するかのような説明は妥当でないとする。

　確かに、換価後の配当に関する活動は執行裁判所との類似性を見いだせるにしても、その前段階における、総債権者という抽象的債権者を第三者と擬制するなどして行う破産管財人の法的活動は、倒産法的秩序実現という点で公益的ということができても、少なくとも執行裁判所の公益的性格とは異なるように思われる。

　また、本論稿との関連で、破産管財人について、執行機関や手続機関とのみ位置付け、実体法上の地位を有しないとすると、破産管財人の占有の性質をどう考えるかが問題になるように思われる。これは、破産管財人がその占有を要件事実とする実体権を行使し、あるいは行使される場合等に影響する（返還請求の場面のほか、現実的ではないかもしれないが、破産者からの占有継続を前提とする破産管財人による時効取得や破産管財人の占有を信頼した者の即時取得等が問題となりうる）。

　この点、執行官の占有における議論と同様に考えれば足りるかといえば、本論稿は破産者の一般承継を否定するから、破産者の私法上の占有の継続という構成をとることはできないであろうし、破産管財人に私法上の直接占有を認めないのであろうから、破産者が新たに間接占有を取得したという構成をとることも容易ではないであろう。かといって、破産管財人が実体法上の地位を有し

ないとする以上、抽象的債権者のための間接占有というのも難しいだろう（そもそも、抽象的債権者のための占有ということを認めるほどに観念化することが適当かという疑問もある）。そうすると、抽象的債権者のために公法的な占有を（新たに）取得したというような説明になろうが、それでは、上記のような実体法の問題の適切な解決に困難を来すように思われる。

　なお、本論稿は、破産財団について、破産者を受託者とする信託的移転という構成をとるが、受託者は管理処分権限を有するものなので、信託「的」という表現を用いるにしても、比喩の限度を超えるものではないと言われないか、そうでないとするのなら任意規定の範囲が広がったとはいえ信託法の各規定との関係まで踏み込んだより具体的な説明が必要であろう。

　将来債権譲渡担保の効力については、例えば、担保の目的となる債権の種類が売掛債権となっている場合、譲渡担保契約の解釈としてされる当該売掛債権の範囲は、担保権者において、債務者の破綻により将来債権が発生しないリスクを見込んで与信を行うことを前提として決定されていると思われ、破産管財人の換価によって生じた代金債権がこれにあたるかどうかはこうした点からも判断されることになると思われる。　　　　　　　　　　　（山崎栄一郎）

11 源泉徴収義務の破産管財人に対する適用方法と適用範囲

木村真也

【設問】
(1) 破産管財人の源泉徴収義務
　破産手続において源泉徴収義務の要件としての「支払をする者」の該当性を破産管財人と破産者のいずれにおいて判断するべきか。また、それぞれの立場と関係して、以下の点をどのように解するか。
　　(a)源泉徴収義務の帰属主体は破産管財人と破産者のいずれか。またこの点は、破産管財人の地位に関する理解とどのように関係するか。
　　(b)破産手続の中でなされた支払について、破産管財人が源泉徴収義務を負わない場合において、破産者は固有の源泉徴収義務を負う場合があるか。
　　(c)破産手続下において「支払をする者」の具体的な判断基準をどのように解するべきか。
　　(d)個人破産者の破産管財人報酬について源泉徴収義務が生じるか。
(2) 破産管財人の源泉徴収所得税の納付義務の優先順位
　破産管財人が源泉徴収をする義務を負う場合、その所得税の納付義務の財団債権性および財団債権としての優先順位如何。
(3) 源泉徴収義務の適用範囲
　以下の各場合における給与の支払に際して破産管財人および破産者に源泉徴収義務が生じるか。
　　①破産手続開始前に退職していた破産者の元従業員の給与を、
　　　(a)破産手続開始後に財団債権として弁済する場合
　　　(b)破産手続開始後に優先的破産債権として許可弁済（破101条）する場合
　　　(c)破産手続開始後に優先的破産債権として配当する場合
　　　(d)破産手続開始前に保全管理人が裁判所の許可を得て弁済する

場合
　②破産手続開始前に退職していなかった破産者の従業員の給与を、
　　(a)破産管財人が直ちに解雇した場合
　　(b)破産手続開始決定後一定期間経過後に破産管財人が解雇した場合
　　(c)破産手続開始決定後雇用関係を継続した場合
　　(d)破産管財人が破産手続開始後に新たに雇用契約を締結した場合
　それぞれにおける
　　(e)破産手続開始前の給与を財団債権として弁済する場合
　　(f)破産手続開始前の給与を優先的破産債権として許可弁済（破101条）する場合
　　(g)破産手続開始前の給与を優先的破産債権として配当する場合
　　(h)破産手続開始後の給与を財団債権として支払う場合

I　問題の所在

　破産管財人の源泉徴収義務については、最判平23・1・14（民集65-1-1）において、破産管財人報酬につき「弁護士である破産管財人は，その報酬につき，所得税法204条1項にいう『支払をする者』に当たり、同項2号の規定に基づき，自らの報酬の支払の際にその報酬について所得税を徴収し、これを国に納付する義務を負うと解するのが相当である」、従業員の退職金につき「破産管財人は，上記退職手当等につき，所得税法199条にいう『支払をする者』に含まれず，破産債権である上記退職手当等の債権に対する配当の際にその退職手当等について所得税を徴収し，これを国に納付する義務を負うものではないと解するのが相当である」との判断が示され、破産手続における源泉徴収問題について一定の解決を示したが[1]、その理論構成をどのように理解するかについ

---

[1]　従来は、破産管財人は、労働債権に対する配当、破産管財人報酬の支払に際して、源泉徴収をしない例が多かった。永島正春「破産管財人の源泉徴収義務」税務弘報36巻9号（1988）148頁、全国倒産処理弁護士ネットワーク「破産管財人の源泉徴収義務に関する実務の扱いについて」事業再生と債権管理119号（2008）44頁参照。ただし、理論と実務185頁〔岡正晶〕は、「破産財団から破産管財人報酬を支払う場合の源泉徴収義務につ

ては議論の余地があるとともに、残された実務上の問題も多い。そこで、本稿ではその判断内容の適否とともに関連する問題について検討を試みたい。また、執行手続における債務者の源泉徴収義務について、最判平23・3・22（民集65-2-735）において判断が示されており、それとの相互関係も問題となる。

1 設問(1)関係

所得税法183条1項によると「居住者に対し国内において第28条第1項（給与所得）に規定する給与等……の支払をする者は、その支払の際、その給与等について所得税を徴収し、その徴収の日の属する月の翌月10日までに、これを国に納付しなければならない」ものとされる。また、同法199条は退職所得、同法204条は報酬の「支払をする者」について、同様に源泉徴収義務を定める。

ところが、破産手続においては、従来源泉徴収義務を負ってきた破産者とは別の主体として、破産管財人が選任され、破産管財人が破産財団の管理処分をし（破78条）、財団債権の弁済（破151条）、配当の実施（破195条ほか）等を行うため、「支払をする者」を破産者と解するか、破産管財人と解するかの問題が生じる。しかも、破産管財人報酬と退職金の双方を通じて、統一的に理解することは可能か[2]。

この点と関係する理論的問題として、(a)源泉徴収義務の主体を破産者、破産管財人のいずれと解するか、またその点は破産管財人の地位論、財団債権の債務者論とどのような関係に立つかについて検討を試みたい。さらに、関係する実務的問題として、(b)破産者固有の源泉徴収義務が残る場面があるかどうか、その場面の処理如何、(c)「支払をする者」の具体的な判断基準をどのように解するべきか、(d)個人の破産者の破産管財人の管財人報酬等に関する源泉徴収義務の有無等について、それぞれ検討したい。

本稿では、前掲最判平23・1・14の判断方法は、破産管財人を「支払をする

いては肯定説が多数である」としていた。本判決のもとでは、破産管財人報酬については、従来の取扱いは否定されたといえる。破産管財実務に対する影響が大きいと指摘するものとして、石毛和夫・銀法742号（2012）69頁。
2) なお、破産管財人報酬と退職金についてのそれぞれの源泉徴収義務の有無について、区別して議論をするべきことを指摘するものとして、野村秀敏・金判1374号（2011）11頁がある。

者」と解するものであるところ、(a)その判断方法は、破産管財人の地位に関する管理機構人格説、財団債権の債務者に関する破産管財人説の立場から理解することが容易であると考える。その立場とも関係して、(b)破産者は「支払をする者」に該当せず破産手続下でなされた支払について固有の源泉徴収義務を負わないと解し、(c)「支払をする者」の適用方法については破産管財人と受給者との間の「特に密接な関係」の基準により、(d)個人破産者の破産管財人報酬についても破産管財人に源泉徴収義務が生じると解しうると考える。

2　設問(2)関係

前掲最判平23・1・14は、「破産管財人の報酬は、破産手続の遂行のために必要な費用であり、それ自体が破産財団の管理の上で当然支出を要する経費に属するものであるから、その支払の際に破産管財人が控除した源泉所得税の納付義務は、破産債権者において共益的な支出として共同負担するのが相当である。したがって、弁護士である破産管財人の報酬に係る源泉所得税の債権は、旧破産法47条2号ただし書にいう『破産財団ニ関シテ生シタルモノ』として、財団債権に当たるというべきである」と判示したが、その判断を前提としても、源泉徴収所得税の納税義務が財団債権とされる実質的根拠や、現行破産法148条の1項何号の財団債権と解するべきか等については議論がある。

本稿では、前掲最判平23・1・14の判断により、源泉徴収・納付義務は、破産法148条1項2号に該当するものと解する。

3　設問(3)関係

従業員の賃金に限定しても破産手続上源泉徴収義務の有無が問題となる場面として、設問(3)の通り様々な場面が考えられる。設問(1)における基本的な考え方を前提として、それぞれの場合について、源泉徴収制度の趣旨と破産管財手続の構造に合致し実務的に合理的な解釈はどのようなものか、理論的な説明は可能かについて検討を要する。

本稿では、設問(1)の検討を踏まえて、前掲最判平23・1・14の採用した判断基準としての「特に密接な関係」の各場面における適用方法を検討したい。

II 破産管財人の源泉徴収義務について（設問(1)関係）

1 源泉徴収制度の概要

まず、検討の前提として、源泉徴収制度の概要について触れておきたい。

(1) 源泉徴収制度の意義 所得税については、確定所得申告を行い納付するとの確定・納付制度を原則的にとりつつ（所税120条）、給与所得、退職所得、一定の報酬等特定の種類の所得について「支払をする者」が源泉徴収をする制度が採用されている（所税183条以下）。

源泉徴収制度は、「支払をする者」が、対象となる所得を支払うときに源泉徴収義務が自動的に確定し、翌月10日に納付する制度である（所税6条・183条以下）。納付を怠ると、納税の告知（税通36条）および督促（税通37条）の手続を経たうえで滞納処分がなされうる（税通40条）。不納付加算税（税通67条）、刑事罰の制度もある（所税240条・242条3号）。

給与所得については、年末調整をし（所税190条）、源泉徴収票を発行することを要する（所税226条1項）。退職所得についても源泉徴収票（同条2項）が発行される。給与所得および退職所得については、原則として源泉徴収により納税を完了し確定申告を要しないものとされる（所税121条）。

報酬等については支払調書が発行され（所税225条）、これを踏まえて確定申告により税額の確定・納付がなされることとなる。

(2) 源泉徴収制度における法律関係 源泉徴収制度における法律関係は、国または地方団体と徴収納付義務者との間の法律関係と、徴収納付義務者（支払者）と受給者との間の法律関係とが、同時に存在することになる。前者は公法上の債務関係であり、後者は私法上の債務関係であるとされる[3]。

---

3) 金子宏『租税法〔第18版〕』（弘文堂・2013）810頁、水野忠恒『租税法〔第4版〕』（有斐閣・2009）105頁。源泉徴収制度における支払者、受給者、国の法律関係の詳細と実務につき、岡正晶「破産管財人の源泉徴収義務に関する立法論的検討」金法1845号（2008）16頁、同「勤務先が破産し給料債権の回収不能が生じた場合どうしたらよいか」税務事例研究106号（2008）37頁、堺澤良「源泉徴収制度の基本的構造と関係当事者の救済」税務大学校論叢10号（1976）71頁。

また、源泉徴収をめぐる法律関係の本質について、最判昭37・2・28刑集16-2-212がなされた前後の時期に行われていた議論を参考とし、信託モデルと委任モデルを想定し

なお、特別徴収住民税、社会保険料の徴収関係も類似する面があるが、所得税の源泉徴収義務は支払の時に成立するのに対して、特別徴収住民税、社会保険料の納付義務はそれ以前に確定する点で異なる[4]。

(3) 源泉徴収の対象たる「給与等」、「報酬」の意義　源泉徴収の対象となるのは、「給与等」(所税183条1項)、退職手当(所税199条)および「弁護士……の業務に関する報酬」(所税204条1項2号)等である。

本件で問題となる未払給与が「給与等」に該当することには問題はなく、いわゆる退職金が「退職手当等」に該当することにも問題はない[5]。

他方、破産管財人報酬が「弁護士……の業務に関する報酬」に該当するかは議論の余地があるが、前掲最判平23・1・14は弁護士である破産管財人の報酬

………………………………………………………………………………………………

たうえで、「評者としてはむしろ、本判決が、受給者が自ら納税義務を履行する可能性をまったく期待していない信託モデルよりも、原則である申告納税制度の例外として支払者・受給者の間に信頼関係を想定してよいような場合に限って源泉徴収義務を課したとする委任モデルを選択したと解したい」とするものとして、渕圭吾・判時2136号(2012)170頁がある。さらに、アメリカの判例によれば、源泉徴収制度は租税債権者の利益のための制度というよりは、むしろ受給者の利益のためのものであるとするものとして、同「破産管財人の源泉徴収義務と源泉徴収税債権の優先順位」法時84巻3号(2012)78頁がある。

4) 石井教文・桐山昌己ほかの大阪弁護士会における研修会「破産管財人の源泉徴収義務に関する実務上の諸問題」(2011)における指摘。また、源泉徴収義務の内容は法律上当然に決定され、納税告知によるものではないことから、本件訴訟は当事者訴訟が選択されたことを指摘するものとして、石森久広・判セ2011(Ⅱ)11頁参照。

　これに対して、個人住民税の納税義務は、1月1日に前年分の所得について成立し(地税318条)、給与所得者等の個人住民税は特別徴収の方法で徴収される(地税321条の3第1項)。市町村は、原則として5月末日までに、特別徴収税額をその特別徴収義務者等に通知し(地税321条の4第1〜3項)、この通知によって、特別徴収の方法で納付すべき個人住民税の税額が確定する(金子・前掲注3)810頁。そして、特別徴収義務者は、住民税を賃金から直接控除することができる(労基24条1項、菅野和夫『労働法〔第10版〕』(弘文堂・2012)303頁以下)。住民税の特別徴収と源泉徴収の相違につき、碓井光明「地方税の特別徴収について(上)(下)」自治研究57巻8号(1981)42頁以下、9号(同)71頁以下、とりわけ9号73頁以下参照。

　社会保険料についても、事業者が保険料の納付義務を負い、保険料のうち従業員の負担分については賃金から控除することが認められる(厚年84条、健保167条、労働保険の保険料の徴収等に関する法律32条など)。

5)「給与等」の定義につき、所得税法183条1項・28条、「退職手当等」の定義につき、同法199条・30条1項。

についてこれを認めた[6]。

(4)「支払」の意義　　所得税法183条1項等にいう「支払」には、現実に金銭を交付する行為のほか、支払と同視しうべきものが含まれるとされる[7]。厚生年金保険法84条1項、健康保険法167条1項が特別徴収につき「通貨をもつて報酬を支払う場合」という文言を用いていることとの比較からしても、所得税法183条1項等にいう「支払」は現実の金銭を交付する行為に限定されないと解される。

前掲最判平23・3・22は、「給与等の支払をする者が、強制執行によりその回収を受ける場合であっても、それによって、上記の者の給与等の支払債務は消滅するのであるから、それが給与等の支払に当たると解するのが相当」としている[8]。

このため、破産手続下での源泉徴収義務の範囲を「支払」の要件の該当性により合理的に画することは困難であり、他の要件との関係で検討する必要が生じる[9]。

(5)「支払をする者」の意義　　所得税法183条1項等の「支払をする者」の文言はやや多義的であり、破産管財人の源泉徴収義務の有無の議論は、主と

---

6) この点を支持するものとして、金子・前掲注3) 211頁、森稔樹・速報判例解説 Vol.9 租税法 No.6（2011）229頁。これに対して、弁護士以外の者が破産管財人に選任された場合の破産管財人報酬の処理、および所得税法204条1項2号が適用されない理由について問題が残るとするものとして、松下淳一・租税判例百選〔第5版〕（2011）212頁。
7) 金子・前掲注3) 797頁、所得税基本通達181～223共―1、役員報酬の免除の場合に源泉徴収を認めたものとして、東京高判平元・10・30税資174-486、給与債権の放棄の場合に源泉徴収義務を認めたものとして、広島高判昭35・7・26訟月6-9-1830。
　　これに対して「支払」の意味を現実の金銭の支払等に限定するべきとするものとして、浦東久男「源泉徴収と支払概念」税法学534号（1995）15頁以下。
8) 賃金の仮払仮処分に基づく支払、仮執行宣言付き判決に基づく支払についても、源泉徴収義務が生じるかについて議論があるが、これを認める裁判例も散見される。仮払金に過ぎないものとして、これを否定する見解として、牛嶋勉「賃金仮払仮処分等に基づく支払いと源泉徴収の要否」税務事例研究34号（1996）41頁、肯定するものとして、山田二郎「判決や仮処分によって給料取立てを受ける場合の源泉徴収の要否について」労判158号（1972）80頁、碓井光明・ジュリ841号（1985）96頁。
9) これに対して、「支払」概念を自発的に支払をする場合のみ限定することにより、強制執行や破産の場面での適用に制限をしようとするものとして、伊藤雄太「破産管財人の源泉徴収義務」税法学563号（2010）35頁。

してこの要件に関係してなされていると考えられる。もっとも、租税法律主義（憲84条）[10]ばかりではなく、刑罰の構成要件に係る点で罪刑法定主義（憲31条・39条前段・73条6号但書）の観点から、類推解釈は許されないことを念頭に置きつつ、文言に忠実に解釈をすることが必要である。

　一般的には、「支払をする者」とは、経済的利益移転の一方当事者であると解されている[11]。その根拠として、源泉徴収制度が、一定の所得等に係る金員の支払者から受給者に移転する経済的利益を課税対象と捉え、これに対する税金を、受給者に代えて支払者に徴収・納付させようとする制度であることが指摘される。

　ただし、ここでは法律上の債務者とまで限定されているわけではなく、「経済的利益」移転の一方当事者とされている。「支払をする者」は法律上の債務者ばかりではなく、これに準ずるものが含まれると解する余地が残されているように思われる[12]。例えば、独立行政法人労働者健康福祉機構が未払賃金等の

---

10) 最判昭30・3・23民集9-3-336、最判昭60・3・27民集39-2-247、金子・前掲注3）71頁、112頁、山本和彦「破産管財人の源泉徴収義務に関する検討」金法1845号（2008）11頁、岡正晶「破産管財人の源泉徴収義務」税務事例研究124号（2011）32頁。
　　贈与税の課税要件である「住所」概念に関する最判平23・2・18裁判集民236-71の須藤正彦裁判官の補足意見において以下のように述べられている。「憲法30条は、国民は法律の定めるところによってのみ納税の義務を負うと規定し、同法84条は、課税の要件は法律に定められなければならないことを規定する。納税は国民に義務を課するものであるところからして、この租税法律主義の下で課税要件は明確なものでなければならず、これを規定する条文は厳格な解釈が要求されるのである。明確な根拠が認められないのに、安易に拡張解釈、類推解釈、権利濫用法理の適用などの特別の法解釈や特別の事実認定を行って、租税回避の否認をして課税することは許されないというべきである。そして、厳格な法条の解釈が求められる以上、解釈論にはおのずから限界があり、法解釈によっては不当な結論が不可避であるならば、立法によって解決を図るのが筋であって（現に、その後、平成12年の租税特別措置法の改正によって立法で決着が付けられた。）、裁判所としては、立法の領域にまで踏み込むことはできない」。
11) 大阪高判平20・4・25金法1840-36。前掲最判平23・3・22もこの立場を前提とするものと解される。
12) 前掲最判平23・1・14について、古田孝夫・ジュリ1432号（2011）100頁は、「本判決は、基本的には、支払を受ける者との間で当該支払につき法律上の債権債務関係に立つ本来の債務者を想定し、これに準ずると評価できる程度の関係にある者を『特に密接な関係』にある者として源泉徴収義務者の範囲の中に取り込んでいくという解釈手法を採ったものと解することができる」とする。
　　なお、上記最高裁判決に先立ち、山本・前掲注10）11頁は、上記所得税法の規定を「支

立替払いを行う際に労働者健康福祉機構により、退職所得としての源泉徴収がなされ[13]、裁判所が監督委員報酬等を予納金から支給する際に裁判所により、報酬の源泉徴収がなされている。これらは法律上の債務者ではないものが「支払をする者」に該当すると解されている例であり、「支払をする者」には本来の債務者に準ずる者を含めて解することにより合理的に説明が可能となる。

(6) 例外規定（所得税法184条・200条・204条2項2号）　所得税法184条・200条・204条2項2号は、「常時2人以下の家事使用人のみに対し給与等の支払をする者は、……所得税を徴収して納付することを要しない」等として源泉徴収義務の例外を定める[14]。源泉徴収義務が「支払」のときに成立し、「支払をする者」の該当性自体が支払の時に判断されるとすると、「支払をする者」の例外要件も、支払の時点で問題となると理解することが考えられる。このような理解は、現実に支払・徴収がなされる段階で源泉徴収義務の負担に耐えるものを選別するという例外規定の趣旨にも整合する。

2　破産手続における源泉徴収義務の帰属方法について（設問(1)）

(1) 破産手続上の源泉徴収義務の構造について（設問(1)(a)）　破産手続における源泉徴収義務の法律関係を検討するについて、源泉徴収義務の成立

払をする者及びその者の財産について管理処分権を有する者」という文言を付加して解釈するというものがありえようとしつつ、罪刑法定主義の観点から拡張解釈として疑義があるとしていたところである。

13) 租税特別措置法29条の6において、賃金の支払の確保等に関する法律7条等に規定する事業主に係る事業を退職した労働者が未払賃金に係る債務で給与等に係るものにつき弁済を受けた金額は、退職手当等の金額とみなして所得税法の規定を適用するものとされるが、この規定自体、上記立替払いを行う主体が「支払をする者」に該当することを前提としている。なお、租税特別措置法29条の6は、「支払をする者」の範囲について特別措置を定めるものではないこと、退職所得については何らの特別措置を行うものではないこと（後藤昇＝伊東幸喜編『申告所得税・源泉所得税関係　租税特別措置法通達逐条解説〔平成20年版〕』（大蔵財務協会・2008）480頁参照）からして、労働者健康福祉機構による源泉徴収は特例措置による特殊問題であると片付けてしまうことはできないと思われる。

14) 例外規定が適用される主体の条文上の文言は、給与、退職金では「者」（所税184条・200条）とされ、報酬では「個人」（所税204条2項2号）とされて微妙に異なるが、いずれも「個人」が対象と解説されている（国税庁「平成22年版　源泉徴収のしかた」〈http://www.nta.go.jp/shiraberu/ippanjoho/pamph/gensen/shikata2010/01.htm〉1頁）。

要件としての「支払をする者」を破産者と理解するか、破産管財人と理解するかが問題となる。ここでは、前者を破産者基準説、後者を破産管財人基準説と呼ぶこととし、それぞれの立場と源泉徴収義務の帰属主体、破産管財人の地位論・財団債権の債務者論との関係をどのように理解するかという点について検討を試みたい。検討のためにあえて図式化すると、以下のような見解に大別しうると思われる。

(a) 見解の対立　(i) 破産管財人基準説　管理機構人格説[15]・財団債権の債務者に関する破産管財人説[16] からは、破産管財人は管理機構として独立の法人格を有し、財団債権の債務者となるものと解される。その立場は、源泉徴収義務の主体も破産管財人と解し、「支払をする者」も破産管財人と解する破産管財人基準説をとる立場と親和性があると思われる[17]。

この場合、支払の経済的効果の帰属主体たる破産者とは異なる主体である破産管財人を「支払をする者」と解することとなるため[18]、「支払をする者」の意

---

15) 伊藤・破産再生 145 頁、山木戸克己『破産法』(青林書院・1974) 80 頁。
16) 伊藤・破産再生 235 頁、山木戸・前掲注 15) 142 頁。
17) 前掲最判平 23・1・14 の判断方法が管理機構人格説に親和的であるとするものとして、松下・前掲注 6) 212 頁。また、古田・前掲注 12) 101 頁は、前掲最判平 23・1・14 が管理機構人格説に与したものであるかどうかは定かではないとするが、同判決と管理機構人格説との親和性を示唆するものと理解される。
　　前掲最判平 23・1・14 以前において、管理機構人格説の立場から、破産管財人を「支払をする者」と解するべきことを指摘していたものとして、伊藤・前掲注 9) 35 頁。
18) 例えば、破産手続開始前の労働債権 (財団債権または優先的破産債権) について、「特に密接な関係」があるものとして源泉徴収義務を認める場面があるとの立場をとると、当該労働債権の債務者は破産者であるが、その弁済または配当を行う破産管財人が「支払をする者」に該当すると解することとなる。管理機構人格説に基づき財団債権の債務者を破産管財人と解する立場をとるとしても (伊藤・破産再生 235 頁)、優先的破産債権たる労働債権の債務者は破産者であると解することとなるのではないかと思われる。そこで、「支払をする者」の定義として支払の対象債務の債務者とは異なる主体をも含める見解 (前述 II 1(5)の後段) をとることが考えられる。
　　このように、「支払をする者」を破産者ではなく、破産管財人と解する立場を徹底すると、破産手続開始決定ののちに破産管財人は開業等の届出 (所税 229 条) を破産管財人の事務所所在地を管轄する税務署 (所税 17 条) に提出したうえで、破産手続において源泉徴収の対象となる支払を実施したときは、破産管財人の住所地を管轄する税務署で源泉所得税を納付するという取扱いが適切であるということになりそうである。ただし、現在の納税実務においては、このような取扱いはなされていない (後注 40) 参照)。

義については、前述Ⅱ1(5)の後段のように「支払をする者」を法律上の債務者ばかりではなくこれに準ずるものを含むと解する見解に立つと説明が容易であるといえる。

　(ⅱ) 破産者基準説　以上に対して、私法上の職務説[19]・財団債権の債務者に関する破産者説は、破産管財人に独立の法人格を認めず、財団債権の債務者たる地位の帰属主体は破産者であると解することから、源泉徴収義務の主体についても破産者と解し、「支払をする者」も破産者と解する破産者基準説と親和すると思われる[20]。

　前掲最判平23・1・14前に学説上破産管財人の源泉徴収義務の有無について多くの議論がなされ、破産管財人の源泉徴収義務を広く認める見解[21]とこれを制限する見解[22]が主張されてきたが、破産管財人を「支払をする者」と解する見解は見当たらないことからすると、明示的ではないにせよ破産者を「支払をする者」とすることが念頭に置かれていたとみる余地があるように思われ、あ

・・

19) 理論と実務140頁〔垣内秀介〕。
20) 本書の籠池信宏論稿「10　破産管財人の法的地位―通説に対する批判的考察」では、私法上の職務説の立場から、「支払をする者」および源泉徴収義務の主体は破産者であるとの議論を展開している（255頁）。
　　ただし、山本・前掲注10) 8頁、石井教文「労働債権の配当・弁済に伴う破産管財人の源泉所得税の徴収・納付義務」自正59巻12号（2008）74頁は、破産者代理説を支持する者がない現在の破産管財人の地位論のもとで、破産者が負う源泉徴収義務を破産管財人が負担するとする大阪高判平20・4・25金法1840-36の判断に対して疑問があるとする。
21) 佐藤英明「破産手続における租税債権の扱い」ジュリ1222号（2002）191頁、同「破産手続において支払われる賃金と所得税」税務事例研究67号（2002）23頁。また、前掲最判平23・1・14の原々判決の大阪地判平18・10・25判タ1225-172、原判決の前掲注20)大阪高判平20・4・25の判断もこの見解に属すると考えられる。前掲最判平23・1・14の後においても、前掲大阪高判平20・4・25を支持するものとして、金子宏『租税法〔第16版〕』（弘文堂・2011）822頁（ただし、その後の版においてその記載が削除された）。
22) 条解破産953頁、伊藤・破産再生246頁、山本・前掲注10) 8頁、石井・前掲注20) 74頁、永島・前掲注1) 148頁、近藤隆司「破産管財人の源泉徴収義務」明治学院大学法律科学研究所年報27号（2011）21頁、同・ジュリ1376号（2002）157頁、桐山昌己「破産管財人の源泉徴収義務」銀法676号（2007）46頁、中西正「破産管財人の源泉徴収義務」倒産実務交流会編『争点　倒産実務の諸問題』（青林書院・2012）100頁、竹下重人「税務処理」自正37巻6号（1986）52頁。

えて分類すれば破産者基準説に分類されうると考える[23]（ただし、これらの見解が必ずしも私法上の職務説、財団債権の債務者に関する破産者説を採用するものではないことはいうまでもない）。

　この場合、「支払をする者」の意義については、前述Ⅱ1(5)の前段のように支払の効果の帰属する者と解する見解からも説明が可能である。

　　(b)　検討　　以上はあくまで、破産手続における源泉徴収の法律関係の検討のためにあえて図式化を試みたものであり、それ以外の考え方が成り立つ余地も十分に存する[24]。

　その前提で検討するに、最判平4・10・20（判タ803-65）は「破産会社の破産管財人には、……その予納申告等の義務があるものというべきである」と判断しており[25]、破産管財人を租税法上の義務の主体と判断していることは、破

・・

23) 同旨を指摘するものとして、金井恵美子「破産管財人の源泉徴収義務について」税法学562号（2009）3頁参照。

24) 例えば、管理機構人格説をとる代表的な文献である伊藤・破産再生137頁は、必ずしも源泉徴収義務の主体を破産管財人とする立場をとっていないと思われる。

　また、渕・前掲注3）判時2136号170頁は、「本判決によれば、源泉徴収制度における支払者と受給者の間の関係を委任と考えるため、支払者の破産により源泉徴収義務が解除され、原則どおり受給者が自ら納税義務を負うというわけである」、「破産者に実体法上源泉徴収義務があるとされた場合において、破産債権者の利益を代表する側面を考慮することにより、破産管財人は源泉徴収義務を負わない、ということ……はありえない」とし、「破産法は破産者と破産債権者の利害対立・破産債権者（及びその他の利害関係者）相互の利害対立について、（手続法ではなく）実体法のレベルで利害調整を図っていると考えられる」とする。

　さらに、破産手続開始決定前の原因により生じた債権については破産者基準説、破産手続開始後の原因に基づき生じた債権については破産管財人基準説をとるという考え方の成り立つ余地もある。伊藤・破産再生245頁は、破産手続開始後に雇用関係が継続し、破産管財人が給与等を支払う義務がある場合には破産管財人が給与等の支払者として源泉徴収義務を負うとしつつ、破産手続開始前の原因に基づく給与債権を財団債権として支払い、優先的破産債権として配当をする場合には、破産管財人は源泉徴収義務を負わないとしており、この見解に属すると思われる。伊藤眞「破産管財人等の職務と地位」事業再生と債権管理119号（2008）4頁も同旨。しかし、問題は所得税法183条1項等の「支払をする者」を破産者と解するか、破産管財人と解するかという点であり、同じく破産手続開始後に破産管財人が支払行為をすることについて、対象債権の性質により「支払をする者」が破産者と破産管財人とで分かれるという解釈には疑問が残る。

25) この判決の理解については議論があるが、同事件は破産管財人を名宛人とする無申告加算税の賦課決定処分等が適法とされた事件であることから、破産管財人に申告義務があ

産管財人基準説の考え方と整合するといえる[26]。前掲最判平 23・1・14 の理解も分かれうるようであるが、少なくとも破産管財人報酬に関する「弁護士である破産管財人は、その報酬につき、所得税法 204 条 1 項にいう『支払をする者』に当たり……」との説示は、破産管財人自身を「支払をする者」であると解しているものと理解するのが素直であると思われる[27]。他方、退職金に関する「破産管財人は、破産財団の管理処分権を破産者から承継するが（旧破法 7 条）、破産宣告前の雇用関係に基づく退職手当等の支払に関し、その支払の際に所得税の源泉徴収をすべき者としての地位を破産者から当然に承継すると解すべき法令上の根拠は存しない」との説示は、より多様な理解の余地を残すが、破産管財人報酬に関する説示と整合的に、破産管財人が「支払をする者」であるかが問われてこれが否定されたものとの理解に立って読むことに無理があるわけではない[28]。

もっとも、破産管財人の地位論は、破産関係を統一的ないし体系的に把握すると理解するべきであろうと思われる。

26) なお、国税通則法上、破産管財人は執行機関とされていること（国税徴収法 2 条 13 号、延滞税の減免に関する国税通則法 63 条 6 項 4 号、同法施行令 26 条の 2 第 1 項も破産管財人の執行機関性に基づくと理解される）をどのように理解するかも問題となりうる。破産管財人を執行官と同視し、前掲最判平 23・3・22 との整合性を重視する立場の根拠となる余地もある。しかし、破産管財人を執行機関と解することは、公法上の職務説ならともかく、私法上の職務説とも完全には整合しないし、管理機構人格説からも国税徴収手続上の破産管財人の役割として執行機関と同視されているものと理解することは可能ではなかろうか。

27) 渕・前掲注 3) 判時 2136 号 170 頁も、前掲最判平 23・1・14 について、「本判決は、破産手続開始決定により破産者の負っていた源泉徴収義務が解除され、破産手続開始後は破産財団＝破産管財人について新たに源泉徴収義務の存否を判断する、と解しているということになる。このように解するならば、破産者がもともと源泉徴収義務を負わない者（所得税法 204 条 2 項 2 号の規定する、個人事業者以外の個人）であったとしても、破産管財人を務める弁護士が個人事業者である以上、破産手続の過程で支払われる報酬については弁護士に源泉徴収義務が生じると考えざるを得ない」と指摘している。

また、岡・前掲注 10) 32 頁も、本最高裁判決は、破産管財人自身が所得税法 199 条の「支払をする者」に含まれるか、という問題設定をした点で、原判決、原々判決と異なる切り口であるとする。

長屋憲一・金法 1916 号（2011）62 頁も、本判決の説示は、破産管財人自体について源泉徴収義務の有無を判断したとも理解しうることを指摘している。

28) ただし、退職金に関する判決の説示について、異なる理解を示すものとして、後注 40) の文献等参照。

るについての理論構成の問題であって、破産関係の個別事項に関する解釈において結論の差異を導くことはほとんどないと指摘される[29]。破産管財人の地位論から演繹的な議論をするのではなく源泉徴収制度の趣旨と適用結果の妥当性を含めて具体的に議論するのが適当である[30]。

そして、**3**にて後述の通り、破産管財人と受給者の間の「特に密接な関係」の基準をもって源泉徴収義務の成立範囲を合理的に画することが源泉徴収義務の趣旨に沿い合理的であると解されるとすれば、破産管財人との密接性に着目するこの基準との整合性が高い点から破産管財人基準説が相当であると考える[31]。

また、**(2)**にて後述する破産者固有の源泉徴収義務の問題との関係でも、破産管財人基準説からは、破産者に現実に履行することの不可能な源泉徴収義務を負わせることを回避する法律構成として明快である点でも合理性があるといえる。

以上より、破産管財人基準説を支持したい。

(2) 破産者固有の源泉徴収義務（設問(1)(b)）　破産手続において破産管財人が源泉徴収義務を負うかどうかの問題と関連する実務上重要な問題として、破産手続開始後の破産者が、固有の源泉徴収義務を負うかという問題がある[32]。

---

29) 山木戸・前掲注15) 83頁、伊藤・破産再生145頁、条解破産538頁、水元宏典「破産管財人の法的地位」高木新二郎＝伊藤眞編集代表『講座倒産の法システム第2巻―清算型倒産処理手続・個人再生手続』（日本評論社・2010）37頁、理論と実務140頁〔垣内〕。

30) 例えば、消費税の課税期間の計算のように破産管財人について破産者からの独立性を重視しない場面もあり（名古屋高金沢支判平20・6・16判タ1303-141）、破産管財人の地位論から直ちに結論を導きうるものではなく、各制度の趣旨に応じて具体的に検討をすることを要する。

　源泉徴収に関する実務的対応の事例として、破産管財人には源泉徴収義務がないとの前提に立ちつつ、600名の従業員の給与、賞与、退職金等について、従業員と税務署の合意のうえで合意の金額を配当金より天引き徴収することを破産管財人に委託したものが紹介されている（上野久徳「破産と税金処理」判タ209号（1967）115頁）。

31) なお、破産管財人基準説によると破産管財人に刑事罰が科せられうるという点には疑問がある。この点は、労働者健康福祉機構、裁判所も源泉徴収漏れの場合、ペナルティが課せられると解することには問題があり、破産管財人特有の問題ではないが、本来的な債務者ではないものに刑事罰を科することについては特に慎重であるべきであると思われる。

32) 古田・前掲注12) 103頁において詳細に論じられている。

とりわけ、個人事業者の破産の事案において、破産管財人により破産手続下で労働債権等の「支払」がなされたものの、破産管財人に源泉徴収義務がないものとして破産管財人が源泉徴収をしない場面において、破産者が固有の源泉徴収義務を負うかどうかという形で問題が生じる。

この点についても、「支払をする者」を破産管財人と解するか（破産管財人基準説）、破産者と解するか（破産者基準説）により、アプローチが異なりうると考えられる。

　　(a)　**破産管財人基準説**　　まず破産管財人基準説からは、破産管財人を「支払をする者」と解する以上、破産者が同時に「支払をする者」として源泉徴収義務を負うとは解されない。1つの「支払」について複数の「支払をする者」（源泉徴収義務者）が生じることは所得税法の予定しないところであるとの指摘が可能である。

その結果、破産者は破産手続の中でなされた支払について固有の源泉徴収義務を負わず、そのようにして支払われた所得については所得税法121条（確定所得申告を要しない場合）には該当せず、受給者は、同法120条により確定申告をするべきこととなる[33]。

なお、国税庁は、前掲最判平23・1・14を受けて、給与等または退職手当等の債権に対する配当金を受領した破産債権者には確定申告または修正申告の必要がある旨の公報を行っており[34]、上記は、国税庁の運用とも整合する解釈で

---

33) 同前104頁。この点の法律関係は、労働者健康福祉機構による立替払いをする場合や、裁判所が予納金から監督委員報酬等を支払う場合についても、労働者健康福祉機構や裁判所が「支払をする者」として源泉徴収義務を負うのであり、別途破産者が固有の源泉徴収義務を負うものではないと解することとも平仄がとれる。破産管財人が源泉徴収義務を負わない場合に破産者も源泉徴収義務を負わないとするものとして、髙橋祐介・民商145巻3号（2011）309頁。

　これに対して、渕・前掲注3) 判時2136号170頁は、「破産管財人には源泉徴収義務がないという結論を導くためには、実体法上、破産手続開始決定を契機として、破産者＝支払者の源泉徴収義務が解除される、という必要がある」とする。

34) 国税庁ホームページにおける平成23年1月付「破産前の雇用関係に基づく給与又は退職手当等の債権に対する配当に係る源泉所得税の還付について（お知らせ）」参照（〈http://www.nta.go.jp/gensen/oshirase/index.htm〉、金法1916号（2011）56頁）。金子・前掲注3) 811頁も、破産管財人が源泉徴収をした場合には、還付を受けることができる旨指摘しており、同様の立場に立つものと理解される。

　なお、この国税庁の「お知らせ」は、破産手続開始前に雇用関係が終了していた場合

ある[35]）。

　(b)　**破産者基準説**　これに対して、破産者基準説からすると、破産者は、所得税法184条等の例外要件に該当しない限り、広く源泉徴収義務を負っていることとなる[36]）。このため、破産管財人により源泉徴収がなされない場合にも、国は破産者本人から源泉所得税を徴収しなければならず（所税221条）、破産者は独自に（自由財産から）源泉所得税を納付したうえ、債権者等に対して支払請求（所税222条）をするべきこととなると思われる。

　この点、あるいは、個別執行手続に係る前掲最判平23・3・22の判断内容からすると[37]）、包括執行手続において破産者が同様な義務を負担することは当然

を対象とするものであり、破産手続開始後に雇用関係が継続している場合には、妥当しないとするものとして、岡・前掲注10）32頁参照。
35）ただし、この立場をとる場合には、雇用主が破産手続開始決定を受け破産手続の中で未払賃金等が支払われる場合にも、破産管財人に源泉徴収義務がない限り元従業員は個別に確定申告をすることを要するのであり、その旨を早期に元従業員に通知する等して確定申告を促すことが実務上必要となりうる。しかるに、労働者健康福祉機構により未払賃金等の立替払いがなされるときは、対象となる未払賃金等は退職手当とみなされたうえで（租特29条の6）、同機構により退職所得としての源泉徴収がなされることもあり、元従業員としてどの範囲の給与所得についてどのように確定申告するかの判断をすることは容易ではなく、立法的手当てが求められる（木村真也「実務的観点から見た租税債権、労働債権等に関する改正検討事項」倒産法改正研究会『提言倒産法改正』（金融財政事情研究会・2012）36頁、森・前掲注6）231頁、橋本浩史・ZEIKEITSUSHIN 2011年6月号151頁、野村・前掲注2）13頁）。
36）前掲最判平23・1・14は、退職手当につき「その支払の際に所得税の源泉徴収をすべき者としての地位を破産者から当然に承継すると解すべき法令上の根拠は存しない。そうすると、破産管財人は、上記退職手当につき、所得税法199条にいう『支払をする者』に含まれず［下線は引用者による］」という微妙な表現をとっているのは、破産者には固有の源泉徴収義務が残るとの理解が背景にあるとの見方もありうるところである。岡・前掲注10）32頁は、本判決の理解として、「破産者自身に所得税の源泉徴収をすべき者としての地位があることを前提としているように解される」と指摘している。
37）岡・前掲注10）32頁は、前掲最判平23・3・22の解釈によれば、破産の事案では、破産者が源泉徴収義務を負うこととなると指摘する。
　　ただし、同判決の田原睦夫裁判官の補足意見において、「給与等の債権者による強制執行手続が複数回にわたって行われる場合には、給与等の支払義務者が第1回目の強制執行手続に基づいて支払った給与等に係る所得税の源泉徴収義務は、その支払によって具体的に発生することになるから、同額相当額は、それ以後に支払うべき金額から控除することができる。したがって、給与等の支払義務者は、第1回目の強制執行によって生じた源泉所得税相当額については、第2回目以降の強制執行に対して請求異議事由と

との指摘とも考えられる。

　しかしながら、破産手続において破産者は管理処分権を剥奪されていることからすると、個別執行手続上の債務者と同視してよいか疑問が残る[38]。とりわけ、破産手続上合理的に履行しうる源泉徴収については破産管財人が行うこととなっており、その範囲を超えた（いわば破産管財人ですら源泉徴収をすることが手におえない）場面において、源泉徴収義務を破産者に負担させる結果となることは、破産者により正常な義務の履行がなされることが到底期待できないものであるとともに[39]、破産者の経済生活の再生の機会の確保（破1条）の観

して主張することができることになる」との指摘があり、個別執行においても、徴収できない源泉所得税を納付することを強いる不都合に対する配慮がなされている。これを支持するものとして、髙橋・前掲注33）309頁。

　また、同判決に関する判タ1345号（2011）111頁のコメントおよび榎本光宏・ジュリ1435号（2011）122頁は、さらに進んで、「使用者としては，源泉所得税を控除しない金額の支払を命ずる判決を受けたとしても，強制執行に至る前に，判決において命ぜられた金額から源泉所得税を控除した金額を労働者に支払うことはできる。そして，その支払時には，公法上源泉徴収義務が成立するから，この義務の履行のために私法上労働者には源泉徴収を受忍する義務が発生すると解され……，源泉所得税を控除した金額の支払をもって，判決において命ぜられた給与等の全額について債務が消滅することになるのではないかと思われる。そうだとすると，使用者としては，判決段階における抗弁として，源泉所得税の控除を主張することが認められないとしても，口頭弁論終結後の執行段階における異議事由として，源泉所得税を控除した金額の支払の事実を主張し，請求異議の訴えを提起することができ（東京地決昭和62・6・9判時1236号153頁参照），求償の問題を避けることができると思われる」との見解を述べている。源泉徴収義務の合憲性の根拠からすると、給与からの天引きという徴収方法のない強制執行の場面では源泉徴収義務を認めないこととする解釈の可能性があったことを示唆するものとして、鐘ヶ江洋介・ジュリ1424号（2011）89頁。

　この点について、立法的手当ての必要性を指摘するものとして、金子・前掲注3）808頁。

38) 自らの権限で支払をするものではないものは源泉徴収義務を負担しないと解するべきことを指摘するものとして、末崎衛「未払退職金の配当に対する破産管財人の源泉徴収義務の存否」税務QA111号（2011）60頁、松川剛直「破産管財人の源泉徴収義務」沖縄法学論叢5集（2012）141頁。

39) 古田・前掲注12）103頁では、国は滞納処分として破産者の有する上記支払請求権を差し押さえ、または債権者代位権（税通42条、民423条）に基づいて直接債権者に支払請求をし、その支払に係る金員を源泉所得税の債権に充当することも考えられるとする。
　しかし、上記見解については、以下のような問題があると思われる。第1に、上記のような構成は極めて迂遠であり、実際に源泉所得税が納付され、また徴収がなされることは不可能に近く、履行が期待できない義務を想定することは妥当ではない。第2に、

点からも望ましくはないと思われる。とりわけ、上記の通り、源泉徴収義務は刑事責任を伴うものであることもあり、履行を期待し難いような場面において義務の成立を認めることは避けるべきである[40]。また、破産者が負担する源泉徴収義務に対応する納付請求権が、(劣後的)破産債権であるとしても、非免責債権として破産者はその負担から免責されないこと(破253条1項1号)も、破産者に対して重大な負担となることも無視できない[41]。

　以上の通り、破産手続下においてなされた「支払」について、破産者が固有の源泉徴収義務を負うと解することは源泉徴収制度の趣旨としての事務処理上の便宜にもかなわず、破産手続の要請の1つである破産者の経済生活の再生の機会の確保の観点からも望ましくないのであって、管理処分権を剥奪された破産者はもはや「支払をする者」には該当しないと解するべきである。このような立場を基礎付ける考え方として、破産手続下において「支払をする者」は破産管財人であるから破産者はこれに該当しないとする破産管財人基準説が明快かつ合理的であるといえる。

　　所得税法222条に基づく支払請求権は「前条の規定により所得税を徴収された」ことが要件となり、そもそも同法221条による源泉所得税を納付しうる資産を有しない破産者については、国税滞納処分として所得税法222条に基づく支払請求権を差し押さえたり債権者代位権により行使して回収をすることができないと考えられる。第3に、破産者固有の源泉所得税の納付義務の性質が(劣後的)破産債権に該当すると解する限り、破産手続係属中は個別権利行使が禁止されるはずであり(破100条)、破産手続の終了までは行使しえないこととなり、徴収の現実的可能性はなお一層乏しい。同旨の立場に立つものとして、桐山昌己「破産管財人の源泉徴収義務──大阪地判 H18. 10. 25 について」倒産実務交流会編・前掲注22) 97頁参照。また、債務者が破産した場合には、前掲最判平23・3・22とは状況が異なることを指摘するものとして、髙橋・前掲注33) 309頁。
40) 岡・前掲注10) 32頁は、前掲最判平成23・1・14は、破産者の源泉徴収義務の有無について直接判断をしていないが、破産管財人が破産者から源泉徴収義務を承継するべき法律上の根拠がないと指摘する説示は、破産者が源泉徴収義務を負っていることを前提とするとも理解されうるとしつつ、破産者が義務の履行をしえない源泉徴収義務を負うことは相当ではなく、また破産管財人が破産者の事務の遂行として源泉徴収をすることを許容することが解釈論ないし立法論として適当であるとする。また、破産者の元従業員等に申告義務が生じる場合には、破産管財人は、可能な範囲で、元従業員らに対して、申告をするべきこととその金額等を指導することが相当であるとする。
41) 野村・前掲注2) 13頁。

3　破産手続下における「支払をする者」の具体的な判断方法（設問(1)(c)）

次に、所得税法183条にいう「支払をする者」の判断方法について検討をしたい。

(1)　「特に密接な関係」基準　　前掲最判平23・1・14は、破産管財人と受給者との間の「特に密接な関係」を基準とする立場を示した。これは、源泉徴収制度の合憲性の根拠と制度趣旨による基準として、山本和彦教授の論文で示唆されていたところ[42]を踏まえたものであると解される。この基準は、破産者ではなく破産管財人と受給者との関係に着目する点で、「支払をする者」を破産管財人と解したうえで源泉徴収の趣旨からその範囲に限定をかけようとするものであり、「支払をする者」を破産管財人とする破産管財人基準説と整合するものと思われる。

ここに「特に密接な関係」とは、破産管財人には源泉徴収をするべき体制と基礎情報の確保をすることが当然に期待される程度の具体的な関係が形成されることを意味するものと解する[43]。例えば、賃金等について源泉徴収をするには、給与所得者の扶養控除等申告書の提出を従業員から受けて、その内容を把握しておくこと等が履行の前提となるのであり（所税194条1項）、そのような情報収集を可能とする程度の関係が形成される必要がある[44]。「特に密接な関

---

[42]　山本・前掲注10) 8頁、山本和彦「破産管財人の源泉徴収義務」金法1916号（2011）57頁。

[43]　前掲最判平23・1・14は、退職手当について、破産管財人と退職者が特に密接な関係がないことを判断するにつき、以下の通り判示しており、この点も「特に密接な関係」の内容を理解するうえで、参考となる。すなわち、「破産管財人は、破産手続を適正かつ公平に遂行するために、破産者から独立した地位を与えられて、法令上定められた職務の遂行に当たる者であり、<u>破産者が雇用していた労働者との間において、破産宣告前の雇用関係に関し直接の債権債務関係に立つものではなく</u>、破産債権である上記雇用関係に基づく退職手当等の債権に対して配当をする場合も、これを破産手続上の職務の遂行として行うのであるから、<u>このような破産管財人と上記労働者との間に、使用者と労働者との関係に準ずるような特に密接な関係があるということはできない</u>［下線は引用者による］」。
「特に密接な関係」の意義について、より突っ込んだ検討が必要であるとするものとして、金子・前掲注3) 808頁。

[44]　ただし、破産管財人が年末調整（所税190条）をしなければならないことは事例としては多くはないとされており（岡・前掲注10) 20頁、佐藤英明「破産管財人が負う源泉徴収義務再論」税務事例研究103号（2008）25頁）、「特に密接な関係」の判断に際して年末調整をしうるような体制まで求める必要はないと解される。
「特に密接な関係」の意義につき、支払を受ける者との間で、法律上の債権債務関係

係」の有無の判断について、対象となる債権が破産手続開始前の原因に基づくか、開始後の原因に基づくかが考慮要素となりうるが、開始決定との前後関係のみが決定的要素となるものではないと解される。破産手続開始前の債権についても源泉徴収義務の履行を期待しうる「特に密接な関係」が形成されること、破産手続開始後の債権についても「特に密接な関係」を認めることが相当でないことがありうる。具体的にはⅣにおいて論じたい。

第4において具体的に検討する通り、この基準は、源泉徴収制度の趣旨を基礎として、破産手続における種々の支払の場面において合理的に適用範囲を画することができる柔軟な基準として有益であると考えられる。

(2) 配当手続の無色透明の基準 　上記基準のほかに、配当手続は債権の性質から切り離された執行手続であり「支払」にあたらないとする「配当手続無色透明」基準という考え方がある[45]。この見解は、破産者基準説とも整合するが、財団債権の弁済、許可弁済等の場合の源泉徴収義務をどのように取り扱うかの問題が残る。また、破産者基準説を前提として執行手続との類似性を強調すると、前掲最判平23・3・22の判断と同様に、破産者固有の源泉徴収義務が残り、破産者は源泉所得税を納付のうえで受給者への支払請求（所税222条）を要するとの結論に結びつく可能性があるが[46]、このような結論が妥当ではないことは上述の通りである。また、破産配当でも実体法上の優先権等に基づき順位付けして配当がなされること等からみて（破98条2項）、無色透明論は完全には貫徹しえない[47]。

(3) 結論 　以上の通り、「支払をする者」を破産手続下で具体的に適用する場合の基準としては、前掲最判平23・1・14が示した「特に密接な関係」の基準が、源泉徴収制度の趣旨および合憲性の根拠により基礎付けられ、かつ実務上も合理的な範囲を画する基準として機能するものであると考える。「特に密接な関係」の具体的認定の中で、破産管財人に源泉徴収義務を負わせるこ

を有する本来の債務者およびこれに準ずると評価できる者と解するものとして、古田・前掲注12）100頁、金春・平成23年度重判解（2012）139頁がある。
45) 条解破産953頁など。
46) この旨をつとに指摘するものとして、佐藤・前掲注21）「破産手続において支払われる賃金と所得税」37頁。
47) 野村・前掲注2）12頁。

とが実質的に妥当な範囲を画することができる。従来、破産管財人の源泉徴収義務の否定説から強く指摘されていた、破産管財人の負担が過大となるという点や、それに伴い手続コストが増大するという問題点[48]に対しても、一定程度配慮した適用が可能となる。

4 破産者が個人である場合の破産管財人の源泉徴収義務——源泉徴収の例外規定（所得税法184条・200条・204条2項2号）の適用方法（設問(1)(d)）

次に、破産者が個人である場合の破産管財人の源泉徴収義務について検討をしたい。この点は、源泉徴収の例外規定（所税184条・200条・204条2項2号）の適用方法に関わる。すなわち、例えば所得税法184条では「常時2人以下の家事使用人のみに対し給与等の支払をする者は、前条の規定にかかわらず、その給与等について所得税を徴収して納付することを要しない」とされている。これは、零細な個人事業者に源泉徴収事務の負担を課することを避ける趣旨の規定である。しかるところ、このような例外規定を破産手続においてどのように適用するかが問題となるのである。

(1) 破産管財人基準説　この点、破産管財人基準説からは、「支払をする者」を破産管財人と捉えるならば、その例外規定も破産管財人について判断をすることが整合的であり[49]、その適用時点は破産管財人による支払の時となる。ただし、破産管財人は管理機構であり個人ではないので例外規定の適用はないと解しうる[50]。実質論としても、管理機構として選任された破産管財人は、個人零細事業者と同様の意味で源泉徴収義務を一般的に免除されるとの特例的扱いを受ける必要はないといえる[51]。その結果、個人破産者についても破産管財人の源泉徴収義務が成立すると解する余地が生じる[52]。

---

[48] 破産管財人の源泉徴収義務を否定する立場から、このような問題点を指摘していたものとして、中西・前掲注22）100頁、中西正「破産法における費用分配の基準」民訴55号（2009）28頁、山本・前掲注10）8頁。

[49] 破産管財人が個人の場合には源泉徴収義務が生じないと指摘するものとして、池本征男「破産管財人の源泉徴収義務」税務事例43巻6号（2011）5頁参照。

[50] 松下・前掲注6）212頁。

[51] 破産管財人については、退職者との間で特に密接な関係がないゆえに、源泉徴収義務の適用範囲が限定される余地があることが別論であることはいうまでもない。

[52] 鹿子木康＝島岡大雄編『破産管財の手引』（金融財政事情研究会・2012）386頁〔島岡

(2) 破産者基準説　破産者が「常時2人以下の家事使用人のみに対し給与等の支払をする者［下線は引用者による］」である場合には例外規定の適用がある[53]。よって、破産者がもともと事業者ではないなどこの要件を満たしていた場合には、破産管財人にも源泉徴収義務が生じる余地はないこととなる。

　これに対して、破産者が事業者であったが破産手続開始前に全従業員を解雇していた場合には、上記例外規定がどのように適用されるかが問題となる。多くの破産手続においては開始前に従業員の解雇がなされているところである。この場合、例外規定の適用基準時である「支払」の時に従業員が存しない以上例外規定の適用があると解する見解もあるが、「常時2人以下の家事使用人のみに対し給与等の支払をする者［下線は引用者による］」との要件を満たすかどうかの問題がありうる。

(3) 結論　本稿では、破産管財人基準説の立場から、理論上は、個人破

は、破産者が個人か法人かを区別せず破産管財人報酬について源泉徴収義務があるとしており、この立場に属するとみられる。淵・前掲注3）判時2136号170頁も、「破産者がもともと源泉徴収義務を負わない者（所得税法204条2項2号の規定する、個人事業者以外の個人）であったとしても、破産管財人を務める弁護士が個人事業者である以上、破産手続の過程で支払われる報酬については弁護士に源泉徴収義務が生じると考えざるを得ない」とする。

53) 東京弁護士会編『法律家のための税法［会社法編］〔新訂第6版〕』（第一法規・2011）587頁によると、平成23年3月に国税局相談センター等に照会したところ、以下のような回答がなされたとされており、これは、破産者基準説的な発想によると理解される。
　①管財人報酬の源泉納付の主体は破産者であると考える。そのため、源泉納付の要不要は、当該破産者が、源泉納付事業者であったか否かで決まり、また、納付先の税務署も、当該破産者のもともとの納付先で決まる。すなわち、破産者が法人である場合、または、個人であっても従業員を雇用していて源泉納付の必要があった場合には、管財人報酬につき源泉納付の必要があり、また、納付先の税務署は、当該破産者の納付先である（管財人である弁護士が自らの確定申告を行う管轄税務署ではない）。他方、破産者が個人である場合（かつ源泉納付事業者でない場合）には、管財人報酬について源泉納付は不要である。
　②源泉納付のための納付書は、最寄りの税務署で入手できるが、入手時点で、どの税務署宛か指定して、税務署番号を印字してもらったうえで交付してもらう。整理番号（源泉事業者番号）も印字できるのが望ましい。
　なお、以上の取扱いについて、同書588頁は、最高裁の判示する「破産管財人は、その報酬につき、所得税法204条1項にいう『支払をする者』に当たる」という内容と整合するかどうか疑問があるが、実務上の「取扱い」として国税局や税務署等に確認しつつ納付すればよいと指摘する。

産者の破産管財人についても源泉徴収義務が生じると解する余地があると考える[54]。

　ただし、現下の源泉所得税納付実務において、納付書に破産者の整理番号を記載することが求められているようであり[55]、破産者が整理番号を有しない者である場合には納付実務が円滑に進まないことや、各地の税務署の指導内容が明確ではなく納付実務が確立していないという問題がある。このような状態を解消し、納付実務が円滑に進む体制が整うことが前提となるというべきである[56]。

III 源泉徴収義務の財団債権性（設問(2)）

1 問題の所在

　前掲最判平23・1・14は、破産管財人の報酬に係る源泉所得税の納付義務の性質につき、「破産管財人の報酬は，破産手続の遂行のために必要な費用であり，それ自体が破産財団の管理の上で当然支出を要する経費に属するものであるから，その支払の際に破産管財人が控除した源泉所得税の納付義務は，破産債権

---

54) 個人破産者の破産管財人報酬についても、源泉徴収をしておくことが無難であることを指摘するものとして、長屋・前掲注27) 62頁。

55) 国税庁「平成24年版　源泉徴収のしかた」〈http://www.nta.go.jp/shiraberu/ippanjoho/pamph/gensen/shikata2012/01.htm〉3頁参照。

56) 前掲最判平成23・1・14の処理についても、金子・前掲注3) 871頁は、「破産管財人が、自らに対する報酬……は源泉徴収の対象とならないという解釈が一般的に通用していたような場合において、源泉徴収を行わず、法定納期限までに源泉徴収額を納付しなかったことには、正当な理由があり、不納付加算税を課すことはできないと解すべきであろう」としている。同旨、伊藤・前掲注9) 35頁。

　また、古田・前掲注12) 104頁は、破産者の従業員が退職金に関して受領した配当金につき確定申告をするべきであると解するとしても、その申告がなされなかったことにつき「正当な事由」（税通65条4項・66条1項但書）があるものとして、過少申告加算税、無申告加算税は発生せず、明文（税通60条2項）からは外れるが、延滞税も発生しないと解するべきであるとしている。

　同様の議論は、個人破産者の破産管財人報酬に関する源泉徴収義務についても妥当するべきであり、現下の納付実務と見解が確定していない以上、後日、仮に本文のように納付義務があるとの見解が定着した場合にも、遡って不納付加算税を課することは許されない。

者において共益的な支出として共同負担するのが相当である」との理由で、旧破産法47条2号但書の財団債権にあたるとした。

旧破産法47条2号但書に該当する財団債権は、現行破産法のもとでは、破産法148条1項2号に該当するとされており[57]、破産管財人報酬の源泉所得税の納税義務も同号によることになるものと解しうるが[58]、源泉徴収義務の内容や帰属主体の理解とも関係してこのような理解の適否につき検討を要する。

2 破産管財人基準説

破産管財人と特に密接な関係にある者に対して支払をすることにより成立する義務であると解するため、源泉徴収義務が成立する場合には基本的に財団債権性（破148条1項2号または4号）を認めることとなる。

ところで、破産法148条1項2号と4号の相互関係については議論があるが、2号は破産手続における共益性の高い場合、4号はそのような共益性が高くはない場合として区別されるべきである[59]。そして、源泉所得税の納付義務が、破産管財人報酬や特に密接な関係にある労働者の賃金等を破産管財人が破産手続において支払うに際して生じる義務であることからすると、その破産管

---

57) 小川秀樹編『一問一答 新しい破産法』（商事法務・2004）196頁、条解破産949頁、大コンメ584頁〔上原敏夫〕。
58) ただし、判決は、財団債権の順位が争点となったものではなくその点に立ち入った判断をしているわけではない。破産管財人報酬についての源泉徴収義務が財団債権に該当することを判示する際して、最判昭43・10・8民集22-10-2093（破産手続開始後の破産者の所得に対する所得税は旧破産法47条2号但書に該当しない）、最判昭62・4・21民集41-3-329（破産法人に対する予納法人税の債権のうち租税特別措置法63条1項の規定による土地重課税の財団債権性）が引用されているが、それらの判決の内容を踏まえても破産管財人報酬の源泉所得税の順位について直接的に一定の結論を導き出すことができるものではない。
59) 松下淳一「財団債権の弁済」民訴53号（2007）44頁は、「破産管財人が締結した契約から発生した請求権については、原則として破産法148条1項4号が適用され、第2順位の財団債権となると考えるべきであり、ただし破産管財人の補助者の請求権等の、破産管財人報酬等と同様に強度の共益性が観念でき、かつ破産財団の信用リスクを負担させるべきではない請求権については例外的に同項2号が適用され、第1順位の財団債権となる」とする。これに対して、破産管財人が管財業務の遂行過程で契約を締結した場合に、相手方の有する請求権は、原則的に2号に該当するとするものとして、基本構造353頁〔花村良一発言〕。

財人の支払行為自体は破産手続上の必要に基づく支払であり共益性が高いものとして2号に該当すると解する余地もあろう。

さらに、破産管財人報酬は破産法148条1項2号に該当する債権の中でも解釈上他の同号該当債権よりも優先するものとされているが[60]、破産管財人報酬に係る源泉徴収義務は破産管財人報酬として支払われるべき支出の一部をなすものであるから、その優先性は破産管財人報酬と同順位の財団債権と解するのが適当であろう。

以上のように解することにより、源泉所得税の納付義務が案分弁済の対象となるという不自然な結果が生じることを回避することが可能である[61]。

3　破産者基準説

破産者を基準に「支払をする者」の該当性を検討して源泉徴収義務の成立を認める立場においては、破産手続上の「支払」について広く破産者は源泉徴収義務を負い、その場合のうち財団債権性を認めるべき場合には破産管財人が源泉所得税を納付することとなる。他方、財団債権性が認められない場合には劣後的破産債権（破99条1項1号・97条4号）等として破産手続上は納付されず、破産者固有の納付義務が破産手続の中で履行されずに残ることとなると思われる。このように、破産者基準説からは、源泉所得税の財団債権性の問題は、破産者が負う源泉徴収義務のうち破産手続の中で履行されるべき部分と履行されずに破産者固有の義務として残る部分を選別するという意味をもつ。

しかしながら、前述II 2(2)の通り破産手続の中で破産者は管理処分権をはく奪されているのであり、破産管財人が合理的に履行しうる範囲を超えた源泉徴収義務を破産者固有の義務として残すことには、上述の通り問題があると考

---

60) 大阪地方裁判所・大阪弁護士会破産管財運用検討プロジェクトチーム編『破産管財手続の運用と書式〔新版〕』（新日本法規・2009）222頁、最判昭45・10・30民集24-11-1667参照。
61) 仮に、破産管財人の源泉徴収義務が、破産法148条1項3号等の財団債権に該当すると解する場合には、財団の不足により案分弁済を行う場合において、以下のような、不自然な結果が生じる。すなわち、労働債権などが案分弁済の対象となり、額面債権額の一定割合で弁済がなされるところ、その弁済に際して、当該弁済額の一部について源泉徴収を要することとなり、そこで発生する源泉徴収義務について、さらに案分弁済が問題となるという事態が生じかねないのである。本文のように解するならば、このように二重に案分率を掛け合わせるような複雑かつ不自然な処理は避けることができる。

える。

4　その他のアプローチ

上記とは別に、当該賃金の支払先が債権者(破産管財人、労働者)か租税債権者かの問題であり、いずれにしてもその資金が他の債権者の引当てになることはおよそ相当でないとの見解もある[62]。旧会社更生法119条(現会更129条)の趣旨について源泉所得税に預かり金的性質を有するとした最判昭49・7・22(民集28-5-1008)を根拠とする。

なるほど、源泉所得税が「支払」に際して発生するものである点で特殊性を有する点を鋭く突くものである。しかしながら、上記最判は、あくまで旧会社更生法119条(現会更129条)の趣旨について述べたものであり、そのような条文のない破産法において源泉所得税がおよそ破産財団を構成しえないということは困難である。例えば、雇主の破産手続開始前に従業員の賃金等が支払われ、これに係る源泉所得税の納付前に雇主について破産手続開始決定がなされた場合に、未納付の源泉所得税は破産法148条1項3号の財団債権に過ぎず、「取戻権的」な地位を有するとは解されない。平時においても従業員の賃金から源泉徴収した資金が納付前に会社が保有していた場合に、差押対象財産性を否定されるわけではないのであるから、源泉徴収により破産財団に確保された資金をあたかも取戻権のように扱うことにはなお疑問が残る。また、特定されない金銭に対して取戻権を観念することは一般的に認められておらず、「取戻権的」といわれるのは一種の比喩であり、法律構成としては上記の通り、破産法148条1項2号に該当すると解することが単純明快である。

5　結　論

以上より、破産管財人基準説を基礎として、源泉徴収義務は、破産法148条

---

[62] 山本・前掲注42)59頁、古田・前掲注12)102頁では、旧会社更生法119条に関係して、最判昭49・7・22民集28-5-1008との関係を指摘する。
　このほか、アメリカの判例等に基づき、源泉徴収所得税の源泉徴収納付義務の財団債権性とその優先順位については、徴収の対象となる労働債権ないし破産管財人報酬と同順位と解するべきであり、破産管財人報酬に係る源泉所得税の納付義務は破産法148条1項2号の財団債権であるとするものとして、渕・前掲注3)「破産管財人の源泉徴収義務と源泉徴収税債権の優先順位」78頁、同・前掲注3)判時2136号170頁がある。

1項2号に該当するものと解するのが適当ではなかろうか[63]。

Ⅳ 具体的場面における適用方法の検討（設問(3)）

以上を踏まえて、以下の各場合において源泉徴収義務が生じるか。また、どの範囲の給料等について源泉徴収義務が生じるかについて検討したい。

1 設問(3)①について

破産管財人基準説を前提とすると、退職手当等の支払をする者がこれを受ける者と特に密接な関係にあって、徴税上特別の便宜を有し、能率を上げうる点を考慮したことが重視される。その結果、破産手続上賃金債権を支払う各場合における源泉徴収義務の有無も破産管財人と従業員との間での「特に密接な関係」如何が問題となる。その際、財団債権の弁済か、裁判所の許可による破産債権の弁済か、破産債権の配当かという点はそれほど重要ではない。

そうすると、設問(3)①の(a)ないし(c)の場面では、破産手続開始前に解雇がなされており、第三者としての破産管財人と従業員との間には特に密接な関係が認められ難いので、いずれも源泉徴収義務が生じないと解する[64]。

---

63) さらに、源泉徴収義務の財団債権性が認められる場合に、これに係る不納付加算税（税通67条）の性質如何が問題となる。
　　この点については、破産法97条において、「次に掲げる債権（財団債権であるものを除く。）は破産債権に含まれるものとする」とされ、同条5号で「加算税（国税通則法……第2条第4号に規定する……不納付加算税……をいう。）の請求権」とされているところであり、財団債権性が肯定されれば財団債権となり、否定されれば劣後的破産債権（破99条1項1号）となる。源泉徴収義務自体が財団債権となる場合には、その不履行に伴い生じる不納付加算税も破産法148条1項4号等により財団債権となる余地があるのではなかろうか。破産手続開始後に破産管財人の行為により発生する加算税は財団債権となることを指摘するものとして、条解破産685頁参照。

64) 古田・前掲注12）103頁、山本・前掲注42）58頁、判例タイムズの本判決のコメント（判タ1343号（2011）99頁）、若林元伸・ジュリ1418号（2011）100頁、松下・前掲注6）212頁、野村・前掲注2）12頁。
　　なお、岡・前掲注10）32頁も同様の立場をとるが、納税および徴収の便宜のため、破産管財人は源泉徴収義務の発行義務を負うと解するのが相当とし、その作成上の問題点を詳細に検討している。所得税法上は、源泉徴収義務の主体も、源泉徴収票の発行主体も、同じく、「支払をする者」であるため（前者につき所税184条・204条、後者に

さらに、同(d)の場面においては、保全管理人の地位と源泉徴収義務如何が問題となるが、保全管理人にも破産管財人に類する第三者機関としての性質があることから、破産管財人と同様に考えることができると思われる。すなわち、保全管理命令前に従業員が解雇されている等保全管理人と従業員との間に特に密接な関係がない限り、保全管理人には源泉徴収義務がないと解することになる。他方、保全管理命令が発令された時点で、なお雇用契約が継続している場合には、設問(3)②と同様な方法により「特に密接な関係」の有無について検討することを要すると思われる。

　そして、これらの場面で、破産者が固有の源泉徴収義務を負うことはない。

2　設問(3)②(a)、(b)について

　破産管財人基準説からは、(a)、(b)のような場合は、破産管財人が積極的に雇用契約の履行の請求の意思表示をしたものではないので、「特に密接な関係」が形成されるものではなく、源泉徴収義務はないと解される[65]。この場合に、その債権の性質および支払方法が、(e)破産手続開始前の財団債権としての給与の弁済、(f)優先的破産債権の許可弁済、(g)優先的破産債権の配当、(h)破産手続開始後解雇までの期間の給与の財団債権としての弁済（破148条1項8号）のいずれであるかを問わない。

　これに対しては、破産手続開始後存続する雇用関係については当然に「特に密接な関係」を認めるべきとの考え方もありうるところである。しかしながら、例えば、破産手続開始申立前に解雇通知漏れがあったことが破産手続開始後に発覚したような場面や、破産手続開始前になされていた解雇が何らかの理由で無効であることがその後発覚した場面において、理論上破産手続開始後も雇用契約が継続しているとしても履行の請求がなされていない以上、源泉徴収義務はないと解する余地はあると考える。ここで問題は支払の便宜を基礎付ける「特

　　つき所税226条)、破産管財人には源泉徴収義務がないとしつつ源泉徴収票の発行義務があるとするのは文言解釈上の問題がないわけではないが、実務的には破産管財人が源泉徴収票を発行する必要性が高いことは指摘される通りであると思われる。この点の問題を指摘するものとして、長屋・前掲注27) 61頁。
65) 岡・前掲注10) 32頁は、破産手続開始後破産管財人が直ちに1か月半の予告期間をもって解雇した場合に特に密接な関係が認められるかについては、前掲最判平23・1・14の射程外であり解釈に委ねられるが、解釈論として微妙であるとする。

に密接な関係」の内容の理解であるが、破産手続開始決定という客観的な手続状況ではなく、破産管財人には源泉徴収をするべき体制と基礎情報の確保をすることが当然に期待される程度に破産管財人と受給者との間の関係が形成されることが求められると解したい[66]。

　なお、これに対して、破産手続開始後破産管財人が一定の業務等を従業員に指示すれば短期間であれ履行の請求があったものとして、(c)の類型に属するものとして検討するべきであると思われる。

　そして、以上の場面（(a)、(b)）においても、破産者は固有の源泉徴収義務を負うものではないと解する。

3　設問(3)②(c)、(d)について

(1)　特に密接な関係の形成　　以上に対して、(c)、(d)の場合には、破産管財人が雇用契約について履行の請求をし、または、新たな雇用契約を締結している。このような場合には、破産管財人との直接的な指揮命令関係が形成され、それに伴い賃金の支払義務も具体的に発生すること、その際破産管財人には源泉徴収をするべき体制と基礎情報の確保をすることが当然に期待されることから、「特に密接な関係」が形成されたものとして、源泉徴収義務が認められるものと解される。(h)破産手続開始後の給与を財団債権として支払う場合がこれにあたる[67]。

---

[66] 前掲最判平23・1・14の原々判決である大阪地判平18・10・25判タ1225-172の認定によれば、破産手続開始決定の当日である平成11年9月16日に従業員らは退職しており、破産管財人は、同年10月18日に解雇予告手当を「配当」したとされている。破産管財人が破産手続開始決定当日に従業員を解雇し、財団債権として解雇予告手当を支払ったものであろうと思われる。そのため、本件事案においても、設例(3)②(a)(h)に相当する論点が含まれていたということができる。

　この解雇予告手当についても、500円の源泉徴収を要したものとして、住吉税務署長はこれを含めて平成12年8月分の源泉徴収に係る合計2013万8000円の所得税の納税告知処分等を行い、破産管財人はこれに対して納税義務の不存在の確認を求めたのが上記訴訟の第1審の事件であった。前掲大阪地判平18・10・25は上記500円の部分について源泉徴収義務を認める旨の判断をし、破産管財人はこれに対して控訴をしたが、控訴審（大阪高判平20・4・25金法1840-36）および上告審では上記500円の部分は判断の対象から除外され、控訴審、上告審では判断がなされていない。この点は、納税告知処分がなされていなかったとされる。岡・前掲注10）32頁。

[67] 岡・前掲注10）32頁は、破産管財人が9か月以上雇用関係を継続したような事案では、

(2) 新たな雇用契約が締結された場合（(d)の場合）における源泉徴収義務の範囲

破産管財人が新たな雇用契約を締結した場合には、当該雇用契約に基づく賃金について、破産管財人と被用者との間で「特に密接な関係」が形成される。

ところで、この場合において、破産手続開始後に雇用契約が締結された被用者と同一の被用者について破産手続開始前の雇用関係に基づく給与が未払である場合に、破産管財人がその支払を行う際の源泉徴収義務の取扱いも問題となる（(e)～(g)の問題）。

しかしながら、このような破産手続開始決定前に締結された雇用契約については、特に履行が選択[68]されたものでもないため、(a)、(b)と同様、破産管財人と元従業員との間に「特に密接な関係」は形成されないと解する。

(3) 破産手続開始決定前に締結された雇用契約の履行が選択された場合（(c)の場合）の源泉徴収義務の範囲

以上に対して、破産管財人が雇用契約の履行を選択した場合に、破産手続開始前に未払となっていた賃金があれば、その部分を含めて源泉徴収義務が発生するかどうか問題となる（(c)の事例における(e)ないし(g)の問題）。

この点、上記の通り雇用契約の履行の選択により「特に密接な関係」が形成されるならば、支払をする段階において源泉徴収事務を行うことが可能であることは、破産手続開始後の賃金かそれ以前の賃金かで区別されるものではない。そうであれば、破産手続開始決定前の賃金についても源泉徴収義務が肯定される。例えば、破産管財人が裁判所の許可を得て破産者の事業を継続する場合（破36条）などを想定すれば、破産手続開始前の賃金についても源泉徴収義務が生じると解することが相当である。

ところで、実務的には雇用契約の履行の選択がなされる場合にも、従業員のごく一部との間で清算業務の範囲にとどまる場合もある。破産手続下で優先的破産債権としての賃金を配当する場合等において、雇用契約の履行の選択がなされた従業員に対する配当について源泉徴収をし、他の従業員については源泉徴収をしないことは煩雑であるとの批判も考えうるところである。この立場か

「特に密接な関係」を認めやすいとする。

[68] 破産法53条1項では、「履行を請求」するとの表現が適切であるが、以下では慣例に従い、「履行を選択」するとの表現を用いる。

らは、破産手続開始後の賃金（または破産手続開始前の賃金のうち財団債権部分）についてのみ源泉徴収義務が生じ、優先的破産債権部分については源泉徴収義務が生じないとの考え方もありうるところである。

　しかしながら、このような立場に対しては、以下の反論が妥当すると思われる。第1に、源泉徴収事務の内容および負担は、破産手続開始決定前の給与か破産手続開始決定後の給与かによって質的に変わるものではなく、破産手続開始決定の前後で「特に密接な関係」の有無を当然に分ける必然性はない。第2に、ある特定の従業員について源泉徴収をする賃金としない賃金が発生することは、結局源泉徴収されなかった賃金について申告納税の事務が残り、徴税の便宜を図る源泉徴収制度の趣旨とは合致しにくい。第3に、ある特定の従業員について源泉徴収をする賃金としない賃金が発生し、これを日割り計算等により区分けする作業が生じるため、その対応は相応に煩瑣であり破産管財手続上の負担となることが懸念される[69]。第4に、旧従業員に労務の提供を求める必要がある場合において、過去の未払賃金等についての源泉徴収事務の履行が実際上困難であるような場合には、従業員との雇用契約を解除したうえで、新たに雇用をすることにより、過去の未払賃金について「特に密接な関係」を形成することは回避できるのであり、上記の通り解することによる支障は回避しうる。

　結局、雇用契約の履行請求をし、または雇用契約を継続した従業員については、破産手続開始前の賃金を含めて、破産管財人に源泉徴収義務が生じると解することが簡明である[70]。

　そして、これらの場面で、破産者が固有の源泉徴収義務を負うことはない。

---

69) 岡・前掲注10) 32頁。
70) さらに、更生手続が開始した場合、更生手続の申立てがなされて保全管理人が選任された場合、再生手続において保全管理人または管財人が選任された場合において、更生手続開始、保全管理人の選任、再生手続における管財人、保全管理人の選任以前に発生した労働債権についても、雇用契約が継続される限り源泉徴収がなされるべきであると解されるが、本文のような立場はこのような考え方とも整合的であるといえる。
　　前掲最判平23・1・14の射程として、更生手続、（管理型の）再生手続において手続開始前の給与や退職金債権に及ぶかについて検討を要する。更生手続の開始等がなされた事例で、更生手続開始前に退職していた従業員の未払賃金、退職金について、管財人に源泉徴収義務を認めるべきかについては、なお検討を要するとするものとして、金・前掲注44) 139頁がある。

◉── 一裁判官の視点

　本書の籠池信宏論稿「10　破産管財人の法的地位——通説に対する批判的考察」のところでも述べたが（262頁）、破産管財人の理論的な地位は、議論を整理する過程で考慮はされるものの、具体的な解決には必ずしも直接結びつかないところがあり、実務的には決定的な意味を見いだしにくい。課税上の法主体性は私法上の法主体性と完全に一致していないことからもわかるように、租税法律関係はその公益目的から私法関係とは別の切り口をもっており、私法関係を念頭に置いている破産管財人の理論的な地位の議論は、課税関係の義務主体の議論とは距離があるように思われる。

　今後、源泉徴収義務の負担者についての裁判実務では、平成23年最高裁判決の示した「支払をする者とこれを受ける者との密接な関係の有無」から判断されることになろう。「支払をする者」の「支払」について、課税庁側は、債務が消滅する一切の行為が含まれるとして（所得税基本通達181〜223共－1）、いわば経済的利益の供与という評価的事実の側面を重視しているところ（債務免除の場合でも利益の供与があったものとしている）、平成23年最高裁判決は、破産管財人の報酬支払の場面において、破産管財人がその支払をしたことを判断の基礎として破産管財人に源泉徴収義務を負わせており、このことは、法的効果や財産の帰属主体以外の者を「支払をする者」としていることを肯定するものとも考えられうるところである。そうすると、ことに裁判の場面では、徴税確保の容易さ、能率のよさといった観点から、主体面も含めて経済的利益の供与という評価的事実がされて負担者が決まるということもないではないように思われる。

　破産管財人が労働債権に対する配当をした場合で、破産者が個人事業者の場合に源泉徴収義務はどうなるのかという問題については、破産管財人基準説によらないとしても、その結果、破産者が必ず「支払をする者」にあたるということになるかは疑問である（破産者が法人の場合と比較すると個人事業者が不当に不利益を被るおそれがある）。

　なお、本論稿は、破産管財人基準説の立場から、破産者個人である場合にも破産管財人に源泉徴収義務が生じる余地があるとするが、破産管財人の負担如何によっては（それは必然的に費用に反映される）、費用負担を少なくして個人の経済的更生を図ろうとして実務に定着した運用に対する影響が懸念されないでもない。

　　　　　　　　　　　　　　　　　　　　　　　　　　　（山崎栄一郎）

12 否認の効果としての差額償還請求権

植村京子

1 はじめに

否認権は、現行破産法において詐害行為否認と偏頗行為否認に分けられ、前者は、債務者の責任財産の不当な減少を防止するのを目的とするのに対し、後者は、債権者間の実質的公平や平等の確保を目的として、二元的な構造に基づく要件が定立された。否認権の効果についても大きな改正がなされ、新たに破産法168条4項による価額償還請求制度が設立された。これは、同法167条1項との対比から差額償還請求とも呼ばれ、詐害行為否認（破160条1項・3項・161条1項）が認められた場合に、当該目的物の価額と財団債権となる額の差額を請求できる権利である。

これまで破産管財人が訴えの提起等の形で否認権を行使すると、原状回復の効力が生じ（破167条1項）、その目的物についての権利は当然に破産財団に復帰するが、否認権の行使当時、対象の目的財産が滅失、毀損あるいは相手方がすでに処分して現存しないような場合には、同条の解釈上、相手方に対して、目的財産の価額償還請求をすることが認められていた。

現行破産法は、それに加えて、管財事務の円滑化・合理化という観点から、破産法168条4項の差額償還請求により、相手方の反対給付の請求権が財団債権化（破168条1項ないし3項）されたことに伴い、現物返還が可能な場合でも、その価額賠償を認めることとし、現物返還に代わる価額償還請求権と相手方の有する財団債権（または破産者が受けた反対給付についての価額償還請求権）との差額を請求できることとした。否認対象の目的物の返還方法として、現物返還をするか、差額償還をするかは、管財人が選択して行使することができる。

2　差額償還請求権に関する実務上の問題点

以下では、差額償還請求権の立法経緯を概観したうえで、差額償還請求に関して生じた実務上の問題点について検討を加えるものである。

　　①差額償還請求の要件

破産管財人が差額償還をするにあたって、相手方に財団債権（または破産者が受けた反対給付についての価額償還請求権）が存在することが要件となるか否か。

　　②差額償還の価額の算定時期

破産管財人が差額償還請求をした場合、否認対象の目的物の価格の算定基準時はいつか。

　　③差額償還請求の相手方の地位

破産管財人が差額償還請求をした場合、否認の相手方は差額を償還しないまま、否認対象の目的物の権利行使をすることができるか。

Ⅰ　差額償還制度（破産法168条4項）の立法経緯[1]

1　否認権の改正の必要性

現行破産法（平成16年制定）への改正作業は、大正11年に制定された旧破産法を全面的に見直し、債務者の財産の適正かつ公平な清算を迅速に図り、債権者債務者その他の利害関係人の権利関係を適切に調整するとともに、破産実体法を、複雑化・多様化する現代社会のニーズに適合させることにあった。

平成8年10月から、法制審議会倒産法部会において、倒産法制の見直しについての調査審議が始まり、これを踏まえて「倒産法制に関する改正検討事項」が作成され、平成9年12月19日に関係各界への意見照会が行われたが、否認権に関しては、否認権の行使方法、危機否認の要件について検討が始まったばかりであった。

その後、平成13年5月から、破産法および倒産実体法などの見直しに関する検討作業が行われ、倒産法部会および破産法分科会におけるこれまでの審議

---

1) 田原睦夫「詐害行為否認と価額償還請求」田邊光政編『最新　倒産法・会社法をめぐる実務上の諸問題』（民事法研究会・2005）55頁。

の結果を中間的にとりまとめた「破産法等の見直しに関する中間試案」が法務省民事局参事官室作成の「補足説明」とともに公表された[2]。この時期において、否認権の要件や否認権の行使方法、否認の訴えおよび否認の請求事件の管轄が見直しの対象となっていたが、否認権の効果については見直しの検討対象にされていなかった。

中間試案に対する各界意見では、否認の効果について、その明確化を求める意見が寄せられたほか、適正価格売買に関連して、取引の安全を図るため破産者が受けた反対給付が金銭の場合は、原則として相手方に財団債権として反対給付相当額の返還請求権を認めるべきであるとする意見が多数寄せられた。

2 否認の効果についての見直し論議

法制審議会倒産法部会[3]では、中間試案に対するパブリックコメントを踏まえた検討がなされ、平成15年3月に以下の提案がされた。

①否認の効果について、旧破産法78条は、破産者に現存利益が存すれば相手方は財団債権者としてその権利を行使し、現存利益が存しないときは破産債権者としてしか権利を行使できないとしているが、相手方の与り知らない事情(破産者が受けた反対給付の使途等)によって相手方の破産手続における地位が大きく異なることとなるのは相当ではない。

②旧法のもとでは、破産者の受けた反対給付によって生じた利益が破産財団に現存しなかった場合のリスクが大きいため、取引に対する萎縮的効果をもたらす。

③廉価売却の場合、適正価格との差額の償還を受ければ破産財団に損害はない。

④詐害行為否認の場合、破産管財人は現物の返還を受けても、それを換価しなければならないから、換価代金と財団債権との差引きを認めても支障はなく、むしろ破産管財業務の円滑化・合理化に資する。

⑤相手方から取得する対価の相当性は、行為時においては必ずしも明確で

---

[2] 法務省民事局参事官室『破産法等の見直しに関する中間試案と解説』(NBL別冊・2002) 141頁。

[3] 法制審議会倒産法部会第33回会議(平成15年7月11日)議事録〈http://www.moj.go.jp/shingi1/shingi_030711-1.html〉51頁。

はなく、特に経済的危機に瀕した債務者が運転資金等の捻出のため、即座にその財産を売却したいという場合には、即時換価性を考慮した対価の額になってよいはずだが、この点の解釈が明らかではなく、経済的危機に瀕した債務者から財産を買い受けることに萎縮的効果が生じる[4]。

⑥価額償還請求の選択権は相手方に与えるべきである。

3　詐害行為否認の効果としての差額償還制度の創設

　法制審議会では、否認のリスクを可能な限り減少させて取引の安全を図るという趣旨から、詐害行為否認の場合の効果を見直し、破産者が受けた売買代金などについて取引の相手方が有する返還請求権は、これによって生じた利益が破産財団に現存するかどうかにかかわらず、財団債権とすることを原則とし、例外的に取引の相手方が破産者の費消・隠匿などの意図を知っていた場合には、財団に利益が現存していない部分については破産債権として取り扱うこととした。

　また、遺留分減殺請求権が行使された場合の受遺者の価額弁償制度（民1041条）をヒントに、当初、価額償還請求によってその目的物の返還義務を負う相手方が、目的物の差額賠償をしてその返還義務を免れることも検討されたが、管財人に選択権を認めることで管財事務の効率化を図るという観点が強調され、管財人が現物返還か差額賠償かの選択権をもつべきとする意見が強くなった。

　最終的には、相手方に選択権を与えず、また遺留分減殺請求における価額弁償のように、償還すべき価額の弁償によりその目的物の返還を免れるという制度をとらず、管財人が否認の対象となった目的物の返還を請求するか、差額償還を請求するかの選択権をもつことになった。

　この差額償還制度は、取引の相手方に目的物の適正価格による買取りを強制する効果をもたらすが、この制度によって不利益を受けるのは、基本的には通常適正価格からかけ離れた価額で買い受けた者で、そういった者の利益を考慮する必要性は必ずしも大きくないとして、再生その他再建型手続との間で区別しないで規定された[5]。

----

4) 小川秀樹編『一問一答　新しい破産法』（商事法務・2004）235頁。
5) 基本構造441頁〔小川秀樹発言〕。

Ⅱ 破産法168条4項の要件論

1 破産法168条4項の成立要件

　破産法168条4項は、前述した通り、詐害行為否認（破産法160条1項の詐害行為、同条3項の無償行為、同法161条の相当対価による処分行為）が成立する場合に、同法167条1項に基づいて返還すべき目的財産の価額から、同法168条1項ないし3項による財団債権となる額（破産者の受けた反対給付が破産財団中に現存する場合には破産者の受けた反対給付の価額）を控除した額の償還を請求する権利である。

　破産者が破綻に至る直前に相手方と通謀して破産財団に属すべき財産を無償で譲渡し、相手方と破産者との行為に詐害行為否認（破160条3項）が成立するような場合、破産管財人は相手方に対して同法168条4項による差額（価額）償還を求めることができるであろうか。

2 破産法168条4項と同法167条1項との関係

　破産法168条4項の差額償還請求権が、現物の返還請求ができる場合でも可能であり、同法167条1項が価額賠償請求の発生原因事実として否認の要件事実のほかに、解釈上、目的物そのものの破産財団への回復が不可能あるいは困難なことの要件が加わるのと区別される。

　無償譲渡のような場合、破産管財人は、破産法167条1項による価額償還請求をすることができるが、目的物そのものの破産財団への回復が不可能あるいは困難なことが加重要件とされていることから、同法168条4項よりも立証の負担が重くなる。仮に、破産法168条4項の成立要件として相手方の財団債権の存在が必要とすると、相手方の反対給付が少額でもあれば、同条同項が成立して差額償還請求を選択して行使できるのに対し、相手方の反対給付がまったくなければ、詐害行為否認が成立するにもかかわらず、同法167条1項による現物返還が原則で、同条の価額償還請求を求めるのに立証の負担が重くなるという結果になりかねない。

　同法168条4項が「当該財産の価額から前3項の規定により財団債権となる額を控除した額の償還を請求することができる」と規定していることから、同

条の適用にあたって相手方の財団債権の存在が成立要件といえるかが問題となる。

3 相手方の有する反対給付の内容

差額償還請求権は、相手方が反対給付の返還請求権を有することを前提に、現行法の改正にあたって議論された通り、相手方の反対給付が破産債権となるか財団債権となるかは、相手方の与り知らぬ事情であって、これによって相手方の地位が左右されるとすれば取引の萎縮を招くという点を考慮し、否認の相手方の反対給付が財団債権化されたことに伴い、目的財産に代わる価額から財団債権を控除するという一種の相殺的処理を認めたものである。

現行法上、控除すべき財団債権ないし反対給付の額となるのは、以下の4つである。

① 相手方の反対給付が破産財団中に現存しているときは、その反対給付の価額（破168条1項1号）
② 相手方の反対給付が破産財団中に現存しないときは、財団債権となる反対給付の価額償還請求の額（同項2号）
③ 当該行為の当時、破産者が対価として取得した財産について隠匿等の処分をする意思を有し、かつ、相手方がそれについて悪意であった場合には、反対給付によって生じた利益の全部が破産財団中に現存する場合の財団債権となる現存利益の返還請求権の額（同条2項1号）
④ 前記③の場合で、反対給付によって生じた利益の一部が破産財団中に現存する場合には、その限度で財団債権となる現存利益の返還請求権の額（同項3号）

上記の通り、破産法168条4項は、破産管財人の否認権行使としての財産の返還請求権と、相手方の財団債権となる価額償還請求権等に対する履行義務が同時履行の関係となることを考慮し、差額償還請求によって返還されるべき財産の価額から相手方の価額償還請求額を控除した差額の支払を認めたもので、「控除すべき債権」の存在が前提となって創設されたものである。そこで、詐害行為否認の相手方が財団債権を有しない場合には、破産法167条1項による処理が原則であり、同法168条4項の適用は否定すべきことになるであろうか。

4 学説の状況

破産法168条4項の要件論については、これまであまり議論されていないようである。

立法担当官は、「破産管財人が現物返還に代わる価額賠償の方法により破産財団の回復を図ろうとする場合には、当該目的物の価額から、破産法168条1項または2項の規定により財団債権となる額を控除した額の償還請求をすることができるが、これは、否認対象行為の目的物の現物返還が可能である場合にも、その価額賠償を認めることとしたうえで、現物返還に代わる価額賠償請求権と相手方の有する財団債権との一種の相殺処理を認めるものといえる（差額賠償という。）」[6]旨述べている。

伊藤眞『破産法・民事再生法〔第2版〕』（有斐閣・2009）では、「破産管財人は，否認権の行使として財産の返還を求め，他方，相手方の反対給付の価額償還請求権等に対する履行義務を負う。この2つの義務は同時履行の関係に立つことになるが，財団増殖という目的から考えれば，破産管財人としては，返還されるべき財産の価額から相手方の価額償還請求権額を控除した差額の支払を求めることが，より簡明な手段たりうる。そこで法は，財産自体の返還を求めるか，財産の返還に代えて，相手方に対して，当該財産の価額から相手方に対して財団債権として履行すべき額を控除した差額の返還を求めるのかの選択権を破産管財人に与えている（破168Ⅳ）」[7]として、財団債権の存在を前提としているような記載がされている。

また、竹下守夫編集代表『大コンメンタール破産法』（青林書院・2009）では、「逸出した当該財産（返還されるべき財産）の価額よりも破産者が受領した反対給付の価額が少ないとき（財産減少行為）は，このような経過を辿るよりも，逸出した財産の価額から相手方が財団債権として行使することができる額を控除した額を，相手方から破産財団に償還させたほうが，破産財団としても迅速に処理することができるし，管財事務が円滑に行われる」[8]とされており、財団債権の存在を前提としているような記載がされている。

一方、山本和彦ほか『倒産法概説〔第2版〕』（弘文堂・2010）では、「旧法に

---

6) 小川編・前掲注4) 237頁。
7) 伊藤・破産再生441頁。
8) 大コンメ691頁〔加藤哲夫〕。

おいては現物返還が原則であったが、回復した財産も最終的には換価されること、財団の拡充には現物の回復が望ましい場合もあることから、換価の機動性等をも考慮して破産財団の拡充に最適の方法を破産管財人がとりうるよう、現行法において選択権が認められた。再建型手続においても、倒産財団の拡充に最適な方法は場面により異なりうるため、同様に否認権行使権者の判断に委ねられている」[9]としており、現物返還よりも倒産財団の拡充をより重視しているように述べている。

5 相手方の財団債権を成立要件とした場合の問題点

差額償還請求にあたって控除すべき財団債権の存在を要件とすると、破綻直前に破産者が相手方と通謀して無償で財産を譲渡し、相手方との間で有償契約であることを偽装する証拠を作出していた場合、破産管財人の立証の過程で、相手方の代金交付がまったくなかったことが判明すると、相手方の詐害性がより強まるにもかかわらず、反対給付となる財団債権が存在しないため、差額償還請求は成立しないことになる。

これと同様に、詐害行為の当時、破産者が対価として取得した財産について隠匿等の処分をする意思を有し、かつ、相手方がそのような意思を知っていたときは、その反対給付によって生じた利益が財団に現存しない場合は、相手方の地位が格下げとなり、相手方の価額償還請求権は破産債権にしかならないので、この場合も差額償還請求は成立しないことになる（破168条2項2号）。

このような事例において、破産管財人が差額償還請求を選択した場合にはもはや現物返還は認められないとする立法時の見解をとれば[10]、破産管財人は、相手方の反対給付がまったくの無償であることや破産債権になることが判明した時点で、破産法167条1項による価額償還請求に訴訟物を変更すべきことになるが、解釈上「現物返還が不能あるいは著しく困難」という加重要件の立証に成功しなければ、もはや勝訴の見込みはないということになりかねない。

また、破産管財人が否認請求において破産法168条4項の差額償還を選択して認容決定を得た後、相手方が否認請求認容決定に対する異議の訴えを提起し、

---

9) 概説306頁〔沖野眞已〕参照。
10) 小川編・前掲注4）238頁。

反対給付が無償であることが異議の訴えの係属中に判明したような場合、破産管財人は、もはや破産法168条4項から同法167条1項に訴訟物を変更することができないのではないかという点も問題となりうる。

6 検　討

このように相手方の詐害性が強まるにもかかわらず、差額償還の適用にあたって財団債権を成立要件と解すると、かえって破産管財人の立証の負担が重くなり、敗訴リスクが高まるという結果は妥当ではなかろう。

破産法168条4項を適用するにあたって、相手方に財団債権が成立することは要件とならないとすれば、これらの問題に対処することができるが、このような解釈は、現物返還が原則であるという否認権の基本的な考え方に反するであろうか。

しかし、差額償還請求権の立法趣旨は、管財事務の円滑化・合理化という観点から管財人が現物返還か差額償還かの選択権をもち、詐害行為否認（破160条1項・3項・161条1項）が成立した場合の相手方に対して、適正な価格での買取りを強制する効果をもたらすことを是認し、相手方の有する財団債権との清算方法として構築されたものであり、必ずしも相手方の財団債権の存在が必要不可欠な条件として検討されていたわけではない。差額償還請求について、相手方の財団債権の存否に依存することなく成立すると解しても、相手方に資力がなければ、そもそも差額償還を選択することはできないし、適正な価格での買取りを求められるのは、そういった利益を考慮する必要のない詐害行為否認の相手方だけで、取引の萎縮効果をもたらすわけでもない。

そして、否認の効果として現物返還が原則であるという基本的な考え方は、破産者と相手方との間の法律行為の効力を否定し、破産者から逸出した責任財産を回復するという制度趣旨から生まれたもので、否認権の主たる目的が「債権者の集団的満足の最大化」にあるとすれば、対象財産を取り戻すこと自体にそれほど大きな意味はないはずである。現行法において、詐害行為否認の効果として差額賠償請求を認めた時点で、現物返還の原則よりも換価を重視した姿勢が打ち出されたと解するべきではなかろうか。

そして、破産法168条4項の「前3項の規定により財団債権となる額」とは、「財団債権となる額が0円」であることを含むとすることは、文理解釈上も可

能である[11]。

したがって、相手方の行為に詐害行為否認が成立する場合には、破産法168条4項に基づいて価額の償還を請求することができ、相手方に控除すべき財団債権が存在することは成立要件とならないと考える[12]。

III 差額償還（破産法168条4項）の価額の算定時期

1 破産法167条1項の価額償還の算定基準時

破産法167条1項は、否認権行使の基本的な効果である原状回復を定めているが、否認権行使当時、否認対象の目的財産がすでに滅失、棄損あるいは相手方が処分したことによって現存しない場合、否認された行為により相手方の取得した利益をそのまま保有させるべきでないことや、同法169条は給付が返還できない場合の価額償還が認められることを前提にしていると解されることなどを理由に、目的物に代わる価額償還を求めることができると解されている。

2 価額の算定時期に関する見解

この場合の目的物の価額をどの時点を基準として算定するかについては、従来から否認の訴えの法的性質および否認権行使の効果発生時期をいかに解するかにより見解の対立があった。判例学説の見解は、下記の通り多岐に分かれている。

①否認権行使時とする説（大判昭15・3・9民集19-373）
②事実審の口頭弁論終結時とする説（大判昭15・4・24法学10-93）
③破産宣告（破産手続開始決定）がなされた時とする説[13]
④相手方が目的物を処分した時点とする説（東京高判昭35・9・14判タ110-69）
⑤否認対象行為がなされた時とする説（東京高判昭38・5・9下民集14-5-904）
⑥原則として行為時とし、例外的に、相手方に不当な利益を生じさせない

---

11) 福岡地判平21・11・27金法1902-14は、会社分割の事案で、詐害行為否認の成立を認めたうえで、控除すべき財団債権は見当たらないとして、168条4項による差額賠償請求を認めている。
12) 本書の研究会においても異論はなかった。
13) 谷口安平『倒産処理法〔第2版〕』（筑摩書房・1982）268頁。

ようにするため、処分時に価額が高騰している場合には処分時とする説[14]

⑦管財人が行為時から口頭弁論終結時に至るまでの任意の時点を基準時に選択しうるとする説[15]

3　破産法167条1項の価額算定基準時について

最高裁[16]は、①の否認権行使時説をとっており、また、学説上の多数説といえる。この見解に対しては、管財人がいつの時点を選んで否認権を行使するかによって償還価額が変動することになり、相手方に不測の損害が発生する危険があるとの批判がある。最近は、破産財団の完全な回復と相手方に不測の損害が生じないようにとの両者の調和を公平の観点から比較考量していくアプローチの仕方も有力になってきている[17]。

しかし、否認権行使には、破産手続開始の日から2年間という時的限界があり（破176条）、破産管財人による投機的な行動は考えにくいこと、否認権行使による目的物の代償であること、否認の相手方に利得を保持させない要請と不測の不利益を負わせない要請との調和などから、目的物の返還に代わる価額の償還は、原則として否認権行使時を基準とすべきであると考える。

4　破産法168条4項の価額算定基準時について

破産法168条4項の価額算定基準時について、現物返還不能な場合の同法167条1項と同一に扱うべきかが問題となる。

立法担当官は、価額算定の基準時を一律に同一の時点とすることで問題がないか否かについては慎重な検討が必要であり、この点については解釈に委ねたとしながら、破産管財人が差額賠償を請求する方法を選択した場合には、もはや現物返還は認められなくなると考えられるので、破産管財人の選択によって

---

14) 伊藤・破産再生438頁。
15) 鈴木正裕「否認権をめぐる諸問題」鈴木忠一＝三ケ月章監修『新・実務民事訴訟講座(13)倒産手続』（日本評論社・1981）95頁。
16) 最判昭41・11・17裁判集民85-127、最判昭61・4・3判時1198-110・判タ607-50・金判748-13。
17) 栂善夫・倒産判例百選〔第4版〕（2006）83頁。

破産財団の回復の方法が差額賠償に固定した時点で、現物返還不能の場合と類似の利益状況にあるから、否認権行使時とする判例を前提とすれば、この場合も否認権行使時を基準時とするのが素直であるとしている[18]。

　破産法168条4項の差額償還は、現物返還不能な場合の価額償還との要件の違いがあるとしても、否認権行使によって破産者と相手方との法律行為の効力を否定し、破産者から逸出した責任財産の回復という同一の目的を有しており、これについて格別に効果を異にする必要はないと解される。

　したがって、破産法168条4項の差額償還の価額の算定基準時については、同法167条1項の価額償還と同様に、否認権行使時が基準となると考える。

Ⅳ 差額償還請求の相手方の地位

1　問題の所在

　破産管財人が詐害行為否認につき破産法168条4項の差額償還を選択して請求した場合、否認の相手方は差額を償還しないまま、破産管財人に対し、否認対象となった目的財産の権利を行使できるであろうか。

　例えば、破産者が相手方に対し、支払停止直前に抵当権付債権を譲渡し、相手方が債権譲渡について登記を備えたが、抵当権について付記登記を経由する前に破産手続開始の決定がなされ、破産管財人が同法160条3項による否認権を行使し、同法168条4項の差額償還請求を選択した場合、相手方は、破産管財人が差額償還請求を選択したことを理由に、差額を償還しないまま、自己に債権が帰属することを前提に目的財産の権利（上記の例でいえば、相手方の破産管財人に対する移転付記登記請求）を主張しうるであろうか。

2　相手方の目的財産に対する権利行使の可否

（1）　**裁判例**　　これまで差額償還請求の相手方と破産管財人との関係に関する裁判例はあまりなく、上記の事例に関する下級審の見解は分かれている。

　　（a）　**差額を償還しないまま相手方の権利行使を認める見解**　　差額償還請求と移転登記請求は、履行上の牽連関係に立たず、破産管財人が差額償還請

---

18) 小川編・前掲注4) 237頁。

求を選択した以上、債権譲渡登記を備えた相手方に権利は確定的に移転しており、差額償還を受ける前であっても相手方の抵当権の付記登記請求を拒むことはできないとする見解であり、この見解に立つ下級審判決がある[19]。

これによれば、破産管財人が差額償還請求を選択した時点で、目的財産の完全なる所有権は債権譲渡登記を得ている相手方に移転し、相手方の抵当権の付記登記請求は差額償還とは無関係に発生することになる。

（b）　相手方の権利請求と差額償還義務を同時履行とする見解　　差額償還請求権について、あたかも差額も含めた適正な価額で否認対象行為がされたかのように扱い、償還されていない差額を売買代金の一部未払の場合と同じ利益状況にあるとして、差額償還請求と抵当権付記登記請求は同時履行の関係に立つとする見解であり[20]、この見解に立つ下級審判決がある[21]。

これによれば、破産管財人は、相手方が差額の償還をするまで抵当権の付記登記請求を拒むことができるが、相手方も破産管財人の差額償還請求に対して、抵当権の付記登記請求を同時履行の抗弁として主張しうることになる。

（c）　相手方の差額償還義務を先履行とする見解　　相手方の移転登記請求は、破産者との間の売買契約に基づく履行請求であるから、売買代金支払請求と抵当権の付記登記請求は双務契約に基づく履行上の牽連関係にあるのに対し、差額償還請求と抵当権の付記登記請求は、同一の双務契約から発生したものとはいえず、差額償還請求と同時履行の関係に立つ相手方の権利は想定されていないし、破産管財人の否認権行使の制約にはならないとして、破産管財人の差額償還請求と相手方の抵当権の付記登記請求は同時履行の関係には立たないとする見解であり、この見解に立つ下級審判決[22]がある。

この見解によれば、債権譲渡登記を備えた相手方は、差額を償還しない限り、目的財産の完全な所有権を取得できない一方、破産管財人の差額償還請求に対しては、抵当権の付記登記請求を同時履行の抗弁として主張することはできず、別訴で破産管財人に対して抵当権付記登記請求訴訟を提起しても棄却されるこ

---

19) 新潟地高田支決平22・2・10公刊物未登載、名古屋地決平22・5・19公刊物未登載。いずれも執行異議申立事件。
20) 門口正人判事退官記念『新しい時代の民事司法』（商事法務・2011）168頁〔本間健裕〕。
21) 東京地判平23・3・17公刊物未登載（不当利得返還等請求事件）。
22) 東京地判平23・3・28公刊物未登載（否認請求の認容決定に対する異議事件）。

とになる。

(2) 差額償還請求の相手方の権利行使の問題性　前述(1)(a)の見解は、破産管財人が差額の償還を受けないまま、抵当権の付記登記請求を甘受せざるをえなくなる一方、否認の相手方は、目的財物の移転付記登記を取得したうえで対象財産を自由に処分することができることになり、破産財団が原状回復される保障もないまま、相手方を破産手続開始前よりも優位に扱うものであり、妥当ではない。

前述(1)(b)および(c)の見解は、相手方の権利行使に一定の制約をかけ、破産財団の保護という視点を重視するものである。このうち(b)の見解は、差額償還請求と移転付記登記請求について双務契約類似の関係を擬制するもので、破産管財人は、目的財産の価値の保障を失うことはなく、相手方からの移転付記登記請求に対しても同時履行の抗弁を主張することができることになるが、明文にはない擬制関係を認めることの是非が問題となる。

また、前述(1)(c)の見解は、否認権が破産管財人に特別に認められた権能であるとすれば、移転登記を放置していた否認の相手方の利益を重視する必要はないとして、破産財団の保護を優先し、差額償還の先履行を求められてもやむをえないとする立場である。

次に、これと同様の事案で、否認の相手方である悪意の転得者が、差額を償還しないまま行った目的財産の権利行使につき、不法行為を認めた裁判例についてさらに検討する。

3　悪意の転得者の権利行使に対する不法行為の成否

(1) 悪意の転得者の権利行使の可否　前述2と同様の事例で、破綻直前に破産者から無償で債権譲渡を受け、破産管財人から破産法168条4項に基づく差額償還請求を受けた悪意の転得者が、差額を償還しないまま、破産管財人が破産者から承継した担保権の実行としての不動産競売手続において、被担保債権を譲り受けたのは相手方であり、転得者が差押債権者としての地位を承継しているとして執行異議の申立てをした行為について、不法行為の成否が問題となった事例がある。

(2) 悪意の転得者に対する不法行為の成否について　この事例では、悪意の転得者（被告）は、不動産競売事件の被担保債権は債権譲渡により被告

に帰属しており、破産管財人（原告）の否認請求の内容は破産法168条4項の差額償還請求であり、債権が被告に帰属することが当然の前提となっているから、被告の執行異議の申立行為に違法性、故意過失はないとして、破産管財人の不法行為に基づく損害賠償請求の成立を争った。

東京地裁[23]は、次のように判示して、悪意の転得者（被告）の行為に不法行為の成立を認め、破産管財人の損害賠償請求を認容する判決を言い渡した。

(a) 被担保債権の帰属について　破産管財人が破産法168条4項に基づき、当該財産の価額の償還を請求しているのに対し、否認権行使を受けた悪意の転得者である被告が、破産管財人の差額償還に応じないまま、破産管財人が価額償還請求をしたことのみを理由として、否認権行使により破産財団に復した権利が自己の権利になったとしてその権利を行うことは同条がまったく予定していないところである。同条の差額償還請求は、否認権の行使により破産財団を原状に復することによって生ずる複雑な権利関係を価額償還という簡便な方法で処理することにより、破産財産の迅速な形成を図る手段を破産管財人に認めた制度であり、悪意の転得者の権利を保護する制度ではない。この点は、相手方が価額償還したときに相手方の債権が原状に復するものと定める同法169条の趣旨からも類推することができる。

悪意の転得者が価額償還に応じていない以上、被担保債権および抵当権を実行できる者は破産管財人であり、否認権の行使を受けた転得者である被告ではない。

(b) 悪意の転得者の違法性、故意過失について　執行異議に伴う執行停止制度の趣旨は、担保権の実行という履行遅滞に陥った債権回収のための最後の手段として債権者にとって迅速に進められるべき担保権実行手続において、簡易迅速な救済手続である執行異議の申立権を認める一方で、迅速な債権回収を図る抵当権者の利益との調整を図るために担保を立てさせたうえで、執行停止制度を設けて執行異議の申立てについて審理する間に申立人にとって回復困難な損害が生ずることを防ぎ、権利の実効的な救済を図ったものである。

このような執行停止制度の趣旨に照らして、被告がした執行異議の申立ての相当性について検討すると、悪意の転得者でありながら、否認権の行使を受け

---

23) 東京地判平23・9・12金法1942-136。

て差額償還にも応じないまま破産管財人の配当金受取りを妨げるために執行異議の申立てをしたことは、そのような権利主張が破産法の否認権の趣旨からみて認められない可能性があることを十分予想していたと考えられること、破産管財人に配当がされたとしても、破産裁判所の監督のもとに破産財団に属する財産が管理されることを考えれば、あえて配当手続を停止させる必要はそれほど大きくなかったことの問題点が認められ、このような問題がありながら、執行停止決定により配当手続を停止させたことは相当ではなく、あえて理由のない執行異議を申し立てたもので、違法性があり、過失が認められる。

(3) 破産法 169 条を類推適用する考え方　　上記判決においては、否認権の相手方が、破産法 168 条 4 項の差額償還請求に応じないまま、目的財産の権利が自己にあることのみを理由に執行異議の申立てをすることはできない理由として、同法 169 条を挙げている。

破産法 169 条は、偏頗行為が否認された場合の規定であるが、債務の消滅に関する行為が否認された場合、その受けた給付を返還またはその価額を償還すると、相手方の権利は復活すると定めた規定であり、復活する時点を相手方が破産財団に対して原状回復した時点であるとする点に意義がある[24]。

この規定によれば、破産財団を保護するために、相手方からの給付の返還または価額の償還が先履行と定められており、相手方は返還・償還債務の履行をする前に自己の破産債権の行使をすることはできず、また、返還・償還に係る義務と復活する債権に係る義務とは同時履行の関係には立たず、また相殺もありえない[25]。

そして、相手方からの給付の返還または価額の償還が一部にとどまる場合には、相手方の権利は返還・償還の割合に応じて復活するという従来の見解[26]に対し、文理上からも債権が復活するのは全額についての返還・償還が先履行であると解されることから、全額について給付の返還または価額の償還がされて初めて相手方の債権が復活するというのが近時の有力説[27]である。

----

24) 条解破産 1092 頁。
25) 伊藤・破産再生 442 頁。
26) 大判昭 14・3・29 民集 18-287、斎藤秀夫＝麻上正信＝林屋礼二編『注解破産法〔第 3 版〕（上）』（青林書院・1999）531 頁〔宗田親彦〕。
27) 条解破産 1093 頁。

この規定の趣旨を類推すれば、詐害行為否認の場合においても、差額償還請求を受けた相手方は差額を償還しない限り、差額償還の目的財産についての権利行使をすることはできないと解すべきことになる。

4 遺留分減殺請求の価額弁償制度との対比
(1) 遺留分減殺請求の価額弁償制度　次に、破産法上の差額償還請求制度と類似する制度として、遺留分減殺請求における価額弁償制度（民1041条）における考え方が参考となる。

遺留分減殺請求における受贈者および受遺者の価額弁償の制度とは、遺留分減殺請求の行使によってその目的物の返還義務を負う受遺者に対し、減殺を受けるべき限度において遺贈の目的物の価額を弁償して、その返還の義務を免れることを認めたものである。この価額弁償を行うかどうかは、遺留分減殺請求の相手方である受贈者もしくは受遺者が選択権をもっている。

この価額弁償を選択した受遺者と遺留分権利者との関係について言及した判例がある。

(2) 昭和54年7月10日最高裁判決[28]　昭和54年7月10日最高裁判決は、受遺者が価額弁償を選択した場合の目的物の返還義務の帰趨について、以下の通り、最高裁として初めての判断を示した。

　①特定物の遺贈につき履行がされた場合において、民法1041条の規定により受遺者が返還義務を免れる効果を生ずるためには、受遺者において遺留分権利者に対し価額の弁償を現実に履行し、または、価額の弁償のための弁済の提供をしなければならず、単に価額の弁償をすべき旨の意思表示をしただけでは足りないものと解するのが相当である。

　②単に弁済の意思表示をしたのみで受遺者をして返還の義務を免れさせるものとすることは、同条1項の規定の体裁に必ずしも合うものではないばかりか、遺留分権利者に上記価額を確実に手中に収める道を保障しないまま減殺の請求の対象とされた目的の受遺者への帰属の効果を確定する結果となり、遺留分権利者と受遺者との間の権利の調整上公平を失し、ひいては遺留分の制度を設けた法意に沿わないこととなる。

──────────

28）最判昭54・7・10民集33-5-562・判タ411-177。

5 検　討

　差額償還請求権と類似する遺留分減殺請求権の法的性質は、意思表示により当然に減殺の効力が生ずる形成権であり、その効果も物権的効力であるとするのが通説・判例である。この立場から目的たる権利の帰趨を考えると、まず遺贈によって法律上当然に被相続人から受遺者に権利が移転し、次に、遺留分権利者の減殺請求権の行使によって対象となる権利が法律上当然に遺留分権利者に移転するが、最後に減殺請求に対し、受遺者が価額弁償を選択した場合、目的たる権利が受遺者に最終的に帰属するのはいつかが問題となっていた。

　この帰趨の時期について下級審の判断が分かれており、前記判例は、遺留分減殺請求に関する価額弁償制度の先例として非常に大きな意味を有する。

　破産法168条4項の差額償還請求権が、この遺留分減殺請求における価額弁償制度をヒントに創設された経緯を併せ考慮すれば、破産管財人が詐害行為否認の相手方に対して差額償還を請求した場合、否認権の目的財産が相手方に帰属するのは、相手方において差額の償還を現実に履行した時点と考えるのが素直な解釈ではなかろうか。破産管財人が差額償還請求権を選択したことをもって、否認の相手方が目的物の返還義務を免れるとすることは、破産管財人に目的物に代わる価額を保障しないまま、目的物の相手方への帰属の効果を確定することになり、否認の相手方と破産管財人との間の権利の調整を欠き、差額償還制度の趣旨を没却してしまうおそれがある。

　また、偏頗行為否認の規定（破169条）によれば、相手方が受けた給付を返還し、またはその価額を償還した時点で相手方の権利が復活するのであって、債権が復活するのは全額についての返還・償還がされた時点であるとすれば、詐害行為否認の効果である差額償還請求（破168条4項）についても、相手方が差額を償還した時点で目的物の権利が相手方に移転すると解する方が倒産手続全体の趣旨に合致し、より整合的であるといえる。

　したがって、破産管財人が詐害行為否認の相手方に破産法168条4項による差額償還を求めた場合、否認対象の目的物の権利が移転するのは相手方が差額償還を現実に履行した時点であり、相手方が差額を償還するまでは、破産管財人に目的物の権利が帰属すると解すべきである[29]。

---

29) 本書の研究会においても異論はなかった。

◉──一裁判官の視点

　破産法168条4項の差額償還請求を行使するためには、控除すべき財団債権が必要であるかを考えるにあたって、同項の趣旨を「一種の相殺処理」（これは簡易な清算という意味であろう）、「簡明な手段」、「管財事務の円滑」と理解するのであれば、同項の趣旨は、財団債権を不要とする解釈をとるための障害にはなりにくいと思われるし（もっとも、同項について創設的な規定とするとハードルが高くなる）、詐害性がより高い無償譲渡事案で差額償還ができないことへの疑問も理解でき、共感できる。

　この点に関しては、詐害行為が取り消される場合の現物返還と価額賠償の扱いを参考にすることができるのではないかと思われる。詐害行為取消権が行使される場合、現物返還が不可能または著しく困難でない限り現物返還となり、価額賠償はいわば例外的とされている。また、受益者および転得者がともに悪意で、どちらにも請求できるときは、転得者から現物返還を求めることもできるし、受益者に対して価額賠償を求めることもできるとされている。そして、現物返還と価額賠償との関係で、現物返還が原則的とされるのは、価額賠償によった場合には、取消しをした債権者に直接交付請求ができることとの関係で、当該債権者が事実上優先弁済を受けることができることを考慮したためとされている。そうすると、詐害行為取消しの場面では、いわば原状回復の手段として、現物返還と価額賠償を認めており、その順位は事実上の優先弁済への対策からであり、転得者と受益者の両者に請求できることからすれば、現物返還と価額賠償の位置付けにそれほど重点を置いていないとすることもできないわけではない。そして、破産手続の場合は、取消権を行使する債権者にあたる破産管財人が事実上の優先弁済を受けることは制度上想定されていないのである。このように考えてくると、否認の場面でも、その効果としての原状回復には、本来的に現物返還と価額賠償が含まれ、両者の順位にこだわることはないと考えることもあながちおかしなことではないように思われるし、そう説明した方が端的できれいともいえよう。否認の場合に、現物返還が原則であるとするならば、破産手続開始前に係属し、破産手続開始により中断した詐害行為取消訴訟は、否認訴訟に一本化されるのではなく、破産管財人は、詐害行為取消訴訟として受継することも許容しないとバランスがとれないということにもなるのではないだろうか。

（山崎栄一郎）

13 「知れている債権者」をめぐる考察（付・自認制度の廃止提言）

清水祐介

倒産手続の進行に応じて、手続に参加する債権者の範囲について「知れている債権者」の概念が働くので、その意義を手続の各段階ごとに検討する。特に、民事再生手続における自認義務と失権効、多数・少額の債権者がある場合については、立法論（自認制度の廃止）を含めて現行法の問題点を検討する。

I はじめに

1 手続参加をめぐる倒産手続・債権者間の双方向ベクトル

債権者が倒産手続に参加するについては、債権者自ら倒産手続へ参加してくる動きと、倒産手続から債権者へ手続参加を促す動きと、双方のベクトルが機能している。

債務者は債権者に倒産手続開始を知らしめる（債務者・倒産手続から債権者へ、第1のベクトル）。債権者は手続を知り、自ら手続に参加する（債権者から手続へ、第2のベクトル）。しかし、債権者の中には、自ら意欲して手続に参加しない者もあるので、手続の側から債権者へのアプローチが、再び必要になる（第3のベクトル）。3つのベクトルのそれぞれにおいて、「知れている債権者」の概念が働き、適正手続を基礎付けている。

2 手続進行に応じた「知れている債権者」の解釈

「知れている債権者」の概念が働く局面は、第1に、手続の入口において、手続を知らしめる対象は誰かという観点である。第2に、手続進行中において、事業譲渡の意見聴取範囲や、自認義務の範囲という問題がある。第3に、手続の出口において、手続の効力を及ぼす対象、及ぼし方という観点（失権効や免責範囲など）の問題がある。

法は「知れている債権者」について特段の定義規定を置いていないので、このような各局面に応じて、その解釈も異なりうる。

3 今日的な問題意識など

本稿は、このように倒産手続の各所に登場する「知れている債権者」の概念について、債権者の手続参加をめぐる双方向ベクトルを意識しつつ、その趣旨、実務、限界などの解釈と整理を試みるものである。

多数少額の債権者が自らは手続に参加しない事例について、従来からつとに指摘されており[1]、大規模な消費者被害事件等では、むしろ全債権者が自ら手続に参加してくることは期待し難い実情がある。近時は、消費者金融の破綻事例が多発しており、過払債権者の取扱いをめぐって様々に議論され[2]、「知れている債権者」の解釈にも問題を投げかけている。

II 会社法における解釈論

比較対照のため、平時である会社法の議論を概観するに、資本金・準備金の額の減少（会社449条）や、組織再編行為について（会社779条・789条・799条・810条）、債権者保護手続（債権者の異議手続）として個別催告が必要となるほか、清算手続でも「知れている債権者」の概念が問題となる（会社499条・503条）。

1 債権者保護手続において、会社が債権を争っている場合の催告の要否

減資につき大審院判例[3]があり、個別催告が必要な「知れたる債権者」とは、

---

1) 基本構造57頁、147頁〔田原睦夫発言〕、法制審議会倒産法部会第二分科会第6回会議（平成10年12月4日）議事録〈http://www.moj.go.jp/shingi1/shingi_981204-3.html〉24頁、法制審議会倒産法部会第7回会議（平成11年3月19日）議事録〈http://www.moj.go.jp/shingi1/shingi_990319-1.html〉25頁（法務省サイト参照）。
2) 山本和彦「過払金返還請求権の再生手続における取扱い」NBL892号（2008）12頁、髙井章光「㈱クレディア再生事件について」事業再生と債権管理123号（2009）93頁、柴原多「消費者金融事業の再生」同101頁、中島弘雅「消費者金融会社の民事再生をめぐる問題点」事業再生研究機構編『民事再生の実務と理論』（商事法務・2010）312頁、新注釈（下）140頁〔馬杉榮一〕、園尾隆司ほか編『最新実務解説─問一答民事再生法』（青林書院・2011）625頁〔南賢一〕、改正展望405頁〔高橋優〕。
3) 大判昭7・4・30民集11-706。

その債権の原因・内容の大体を会社が知っている債権者をいい、「係争中の債権についても、債権の存在自体はわかっているのに、ただ精確な額がわからないため争っている場合とか、ただ弁済資金の欠乏等のため争っている場合には、知れたる債権者に該当するが、会社が債権の不存在を確信して争っている場合には知れたる債権者に該当しない[4]」と解されている。

この考え方は、「会社に対して催告をなすことを要求するのは、会社にこれを要求するのが当然であり、かつこれを要求しても無理でないと思われる場合に限定すべき」という見地に立っており、「知れている債権者」に該当するか否かは、会社がその債権の存在を知るのが当然と認められるような事情の有無によって決まるという[5]。

係争中の債権につき、後に会社が敗訴して債権の存在が確定した場合は、債権を争った事情次第で「知れている債権者」となるか否かが分かれる[6]。会社の恣意的判断を許さないため、債権を不存在と主張した錯誤事情は、客観的に正当なものでなければならない[7]。

2　清算人が催告すべき相手方の範囲と、清算からの除斥

「知れている債権者」の概念は、清算人が催告すべき相手方の範囲を画する（会社499条1項）。債権申出期間内に申出をしなかった者は、「知れている債権者」に該当するときに限り、清算からの除斥を免れる（会社503条1項）[8]。裁判例に、

---

[4] 鈴木竹雄・倒産判例百選（1976）201頁、上柳克郎＝鴻常夫＝竹内昭夫編集代表『新版注釈会社法(1)会社総則・合名会社・合資会社』（有斐閣・1985）396頁〔今井宏〕、同編集代表『新版注釈会社法(13)株式会社の解散・清算、外国会社、罰則』（有斐閣・1990）302頁〔中西正〕。

[5] 森本滋編『会社法コンメンタール18　組織変更、合併、会社分割、株式交換等(2)』（商事法務・2010）175頁〔伊藤壽英〕。

[6] 江頭憲治郎『株式会社法〔第4版〕』（有斐閣・2011）646頁。

[7] 上柳＝鴻＝竹内編集代表・前掲注4）(1) 396頁〔今井〕は「法律上の意味において債権の不存在を確信したというのであれば、その法律上の判断が客観的に正当なものであること（例えば、通説・判例に従って判断しているとか、訴訟係属中の債権につき第1審では債権の不存在が認められたとかのように）が当然必要であるし、また事実としての債権の不存在を確信するというのであれば、そのような信頼がその時の事情から尤もと思われるのでなければならない」という。

[8] 上柳＝鴻＝竹内編集代表・前掲注4）『新版注釈会社法(13)』303頁〔中西〕。

訴訟手続で債権存否を争っている債権者が期間内に申出しなかった事案について、除斥を否定したものがある[9]。この結論を学説も支持しており、会社が債権なしと考えた錯誤の客観的相当性如何によらず、後に敗訴して債権の存在が確定した場合には、除斥との関係では知れている債権者に該当することになる等の説明がされている[10]。

III 倒産手続の入り口において

1 債権者一覧表

(1) 手続開始申立時の債権者一覧表の趣旨　倒産手続開始の申立てには添付書類として債権者一覧表が必要である。破産の場合、債権者以外の者が手続開始の申立てをするときには債権者一覧表を提出しなければならず（破20条2項）、同時提出できないなら、申立後遅滞なく提出する（同項但書）。債権者申立てであっても、訓示規定が提出を求めており（破規14条2項）、把握しえた範囲で債権者一覧表を作成提出することが期待されている[11]。

債権者一覧表に記載すべき債権の類型は①破産手続開始の決定がされたとすれば破産債権となるべき債権、②財団債権となるべき債権である。その債権を有する者の氏名または名称および住所と、当該債権および担保権の内容を、債権者一覧表に記載する。

その趣旨は第1に、裁判所が倒産手続開始決定の可否・進行見込等を判断すべく、負債状況把握の必要があること[12]、第2に、開始決定となれば速やかに通知すべく、通知先を知る必要があることである。これに対し、債権の正確な金額や存否の確定は、開始決定後の債権調査手続の問題である（例えば労働債権・租税債権につき、規定上は財団債権部分と優先的破産債権部分の区別を要求しない。破規14条1項2号・3号）。

(2) 債権者一覧表と「知れている」債権者　債権者一覧表について、

---

9) 大阪高判昭36・9・14下民集12-9-2281。
10) 落合誠一編『会社法コンメンタール12　定款の変更・事業の譲渡等・解散・清算(1)』（商事法務・2009）282頁〔川島いずみ〕。
11) 最高裁判所事務総局民事局監修『条解破産規則』（法曹会・2005）45頁。
12) 伊藤・破産再生97頁。

規定上は「知れている債権者」という絞り込みはない。しかし、以上の趣旨に鑑みれば、申立人にとって「知れている」債権者を指していることが自明である。申立人において債権者であると現に認識している者を記載すれば足りる。

実務上も、破産手続開始申立書に添付された債権者一覧が不備で、後に新たに債権者が追加されることは珍しくない。東京地裁の場合、開始決定後に判明した債権者に対しては、破産管財人から開始決定や債権届出用紙等を発送し、破産管財人は裁判所に「新たに判明した債権者への発送（送信）報告書」を提出する扱いである[13]。

開始申立てと同時に提出すべき債権者一覧表についての以上の解釈は、民事再生、会社更生の場合にもあてはまる。

2 開始決定の通知先

(1) **個別通知** 倒産手続開始決定があると、裁判所は、決定主文、債権届出期間その他所定の事項（以下「開始時の公告事項」という）を公告し、「知れている」債権者その他所定の関係人あて個別に通知する（破32条3項1号、民再35条3項1号、会更43条3項1号）（特別清算の場合は、会社法499条により、清算開始時点に公告のうえ、「知れている債権者」に個別催告しており、手続開始に伴って新たな個別通知の定めがない）。

(2) **通知すべき「知れている」債権者の範囲** 手続開始決定は、決定時から効力を生じる（破30条2項、民再33条2項、会更41条2項）。「知れている債権者」に個別に通知する趣旨は、開始決定の事実を知らしめ、手続参加の機会を与え、不測の損害を受けることを防止することである。注意喚起の機能にとどまり、特段の法的効果はない[14]。

したがって把握できる分から速やかに知らしめればよく、ここに「知れている」とは、通知の当時、記録上氏名・名称・住所・事務所が判明している者の意味である。開始申立書に添付された債権者一覧表に加えて、後に判明した者を含む。後に判明した場合はその都度通知すれば足り、かつ通知しなくてはならないが[15]、別途公告されているので、通知の有無を問わず、手続開始決定の

---

13) 鹿子木康＝島岡大雄編『破産管財の手引〔増補版〕』（金融財政事情研究会・2012）244頁。
14) 伊藤・破産再生120頁、条解破産264頁、大コンメ126頁〔大寄麻代〕。
15) 条解破産262頁。

効力は及ぶ[16)][17)]。

なお、法文は「『破産』債権者」「『再生』債権者」「『更生』債権者等」と限定している（破32条3項1号、民再35条3項1号、会更43条3項1号）。これに加えて財団債権者、共益債権者に対しても便宜上通知する運用もありうるが、法律上の要請ではない。

(3) 債権の存否に争いある場合　係争中の債権につき会社法の議論をそのまま援用し「その存在自体はわかっているが正確な額がわからないため争っている場合や、ただ弁済資金の欠乏等のため争っている場合は、知れている債権者になるが、会社が当時客観的に納得しうる資料に基づいて債権の不存在を確信して争っている場合には、知れたる債権者にあたらない」とする見解がある[18)]。

これには賛成できない。平時の会社法の議論は充分な責任財産を前提としており、減資等の手続上で債権者保護手続の対象から外れても、後に債権の存在が確定したときは、債権者は別途その回収を図りうる。しかし、責任財産が不足している倒産手続の場面では、手続参加の機会を広く与える要請があり、広く個別通知すべきである。係争相手（訴訟手続が係属しているか否かを問わない）は債権者となる可能性がある以上、通知を受ける利益があり、「知れている債権者」に該当すると解すべきである。

(4) 通知の作業に時間を要する場合　法文上、開始決定をしたときの公告は「直ちに」行う必要があるが、個別通知については「直ちに」の文言がない（破32条3項1号、民再35条3項1号、会更43条3項1号）。事案によっては、通知の作業事務に時間を要する場合もある。粛々と作業し、判明したところから通知する[19)]。それでも通知しきれない先が残る。特に多数債権者の事案では

---

16) 同前264頁。
17) 宣告通知の送達がされず配当を受けることができなかったとして国家賠償を認めた事案があるが、通知ではなく送達が必要であった旧法下の裁判例であり、現行法の解釈には影響しない。大阪高判平18・7・5判時1956-84、条解破産265頁。
18) 条解会更(上)455頁（4刷第3次補訂）。
19) 消費者金融の破産事例である株式会社ＳＦコーポレーションの場合、ホームページ上に破産管財人が手続進行について情報を開示しており、これによれば開始決定の約2か月後から過払債権者への開始個別通知の発送が始まり、1か月間以上にわたり、5～6回に分けて発送している。

様々な困難が生じる。

個別通知（債務者から債権者へ手続を伝える「第１のベクトル」）の未了は、法律上は手続進行の障害とならず、通知完了まで手続進行を待つことはない。後に手続進行に応じて、届出の追完、自認義務、失権効等の問題として顕れたとき、そこで扱いが検討される。

(5) **大規模事件の特例**　破産法、民事再生法および会社更生法には大規模事件について通知省略の規定があり、「知れている債権者」が1000人以上であり、相当と認められるときは、個別通知をせず、集会期日への個別呼出しもしない旨の決定をすることができる（破31条5項、民再34条2項、会更42条2項）。当該決定をしたこと自体は、開始時の公告事項（決定主文等）と併せて個別に通知しなければならない（破32条2項・3項、民再35条2項・3項、会更42条2項）（続行期日の個別呼出しを省略できる等にとどまる）[20]。

加えて、破産法と民事再生法には管轄の特例規定があり、「破産手続開始の決定がされたとすれば破産債権となるべき債権を有する債権者」「再生債権者」が所定の人数（破5条8項・9項、民再5条8項・9項）以上となる場合について定めている。

これら通知と管轄の特例規定は、いずれも開始段階で債権者数の把握が暫定的な状況を前提とする定めであるから、決定の当時、記録上氏名・名称・住所・事務所が判明している者（判明の程度が不備である場合を含む）と解釈すべきであり、具体的には債権者一覧表の記載人数で判断すれば足りる[21]。

債権調査を経て、当初見込まれた人数が後に変動することがむしろ当然であり、法定数未満に減少する事態もありうるが、後に人数が減少しても決定の効力には影響しない[22]。人数要件は「確定債権者数が法定数以上であること」ではなく「当該決定の当時、法定数以上の債権者がいると裁判所が思ったこと」で足りると解する。

---

20) 当該決定をしたこと自体、および開始時の公告事項については通知を省略できない。続行期日の個別呼出しその他の通知を省略できるにとどまる。東京地裁の破産実務では利用されていない（当該期日において続行期日を指定する）。破産再生実務(上)121頁〔佐藤公恵〕。
21) 小川秀樹編『一問一答　新しい破産法』（商事法務・2004）33頁。
22) 管轄につき、基本構造51頁〔松下淳一発言〕。反対、大コンメ39頁〔小川秀樹〕。通知につき、基本構造57頁〔竹下守夫発言〕。

なお、開始時の公告事項の個別通知まで省略する規定はなく、常に個別通知が求められている。実務上、債権者数が極めて多い一方で財団が乏しい破産事案等では、通知のコスト負担が重い。配当なく異時廃止となることが明らかな破産事案で、公租公課や労働債権など財団債権の満額弁済ができない状況でも、破産債権者への通知のコストが多額に発生することがある。立法論としては、異時廃止事案につき、開始時の個別通知を省略できる制度も検討に値するのではないか（開始決定時の個別通知を留保しておき、最終的に異時廃止となることが確定した段階で、個別通知の省略を裁判所が決定できることとするなど）。

IV 倒産手続の進行中において

1 事業譲渡の意見聴取

破産手続を除き、事業譲渡について「知れている債権者」の意見聴取が定められている（民再42条1項・2項、会更46条2項・3項、会社536条1項・896条1項）。事業譲渡は事業の再生と弁済率に直結する重要事項であって、手続保障が図られている。

裁判所が判断の参考資料を得る趣旨であるから、債権の存在および額が確定している必要はない。「知れている債権者」とは、①開始当時に知れている債権者」より広く、その後に判明した者を含み、②届出期間満了後は届出債権者に限られ、③手続上、債権存在が確定した者に限る必要はなく、債務者が異議を述べた場合でも、意見聴取の対象となると解する。係争中の債権者についても以上をあてはめれば足りる（届出がなければ対象としない）。

2 自認債権の制度（届出のない再生債権があることを知っている場合）
（1）　失権効をめぐる立法時の議論[23]　　和議手続では債権の実体的確定

[23) 立法時の議論について、伊藤眞編集代表『民事再生法逐条研究－解釈と運用』（ジュリ増刊・2002）89頁以下、201頁以下、花村良一『民事再生法要説』（商事法務研究会・2000）280頁、480頁以下。なお法務省のサイトには法制審議会倒産法部会の議事録がアップされており、詳細な議論が記録されている。第二分科会第6回会議（平成10年12月4日）、部会第7回会議（平成11年3月19日）、第10回会議（平成11年5月14日）など参照〈http://www.moj.go.jp/shingi1/shingi_index_old0180.html〉。

がなく、債権者表（旧和55条）に執行力がなく履行確保に問題があることや、計画認可後に新たに与信する者にとって簿外債務のリスクが残ることが指摘されていた。民事再生法の立法時には、債権の手続内確定と、計画案に記載なき債権は免責させる要請（失権効）とが意識され、活発に議論された。

すなわち①会社更生法では届出がない限り失権するが、母法であるアメリカ法[24]と比較しても厳しいとの指摘があるところ、まして、第三者機関である管財人が選任されないDIP型手続の場合に、債務者が知っている債権について失権させることは敵失で利益を得る如きであって債務者を不当に利するのではないか、②届出がなくとも失権しなかった和議法の運用から失権効のある制度に変わると、運用が浸透するまで混乱し、大量の失権が発生することにならないか、③知れている債権者として通知を受けながら債権届出をしない債権者がある実情から、すべての債権者が届出期間内に届出をすることは期待できないこと（実務上、なるべく拾い上げようという意識があり配慮するが、それでも届出をしない例があること）（特に消費者被害事件等で、手続に参加しない者を手続から排除し、これに失権効を及ぼすことの当否）、④公害被害で損害の顕在化が遅れる場合など、責めに帰することのできない事情から届出期間内に届出をしないケースもあること、⑤債権者自ら異議を述べるケースは少なく、DIP型の債権調査に懸念・不安が残ること、⑥手続内で債権の実体的確定を求めると手続が重くなり迅速処理を阻害するのではないか、等の議論である。

(2) 民事再生法の免責主義（失権効）の制度

議論を経て、再生債権調査・確定の手続が設けられ、再生債権者表の記載は執行力を有することとされ、また自認債権の制度を設けたうえ（民再101条3項）、民事再生法は免責主

---

[24] アメリカ連邦倒産法の再建型手続であるChapter11の場合、債務者は申立時に債権者一覧表（Schedule）を提出しなければならず、「争う」（disputed）「条件付き」（contingent）または「未確定」（unliquidated）と記載されていない限り、届出があったとみなされる（1111(a)）。届出がなく、届出があったとみなされることもない債権には失権効が及び、計画認可によって免責される（1141(d)(1)(a)）。ただし、債務者が債権の存在を知りながら故意に債権者名簿に記載せず、そのため債権者に手続開始通知がされず、債権者が手続開始を知らなかったために届出ができなかった場合は免責されない（523(a)(3)(A)）とされている。堀内秀晃ほか『アメリカ事業再生の実務―連邦倒産法Chapter11とワークアウトを中心に』（金融財政事情研究会・2011）73頁。

義を導入した。その概要は以下の通りである[25]。

　(a)　**免責主義（民事再生法178条）**　計画案に記載がなく、民事再生法に別段の定めもない債権は、計画認可によりすべて失権し、再生債務者は免責される。ただし、簡易再生および同意再生には適用がない（民再216条・220条）。失権効の導入により、簿外債務リスクが払拭され、計画案の信頼性が高まった。

　(b)　**計画案に記載がなくても失権しない債権**　失権が相当でない場合に対処すべく、失権効の例外規定が設けられている。再生手続開始前の罰金等（民再178条1項但書）、届出の追完が不可能であった再生債権（民再181条1項1号）、届出ができる時期以後に生じた再生債権（同項2号）および再生債務者が知りながら認否書に記載しなかった再生債権（自認漏れ再生債権）（同項3号）の4種類に限られる。

　(3)　自認債権の制度　自認債権は、再生債務者と再生債権者との間の公平、信義則[26]の顕れであって、民事再生法に独自の制度である[27]。会社更生法の改正時にも、自認債権について議論されたが、導入は見送られた[28]。更生手続上、管財人は、知れている更生債権者であって届出期間内に届出しないおそれのある者に対し、届出期間の末日を通知するものとされているが、あくまで届出を促すための措置にとどまる（会更規42条）。

　再生債務者等は、「届出がされていない再生債権があることを知っている場合」には、その債権について所定の事項（自認する内容のほか、氏名または名称および住所、再生債権の原因その他。民再規38条2項）を認否書に記載しなければならない（民再101条3項）。認否書に記載された再生債権は、届出債権と同様に一般調査期間における調査対象となり（民再102条1項）、計画による権利変更・弁済の対象となる（民再157条1項）。

----

25)　注釈新版(下)72頁〔田原睦夫〕。
26)　山本・前掲注2) 15頁「再生手続は原則DIP型であり、手続を追行する債務者自身が手続の利益を得るにも関わらず、自らの知っている債権を失権させてまでそのような事業再生の利益を得させるのは信義誠実に反するという発想があると思われる」。
27)　花村・前掲注23) 280頁。
28)　DIP型更生が運用される以前の議論であるが、自認債権の制度を導入しない理由として①大規模会社が想定される更生手続で、多数の債権を管財人が自認する困難性、②管財人とDIP債務者の信義則の差異が挙げられている（深山卓也編『一問一答新会社更生法』（商事法務・2003）170頁）。

公告や、「知れている債権者」への通知を契機として、債権者は手続開始を知る（手続から債権者へ、第1のベクトル）。債権者は本来自ら届出をすべきである（債権者から手続へ、第2のベクトル）。届出がないとき、自認債権として拾い上げ、いわば「自ら船に乗らない者を抱き上げて船に乗せ」弁済対象とする（手続から、もういちど債権者へ、第3のベクトル）。

自認する、すなわち再生債権があると知っているならば、「知れている債権者」として開始の個別通知対象になり、通知されていた。通知を受けながら債権者が自ら届出をせず、手続参加を意欲しない（第2のベクトルがない）にもかかわらず、それでも届出をした債権者と同様に、計画弁済を享受させる点に特徴がある。

(4) 「知っている」場合　(a) 立法当初の想定　立法時に意識されていた「届出がされていない再生債権があることを知っている場合」とは、一見明らかな取引債務等であった。一例として、新制度運営の参考とすべく公刊された「民事再生手続の運用モデル」の書式[29]では、民事再生法101条3項の認否書記載例として、売買契約に基づく売買代金や、廻り手形債権（受取人など、再生債務者において把握できる債権者を記載する）を挙げ、同条同項の債権に債権者が異議を述べる例として、再生債務者と債権者との通謀による売掛金を挙げている。

届出のない債権があることは再生債務者等にとって自明であり、認否書作成の際に必然的に浮かび上がるので、これを自認して、一般調査の対象たる認否書に記載すれば足りる。

　(b) 住所不明の場合　自認債権につき、認否書に債権者の「氏名または名称及び住所」を記載することが求められている（民再規38条2項）。債権届出の場合（民再規31条1項1号）に準じた記載を求める趣旨である[30]。ここに住所とは、手続進行に応じて必要な書類を、その「住所」宛に送付して通知すべく、個人である場合には現実の居所を、法人の場合には主たる事務所または本店所在地を指す。

ところが、当該債権者が再生債権を有することがわかっているが、住所変更

---

29) 才口千晴＝田原睦夫＝林道晴『民事再生手続の運用モデル―手続の流れの理解のために』（法曹会・2000）112頁、117頁。
30) 最高裁判所事務総局民事局編『条解民事再生規則〔新版〕』（法曹会・2005）95頁。

等により現実の居所・事務所が不明で連絡できない場合がある（例：預託金会員制ゴルフ場の多数の会員のうち、現実にプレーすることがないまま年数が経過したり、相続が発生する等の事情から、ゴルフ場事務局が会員の現実の居所・事務所を把握しておらず、登録された住所に書類を送付しても宛所に該当なく返送されてしまう場合など）。

このような場合、規則が求める趣旨に沿った正しい「住所」は、認否書に記載することができない。しかし、当該債権者が再生債権を有することは確実に判明している以上、「知っている場合」に該当するといわざるをえない。住所不明であることを理由に自認義務そのものを否定する解釈には無理がある。とすれば、認否書には知れる限りの住所（ゴルフ場の例であれば入会時の記録による住所）を記載するか、または「住所不明」としておくほかない。住所不明を理由に認否書に記載しないとすれば、自認漏れ再生債権として失権効の例外になる（民再181条1項3号）。

(c) **現実の認識がない場合**　不当利得返還請求権や不法行為債権の場合、債務者自身が当然に「知っている」わけではないものを含む。このような債権につき、立案段階では議論がなかったと指摘される[31]。

現実の認識さえなければ「常に」自認義務はないと解すれば、再生債務者等の怠慢まで許すことになり、立法趣旨を没却する[32]。現実の認識がない場合についても、例外とはいえ、ある程度は拡大して解釈することにならざるをえない（一見明らかな見落としは、公平誠実義務違反の問題となりうる。民再38条2項）。

このような自認義務の有無・限界がもっとも問題となるのは、認否書作成時ではなく、自認債権として認否書に記載されず届出もなかった再生債権につき、民事再生法181条1項3号（自認漏れ再生債権）に該当して失権を免れるか否かが争われる場面である。そこで自認義務の限界については、「手続の出口」の項であらためて論ずる。

---

31) 山本・前掲注2) 12頁。
32) 民事再生法の導入当初は、自認漏れ・届出期間経過後の債権届出が多数生じたことが報告されている。座談会「施行1年民事再生法—民事再生実務の検証と課題」債権管理92号（2001）125頁〔田原睦夫発言〕、園尾隆司「民事再生事件の運用方針と手続進行の実情」金法1594号（2000）6頁。

V 倒産手続の出口において

1 破産法の免責例外規定（知りながら債権者名簿に記載しなかった請求権）

免責の効果が及ばない非免責債権の1つに「知りながら債権者名簿に記載しなかった請求権」がある（破253条1項6号）。債権者名簿に記載がなければ免責についての意見申述期間の通知（破251条2項）が通知されず、免責の効果を生ずることは相当といえないので、非免責債権とされたものである[33]。債権は確定していることを要しない。

債権者名簿に記載しなかったことにつき、破産者に過失がなければ免責の効力を受け、過失ある場合は免責されない[34]。つまり「知りながら」は善意有過失の場合を含む。

債権者名簿に記載のない債権者が破産手続開始の事実を知っていた場合は、名簿不記載について破産者の過失を問わず免責対象となる（破253条1項6号括弧書）。手続開始を知っていれば債権者自ら破産手続に参加でき、そうであれば免責手続にも参加できたからである。

2 民事再生法における失権効の例外

先に述べた通り、民事再生法は計画の信頼性を高めるべく免責主義を採用したが、その一方で、失権が相当でない場面にも対処すべく、例外規定を設けている。このうち、開始前の罰金等（民再178条1項但書）は債権の特殊な性格に着目するものであり、開始前に原因ある再生債権でありながら付議決定後に発生する（民再181条1項2号）のは特殊なケース[35]である。いずれも債権その

---

[33] 条解破産1613頁、伊藤・破産再生556頁。
[34] 過失を認定して免責を否定した事例：東京地判平14・2・27金法1656-60、無過失を認定して免責を肯定した事例：神戸地判平元・9・7判時1336-116、東京地判平15・6・24金法1698-102。
[35] 為替手形の支払人または予備支払人が、振出人または裏書人である再生債務者について再生手続が開始されたことを知らないで引受または支払をしたときの債権（民再46条）、双方未履行双務契約について再生債務者により解除された場合の相手方の損害賠償請求権（民再49条5項、破54条1項）、否認権行使の結果、相手方がその受けた給付を返還し、またはその価額を返還したときに復活する相手方の債権（民再133条）な

ものの特殊性を理由とした限定的な類型である。

適用範囲が問題となるのは①債権者の責めに帰することができない事由により届出期間内に届出ができず、その事由が付議決定前に消滅しなかった場合（民再181条1項1号）と、②自認すべき債権を自認しなかった場合（同項3号）である。

Ⅵ 責めに帰することができない事由（民事再生法181条1項1号）

1 債権調査段階での配慮（特別調査による拾い上げ）

責めに帰することができない事由によって債権届出期間内に届出ができなかった場合に限り、その事由が消滅した後1か月以内に限って届出の追完が許される（民再95条1項）。

ここにいう「責めに帰することができない事由」は緩やかに解されている。民事再生法95条1項に対応する会社更生法139条1項（旧会更127条1項）も同様の文言であり、そこにいう「責めに帰することができない事由」とは、天変地変等の客観的事情に限らず、一般人が訴訟遂行に際して用いる注意を尽くしても避けられないと認められる程度のもの（本人の入院、個別通知がなかった等）を含むものとされる[36]。実務上も、届出が遅れた債権の数や金額などを勘案し、手続進行上、許容できる範囲で届出の追完を認め、特別調査を実施して「拾い上げる」運用がある[37]。特別調査期間は、時機に後れた届出であっても手続に参加させるため、いわば「調整弁」として作用しており[38]、債権者が自ら手続に参加する「第2のベクトル」を尊重している。

付議決定後は、理由を問わず届出が許されない（民再95条4項、会更139条4項）。これが特別調査による拾い上げの時期的限界となる。

ど。注釈新版(下)82頁〔田原〕。
36) 条解再生955頁〔村上正子〕、条解会更(中)586頁（6刷第3次補訂）。なお、条解再生513頁〔岡正晶〕は、再生計画立案に支障がない限り、緩やかに解するとしている。
37) 自認済であれば、自認債権と同一のものとして認める旨を付して認否し、特別調査の対象とする。自認債権が削除されることはない。
38) 伊藤眞編集代表『民事再生法逐条研究―解釈と運用』（ジュリ増刊・2002）201〜202頁〔林道晴発言〕。

2 届出なき債権者の救済規定

会社更生法では、付議決定までに届出がない場合、例外なく失権する。届出が期待できなかった場合にも無条件に失権することは酷に過ぎるとの批判もある[39]。

民事再生法では、この問題意識に配慮し、救済の例外規定を設けた。債権者の責めに帰することができない事由により届出期間内に届出できず、かつその事由が付議決定前に消滅しなかった場合は、計画案に記載がなくても失権せず、計画案の定める権利変更の一般的基準（民再156条）に従って変更される（民再181条1項1号）。

3 民事再生法181条1項1号「責めに帰することができない事由」の解釈

(1) 届出のない者が保護を受けること　届出をしなかった者が後になって権利を主張したとき、遡って「責めに帰することができない事由」の有無を判断し、失権を免れさせて救済する仕組みである。その権利主張のタイミングは特段の制限がなく、いつまでも適用があり、再生手続が係属しているか否かも問わない[40]。債権調査を経ないので、他の債権者が異議を述べる機会もない。再生債務者等との間で争いがあれば、別途手続外で民事訴訟等による確定措置が図られるが[41]、再生債務者等が認める限り、そのまま認められる。加えて、計画案に記載された債権者と同時期に権利行使ができる（民事再生法181条2項に定める時期的劣後の適用がない）。

その弁済原資は再生債務者の負担であって、事業継続型の再生計画で他の再生債務者を害することはないが、例外的に権利変更後の額が事業継続の支障となるほどの巨額に達する異常事態となれば、再生計画を変更することになろう[42]。

清算型の計画案では、清算結了に際して手続費用を控除した残資産を再生債

---

39) 不法行為による被害が認可後に顕在化するような場合など、届出が期待できない場合について旧会社更生法241条但書の類推適用の余地があるとする考えがある。条解会更（下）745頁（6刷第3次補訂）。
40) 花村・前掲注23）488頁。
41) 同前489頁。
42) 注釈新版（下）83頁〔田原〕。

権に割り付けて弁済率を算出する旨の定めが置かれているものが多い。救済された無届出債権が、自ら届出・調査を経て確定した再生債権および債権調査を経た自認債権と並んで、弁済原資を分け合うので、救済された無届出債権の分、全体の弁済率が低下する。

(2) 限定的に解釈すべきこと　届出の追完は、債権調査を経て計画の基礎となる機会を与える意味があり（第2のベクトル）、民事再生法95条1項の事由は緩やかに広く認める合理性がある。

これと異なり、民事再生法181条1項1号の事由は、届出の時的限界を付議決定で画し、計画の基礎を画した後に、なお権利主張を許すものであるから、後になって緩やかに広く救済することは、せっかく成立した計画の安定性を害する。スポンサーにとっては簿外債務リスクであり、事業譲渡対価が低廉になり、ひいては届出債権者の満足を低下させる要因となる。権利の性質上、付議決定前の届出がおよそ期待できないような場合に限定して解釈されなければならない[43]。免責主義の原則にかかわらず、失権させることが酷であると真に評価できる場合に限るべきであり、だからこそ特別に保護の制度を設けたのである。

具体例としては、公害被害の発生原因事実は開始前にあり、再生債権として発生しているが、被害の顕在化が遅れる場合が考えられる。公害被害は一定地域住民であれば必ず発生するとも限らない一方、被害の範囲は無限定に広がりうるものであり、本人が抽象的危険すら意識しないにもかかわらず、事後的に顕在化する事態もありうる。権利の性質上、付議決定前の届出がおよそ期待できなかったといえ、何ら落ち度のない被害者の損害賠償債権を失権させることは相当でないので、特別な救済の合理性がある。

(3) 潜在的過払債権者の場合　消費者金融破綻における過払返還請求権の存否および額は、正確には、取引履歴の開示を得て、利息制限法に基づき引き直し計算を行うことで初めて判明するものである[44]。

しかし、①再生債権者が周知策を図り、②可能な限り引き直し計算を実施して個別通知を行い、③届出期間や付議決定までの期間を斟酌し、④特別調査も

---

43)　新注釈(下)134頁〔馬杉〕。伊藤編集代表・前掲注38) 201～202頁〔林発言・伊藤眞発言〕。

44)　新注釈(下)140頁〔馬杉〕は、取引履歴を保存していない過払金返還請求債権者は、民事再生法181条1項1号に該当するとの説が有力であるとする。

実施した場合、⑤現実に当該債権者あて個別通知が到達していないとしても、過去に取引があれば過払債権が存在する可能性があるので、本人から再生債務者へ問い合わせることを期待できるだけの基礎事情が認められよう（破綻についてのマスコミ報道も契機となる）。とすれば、公害被害事案と同程度に「権利の性質上およそ期待できない」とまでいえるのか、疑問も残る。

特に、潜在的過払債権者は貸金業者との取引を家族に隠していることも多く、手続を知りながら、あえて破綻先へ問い合わせや履歴開示請求をしないケースも多い。手続参加を自ら控え、生活の平穏維持を意欲する態度であるとすれば、それは「責めに帰することができない事由」とは異なるのではないか[45]。

なお、計画案において、このような場合でも失権しない特別の定めを置き、議決権を有する債権者の判断を受けることは手続保障を満たしており、許容される[46]。

Ⅶ 自認漏れ再生債権（民事再生法181条1項3号）

1 制　度

届出されていない再生債権があることを知っている再生債務者が、認否書に当該債権について自認記載をしなかった場合は失権効の例外とされ、権利変更の一般的基準（民再156条）に従って変更される（民再181条1項3号、以下「自認漏れ再生債権」という）が、時期的に劣後扱いを受け、計画弁済完了まで据え置かれる（同条2項）。

故意に自認義務を履行しない結果、再生債務者が利得を得るのは衡平に反するので、これに制裁を科す趣旨がある[47]。自認義務の誠実な履行を担保する（DIP債務者は「再生債務者財産——いわば"自分の財産"——から支払しなければならないことと同じであれば、誠実に自認しておこう」と考えるはず）ことが期待

---

45) 園尾ほか編・前掲注2) 625頁〔南〕は「弁護士や司法書士の啓蒙活動もあり，過払金問題は社会問題としてきわめてポピュラーになっていることから，性質上当然に届出を期待できない権利とまではいえない」と指摘する。
46) 届出期間経過後に請求があった場合、失権させない特段の定めを置く事例として㈱クレディア、㈱オークス（認可決定後1年に限る）の事例がある。改正展望417頁〔高橋〕、山本・前掲注2) 12頁。
47) 伊藤・破産再生812頁、注釈新版(下)82頁〔田原〕。

されている。

　その一方、管財人は適用が除外される。善管注意義務（民再60条・78条）を負う管財人が知れている債権を故意に認否書に記載しない事態は想定し難いうえ、免責例外として再生債務者財産から弁済することとしても、自認義務履行を担保しないと説明されているが[48]、DIP型の制度が浸透した今日、管財人（善管注意義務）と再生債務者（公平誠実義務）の違いによって失権の有無を区別する合理性につき、立法論としては疑問も残る。

2　充分な周知（第1のベクトル）を前提とすること

　充分な周知を図ることが議論の前提である。手続を知らしめ（第1のベクトル）、債権者が自ら手続に参加する（第2のベクトル）ための契機とすることが大原則であって、再生債務者等は第1のベクトルを充実すべく「汗をかいて」、事案に応じて適切な周知策を検討する[49]。それでも届出がなく、現に認識もできず、自認記載しなかったとき、自認義務はあるのか——自認漏れ再生債権として失権効の例外となるか否かは、手続参加をめぐるベクトルの、究極の限界場面の議論である。

3　係争中の場合

　係争中の場合、自認することは期待し難く、自認義務を否定するとの見解がある[50]。ひとたび自認すれば減額できないので、認否書に自認記載することは考えられない。問題となるとすれば、後になって自認すべきだった（自認漏れ）と主張されるケースである[51]。

　会社法の議論では、債権なしと錯誤した合理性を検討したり、後に訴訟で債

---

48)　花村・前掲注23) 487頁、条解再生956頁〔村上〕、新注釈(下)136頁〔馬杉〕。
49)　消費者金融破綻における例として、ホームページ掲載のほか、全国紙、地方紙に複数回の新聞公告を実施したものがある。髙井・前掲注2) 93頁。
50)　条解再生535頁〔池田靖〕は、相手方に手続開始申立ての事実と届出期間等を告知すべきだが、認否書に自認債権としては「記載しにくいであろう」とする。
51)　係争中の1つの契約に基づく複数の債権のうち一部のみ届出があり、届出分について債務者が異議を述べた後、査定で債権が確定したケースで、届出漏れ部分の発生原因事実を再生債務者が認識していたとして自認義務が問題となった例がある。

権の存在が確定すれば清算から除斥されないとの考え[52]があることを先にみた。平時では、他の債権者は完全な満足を受けることを前提に、当該係争相手の保護のみを考えれば足りる。

しかし責任財産が不足する倒産時では、配当を求める債権者は債権を届け出ることが本来である。係争の態様（訴訟手続係属の有無）や、錯誤の合理性如何によって結論が異なることは安定を欠く。係争中であれば、開始の個別通知に際して「知れている債権者」として扱われ、債務者の手続開始を知って、自ら届出が期待できる。債権を主張して訴訟係属中の者が債権届出をし、再生債務者がこれに異議を述べた場合、中断した訴訟を不変期間内に受継しなければ失権すること[53]と比較すれば、債権を主張して係争中の者が届出をしなかった場合に、失権を免れるのは明らかに均衡を欠く。

したがって、係争中であれば、訴訟係属の有無を問わず、常に自認義務はなく、開始の個別通知に際して「知れている債権者」として通知しておけば足りると解する。

4　多数の債権者がある場合
(1)　認否書作成までに自認作業を終えることが困難であること
法文上、自認債権を記載すべき認否書は、一般調査期間の対象となるものだけが予定されている。実務上、認否書提出から一般調査の開始までの間、認否書に追加記載が許容されるので、この間は自認債権も追完が許される[54]。しかし、一般調査期間に入った後は、もはや追完できない[55]。後に特別調査を実施する場合でも、その認否書には新たに自認債権を追加記載できない[56]。

先にみた通り、立法時に意識されていたのは一見明らかな取引債務等であり、

---

52) 前注7)、前注10)に対応する本文参照。
53) 大阪高判平16・11・30金法1743-44、森宏司「破産民事再生に伴う訴訟中断と受継」判タ1110号(2003)32頁。
54) 森倫洋「再生債権の調査・確定」高木新二郎＝伊藤眞編集代表『講座倒産の法システム第3巻―再建型倒産処理手続』（日本評論社・2010）395頁。
55) 自認制度の趣旨を貫徹するなら、特別調査期間における自認債権の追加記載を認める立法論が考えられる。改正展望405頁〔高橋〕。
56) 破産再生実務(下)207頁〔松井洋〕ただし、認否書の記載の更正であれば認められる。園尾・前掲注32)18頁。

その場合には、認否書作成の際に自然と判明する。しかし、不法行為など債務者自身が当然に「知っている」とは限らない債権の場合は異なる。民事再生手続の制定以前から、多数消費者事案等で、どれほど届出を促しても、届出をする者は一部にとどまることが知られていた[57]。このような事件が民事再生で処理される場合、自認する作業は難しい[58]。

　消費者金融破綻事例の場合、包括承継・債権譲受・さらに再度譲受など他社由来の債権も多く、管理システムが異なったまま統合未了であったり、過去の取引履歴が不備の場合もある。一連一体計算の取扱いにより計算結果が大きく異なることも問題を複雑にする。これらの事情の結果、引き直し計算に長期間を要する。認否書記載の所定事項（民再規38条2項）を「知る」に至るまでには多大な労力を要し、日々到着する膨大な債権届出を整理しつつ、認否書作成までに完全に自認作業を終えることは事実上不可能に近い。

　(2) 債権調査スケジュールによる対応　個別の事案では、このような事情を勘案してスケジュールを設定している。例えば消費者金融関連の破綻について、以下のスケジュールがインターネット上で公開周知されている[59]。これに限らず、多数の消費者被害を生ずる類型では、同様の工夫がなされるであろうが、すべての債権者が届出を完了することは期待できない。

　　A社（会社更生）10月開始決定、翌年2月債権届出期間満了、4月認否書
　　　　　提出、6月および7月に特別調査を実施
　　B社（民事再生）9月開始決定、翌年5月債権届出期間満了、6月認否書提

---

[57] 法務省サイトにアップされている法制審議会倒産法部会第二分科会第6回会議（平成10年12月4日）議事録〈http://www.moj.go.jp/shingi1/shingi_981204-3.html〉24頁では、ゴルフ場の預託金について会社が把握する債権者7万3000名のうち、届出は5万7000〜5万8000名という事例が紹介されており、法制審議会倒産法部会第7回会議（平成11年3月19日）議事録〈http://www.moj.go.jp/shingi1/shingi_990319-1.html〉35頁では、届出の督促をして、それでも届出をしない債権者があることが紹介されている。花村・前掲注23）481頁。

[58] 再生事件では、会員数が多数に上るポイント発行事業者や、役務チケット販売事業など、権利保有者、金額の把握に相当の時間を要するような案件が想定される。改正展望405頁〔高橋〕。

[59] 会社更生の事案である㈱武富士の場合、潜在的過払債権者は200万名ともいわれたが、届出債権者数は約91万名、㈱ロプロの場合は潜在約4万名に対し届出約1万9000名であるという。改正展望409頁〔高橋〕。

出（自認債権として約1万件を計上）、8月および11月に特別調査を実施

　付議決定までに届出があれば、適宜に特別調査期間を設けて認否対象とし、失権を防ぐことができる。しかし、届出もなく、先に述べた「責めに帰することができない事由」（民再181条1項1号）にも該当しない場合、自認債権の追加記載を許さない現行法では、失権するか否かが、「自認漏れ再生債権となるか（自認義務があるのに自認しなかったといえるか）」、すなわち、自認義務の有無にかかってくる。

(3) 自認漏れ再生債権が多発することの不都合

　認否書作成に間に合わない作業にも自認義務を拡大し、認否書提出後に判明する届出のない再生債権を「事後的に判明した以上は、そもそも自認義務があった」として自認漏れ再生債権と扱うならば、多数消費者被害型の再生事件では、多数の債権者について失権効の例外として弁済義務が生ずることが想定される。

(a) 多数の供託が生じること

　届出のない多数の（潜在的）再生債権者が、自認漏れ再生債権として失権を免れた場合は、弁済を受領させることに特段の努力とコストが必要になる。この点は自認・自認漏れに共通する難点である。

　第1に、自認および自認漏れの再生債権者は、しばしば居所が不明であり、計画弁済の通知を到達させることが困難である。契約当初の住所は記録されているものの、転居先の把握がない事例は珍しくない。相続が開始していることもある（例1：預託金ゴルフ会員権者が資産運用を主眼に入会したままプレイせず年数が経過する場合など。例2：消費者金融の顧客は取引を家族に隠していることも多く、債権者との連絡は携帯電話でのやりとりが中心であって、通知が届くこと自体がクレームを惹起することがある[60]）。

　第2に、弁済通知が届いたとして、受領の意欲に乏しい。一般取引先の債権を自認する場合ですら、受領の意欲に乏しい例がある（すでに損金計上している、取引上の違算に過ぎない等）。ましてや消費者金融の事案では、労力を傾注して居所を探し出し、計画弁済通知を到達させても、振込先口座を連絡してこない者が多い。

----

60) 園尾ほか編・前掲注2) 626頁〔南〕は「権利行使をよしとしない債権者に対し、プライバシーを侵害する危険性も顧みず弁済することが妥当なのかも検討する必要があろう」と指摘する。

先に述べた破綻事例（前述(2)のB社）の場合、約1万件を自認した事例であるが、第1回計画弁済の弁済期から3か月経過した時点で、約1万件の再生債権について、弁済先口座の指定が未了であった。うち約2割は、再生債務者が弁済通知を送っても到達しない（届出後の住所変更など）場合である。残る約8割は自認債権であり、自認された再生債権者の大多数は、弁済の連絡を受けても反応がないことが現実である。

このような困難の結果、自認および自認漏れの再生債権者の多くに弁済することができず、しかし、法律上弁済義務は残るので、供託するほかない。その大部分は還付金請求権が行使されることもなく、そのまま放置されてしまうであろう。

(b) 清算型計画案における不都合　清算型計画案の場合、最終弁済率の算定に不都合がある。自認漏れ再生債権の弁済原資を確保し、これを含めて最終弁済率を決めるとすれば「再生計画に基づく弁済が完了」する前に、計画に記載のない自認漏れ再生債権を考慮することになり、法文に反しないか疑義が残る。かといって弁済原資を計画記載の債権者にすべて割り付けてしまうと、自認漏れ再生債権の弁済原資が枯渇する。時的に劣後する定めに過ぎず、自認漏れ再生債権は残っているが、もはや再生債務者はこれを弁済できず、清算を結了できなくなってしまう。

この不都合について、立法時には想定されていなかったのではないか。

5　自認義務の限界

(1)　**周知策（第1のベクトル）と、自認義務（第3のベクトル）とのバランス**　倒産手続は、不足する弁済原資を適正公平に切り分けるものであり、債権者は自ら届出をすることが本来であって、届出の意欲ある債権者を失権させないことが重要である。自ら届出をしない者が弁済を受ける自認債権の制度は例外であり、自認漏れ債権が失権を免れる（すなわち、再生債務者に現に認識がなくとも自認義務が肯定される）のは、さらにその例外である。

再生債務者の努力は、手続を周知すること（第1のベクトル）にこそ向けられるべきであり、これを契機として、届出を意欲する債権者が届出をすること（第2のベクトル）が倒産手続の本筋であって、このようにして手続に参加したものを対象に適正迅速に弁済することが、倒産手続の本来の趣旨である。届出

がないにもかかわらず、これを弁済対象とする自認義務（第3のベクトル）は、補完的制限的なものとして位置付けられる。

したがって自認義務の限界については、再生手続を総合的にみて、手続全体のコスト配分の観点を含め、適切なバランスと合理性をもって慎重に解釈すべきである。

(2) 自認義務の限界　再生債務者の合理的な努力を前提として知ることができる債権は「知っている債権」に該当するが、合理的な努力を超えた努力がないと再生債務者は知りえない場合には「知っている債権」とはいえず自認義務はない、との説がある[61]。自認義務の範囲を合理的に限定する必要があり、この説に賛成する。

ここに「合理的な努力」とは何か。債権者は本来届出をすべきであること、届出がなくとも手続の結果を届出債権者とまったく同様に享受させる例外的場面であること、認否書作成までに自認を終えて追加を許さない制度であること、一見明らかな取引債権等を典型例に意識して立法された経緯等を考慮し、自認制度は信義則の顕れであることに鑑みれば、再生債務者等に現実の認識がなくても自認義務を肯定できるのは、信義則上、自認することが当然の場合に限定すべきである。過度の負担を再生債務者等に強いることは手続に負荷をかけるのみならず、簿外債務リスクが増大してスポンサーを委縮させて事業譲渡の対価が廉価になり、自ら届出をした再生債権者を害する危険がある[62]。

そこで「合理的な努力」の程度は、債権の性質、債権を知りうるための困難性、作業に投入できる人的・物的資源等を総合考慮して限定的に解釈すべきである。債務者が債権者に手続開始を知らしめるべく、どのような手当てを講じているかという点（第1のベクトル。報道その他による事案の周知の程度など外的事情も考慮要素となる）も、「合理的な努力」の重要な基礎事情となる[63]。

そのような「合理的な努力」をしている限り、現に認識するに至らず、自認債権として認否書に記載するに至らなかったとしても、公平誠実義務（民再38条2項）に反しない。

---

61) 山本・前掲注2) 16頁。
62) 新注釈(下)140頁〔馬杉〕。
63) ㈱クレディアの場合、東証第1部上場会社の破綻として報道されたほか、開始後に新聞、インターネット等に広告を掲載した。髙井・前掲注2) 93頁。

法は一般調査の債権認否書に自認すべきことを規定している。「信義則の顕れ」という自認義務の性格に鑑みるとき、再生債務者が、真摯な努力（上記の合理的努力）を払って認否書提出時までに認識しえた限りが、すなわち自認義務の限界である。法は不可能を要求しないのであるから、その後に判明した債権があるとしても、所定の期間内に「合理的な努力をもって知りうる場合」には該当しない。もはや信義則上、自認することが求められる対象ではなく、自認義務がない。

　以上をあてはめれば、自認漏れ再生債権（民再181条1項3号）となるのは、公平誠実義務違反（民再38条2項）となるような、一見明らかな自認漏れに限られるのではないか。具体的には、立法当初に想定されたような、一見明らかな取引債務や、廻り手形等に限られると解する。

　なお、このように解釈して自認漏れ債権を限定しても、認否書作成までに判明した限りにおいて自認義務があるので、特に多数債権者事案で多数の供託が生じてしまう不都合は変わらない。これは自認債権の制度そのものが内包する問題である。

(3) 申出なき財団債権の問題

　債権者から手続への関与（第2のベクトル）がなく、その債権を把握することが困難な場合という観点から、財団債権についても同様の問題がある（破規50条参照）。特に、先行する民事再生手続が挫折した場合の牽連破産について、未払共益債権が財団債権となることから、これを把握し確定することが破産管財人の負担となっている。これにとどまらず、財団債権を申し出ない者がある場合の処理は、破産管財業務上の難題である。筆者は、この点について検討したことがあり、別稿を参照されたい[64]。

Ⅷ 自認義務についての立法提言（試論）

1 債権者の意欲によらないパターナリスティックな制度であること

　以上にみた通り、民事再生法に独自の制度である自認義務は、DIP型手続の導入に際し、信義則の顕れとして制定されたものである。届出がないことを

---

64) 改正展望577頁〔清水祐介〕。破産管財人の善管注意義務への配慮など。加えて立法論としては、財団債権の倒産手続内での確定制度も検討できる。

理由に知っている債権を失権させて DIP 債務者が利得するのは公平に反するという問題意識から出発したが、その解決として、債権者が意欲するか否かにかかわらず、計画弁済を享受させる形をとったことに齟齬があるのではないか。届出期間内であれ、その経過後であれ、とにかく倒産手続に自ら参加するという債権者発のベクトルを要さず、再生手続の側からパターナリスティックに介入することに、不都合の原因があったように思われる。

2 問題点

　問題点の第1は、貴重な弁済原資を自認債権のために確保しながら、供託されてしまうことである。いうまでもなく、満足を得られない債権者に少しでも多く配当すべきことは倒産手続の基本である。しかるに一般取引債務であっても、自認の結果として提供される計画弁済について、受領意欲に乏しい事例が珍しくない。実務上、監督委員に報告書（自認した再生債権者が受領を希望しない旨）を提出し、弁済しない工夫があるとも聞くが、法律上は適正な処理ではない。ましてや多数消費者等を自認する事案では、大量の供託が発生し、その手続コストも膨大である。貴重な弁済原資の使途として疑問を感ずる。

　このような場合、会社更生では失権するのに、民事再生では届出債権者の犠牲において（債権調査で異議を述べる機会は付与されるとはいえ）限られた弁済原資を無届債権者に配ることの必然性は、どこに求めうるのか。

　「DIP 型の問題点」ゆえにパターナリスティックな介入をするというなら、管理型再生・DIP 型更生の運用から両者は接近し、DIP 債務者の公平誠実義務の重要性も認識されているのではないか。あるいは「失権効を導入することによる混乱の防止」であるなら、和議からの移行期間としてはすでに十分な期間が経過したというべきである[65]。

　問題点の第2は、届出なき債権者を保護する信義則が、専ら債務者側の事情だけで判断されることである。届出の機会があったのに届出をしなかった者と、そもそも機会がなかった者とは要保護性が異なるはずである。失権効を及ぼす

---

65) 改正展望 44 頁〔松下淳一〕は「民事再生法施行から 10 余年が経過し、再生手続においては債権者自らが届出をしないと再生債権が免責される可能性があるという理解が定着した現時点においては、債権届出をしなかったという再生債権者側の落ち度を重視して劣後的な扱いをする、という考え方もありうるのではないか」という。

ことの当否は、届出をすることが期待できたか否かで区別することが合理的であり、債権者側の事情を検討すべきである。

この点、破産免責の例外事由たる「知りながら債権者名簿に記載しなかった請求権」（破253条1項6号）の定めは、名簿に記載しないことに過失があっても、債権者が開始の事実を知っていれば、免責される（同項柱書但書）。債務者側の事情だけでなく、債権者側の事情をも考慮し、届出の機会があれば失権効を及ぼす定めであり、合理性がある。

アメリカ連邦倒産法の再建手続であるChapter11にも同様の発想があり、債務者が債権の存在を知りながら故意に債権者名簿に記載せず、そのため債権者に手続開始通知がされず、債権者が手続開始を知らなかったために届出ができなかった場合は免責されない（523(a)(3)(A)）。

しかるに、民事再生法の自認漏れ再生債権は、債権者の主観を問わず、債務者の自認義務を要件として、直ちに失権効の例外となる（民再181条1項3号）。債権者が開始決定について悪意であっても救済される構造であるから、債権者側の事情に先行して、債務者の自認義務のみがクローズアップされることになり、バランスを欠いている。

3 公害被害等の問題は残ること

自認債権の制度が創設された当時の議論は先にみた通りである（前述Ⅳ 2 (1)）。民事再生法制定から10余年を経て、立法事実は妥当しなくなったものが多いと考えるが「消費者被害事件等で、すべての債権者が届出期間内に届出をすることは期待できない」「公害被害で損害の顕在化が遅れる場合など、責めに帰することのできない事情から届出期間内に届出をしないケースがある」という事情は、今日まで残された問題点である。

倒産手続には不良債権の迅速処理要請という側面があり、限られた弁済原資を適正迅速に分配すべく、手続のコストについても制約がある。しかし、例えば大規模な公害被害について、自らは何ら落ち度がない膨大な全債権者を倒産手続に参加させようとすれば、迅速処理とは根本的に相容れず、例外なく救済するためには、そのコストについても異なる次元の考慮が働くであろう。特に、加害行為が1回で終熄せず、被害が継続的に発生し続ける場合など、倒産手続に馴染まない要素があるのではないか。

これを根本的に解決するには、公害被害等の場合を倒産手続の外に切り出して、超長期間の丁寧な処理をする——例えば責任財産の一部を被害者救済ファンドとして信託するなど、違った発想が求められるであろう。そのような特則をもたない現行法においては、基本的な倒産手続の理念に従い、合理的なコストの範囲内で、なしうることをするほかない。このような点を除けば、自認債権の制度は、その機能を果たし終えたといえ、廃止すべきであると考える。

4　改正の方向

　現行法の自認制度は、再生債権者側の事情（帰責や手続参加の意欲）を問わず、再生債務者の自認義務の有無を検討し、自認義務があれば、失権しない（自認されるか、または自認漏れ再生債権として時期的劣後扱いされる）。これを改正し、適時の届出がなかった債権を救済するとしても、債権者が手続参加を意欲する場合に限って、例外的に失権を免れうるような制度が望ましい。

　具体的には、民事再生法について、①届出の機会の確保を充実するため、会社更生規則42条と同様に、届出がない知れたる債権者あて、期間満了前に個別通知する制度を設けたうえ、②自認義務は廃止する。③現行法の「責めに帰することができない事由」（民再181条1項1号）の制度は、債権者が手続参加を意欲する場面で初めて機能するので手続コストに合理性があり、適時の届出がなかった者を救済する制度は、これに一本化する（権利の性質上、適時の届出がおよそ期待できない場合に厳格に限る）。

　併せて、従来の議論は、会社更生法を管理型・大型事案とし、民事再生法をDIP型・中小事案と大別して、DIP型の特殊性に着目する見地に立っていたと思われるが、今日ではこのような区別の曖昧化が指摘されている。少なくとも、会社更生法が失権効の例外を絶対に認めないことについて、民事再生法と扱いが異なる理由を合理的に説明し難いのではないか。会社更生法にも民事再生法181条1項1号と同様の制度を新設し、権利の性質上、適時の届出がおよそ期待できない場合に限って、救済の途を開くべきである。

●── 一裁判官の視点

　債権届出ができなかったことに合理的な理由がある場合はともかく、民事再生手続においても、債権者は債務者の状況に関心をもち、自らが主体的に利益確保に努めるべきという構図は私法の基本として維持される必要があると思われる。また、自認債権の制度があるといっても、再生債務者に過度な負担をかけてまで自認義務の履行を求めることは、義務履行のあり方を指導する社会通念に照らして適当とはいえないであろう。債権を届け出るなどして手続上顕在化している債権者の犠牲のもとに、推定される消滅時効期間中いつ現れるかわからない潜在的債権者（債権者たることの認識が困難であるとすることが相当な事例は別である）への弁済に備えて原資をプールしておくことも問題であり、過度に失権に配慮することは適当ではないように思われる。また、過度な配慮により潜在的債権者が多数想定されることとなれば、債権総額が適切に見積もれず、再生計画が清算価値を上回っているのかも判断できなくなり事件に影響を来すおそれもある。

　しかし、まずもって重要なのは、債権者に手続に参加する機会を広く保障することが必要であり、手続開始段階における通知を適切に行うことである。

　この点に関連して、多数の債権者がいることがわかっているが、手続開始段階における通知の費用をまかなうのが困難であるという場合に、どのようなことが考えられるかが問題となりうる。例えば、連絡先としてユーザーネームやメールアドレスが判明している程度というような場合が考えられる。そうした状況が起こりうる中で、通知の要素は何かということは明確に意識されていない。手続開始段階における通知のように、広く通知をする必要があり、通知に法的効果がないような場合、旧来の通知のイメージから離れないでいるために対応をためらい、手続参加の機会を失わせることになる方が不適当であろうし、仮に通知とはいえないと事後的に評価されたとしても、実質的な周知機能を果たしたといえることで進行した手続の救済になるということも考えられる。通知主体と被通知者（相手方）との間に他の者を介在させることは可能か、通知は通知対象事項そのものと同時に到達しなければならないか、個別の被通知者ごとに独立した通知行為は必要かなどを考え、メール、ウェブ、ユーザー間の既存のコミュニティ等をツールとして組み合わせ、何であれば許容されるかを手続の利用者も裁判所も検討しておくことが必要なように思われる。

　　　　　　　　　　　　　　　　　　　　　　　　　　　　（山崎栄一郎）

【監修者紹介】

岡　正晶（おか・まさあき）／弁護士（梶谷綜合法律事務所代表）
　東京大学法学部卒業。1982年に司法修習修了（34期）、弁護士登録（第一東京弁護士会）。2008年度第一東京弁護士会副会長。
　『条解破産法』（共著、弘文堂・2010）、「賃貸人の『貸す債務』と民法（債権関係）改正論議」東京大学法科大学院ローレビュー（2011）、『条解民事再生法〔第3版〕』（分担執筆、弘文堂・2013）、「倒産手続開始時に停止条件未成就の債務を受働債権とする相殺」田原睦夫先生古稀・最高裁判事退官記念『現代民事法の実務と理論』（金融財政事情研究会・2013）など。

林　道晴（はやし・みちはる）／静岡地方裁判所所長
　東京大学法学部卒業。1982年に司法修習修了（34期）。東京地方裁判所判事補、同判事、東京高等裁判所判事、司法研修所事務局長、最高裁判所民事局長、同経理局長などを経て、現職。
　『ステップアップ民事事実認定』（共編、有斐閣・2010）、『条解破産法』（共著、弘文堂・2010）など。

松下淳一（まつした・じゅんいち）／東京大学大学院法学政治学研究科教授
　東京大学法学部卒業。学習院大学法学部教授などを経て、現職。
　『民事再生法入門』（有斐閣・2009）、『民事訴訟法』（共著、有斐閣・2009）、『条解破産法』（共著、弘文堂・2010）など。

【執筆者紹介】

植村京子（うえむら・きょうこ）／弁護士（LM法律事務所）
　早稲田大学法学部卒業。1994年に司法修習修了（46期）。大阪地方裁判所判事補、東京地方裁判所判事補などを経て、2008年に弁護士登録（第一東京弁護士会）。
　「否認権の効果に関する一考察」田原睦夫先生古稀・最高裁判事退官記念『現代民事法の実務と理論』（金融財政事情研究会・2013）、第一東京弁護士会総合法律研究所倒産法研究部会編『会社分割と倒産法―正当な会社分割の活用を目指して』（共著、清文社・2012）など。

籠池信宏（かごいけ・のぶひろ）／弁護士（籠池法律事務所）
　京都大学法学部卒業。1994年に司法修習修了（46期）、弁護士登録（大阪弁護士会）。2000年に香川県弁護士会へ登録換。
　「会社更生手続における更生担保権評価と処分連動方式のあり方についての一考察―マンションデベロッパーの会社更生事案をふまえて」田原睦夫先生古稀・最高裁判事退官記念『現代民事法の実務と理論』（金融財政事情研究会・2013）、「将来債権譲渡担保と更生担保権評価」銀行法務21・696号（2008）、697号（2009）など。

木村真也（きむら・しんや）／弁護士（はばたき綜合法律事務所）
　大阪大学法学部卒業。2000年に司法修習修了（52期）、弁護士登録（大阪弁護士会）。
　「更生手続上の管財人の地位について―担保権者及び組成等の請求権者の権限と関係して」田原睦夫先生古稀・最高裁判事退官記念『現代民事法の実務と理論』（金融財政事情研究会・2013）、「委託なき保証人の事後求償権と破産手続における相殺」金法1974号（2013）32頁など。

清水祐介(しみず・ゆうすけ)／弁護士(ひいらぎ総合法律事務所)
　早稲田大学法学部卒業。1996年に司法修習修了(48期)、弁護士登録(東京弁護士会)。「牽連破産(手続間の移行)」東京弁護士会倒産法部編『倒産法改正展望』(商事法務・2012)など。

松下満俊(まつした・みつとし)／弁護士(梶谷綜合法律事務所)
　東京大学法学部卒業。1997年に司法修習修了(49期)、弁護士登録(第一東京弁護士会)。『企業再編のすべて』(共著、商事法務別冊・2002)、『平成著作権法改正ハンドブック』(共著、三省堂・2002)など。

水元宏典(みずもと・ひろのり)／一橋大学大学院法学研究科教授
　東京大学大学院法学政治学研究科博士課程修了(博士(法学))。大阪大学法学部助手、熊本大学法学部助教授、同大学院法曹養成研究科准教授を経て、現職。『倒産法における一般実体法の規制原理』(有斐閣・2002)、『倒産法概説〔第2版〕』(共著、弘文堂・2010)、「倒産法における相殺規定の構造と立法論的課題」事業再生と債権管理136号(2012)など。

三森　仁(みつもり・さとる)／弁護士(あさひ法律事務所)
　東京大学法学部卒業。1993年に司法修習修了(45期)、弁護士登録(第二東京弁護士会)。新司法試験考査委員(民法、平成20年度～22年度)などを歴任。2012年度第二東京弁護士会副会長。
　『ゴルフ場の事業再生』(編著、商事法務・2012)、「破産管財人の注意義務——二つの最一判H18.12.21を読んで」NBL851号(2007)、「事業再生ADRから会社更生への手続移行に際しての問題点と課題(1)～(3)」NBL953～955号(2011)など。

山崎栄一郎(やまさき・えいいちろう)／司法研修所教官
　慶應義塾大学法学部卒業。1996年に司法修習修了(48期)。最高裁判所民事局付、水戸、東京各地方裁判所判事補、釧路、東京各地方裁判所判事などを経て、現職。『破産・民事再生の実務〔新版〕(上)(中)(下)』(分担執筆、金融財政事情研究会・2002)、『条解行政事件訴訟法〔第3版補正版〕』(分担執筆、弘文堂・2009)など。

【監修者】
岡　　正晶　　弁護士（梶谷綜合法律事務所代表）
林　　道晴　　静岡地方裁判所所長
松下　淳一　　東京大学大学院法学政治学研究科教授

【執筆者】
植村　京子　　弁護士（LM法律事務所）
籠池　信宏　　弁護士（籠池法律事務所）
木村　真也　　弁護士（はばたき綜合法律事務所）
清水　祐介　　弁護士（ひいらぎ総合法律事務所）
松下　満俊　　弁護士（梶谷綜合法律事務所）
水元　宏典　　一橋大学大学院法学研究科教授
三森　　仁　　弁護士（あさひ法律事務所）
山崎栄一郎　　司法研修所教官

倒産法の最新論点ソリューション

2013（平成25）年9月15日　初版1刷発行

監修者　岡正晶・林道晴・松下淳一
発行者　鯉渕　友南
発行所　株式会社 弘文堂　　101-0062　東京都千代田区神田駿河台1の7
　　　　　　　　　　　　　　TEL03(3294)4801　　振替00120-6-53909
　　　　　　　　　　　　　　http://www.koubundou.co.jp

装　幀　大森裕二
印　刷　大盛印刷
製　本　牧製本印刷

Ⓒ 2013 Masaaki Oka, Michiharu Hayashi & Junichi Matsushita. Printed in Japan
JCOPY　〈(社)出版者著作権管理機構　委託出版物〉
本書の無断複写は著作権法上での例外を除き禁じられています。複写される場合は、そのつど事前に、出版者著作権管理機構（電話 03-3513-6969、FAX 03-3513-6979、e-mail : info@jcopy.or.jp）の許諾を得てください。
また、本書を代行業者等の第三者に依頼してスキャンやデジタル化することは、たとえ個人や家庭内での利用であっても一切認められておりません。

ISBN978-4-335-35569-1

―――― 条解シリーズ ――――

条解刑法〔第2版〕	前田雅英＝編集代表　松本時夫・池田修・渡邉一弘・大谷直人・河村博＝編
条解刑事訴訟法〔第4版〕	松尾浩也＝監修　松本時夫・土本武司・池田修・酒巻匡＝編集代表
条解民事訴訟法〔第2版〕	兼子一＝原著　松浦馨・新堂幸司・竹下守夫・高橋宏志・加藤新太郎・上原敏夫・高田裕成
条解破産法	伊藤眞・岡正晶・田原睦夫・林道晴・松下淳一・森宏司＝著
条解民事再生法〔第3版〕	園尾隆司・小林秀之＝編
条解会社更生法〔上・中・下〕	兼子一＝監修　三ケ月章・竹下守夫・霜島甲一・前田庸・田村諄之輔・青山善充＝著（品切れ）
条解弁護士法〔第4版〕	日本弁護士連合会調査室＝編著
条解不動産登記法	七戸克彦＝監修　日本司法書士会連合会・日本土地家屋調査士会連合会＝編
条解行政手続法	塩野宏・高木光＝著　（品切れ）
条解行政事件訴訟法〔第3版補正版〕	南博方・高橋滋＝編
条解行政情報関連三法　公文書管理法　行政機関情報公開法　行政機関個人情報保護法	高橋滋・斎藤誠・藤井昭夫＝編著
条解独占禁止法	厚谷襄児・糸田省吾・向田直範・稗貫俊文・和田健夫＝編
条解精神保健法	大谷實＝編集代表　古田佑紀・町野朔・原敏弘＝編　（品切れ）

―――― 弘文堂 ――――

＊2013年8月現在